KB093058

직접 만드는 나만의 드론
조립 드론
한 번에 끝내기

초판 인쇄일 2019년 2월 22일
초판 발행일 2019년 3월 2일

지은이 정건호
발행인 박정모
등록번호 제9-295호
발행처 도서출판 혜지원
주소 (10881) 경기도 파주시 회동길 445-4(문발동 638) 302호
전화 031) 955-9221~5 팩스 031) 955-9220
홈페이지 www.hyejiwon.co.kr

기획 · 진행 박민혁
디자인 조수안
영업마케팅 황대일, 서지영
ISBN 978-89-8379-986-9
정가 22,000원

이 도서의 국립중앙도서관 출판예정도서목록(CIP)은 서지정보유통지원시스템 홈페이지(http://seoji.nl.go.kr)와
국가자료공동목록시스템(http://www.nl.go.kr/kolisnet)에서 이용하실 수 있습니다.(CIP제어번호: CIP2019005526)

직접 만드는 나만의 드론

조립 드론 한 번에 끝내기

혜지원

저자의 말

누구나 쉽게 할 수 있는 드론 제작 가이드

조종사가 탑승하지 않은 비행기를 무인 항공기(無人航空機)라 부르며, 이 중 일반인들이 취미로 날리는 소형 기체를 특별히 드론이라고 합니다. 영어로는 UAV(Unmanned Aerial Vehicle)라고 하며, 기본적으로 지상에서 사람이 원격 조종하여 하늘을 납니다.

최근의 드론 제작 기술은 30cm 크기의 소형 기체도 사전에 프로그램된 경로에 따라 자동 비행하거나 정해진 시간에 자율 이륙할 뿐 아니라 특정 지역을 고도를 유지하며 탐색하는 등의 고급 기능을 탑재하고 있습니다. 고급 기종은 아예 지상에서 조종자 없이도 이착륙과 코스락(Course Lock) 비행을 하는 제품도 있습니다.

드론 중에서 학생들에게 인기 있는 제품은 드론 경주 시합에 사용하는 레이싱 드론입니다. 레이싱 드론은 기체가 작기 때문에 고급 드론에서 볼 수 있는 여러 가지 자동 기능을 탑재할 공간이 없지만, 속도 경진 대회용 드론이기 때문에 속도가 자동차 못지않게 빠르고 공중 선회 같은 다양한 곡예비행을 할 수 있습니다.

레이싱 드론은 누구나 직접 조립할 수 있습니다. 이 책은 초보자들도 손쉽게 레이싱 드론이나 일반 촬영용 드론을 DIY로 조립한 뒤 그것을 조종하고 활용할 수 있도록 다음 내용을 다루고 있습니다.

1. **드론의 역사와 종류**
2. **DIY 조립 드론 부품 이해하기**
3. **DIY 조립 드론 조립하기**
4. **조립 드론 세팅하기**
5. **조종기 세팅하기**
6. **드론 조종법 익히기**
7. **항공 촬영 동영상 유튜브에 올리기**

부디 이 책이 자신만의 DIY 드론을 제작하려는 사람들에게 도움 되길 바랍니다.

저자 정 건 호

목차

PART 01 | 드론의 역사와 비행 원리

PART 02 | 드론의 용도와 제작 가이드

PART 03 | 드론의 조립 부품 이해와 구매 요령

목차

목차

PART 06 | 조립의 최종 작업

PART 07 | 조립 드론의 조종기 개조와 조종술 익히기

PART 08 | 드론 항공 촬영과 유튜브 업로드

PART 09 | 드론 비행 금지 구역과 드론 자격증 가이드

PART 01

드론의 역사와 비행 원리

CHAPTER

01 드론의 역사

상업 및 취미용 드론을 포함한 헬리콥터의 형태적 기원은 1907년 프랑스의 루이 브레게라는 인물이 설계한 쿼드콥터형 헬리콥터 'Breguet-Richet Gyroplane'에서 출발합니다. 이 쿼드콥터형 헬리콥터는 1907과 1908년에 서너 번 비행 테스트를 한 기록이 있으므로 최초의 쿼드콥터형 항공기이자 헬리콥터의 기원이라고 할 수 있습니다.

이는 강철 프레임을 뼈대로 하며 시계 방향의 모터 2개와 반시계 방향 모터 2개를 지니고, 중앙에 동력 장치가 있으며 그 앞에 조종석이 있는 방식으로 설계되었습니다. 1907년 9월 29일 최초의 비행 테스트에서는 0.6m 높이로 날았지만 조종사가 통제를 할 수 없었고, 4명의 남자가 기체의 균형을 잡아 주기 위해 뛰어 다녀야 했습니다.

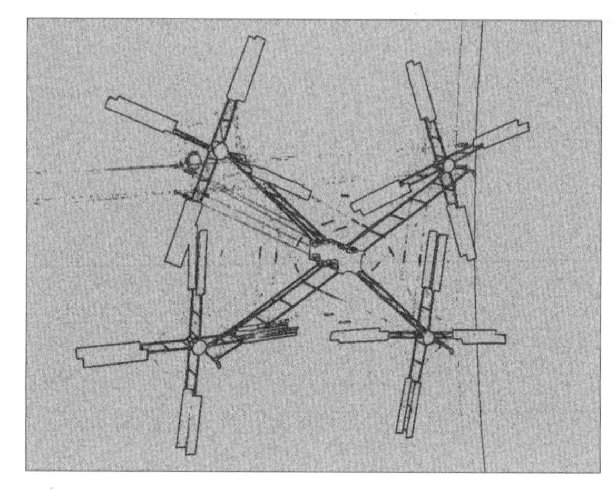

최초의 쿼드콥터형 항공기 Breguet-Richet Gyroplane No.1 개략도

이듬해에는 문제점을 보완하여 2개의 모터부를 지닌 No.2 버전을 개발하고, 지상에서 1.52m 높이로 비행하는 데 성공합니다. No.2 버전은 파리에서 전시된 후 1909년 다시 테스트 비행을 하지만 태풍으로 심하게 손상되면서 역사의 뒤안길로 사라집니다.

Breguet-Richet Gyroplane No.1 제원

승무원	1명
높이	3.7m
기체 중량	550kg
총중량	578kg
엔진	Antoinette water-cooled piston engine, 34kW(46hp) x 1
메인 로터 직경	4 x 85m
비행 시간	1분
최대 고도	1907년 No.1 최대 고도 0.6m, 1908년 No.2 최대 고도 1.52m

CHAPTER

02 민간 드론의 역사

드론이 오늘날 대중들에게 많은 인기를 얻은 것에는 중국의 벤처 기업 DJI의 영향이 큽니다.
2006년 설립된 유한 회사 DJI(Da-Jiang Innovations, 大疆创新科技有限公司)는 중국 광동성 심천에 본사와 제조 시설을 갖춘 세계 최대의 민간 드론 제조업체입니다. 민간용 상업 UAV, 항공 사진 촬영용 드론, 짐벌, 비행 컨트롤러, 카메라, 추진 시스템 등을 제조 및 판매하는 이 회사는 민간 완제품 드론 시장의 50%를 차지할 정도로 거대한 기업입니다.

DJI 홈페이지 (www.dji.com)

1980년 중국 절강 출신의 Frank Wang(왕타오)이 2006년에 설립한 DJI는 원래 홍콩에서 시작했으나 자금 확보에 어려움을 겪은 뒤 홍콩과 가까운 중국 심천으로 이전합니다.
DJI의 시작은 왕의 개인적 취미와 공부 때문이었습니다. 홍콩과학기술대학교(HKUST) 시절부터 드론 연구를 시작한 왕은 지도 교수의 투자와 지도를 받고 학내 기숙사에서 회사를 설립합니다. 초기의 사업 모델은 조립식 드론의 상용화였는데, 판매가 지지부진했기 때문에 대학교 연구소와 관공서를 대상으로 영업을 하였습니다. 그러던 DJI는 저렴한 가격으로 항공 촬영을 할 수 있는 드론으로 홍보하면서 항공 촬영 기기가 필요한 TV 제작자와 영화사들에게 눈도장을 찍습니다. DJI는 항공 촬영용 맞춤형 드론을 이들에게 공급하면서 드론 전문 업체로의 명성을 얻기 시작합니다.

2015년 DJI는 민간 드론 시장에서 세계 1위 업체로 올라섰고, 그해 순이익 1억 달러를 달성합니다. 2016년 기준 DJI의 지분 45%를 소유한 왕타오의 재산 가치는 45억 달러입니다. 사실상 민간 드론이나 완구용 드론, 상업용 드론이 폭발적으로 인기를 얻은 이유는 DJI 때문이라고 할 수 있습니다.

민간 드론의 역사 – DJI 왕타오 CEO의 성공기

1996년
16살 때 아버지에게 RC 헬기 완구를 선물 받고 RC 헬기에 관심을 갖게 됩니다.

2003년
화동사범대학에 다니다가 항공학 공부를 위해 미국 유학을 결정하지만 미국 유학이 허가되지 않자 홍콩과학기술대학(HKUST)으로 진로를 변경합니다. 홍콩 유학 시절의 그는 헬기와 항공학을 공부했습니다. 로봇 공학 교수 Li Zexiang이 그의 잠재력을 보고 지도합니다.

2003~2006년
헬기 항공학을 기반으로 최초의 민간용 드론을 개발 및 시험 비행에 성공한 뒤 사업화를 도모합니다.

2006년
비행 컨트롤러를 개발한 뒤 조립식 드론 세트의 판매를 시작합니다. 드론이 뭔지 모르던 시절 DJI는 대학 연구소와 관공서를 대상으로 발품을 팔아 영업합니다. 홍콩의 벤처 환경이 나빠서 중국 심천으로 이주합니다. 이 무렵 엔젤 투자가가 나타나 소액을 투자합니다.

2007~2010
각종 박람회에 참가하면서 홍보 및 영업망을 구축하는 한편, 유튜브에서 홍보를 하면서 조립식 드론의 판매를 이어나가 RC 애호가와 유통점 사이에서 점점 지명도가 생깁니다.

2011~2012
DJI 미국 지사를 설립합니다.

2013
조립 세트를 판매하던 시절에서 벗어나 DJI 최초 완제품 드론인 팬텀의 판매를 시작합니다.

2014~2015
거대 벤처 투자 업체들이 DJI의 사업성을 보고 거금을 투자하기 시작합니다. DJI는 드론 업계 1위로 올라서며 1억 달러 이상의 순이익을 남깁니다.

CHAPTER 03

유명한 드론 제품의 특징과 히트 요소

현재 시중에서 인기 있는 드론의 히트 요소를 알아봅니다.

1) 카메라 드론으로 지명도를 높이고 셀피 드론까지 총망라한 DJI 드론

드론 업계 1위인 DJI는 소비자용 드론을 맨 처음 상품화한 업체이기도 하지만, 회사의 이름을 널리 알린 것은 카메라 드론입니다. 저렴한 가격으로 항공 촬영이 필요했던 유명 TV 제작자에게 고성능 카메라 드론을 납품하면서 DJI는 카메라 드론계에서 명성을 얻게 됩니다.

DJI의 신제품 Mavic Air는 경량화와 고성능 카메라, 장거리 비행의 매력을 모두 갖춘 드론입니다. 접이식의 Mavic Air는 휴대가 용이하며 4K 카메라와 3축 짐벌, 전후방과 하방 장애물 회피 기능, 자동 조종 모드, 최대 10km의 장거리 조종, 21분의 비행 시간을 가지고 있습니다.

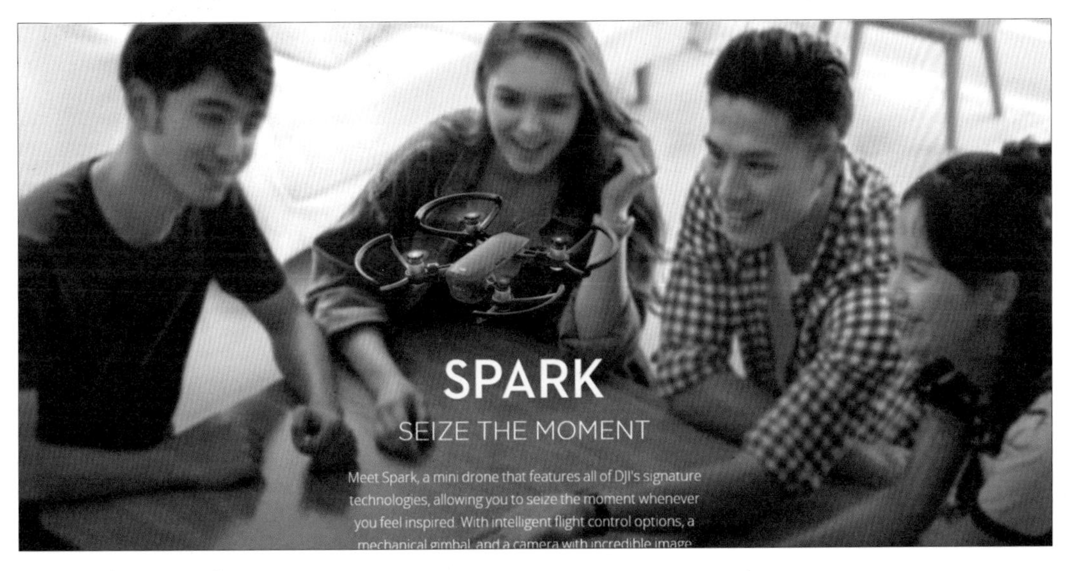

DJI Spark (www.dji.com)

DJI의 셀피 드론 Spark는 Mavic Air보다 한 단계 낮은 사양의 컴팩트 드론입니다. 2km의 조종 거리, 2축 짐벌과 2K 카메라, 자동 비행 기능, 제스처를 인식해 동영상을 찍는 셀피 기능, 16분의 비행 시간, 시속 50km의 비행 속도, 300g의 무게를 지니며, 휠베이스는 170mm입니다. DJI의 장점인 비행 안정성을 기반으로 최신 트렌드보다 한발 빠른 선제적인 상품화는 DJI를 오늘날 세계 1위 드론 업체로 만든 원동력입니다.

2) 아이들을 위한 패롯 맘보(Parrot Mambo) 드론

프랑스 드론 업체 패롯(Parrot)은 중저가의 미니 드론 위주로 제품을 개발 및 판매하는 업체이며, 대표적인 히트작 패롯 맘보는 드론, 조종기, 고글 장치를 세트로 구성해 179달러의 저렴한 가격으로 판매하고 있습니다.

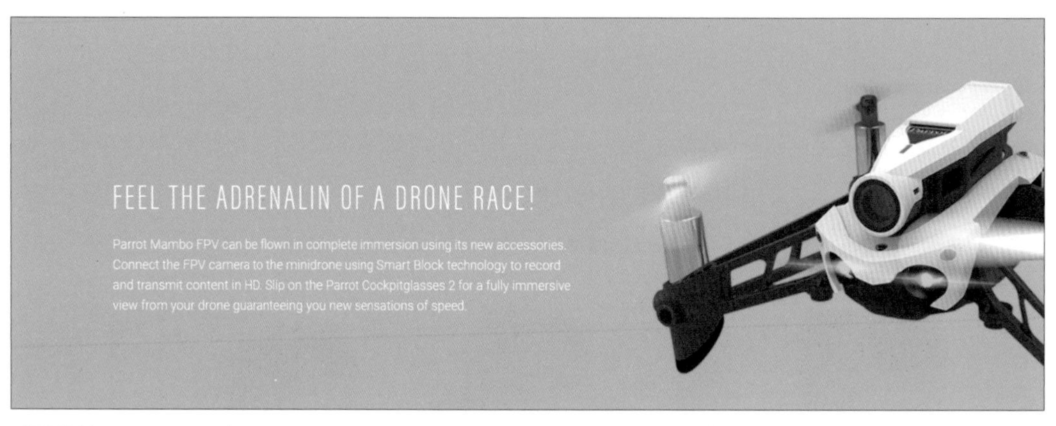

패롯 맘보 (www.parrot.com)

패롯 맘보의 크기는 프로펠러 범퍼를 포함해 18×18cm이고 무게는 전용 카메라를 포함해서 73g입니다. 번들로 제공되는 미니 조종기로 조종하거나 스마트폰의 블루투스 모드로 조종할 수 있으며, 조종 거리는 각각 100m, 30m입니다. 전용 카메라는 HD 720p 화질을 제공하고 고글 장치에 스마트폰을 연결하면 비행 중인 드론의 전방을 실시간으로 보면서 조종할 수 있습니다. 660mAh 리튬 폴리머 배터리를 채택하였고 비행 시간은 8분 내외입니다. 조종이 미숙한 청소년들을 위해 비행 컨트롤러에 6축 가속도계와 초음파 센서, 카메라 센서를 내장했습니다. 완구형 드론이지만 센서형 드론에 가깝기 때문에 조종할 때 편리한 점이 많습니다.

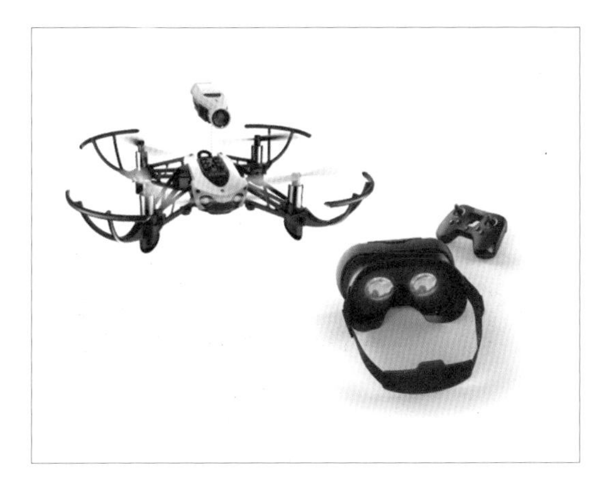

179달러의 패롯 맘보 세트 상품

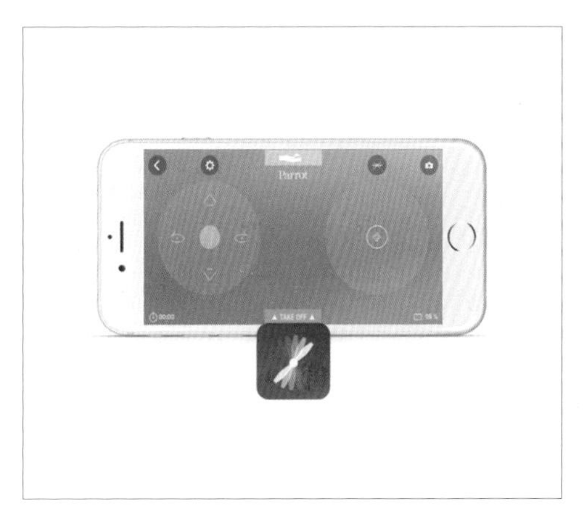

패롯 맘보의 스마트폰용 조종기 어플

3) 독특한 디자인으로 인기를 얻은 Yuneec TYPHOON 4K

1999년 중국에서 설립된 Yuneec은 수송용 항공기를 개발 및 연구하는 업체로서, 세계 최초로 상업적 전기 항공기를 개발했지만 아쉽게도 프로토 타입에 그쳤습니다. 주로 전기로 동작하는 실물 항공기를 연구하던 Yuneec은 2010년에 마침내 Yuneec E430이라는 전기로 동작하는 항공기를 발표했습니다. 2013년에 발표한 Yuneec e-Spyder 항공기는 세계 최초로 인증된 전기 항공기입니다.

전기 항공기를 만들던 Yuneec은 이 무렵 무인 항공기 개발에 착수하고, 이후 2015년에 취미 및 전문가용 RC 드론 제품을 처음 상용화했습니다. 이전까지 Yuneec은 드론 제조업이 아닌 실물 항공기를 개발하는 업체였기 때문에 어쩌면 가장 뛰어난 기술을 가진 드론 업체일 수도 있습니다.

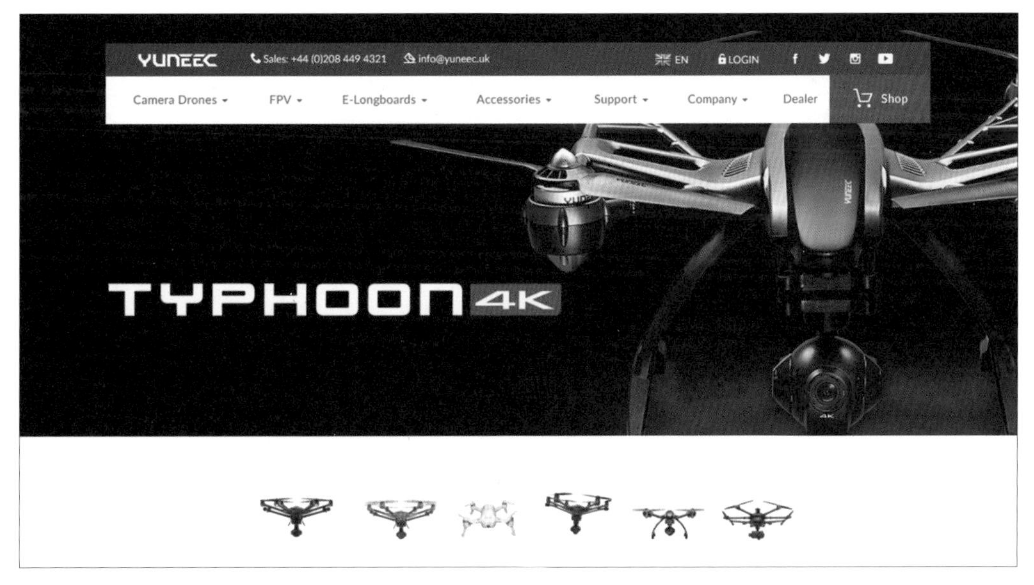

TYPHOON 4K 드론 (www.yuneec.com)

Yuneec의 히트 상품인 TYPHOON 4K는 아마존 드론 카테고리에서 베스트셀러 5위까지 오른 카메라 드론입니다.

이 제품은 3축 짐벌과 4K 카메라를 내장하고 팔로우 미 기능과 리턴 홈 기능을 지원합니다. 기체 크기는 500급, 배터리를 제외한 기체 무게는 1.1kg이며, 최대 고도는 112m, 최대 속력은 초당 8m, 비행 시간은 5400mAh 배터리 기준 25분입니다. 터치스크린 화면 장치가 내장된 조종기는 카메라를 원격 제어할 수 있으며 추가로 스마트폰용 어플을 제공합니다.

TYPHOON 4K 드론

4) 레이싱 드론 부품업계의 간판 Lumenier QAV250 Mini FPV

Lumenier는 FPV Manuals LLC와 GetFPV를 설립한 Tim Nilson이 레이싱 고글을 전문으로 2013년 6월에 설립한 미국의 드론 부품 회사입니다. Lumenier는 완제품 드론이 아닌 QAV 250, QAV 400, QAV 500, QAV 540G 등의 프레임과 비행 컨트롤러, 변속기, 배터리, FPV 캠, 모터, 안테나, 비디오 트랜스미터, 주변 기기, 액세서리를 제조 및 판매합니다. 부품 업체임에도 불구하고 고프로 짐벌을 지원하는 프레임을 세계 최초로 선보여 소비자의 마음을 사로 잡았습니다.

Lumenier의 최고 히트작은 레이싱 드론 조립자들에게 폭발적인 인기를 얻은 QAV 250 프레임입니다. 발표 당시 가볍고 단단하기 때문에 폭발적인 인기를 얻은 QAV 250 프레임은 나중에 중국산 모조품까지 등장하게 되었습니다.

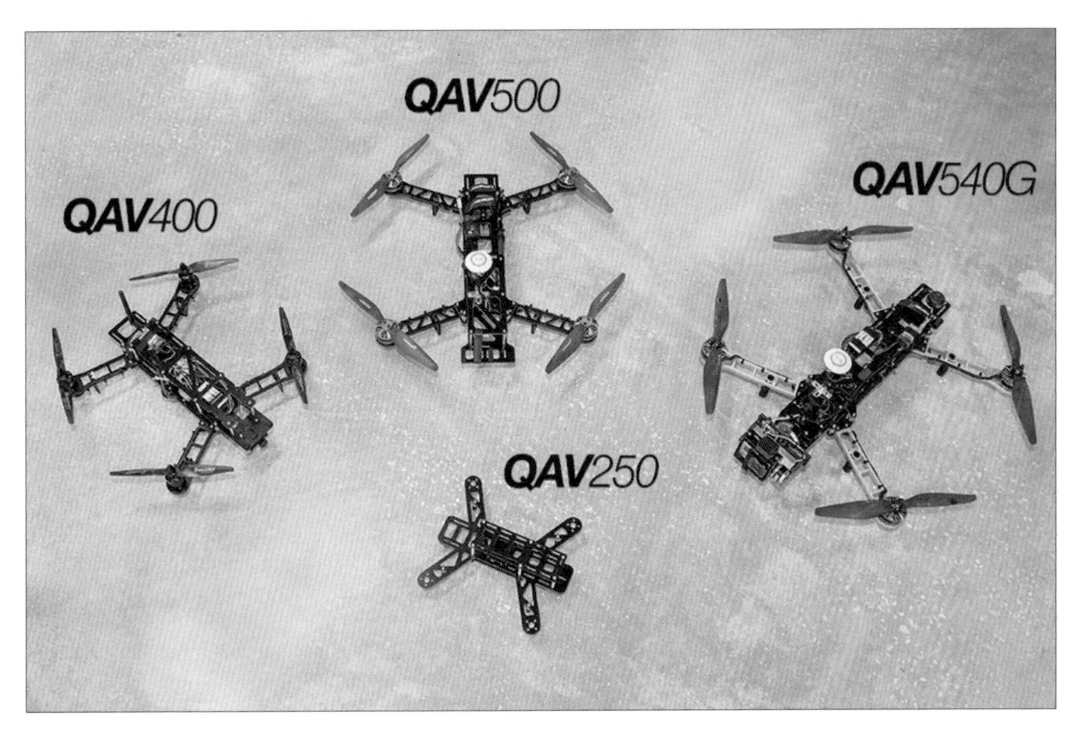

Lumenier 프레임 (www.lumenier.com)

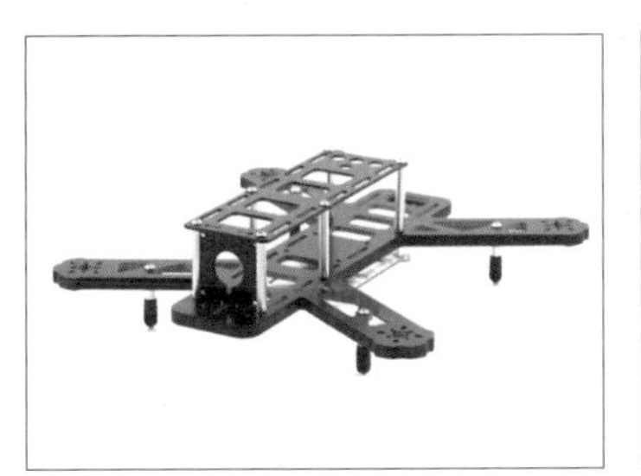

Lumenier QAV 250 프레임

Lumenier 배터리

Lumenier F4 비행 컨트롤러

참고해요 · 알고 있으면 좋은 드론 브랜드와 제조업체 ·

◆ **나자(Naza)**

DJI에서 출시한 비행 컨트롤러(FC)의 제품명입니다. GPS, LED, 전원부를 세트로 판매하기 때문에 프레임에 설치하면 바로 사용할 수 있습니다. 제품에 따라 보급용과 고급용 제품이 있습니다.

◆ **아두이노(Arduino)**

아두이노 오픈 소스와 각종 부품으로 조립할 수 있는 아두이노 드론으로, GPS를 포함한 다양한 부품을 연결할 수 있습니다. 성능은 뛰어난 편이지만 오픈 소스를 프로그래밍할 최소한의 능력이 필요합니다.

◆ **아르마탄(Armattan)**

카본 프레임을 제조 • 판매하는 미국의 프레임 전문 업체입니다. 2012년부터 현재까지 카본 프레임에 한해 추락으로 파손되어도 평생 보증한다는 특징이 있습니다.

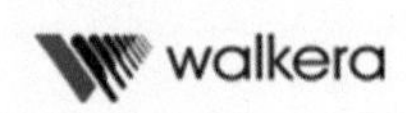

◆ **왈케라(Walkera)**

1992년 중국 광저우에서 설립된 RC 전문업체입니다. 보급형~중급형 완제품 드론 제조업체입니다.

◆ **이항(Ehang)**

완제품 드론 'Ghost'로 이름을 얻은 중국의 드론 제조업체입니다.

◆ **치어슨(Cheerson)**

2003년 중국 광동에서 설립된 보급형~중급형 완제품 드론 제조업체입니다.

◆ **허브샌(Hubsan)**

'Hubsan H107C' 미니 드론으로 인기를 얻은 중국의 중저가 드론 제조업체입니다.

◆ **호비코(Hobbico)**

바지 주머니에 넣고 다닐 수 있는 셀피 드론 'Cme camera' 드론을 개발한 미국의 RC 업체입니다. Cme camera 드론은 저렴한 가격과 130g의 무게를 지니며, 스마트폰으로 조종하고 조종 거리는 20m입니다.

CHAPTER

04 드론의 구조

모터 4개의 쿼드콥터(Quadcopter) 드론은 크게 5가지 부품으로 구성되어 있습니다.

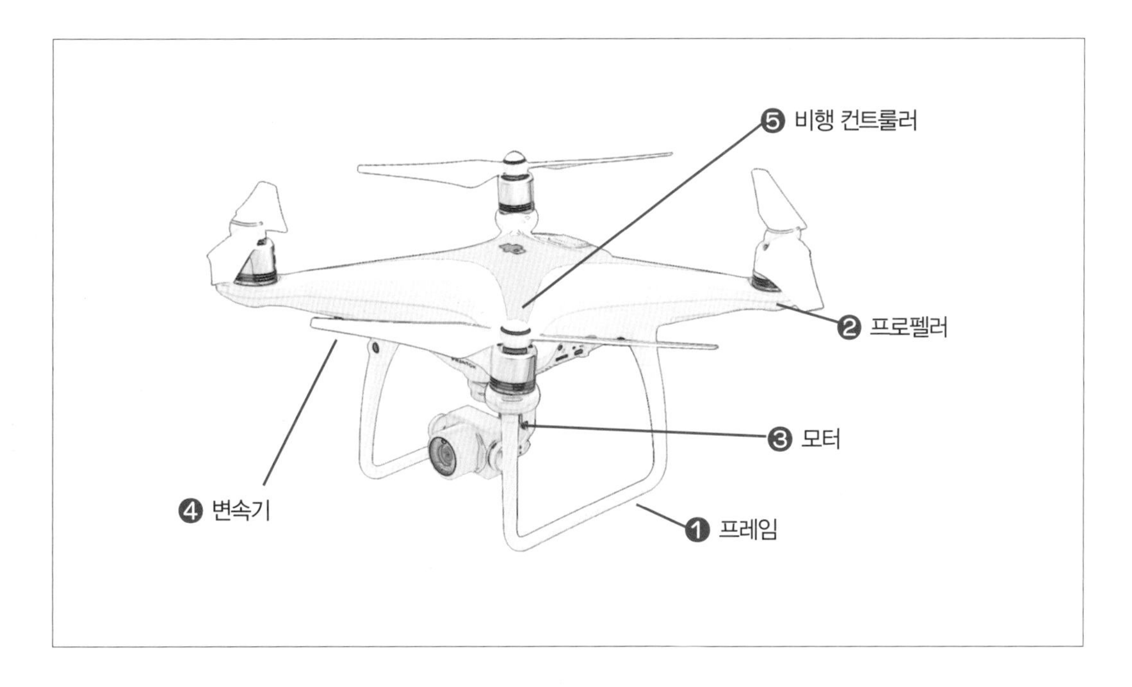

❶ 프레임(Frame)

모든 부품이 장착된 드론의 골격. 프레임의 크기와 강도가 강할수록 중량이 추가되기 때문에 더 강한 모터와 긴 프로펠러가 필요합니다.

❷ 프로펠러(Props)

쿼드콥터의 하중을 견디고 비행할 수 있게 해 주는 요소이며, 날의 개수와 길이는 변경할 수 있습니다. 더 긴 프로펠러는 낮은 rpm에서 더 큰 힘과 상승력을 얻을 수 있지만, 속도와 기동성은 줄어듭니다. 더 짧은 프로펠러는 더 빠른 속도와 기동성을 내지만, 상승하는 힘은 그만큼 줄어듭니다. 같은 길이의 프로펠러에서 더 빠른 기동성을 얻으려면 더 높은 회전력의 프로펠러가 필요하지만 과부하에 의한 모터 손상이 발생하고 모터의 수명을 단축시킵니다. 짧을수록 즉각적인 반응을 보이지만 호버링(제자리 비행) 성능은 떨어집니다.

❸ 모터

프로펠러당 1개의 모터가 필요합니다. 모터의 능력은 분당 회전수인 KV 단위로 평가됩니다. 더 빠른 회전수의 모터는 더 빠른 비행 속도를 제공하지만 더 많은 전력을 필요로 하므로 같은 배터리를 사용할 때 비행 시간은 줄어듭니다.

❹ 변속기(ESC)

각 모터를 제어할 때 필요한 만큼의 전류를 공급하고 모터가 정확한 회전수로 회전하도록 속도와 방향을 제어합니다.

❺ 비행 컨트롤러

조종사가 보낸 신호를 해석하고 해당 입력을 변속기로 보내 모터를 제어하여 기체를 비행하게 만듭니다. 조종사의 스틱 입력이 없을 때는 스스로 평행 비행을 복원하도록 모터의 회전을 자율적으로 제어합니다. 비행 중 주변 센서를 통해 기온, 온도, 고도, 각도, 위치 정보를 입수합니다.

CHAPTER

05 드론의 비행 원리

드론은 대각선 방향의 프로펠러끼리 시계, 반시계 회전 방향의 세트를 이루고 서로 반대 방향으로 회전합니다. 프로펠러 회전은 기체의 상향성, 하향성, 직진성, 후진성, 회전성, 공중 선회성을 유도합니다. 각 모터는 똑같은 속도로 회전하는 것이 아니라 기체의 균형을 유지하기 위해 각자 다른 속도로 회전합니다. 기체의 균형을 유지하는 데 필요한 계산은 드론의 두뇌라고 할 수 있는 비행 컨트롤러가 수행하며, 연산에 맞게 모터의 회전력을 제어합니다.

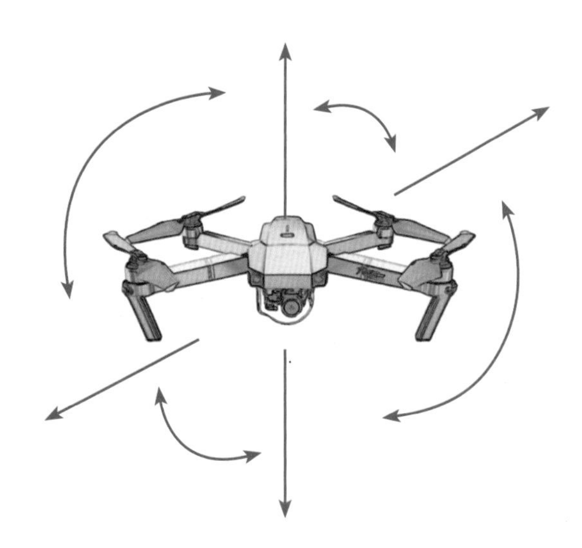

무선으로 이륙 신호를 입력하면 드론은 이륙을 위해 모터를 강하게 회전합니다. 모터가 회전하면서 상부의 공기를 끌어 내리고, 자기 중량보다 상승력이 강해지면 이륙합니다. 둘씩 쌍을 이룬 모터가 서로 반대 방향으로 회전하는 이유는 토크를 발생하는 모터와 토크를 제동하는 모터가 필요하기 때문입니다.

조종기에 의해 직진 신호가 입력되면 토크를 발생하는 모터는 더 강하게 회전하고 토크를 제동하는 모터는 약하게 회전하면서 직진 비행을 유도합니다.

두 세트의 로터가 반대 방향으로 회전하므로 똑같은 속도로 회전하면 각 운동량의 총합은 0이 됩니다. 간단히 말해 4개 모터가 +2, +2, −2, −2로 회전할 경우 운동량의 합이 0이 되므로 제자리 비행인 호버링이 발생합니다.

그런데 실제로는 제자리 비행을 할 때도 4개의 모터가 똑같은 속도로 회전하는 것은 아닙니다. 기체의 무게 중심이 정중앙에 있을 경우에는 시계, 반시계 모터가 똑같은 속도로 회전할 때 운동량의 합이 0이 되지만, 대부분의 기체들은 무게 중심이 정중앙에서 약간 벗어나 있기 때문입니다.

무게 중심이 정중앙에서 약간 벗어나 있을 경우 모터가 같은 속도로 회전하면 무거운 쪽으로 기체가 기울게 되는데, 이를 방지하기 위해 무거운 쪽 모터가 더 빠른 속도로 회전하면서 기체가 기울어지는 것을 방지합니다. 예를 들어 두 번째 모터가 있는 부분으로 기체가 기울어져 있다면 +2, +3, −2, −2로 회전을 해야 기체의 균형이 맞춰집니다.

이 상태에서 호버링을 하려면 기체의 균형을 유지한 상태에서 운동량을 제로로 만들어야 하므로 +1, +2, −1, −1 또는 +3, +4, −3, −3으로 회전을 해야 기체가 기울어지는 것을 방지하면서 호버링할 수 있습니다. 이 또한 비행 컨트롤러가 연산을 한 뒤 운동량이 0이 되게끔 모터의 회전력을 제어합니다.

조종기가 회전 신호를 입력하면 회전 방향과 접한 모터는 운동량을 줄이고, 그 옆이나 뒤쪽의 모터가 운동량을 늘리면서 기체를 회전 방향으로 밀어 줍니다. 드론의 상향성, 하향성, 회전성, 직진성, 후진성, 공중 선회성은 이와 같은 원리로 구현됩니다.

드론은 모터, 프로펠러, 기체 크기에 의해 속도, 기동성, 추력이 달라지고 배터리는 동력을 발생할 때 필요한 에너지를 공급합니다. 아울러 비행 컨트롤러는 내장 센서나 GPS 센서를 통해 비행에 필요한 각종 정보를 실시간으로 입수한 뒤 조종자의 입력 정보와 센서 정보를 취합해 비행 상태를 제어합니다.

최근의 고급 드론들은 승무원이 없기 때문에 일정 이상의 자율 비행 시스템과 자동 비행 시스템을 갖추고 있습니다. 조립식 드론 역시 다양한 소프트웨어를 사용하면 어느 정도의 자율·자동 비행을 구현할 수 있습니다. 사실 조립식 드론과 완제품 드론은 서로 비슷한 기능을 제공합니다. 다만 조립식 드론은 야생마를 키우는 느낌을 주므로 조종이 힘들면서도 재미있습니다.

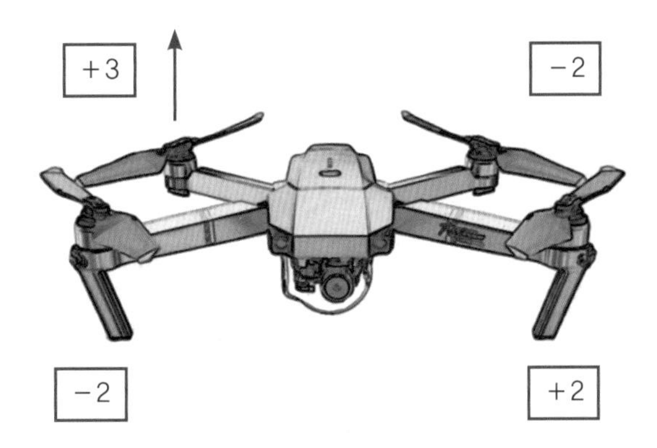

기체의 평행 비행은 비행 컨트롤러가 자이로 센서를 참고해 자율적으로 합니다. 예를 들어 후미 왼쪽으로 무게 중심이 쏠린 경우 그쪽 모터가 더 많이 회전해서 기우는 것을 방지합니다.

CHAPTER 06

드론의 구조와 유형으로 본 분류

1) UAV(Unmanned Aerial vehicle)

UAV는 승무원이 탑승하지 않은 무인 항공기를 뜻합니다. 일반적인 의미에서의 무인 항공기는 고정익 비행기를 의미했으나, 지금은 로터형(프로펠러형) 드론들도 무인 항공기로 취급합니다. 무인 항공기는 업무, 상업, 취미, 수송 목적이나 정찰, 공격기 등으로 분류합니다.

2) 고정익(Fixed-Wing Systems) 드론

날개가 고정된 전통 방식의 비행기형 드론입니다. 단발, 쌍발, 플라잉 윙, 글라이더 등의 RC 비행기들이 해당합니다. 멀티 로터 드론에 비해 소음이 적고 속도가 빠르며, 장거리 비행이 가능하지만 이륙에 활주로가 필요합니다.

3) 멀티 로터(Multi-rotor Systems) 드론

헬리콥터처럼 프로펠러가 달린 드론을 말합니다. 가장 인기 있는 모델은 4개의 모터가 달린 쿼드콥터 드론입니다. 고정익 드론에 비해 속도가 느리지만 활주로 없이 언제 어디서든 날릴 수 있다는 점이 장점입니다. 멀티 로터 드론은 모터 개수에 따라 다음과 같이 분류합니다.

이름	모터	특징
바이콥터 Bi Copter	2개	고정익 비행기처럼 생겼지만 양날개 상단에 각각 모터가 달려 있는 형태입니다. 미 해군의 수직 이착륙기 등이 이에 해당합니다.
트라이콥터 Try Copter	3개	바이콥터와 비슷한 기체이지만 꼬리 부분에 모터를 하나 더 달아서 헬기와 비슷한 구조입니다. 안정성은 쿼드콥터에 비해 떨어지지만 기동성 면에서 유리합니다.
쿼드콥터 Quad Copter	4개	보편적으로 가장 인기 있는 드론이며 안정성이 가장 좋습니다. 십자형보다는 X형이 좋습니다.
펜터콥터 Penta Copert	5개	쿼드콥터에 꼬리를 달고 거기에 모터를 추가한 형태입니다. 쿼드콥터에 비해 기동성이 좋습니다.
헥사콥터 Hexa Copter	6개	중대형 드론으로 분류하며 무거운 장비를 운용할 목적으로 조립합니다. 쿼드콥터에 비해 안정성이 좋지만 기동성은 떨어집니다.

옥토콥터 Octo Copter	8개	대형 드론으로 분류하며 무거운 장비를 운용할 목적으로 조립합니다. 헥사콥터에 비해 안정성이 좋지만 기동성은 떨어집니다.
Y4	4개	트라이콥터와 비슷하지만 꼬리의 상하단에 모터가 겹쳐 있는 형태입니다. 트라이콥터에 비해 안정성은 좋지만 상하단에 겹쳐 있는 모터 때문에 효율성은 떨어집니다.
Y6	6개	트라이콥터와 비슷하지만 세 방향 모두 모터가 상하단에 겹쳐 있는 형태입니다. 안정성은 좋지만 효율성은 떨어집니다.
Y8	8개	쿼드콥터와 동일하지만 네 방향 모두 모터가 상하단에 겹쳐 있는 형태입니다. 안정성은 좋지만 효율성은 떨어집니다.

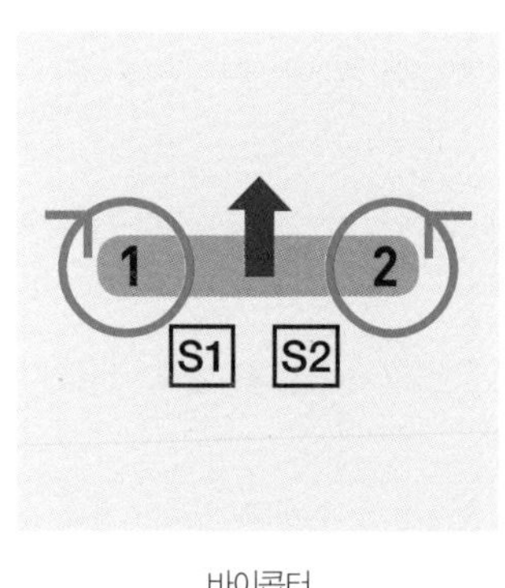

바이콥터

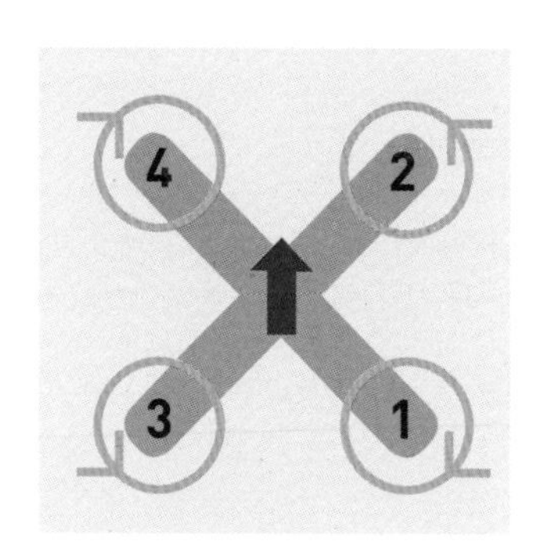

쿼드콥터 X

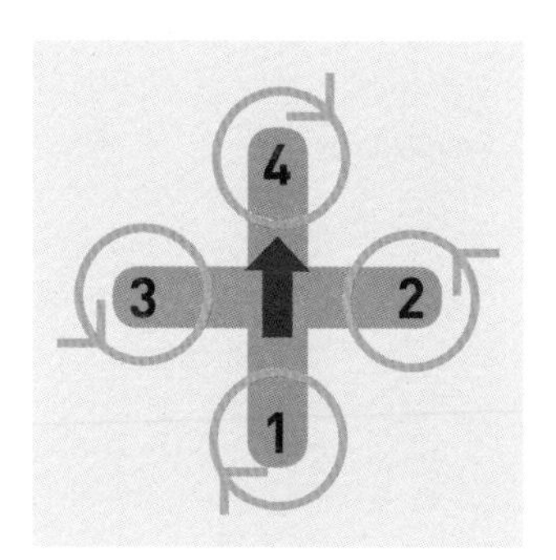

쿼드콥터 +

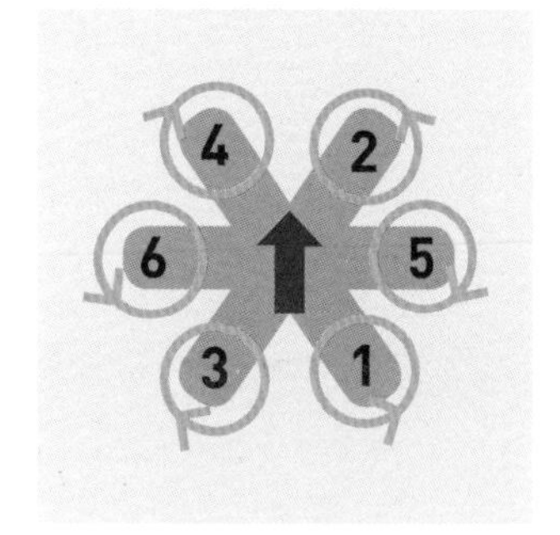

헥사콥터

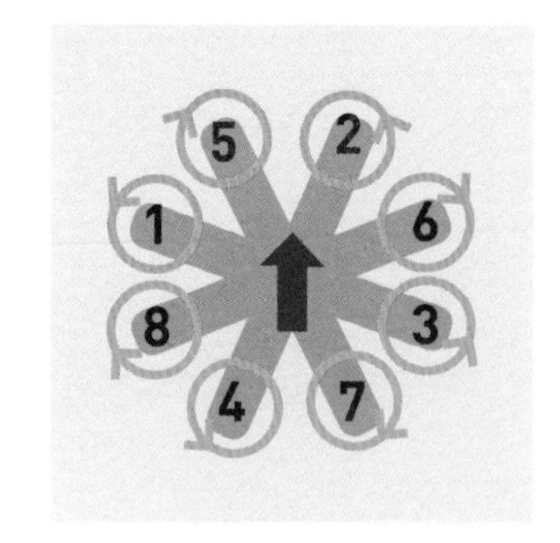

옥토콥터

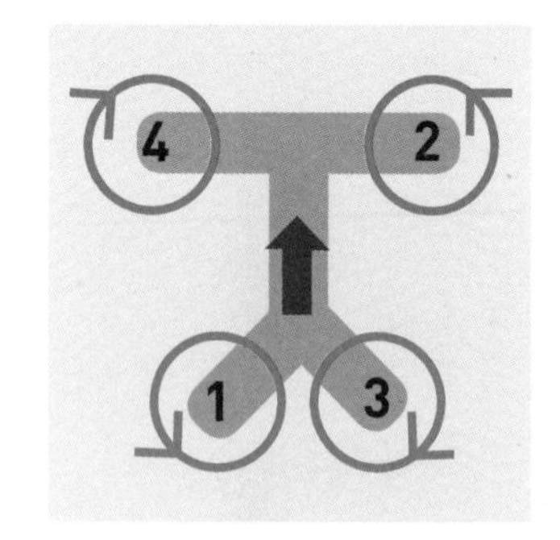

A Tail 쿼드

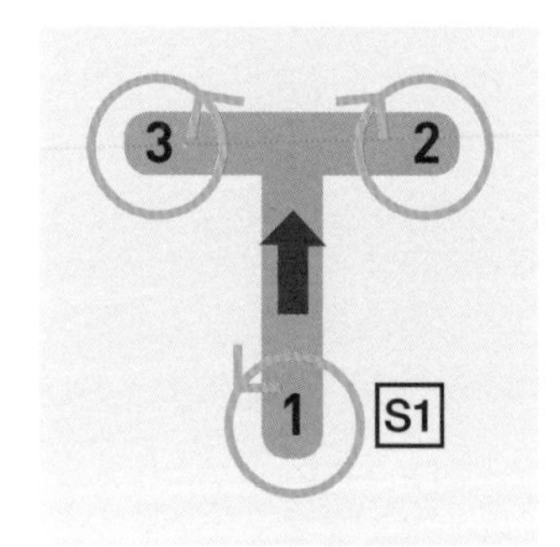

트라이콥터

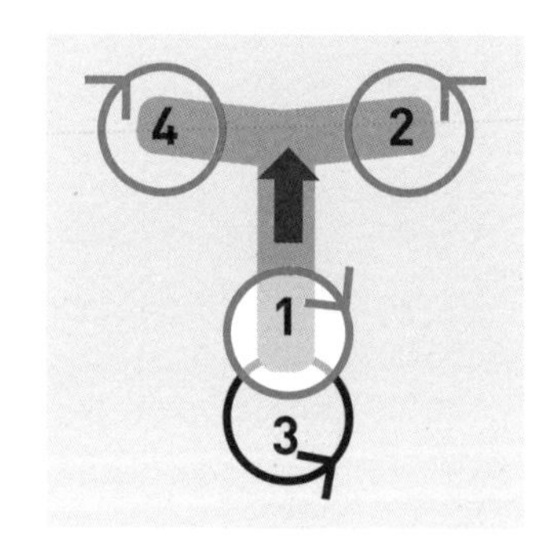

Y4 콥터

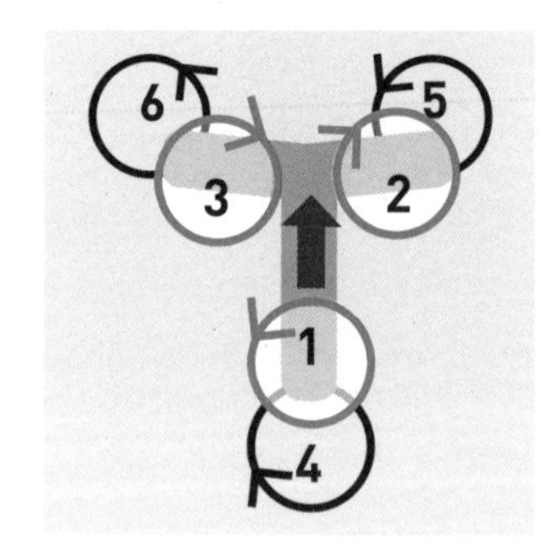

Y6 콥터

플라잉 윙

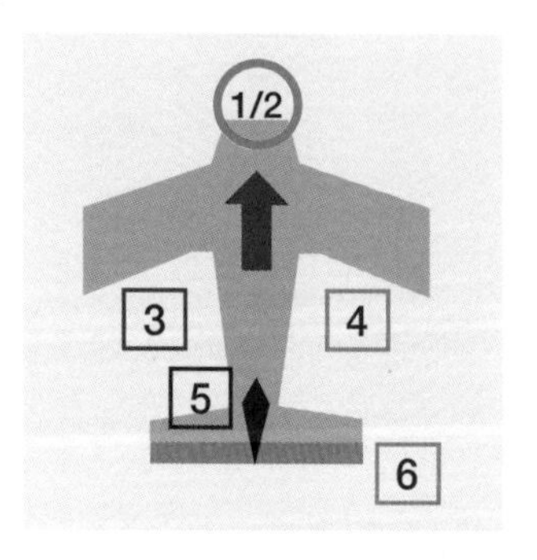

고정익 비행기

CHAPTER

07 드론의 향후 산업 분야와 미래 사업성

드론 기술의 주요 발전 사항은 경량화, 그룹 비행, 자율 비행성입니다. 향후 드론 산업에서 사업성이 있는 분야를 정리해 보겠습니다.

분야 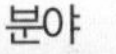	특징
	**소형화** 소형화는 드론을 소비자에게 보급하는 근간이 되는 요소입니다. 더 가벼운 신소재의 프레임, 효율적인 배터리, 작고 부담 없는 가격이 핵심입니다. 향후에는 캠을 장착한 곤충 크기의 드론이 등장할 날도 있을 것입니다.
	자율 비행성 2018년 평창 동계 올림픽 개막식에서 프로그래밍에 의해 자율 비행이 가능한 드론을 목격했습니다. 웨이포인트를 이용한 경로 비행 기술의 발달은 드론의 자율 비행과 자동 비행을 앞당기고 있습니다. 드론은 조종사가 없어도 자동으로 이륙하여 경로를 따라 비행하면서 정보를 입수한 뒤 정해진 시간에 출발지로 돌아올 수 있습니다.
	**군집 비행성** 군집 비행은 자율 비행과 자동 비행 기술이 정립된 후에 가능합니다. 택배 배송용 드론을 정해진 시간에 수천 대씩 이륙시키는 날이 가까워지고 있습니다. 군집 비행의 장점은 수송량을 현격하게 늘릴 수 있다는 점입니다. 군집 비행이 이뤄지면 한정된 시간 안에 넓은 범위, 최대 수송량을 보여 줄 것입니다. 소방 드론은 소화 분말을 수송할 수 있을 것이고 의료 드론은 아프리카의 미개척지에서 의약품과 환자를 수송할 것입니다. 경찰용 드론은 교대로 피의자를 추적할 때 유용합니다.
	**응용 가능한 기술** 드론 기술의 가장 큰 장점은 여러 사업 분야에 응용을 할 수 있다는 점입니다. 비행 컨트롤러의 기술적 수준은 현재 유아기를 겨우 벗어난 상태이지만 드론 산업의 성장 속도를 볼 때 자동차 드론, 잠수함 드론, 요트 드론이 조만간 등장할 것입니다. 지금의 드론 기술은 향후 로봇 기술은 물론 인공지능 기술과 접목되므로 응용할 수 있는 분야는 무한합니다.

PART

02

드론의 용도와 제작 가이드

Chapter 01 취미용/레이싱 드론의 세계

Chapter 02 항공 촬영 드론

Chapter 03 업무용 드론의 세계

Chapter 04 군용 드론

CHAPTER 01

취미용/레이싱 드론의 세계

취미용 드론의 크기는 250~350급 드론을, 레이싱 드론은 120~250급을, 완구용 드론은 120~350급을 추천합니다. 조립할 때도 위 크기와 비슷한 휠베이스를 가진 프레임으로 조립할 것을 권장합니다.

1) 국민 완구 드론 – Syma

Syma 드론은 흔히 국민 드론이라고 불릴 정도로 10만 원대 이하에서 세계적으로 인기 있는 제품입니다. 이 업체의 신제품인 X25Pro는 내장된 GPS를 통해 웨이포인트 경로 비행과 팔로우 미 기능을 지원하며 완구용의 경계선을 허물고 취미 · 업무용에 도전하는 드론입니다.

시마 드론 X25 Pro (www.symatoys.com)

Syma X25 Pro는 완구용 드론치고는 높은 사양을 제공하지만, 레이싱 드론보다는 성능이 낮습니다. 그렇지만 기존의 Syma 드론과 달리 FPV 캠과 GPS를 내장 다양한 기능을 제공할 뿐 아니라 스마트폰을 통해 비행 시의 전방 모습을 보면서 조종할 수 있다는 장점이 있습니다.

7.4V 1,000mAh 배터리를 사용하는 것을 보면 알 수 있듯 완구용 드론에 적합한 모터를 장착한 드론입니다. 그렇지만 10만 원대 가격으로 드론과 조종기를 함께 구매할 수 있다는 점에서 매력 만점입니다.

휠베이스	450급(450mm)
비행 컨트롤러	내장
기체 무게	930g(패키지 포함)
이륙 중량	비공개
변속기	내장
모터	Brushed Motor
카메라	내장
영상 송수신기	내장
화면 장치	스마트폰
GPS	내장
조종 범위	70m
비행 시간	12분
배터리	7.4V 1,000mAh

2) 조립품 디자인의 완제품 레이싱 드론 – Eachine Wizard X220S FPV Racer

중국의 Eachine이 판매하는 완제품 형태의 레이싱 드론 제품입니다. 220급 경량 소형 드론에 해당하며 레이싱 드론 연습에 적합하도록 가벼운 무게를 유지하면서 FPV 전용 캠과 영상 송수신기만 내장하고 있습니다. Eachine 쇼핑몰(www.eachine.com)에서 보급형 조종기 포함 저렴한 가격에 판매합니다.

Eachine Wizard X220S FPV Racer(www.eachine.com)

휠베이스	220급(220mm)
비행 컨트롤러	옴니버스 F4
기체 무게	356g(배터리 미포함)
이륙 중량	561g
변속기	30A BLHELI_S
모터	2206-2300KV
카메라	800 TVL
영상 송수신기	72채널, 600mw
GPS	없음
조종 범위	300m
비행 시간	배터리에 따라 다름
배터리	별매(3s, 150g급)
※ 고프로용 카메라 마운트 제공	

3) DIY 조립 드론

DIY 드론은 사용자가 원하는 부품으로 조합해서 만드는 드론입니다. 기체에 장착할 부품들의 총 무게를 이륙 중량으로 계산한 뒤 그에 맞는 출력을 내는 모터와 프로펠러, 프레임을 조합해서 조립합니다. 실내용 완구 드론은 180급 이하, 레이싱 드론은 180~250급, 촬영 취미용 드론은 250~450급, 업무용 드론은 450급 이상의 프레임으로 조립합니다.

DIY 조립 드론

휠베이스	250급(250mm)
비행 컨트롤러	Matek F7
기체 무게	520g(배터리 미포함)
이륙 중량	700g
변속기	40A BLHELI_S
모터	2204-2600KV
카메라	600 TVL
영상 송수신기	8채널, 500mw
화면 장치	스마트폰
GPS	M8n
프로펠러	5~5.5인치
조종 범위	조종기에 따라 다름
비행 시간	배터리에 따라 다름
배터리	3s, 130~180g

CHAPTER

02 항공 촬영 드론

방송 및 전문 항공 촬영용 드론은 4K 수준의 고해상도 캠이 내장된 제품과 짐벌을 통해 고해상도 카메라를 장착할 수 있는 드론이 있습니다. 요즘은 4K 캠을 내장한 드론이 인기이지만 고화질 전문 항공 촬영을 하려면 아무래도 카메라를 장착할 수 있는 드론이 좋습니다.

1) DJI의 Mavic Air

100만 원 전후 가격대의 Mavic Air는 4K 캠을 내장한 작고 아담한 드론으로, 암을 접을 수 있는 포터블 방식입니다. 항공 촬영용 드론 중에서는 소형이면서 저렴한 가격이므로 취미용으로도 인기입니다. GPS와 Visoin 센서를 내장 비행 모습이 안정적이고 수평 비행을 잘 해냅니다. 스마트폰을 화면 장치로 사용하는 번들 조종기는 단순한 구조이지만 스마트폰 어플과 연동해 다양한 방식으로 조종할 수 있습니다.

DJI의 Mavic Air (www.dji.com)

휠베이스	210급(250mm)
비행 컨트롤러	내장
이륙 중량	430g
변속기	내장
모터	내장
카메라	4K, 3 Axis 짐벌
영상 녹화 기능	내장
영상 송수신기	최대 4km 송수신
최고 속도	시속 68.4km
최대 고도	5km
GPS	내장
Vison 센서	내장
조종 범위	10km
비행 시간	21분
화면 장치	스마트폰
배터리	내장

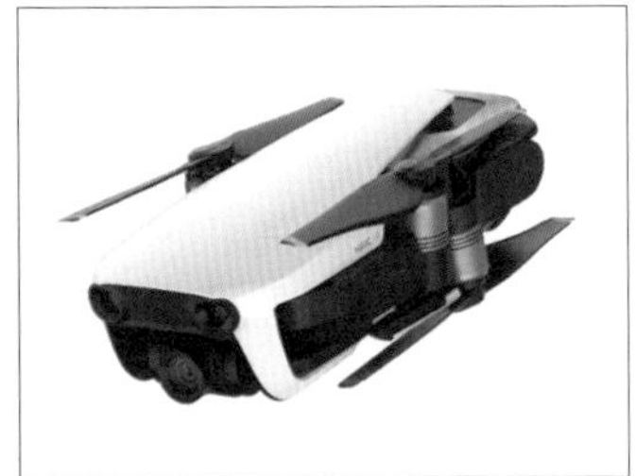

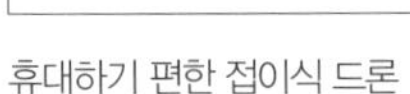

휴대하기 편한 접이식 드론

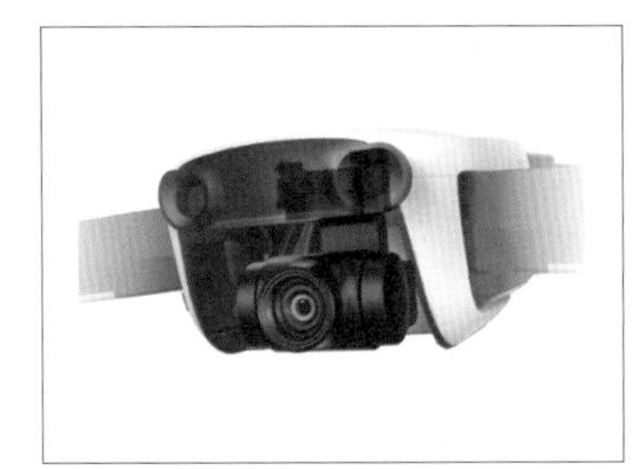

4K 캠 내장

전용 조종기

2) DSLR 카메라 장착용 드론 – Walkera QR X900

일반적으로 알려진 카메라 드론은 대부분 소형 액션캠을 내장한 드론이거나 전용 액션캠을 장착할 수 있는 드론입니다. 고화질 영상을 촬영하려면 DSLR 카메라를 장착할 수 있는 드론을 사용해야 합니다. 아무래도 4K 액션캠보다는 4K DSLR 카메라로 찍은 동영상이 노이즈도 적고 영상이 깨끗하기 때문입니다.

왈케라의 DSLR 카메라를 장착할 수 있는 완제품 드론 (www.walkera.com)

4K DSLR 카메라와 짐벌을 기체의 하단에 장착하려면 추가 무게를 3kg 내외로 설계하고 드론의 휠베이스는 700급 이상을 권장합니다.

왈케라의 완제품 드론 QR X900은 최대 3kg 이하 중량의 DSLR 카메라를 장착할 수 있도록 항공 전문 촬영용으로 개발된 헥사콥터 드론입니다. 암을 분리할 수 있기 때문에 쿼드콥터로 사용할 수도 있고, 암을 접을 수 있기 때문에 크기에 비해 운반이 용이합니다.

휠베이스	900급(900mm)
비행 컨트롤러	내장
기체 무게	6.95kg(배터리 포함)
이륙 중량	10kg 이하
변속기	QR900
모터	350KV, 6개
카메라	3kg 중량 이하의 카메라 또는 소형 방송캠 장착 가능
GPS	내장
조종 범위	1km
비행 시간	최대 45분
기타	낙하산 안전장치

CHAPTER

03 업무용 드론의 세계

업무용 드론은 용도에 따라 농업, 산업, 일반 업무용 드론으로 나눌 수 있고 형태에 따라 고정익 드론, 멀티콥터 드론으로 나눌 수 있습니다. 주로 완제품이지만 사용자가 직접 조립할 수도 있습니다.

1) Precision Hawk의 Lancaster 5 고정익 드론 솔루션

농업, 업무, 산업용 드론으로 사용하는 랭캐스터 5는 300에이커의 광활한 지역을 조사하는 드론입니다. 경로 비행을 지원하여 지정한 경로를 따라 자율 비행하면서 각종 정보를 입수하기 때문에 사용자는 조종기를 잡을 필요 없이 앉아서 원하는 데이터를 수집할 수 있습니다.

랭캐스터 5 드론은 Precision Hawk 업체가 판매하는 솔루션에 따라 농업 정보, 건설 산업 정보, 보험 정보를 입수하는 드론으로 사용할 수 있습니다. 예를 들어 보험 솔루션 패키지를 구매하면 각종 재해로 인한 피해 정보를 입수하도록 고정익 드론과 소프트웨어가 공급됩니다.

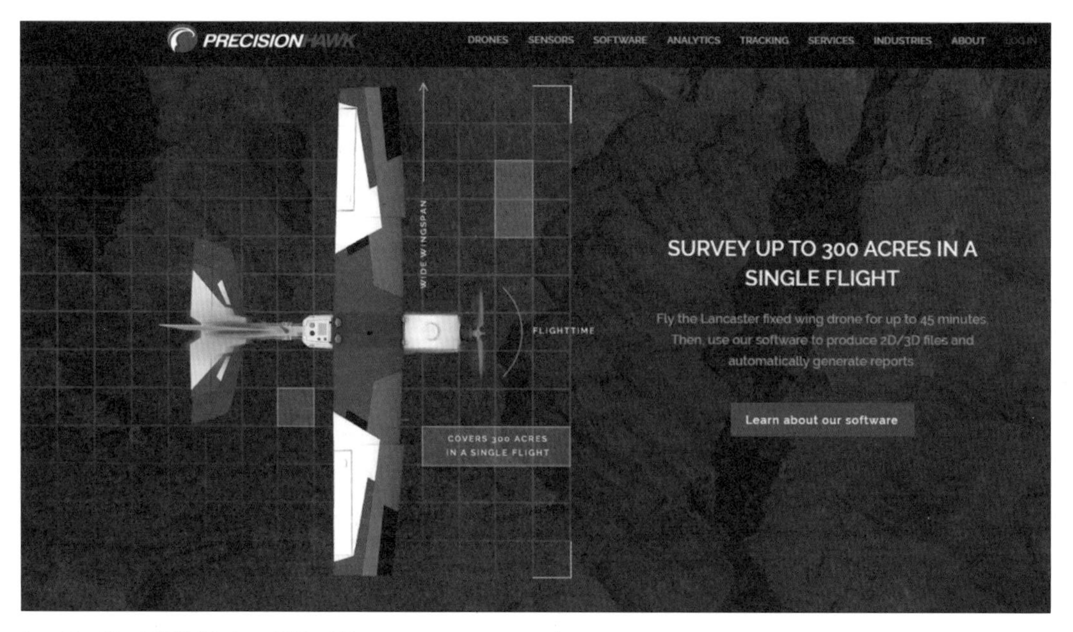

Precision Hawk의 랭캐스터 5 고정익 드론 (www.precisionhawk.com)

Precision Hawk의 Lancaster 5 고정익 드론의 제원			
모터	1개	기체 중량	2.4kg
양날개 폭	1.5m	최대 이륙 중량	3.55kg
항속	시간당 57km	최대 속도	시간당 79km
비행 고도(권장 고도)	50~300m	최대 고도	2.5km
비행 시간	45분	조종 범위	2km
CPU	720 MHz dual core	배터리	7,000mA
목적	맞춤형 솔루션에 따라 농업 정보, 보험 피해 조사, 건설 정보, 정부의 각종 조사 업무		

2) DJI의 스프레이 드론 AGRAS MG-1

AGRAS MG-1은 드론 산업계의 최대 기업인 DJI의 첫 번째 농업용 스프레이 드론입니다. 10kg의 탱크 용량과 스프레이를 장착하여 시간당 7~10에이커의 방대한 지역에서 각종 방제 업무를 수행할 수 있습니다. 암을 접을 수 있는 포터블 형태이기 때문에 운반이 용이합니다.

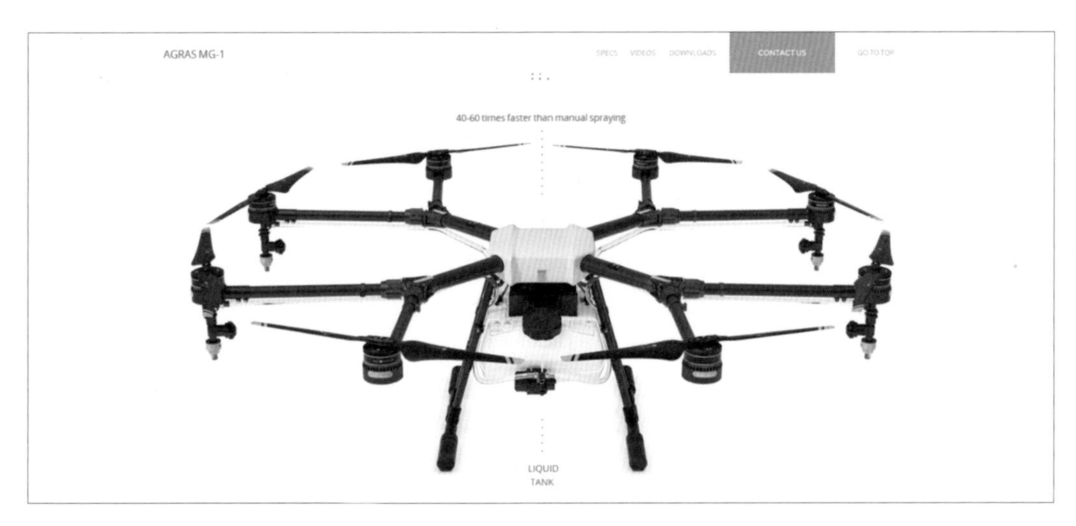

DJI의 농업용 스프레이 드론 (www.dji.com)

DJI의 AGRAS MG-1 옥토콥터 드론의 제원			
모터	130rpm, 8개	기체 중량	2.4kg
변속기	25A	최대 이륙 중량	3.55kg
휠베이스	1.5m(프로펠러 길이를 제외한 대각선 방향 기체 길이)		
날개 폴딩 시 크기	0.78m(암을 접을 경우의 기체 크기)		
암 길이	0.6m	프로펠러	21인치
비행 고도(권장 고도)	근접 살포 가능	권장 비행 속도	초당 8m
비행 시간(농약 미탑재)	22분(호버링 기준)	최대 비행 속도	초당 22m
비행 시간(농약 탑재)	10분(호버링 기준)	조종 범위	1km
탱크 용량	10L(약 10kg)	배터리	12S 배터리
노즐(노즐)	XR11001, 4개	스프레이 반경	4~6m
목적	광활한 경작 지역이나 계단식 경작 지역에 방제약이나 제초약 살포		

유용한 TIP

콥터용 드론과 고정익 드론의 차이

제작과 조립에 드는 비용은 콥터형 드론이 조금 비싸지만 활주로 공간이 필요한 고정익 드론과 달리 콥터형 드론은 활주로가 필요 없습니다.

3) 일반 농사용 드론의 권장 규격과 주 업무

일반 농사용 드론은 농업 방제용 스프레이와 탱크가 적재된 드론입니다. DIY로 조립할 경우 기체 크기는 1.5~2m 내외, 기체 순 중량 10kg 내외, 최대 이륙 중량은 25kg 내외, 모터는 6~8개로 구성합니다. 탱크는 제초약 또는 방제약을 7~10kg 넣을 수 있는 수준으로 조립합니다. 텔레메트리로 분무기를 원격 조종해 지형에 관계없이 농약을 골고루 살포할 수 있습니다. GPS를 장착하면 웨이포인트 기반 경로 비행 소프트웨어를 사용하여 자동 이착륙으로 제어할 수 있습니다.

농업 방제용 드론 (스프레이 업무)	제초 작업	제초약을 살포하는 작업(분무기 & 제초약 탱크)
	방제 작업	방제약을 살포하는 작업(분무기 & 살충제 탱크)
	기타 작업	그 외 분무기로 하는 모든 작업
	웨이포인트	살포할 경로를 비행 경로로 지정하고 자율 작업

4) 농업 정보 입수용 센서 드론의 권장 규격과 주 업무

고급 농업 정보, 각종 산업 정보, 업무 정보를 조사 및 입수하는 센서형 드론입니다. 일반적인 500급 드론으로도 각종 농업 관련 정보를 입수할 수 있고 농작물 경작, 재배, 생장 상태, 산출량 예측 등을 분석합니다.

위의 드론들과 성격이 다르므로 관련 분석 소프트웨어를 별도로 구매해야 하며, 드론에는 정보를 입수할 수 있는 각종 센서를 장착해야 합니다. 완제품 패키지 상품은 웨이포인트 경로 비행을 지원하는 드론과 분석 도구(소프트웨어)가 제공되므로 자동 이착륙과 경로 비행을 하면서 경작 지역의 각종 정보를 입수한 뒤 경작을 계획하고 수정할 수 있습니다.

농업 솔루션 소프트웨어를 사용하는 드론 (센서 드론)	산출량 예측	비디오 센서로 식물 개수와 산출량을 측정 및 예측합니다.
	식물 건강 평가	시각(Visual) 센서로 색상에 따른 식물 건강 상태를 조사합니다.
	식물 높이 조사	Lidar 센서로 식물 높이를 조사해 산출량 예측하고 비료의 추가 투입 여부 결정합니다.
	가뭄 평가	Lidar 센서로 가뭄 스트레스를 조사해 물 공급량을 조절할 수 있습니다.
	온도 조사	열(Thermal) 센서로 열과 물에 따른 식물 스트레스를 조사해 물과 토양 관리를 할 수 있습니다.
	질병 조사	하이퍼스펙트럴(Hyperspectral) 센서로 식물 질병 범위를 조사해 질병이 발생한 구역을 차단하게 합니다.
	비료 평가	시각 센서로 구역별 비료 사용량을 측정할 수 있습니다.
	질소 조사	5밴드 센서로 질소 사용량을 조사하여 부족한 지역에 추가 비료를 공급할 수 있도록 합니다.
	필드 평가	식물수, 성장 활력 상태 등의 품질 조사를 하여 비료, 물관리를 할 수 있도록 합니다.

5) 토지 측량/건설 산업 드론의 권장 규격과 주 업무

토지 측량, 건설 산업용 드론 역시 500급 드론으로도 가능하지만, 관련 소프트웨어/솔루션이 있어야 업무를 수행할 수 있습니다.

이 역시 완제품 패키지 상품은 웨이포인트 경로 비행을 지원하는 드론과 분석 도구(소프트웨어)가 제공되므로 무인으로 산업, 토목, 건설 현장의 각종 정보를 입수한 뒤 사업의 진행을 계획하고 수정할 수 있습니다.

구분	업무	내용
토지 측량 건설 산업 드론 (센서 드론)	현장 보고	시각(Visual) 센서로 최적화된 현장 보고서와 관련된 정보를 입수합니다.
	볼륨 측정	시각(Visual) 센서로 작업 현장의 규모, 볼륨을 측정합니다.
	생산성 측정	시각(Visual) 센서로 매일 진행되는 생산성의 변화를 측정합니다.
	3D 추적	시각(Visual) 센서로 입수한 데이터로 3D 지도를 작성하여 보거나 내보낼 수 있습니다.
	등고선 지도	시각(Visual) 센서로 입수한 데이터로 등고선 지도를 만듭니다.
	토목 모니터링	시각(Visual) 센서로 토목 공사의 진척 상태를 모니터링합니다.
	보안	시각(Visual) 센서로 현장 보안을 모니터링합니다.
	열	열(Thermal) 센서로 표면 아래의 이상 유무를 진단합니다.
	지붕 검사	비주얼 센서, 3밴드 센서로 지붕 이음새의 문제점을 진단합니다.
	진척 모니터링	공사의 진척 상황을 모니터링하면서 예산의 적기 투입과 낭비를 방지합니다.
	외관 검사	열(Thermal) 센서로 건축물의 외관과 구조를 3D 형태로 진단합니다.
	시설 관리	비디오 센서로 종합적인 시설 관리를 합니다.

6) 보험 업무 조사 드론의 권장 규격과 주 업무

보험 업무 조사 드론이란 보험 업체가 사고가 발생한 지역의 정보를 개괄적으로 입수할 목적으로 사용하는 드론입니다.

구분	업무	내용
보험 조사 드론 (센서 드론)	우박 피해	비주얼 센서와 3D 센서로 우박 피해 데이터를 입수합니다.
	작물 피해	폭우, 우박, 화재, 태풍 피해에 대한 데이터를 입수합니다.
	부동산 피해	부동산 손괴 등의 피해 정보를 입수합니다.
	천재지변	천재지변으로 발생한 정보를 입수합니다.
	맵 제작	입수한 데이터를 2D/3D 지도에 맵핑해 데이터를 생성합니다.

CHAPTER

04 군용 드론

1) 노스롭 그루만(Northrop Grumman)의 드론

노스롭 그루만(Northrop Grumman)은 드론이 일반인들에게 알려지기 전부터 무인 비행기를 설계 제작한 방산업체입니다.

❶ RQ-4 Block 30 글로벌 호크

다국적 방산 업체인 노스롭 그루만은 이미 20년인 1998년부터 군용 드론을 개발 · 판매하였으며, 대표작은 RQ-4 Block 30 글로벌 호크입니다. 이미 현역으로 활동 중인 글로벌 호크는 수많은 헐리우드 영화 속에서 적 스파이 활동을 감시하고 무력화하는 장면에 등장합니다.

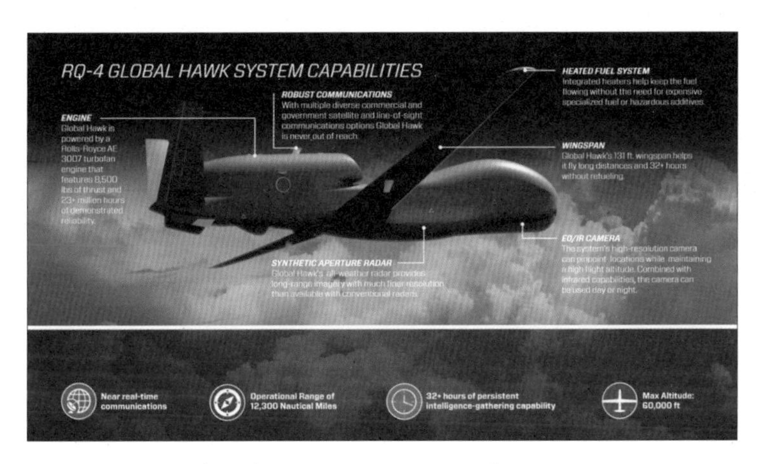

RQ-4 Block 30 글로벌 호크 (www.northropgrumman.com)

RQ-4 Block 30 글로벌 호크 제원			
양날개 폭	39.9m	길이	14.5m
높이	4.7m	총 이륙 중량	14.6(14,628 kg)
최고 고도	18.3km	최대 비행 시간	재급유 없이 32시간
유효 적재량	1.3톤(1,360kg)	항속 거리	22,780km
엔진	롤스로이스 AE 3007 터보 팬	통신 시스템	상업 위성 및 정부 위성
추력	3.8톤(3,850kg)	기상 레이더	모든 유형의 날씨에 대처
비행 테스트	23억 시간	카메라	고해상도/주야간/적외선
용도	군사용 정보, 감시 및 정찰을 위한 고해상도 사진 촬영		

❷ X-47B

X-47B는 미 해군의 무인 공격 항공기 개발 프로그램의 일환으로 개발한 무인 전투기입니다. 2007년에 수주한 후 현재 2대의 항공기를 생산 및 테스트 비행 중입니다. 2013년에 자율 발사 및 복귀 테스트에 성공했고 2015년에는 자율 공중 급유 테스트에 성공했습니다. 자율 공중 급유에 성공했다는 것은 지상에 복귀하지 않고 제한 없이 무인 감시 및 정찰을 할 수 있다는 뜻입니다. 지금은 항공 모함에서의 자율 이착륙을 목표로 개발 중입니다.

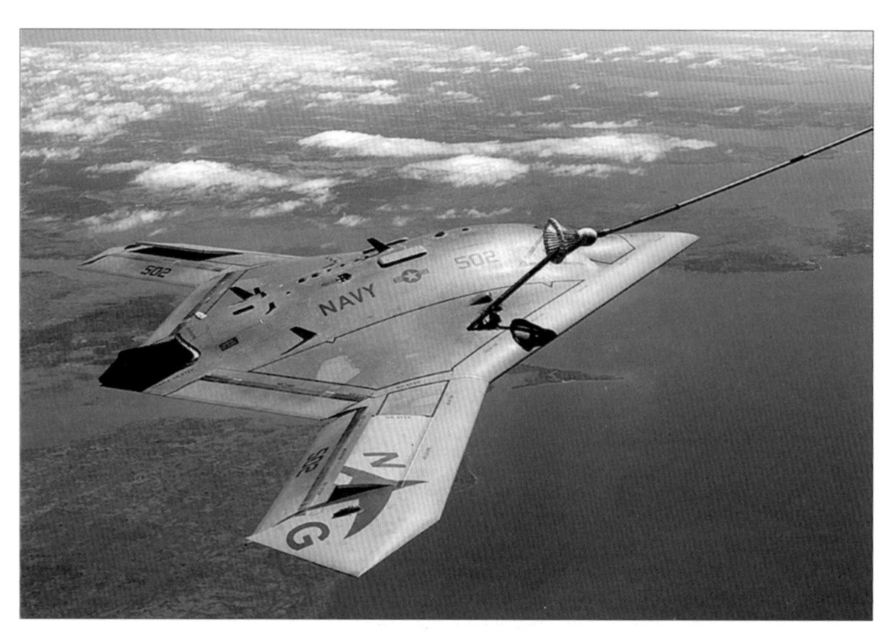

무인 공격기 X-47B (www.northropgrumman.com)

X-47B 제원			
양날개 폭	19m(펼침), 9.4m(접음)	길이	11.6m
높이	3.10m	기체 중량	6,350kg
최대 속도	아음속(마하 0.9)	최대 이륙 중량	22,000kg
엔진	Pratt & Whitney F100-220U turbofan		
항속 거리	3,889km	최대 무장 중량	2구 2,000kg 이내
순항 속도	마하 0.45 이상	레이더	합성 개구 레이더
최대 고도	12km	카메라	고해상도/적외선
용도	미 해군 항공 모함 탑재형 무인 공격기		

2) 록히드 마틴(Lockheed Martin)의 드론

방산업체 록히드 마틴은 다른 업체에 비해 군용 드론 사업에 한발 늦게 참여했지만 최근에는 군용 및 산업용 드론 개발을 위해 20여 개의 벤처 기업군을 산하에 두고 있습니다.

❶ Indago UAS

록히드 마틴의 군용 및 경찰, 소방 목적의 드론인 Indago UAS는 보병, 경찰, 소방관의 임무 수행을 위한 휴대용의 접이식 드론입니다.

경찰, 군용, 소방, 민간용 드론인 Indago UAS(www.lockheedmartin.com)

Indago UAS 제원			
크기(펼칠 경우)	32 x 32 x 7cm	크기(접을 경우)	12 x 9 x 6cm
Fail Safe	지원	오토 플라이트	지원
유효 적재량	2.2kg	최대 비행 시간	50분
조종 범위	2.5km	최대 조종 범위	옵션 추가 시 3km 확장
비행 고도(일반)	150m	비행 고도(최대)	5.4km
조종기 제원			
형태	터치스크린 + 조이스틱 방식	운영체제	윈도우 기반
무게	1.5kg	동작 시간	4시간
통신	GPS, LTE, Wifi	카메라	고해상도
용도	군 보병, 경찰, 소방, 농업에서의 측량, 검사, 정찰 임무		

Indago UAS는 휴대 가능한 군용 및 경찰 드론으로 경찰과 보병의 정보 활동을 위해 탄생했습니다. 접을 경우 12cm 내외, 펼칠 경우 32cm에 불과하므로 대원들이 상시 휴대할 수 있고 필요할 때 임무를 수행할 수 있습니다.

❷ ARES(Skunk Works)

ARES는 2009년에 시작된 프로젝트로 소규모 지상 유닛의 물류, 인력 수송 및 전술 지원 임무를 위해 지형 조건에 융통성 있게 적응하는 수직 이착륙 드론입니다. 현재 프로토 타입 시스템을 개발 및 시연하는 것을 목표로 삼고 있습니다.

효과적인 유인/무인 팀 구성으로 전투 수행을 보조하고 자율 시스템을 채택하여 위험한 임무 환경에 피로감 없이 접근 및 신속하게 대응하는 것을 목표로 삼고 있습니다.

수직 이착륙 로터형 드론인 ARES (www.lockheedmartin.com)

록히드 마틴의 드론(UAV) 벤처팀은 드론의 형태, 용도에 따라 16개 사업을 진행하고 있습니다. 프로펠러형과 고정익 비행기형은 물론 소형, 중형, 초대형 드론과 조종기 개발팀까지 총망라되어 설계와 프로토타입을 개발하고 있습니다.

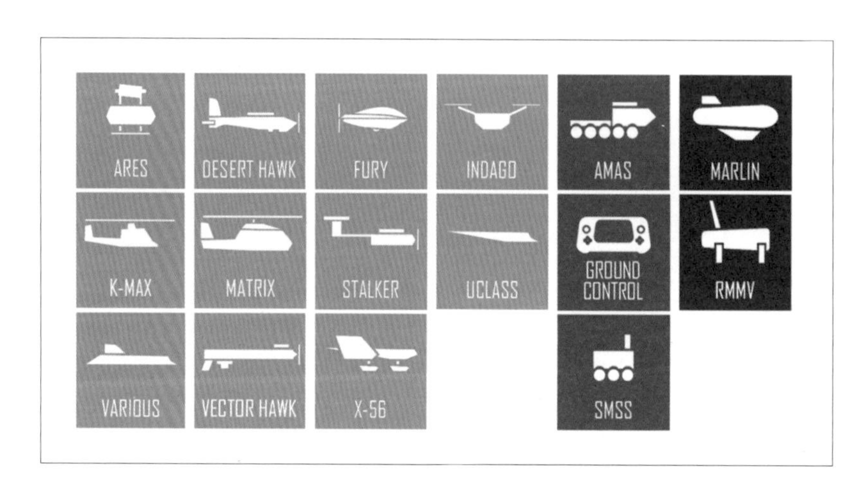

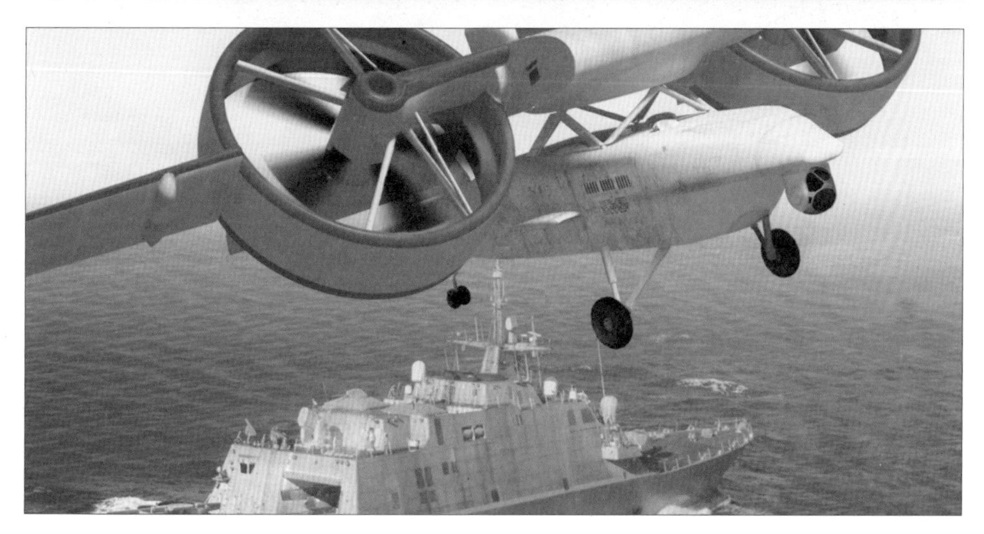

ARES(Skunk Works) 드론 콘셉트 이미지 (www.lockheedmartin.com)

3) 보잉(Boeing)의 드론

군산 복합 업체 보잉은 최근 플로팅 드론 업체인 Liquid Robotics를 자회사로 편입한 뒤 해양 및 잠수함 형태의 드론 개발에 참여하고 있습니다.

❶ 심해 해양 드론 – Wave Glider

Liquid Robotics는 파도 표면에 떠다니면서 각종 데이터를 수집하는 플로팅 드론인 Wave Glider를 개발한 업체입니다. 보잉은 이 회사를 인수한 뒤 Wave Glider를 군용 버전에 통합했습니다. 태양열과 파도에서 전기를 만들어 사용하는 Wave Glider를 최대 1년간 자율 임무를 수행할 수 있도록 프로젝트를 진행 중입니다.

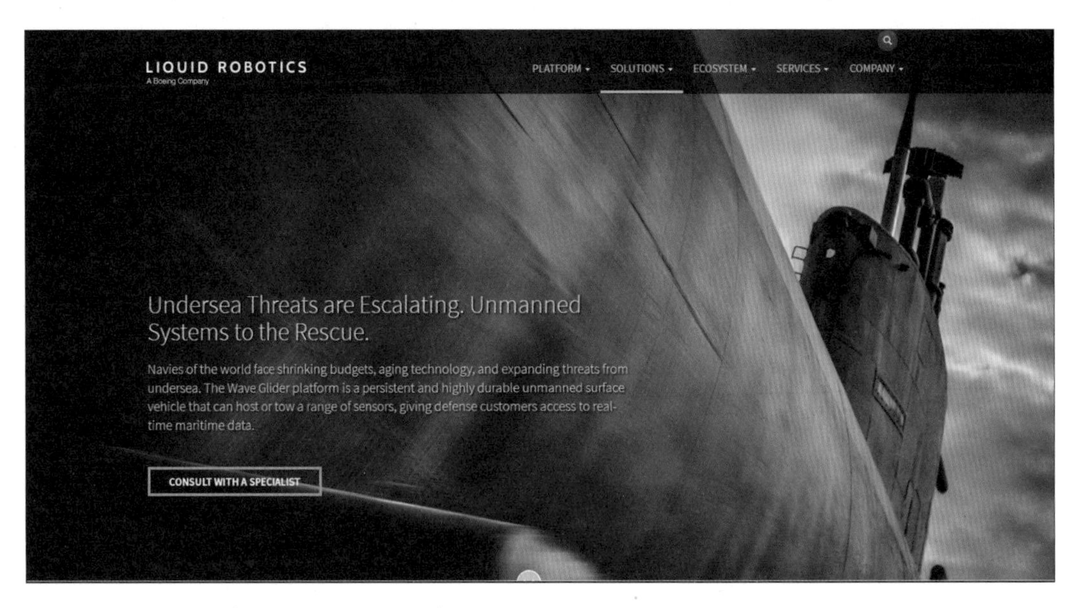

Liquid Robotics 홈페이지 (www.liquid-robotics.com)

Wave Glider 제원	
형태	수면 위 소형 선박과 심해의 소형 잠수함이 이어진 형태
크기	수면 위 배 모양 드론 길이 약 3m / 심해 잠수함 모양 드론 길이 약 2m
특징	연료와 승무원 없이 최대 12개월간 바다의 특정 위치에서 정보 수집
조종 범위	심해 15m 이내
견인 무게	500kg
내구성	최대 1년
통신	인공위성, LTE, Wifi 등 실시간 통신으로 해저와 인공위성 연결
작업 범위	해양 폭풍우 같은 악조건 속에서도 1,400만 해리 이동 가능
용도	해군의 정찰 및 정보 수집, 적 잠수함 초기 탐지

❷ 보잉 무인 우주 왕복선 X-37B

보잉의 X-37B는 승무원이 없는 무인 재활용 우주선입니다. 지구에서 110~500마일 떨어진 저궤도 우주에서 시간당 17,500마일 속도로 비행하며 지구를 검사 및 분석하여 정보를 보내옵니다. 현재 미공군을 위한 재사용 가능 기술로 개발되고 있습니다.

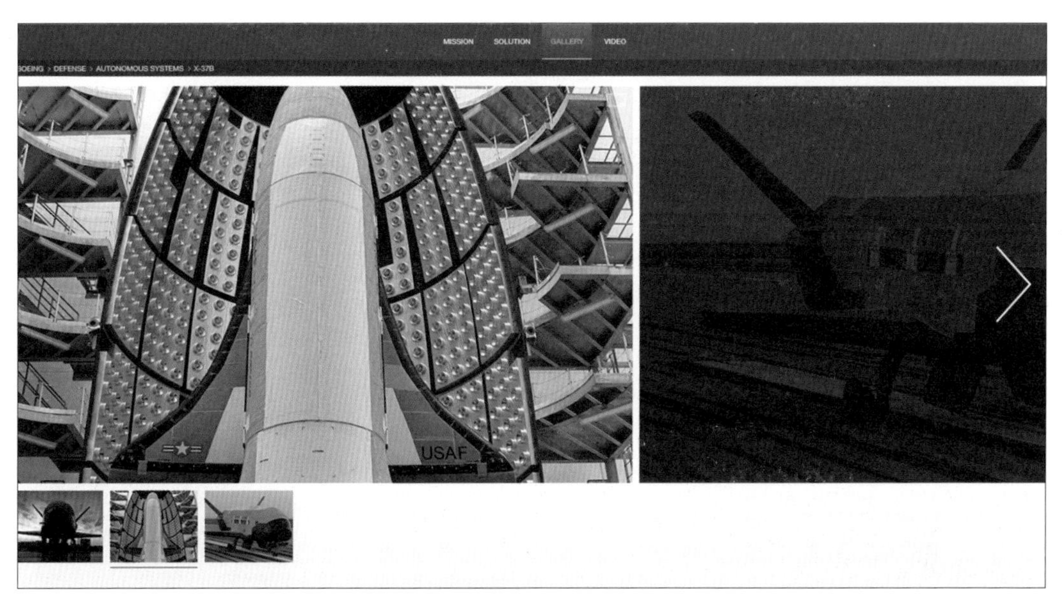

Boeing 홈페이지 (www.boeing.com)

X-37B 제원	
형태	재사용이 가능한 리프팅 바디 스타일 우주 왕복선
길이	8.92m
양날개 폭	4.55m
높이	2.9m
최대 이륙 중량	4,990kg
궤도 비행 속도	28,044 km/h
고도	160~800km 높이의 지구 저궤도
활동 기간	지구 저궤도에서 최대 270일간 정보 수집 활동 후 자동 복귀
통신	인공위성 등
특징	자동 이륙 후 지구 저궤도 상에서 최대 270일간 인공위성처럼 정보 수집 활동 후 자동 착륙
용도	미 공군의 정찰 및 정보 수집

PART

03

드론의 조립 부품 이해와 구매 요령

CHAPTER

01 조립 드론의 이해

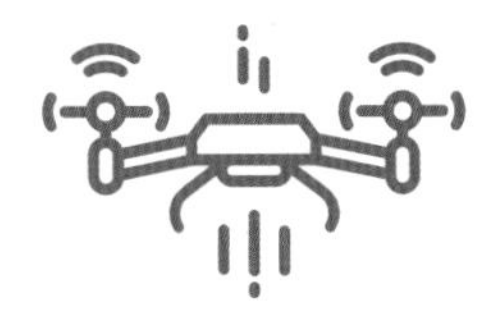

1 조립 드론의 구조

드론을 조립하기 전 드론의 일반적인 구조에 대해 알아봅니다. 아울러 DIY 드론의 부품별 용도, 구매 요령을 알아봅니다.

1) 드론의 구조

조립 드론도 일반 메이커 완제품 드론과 같은 구조를 가지고 있으며, 기능 또한 메이커 드론과 다를 바 없게 만들 수 있습니다. 메이커 드론의 장점은 심미적인 아름다움과 조종의 편리함이고 조립 드론의 장점은 야생마를 길들이는 느낌과 드론의 구조, 물리학, 항공학을 배울 수 있다는 점입니다.

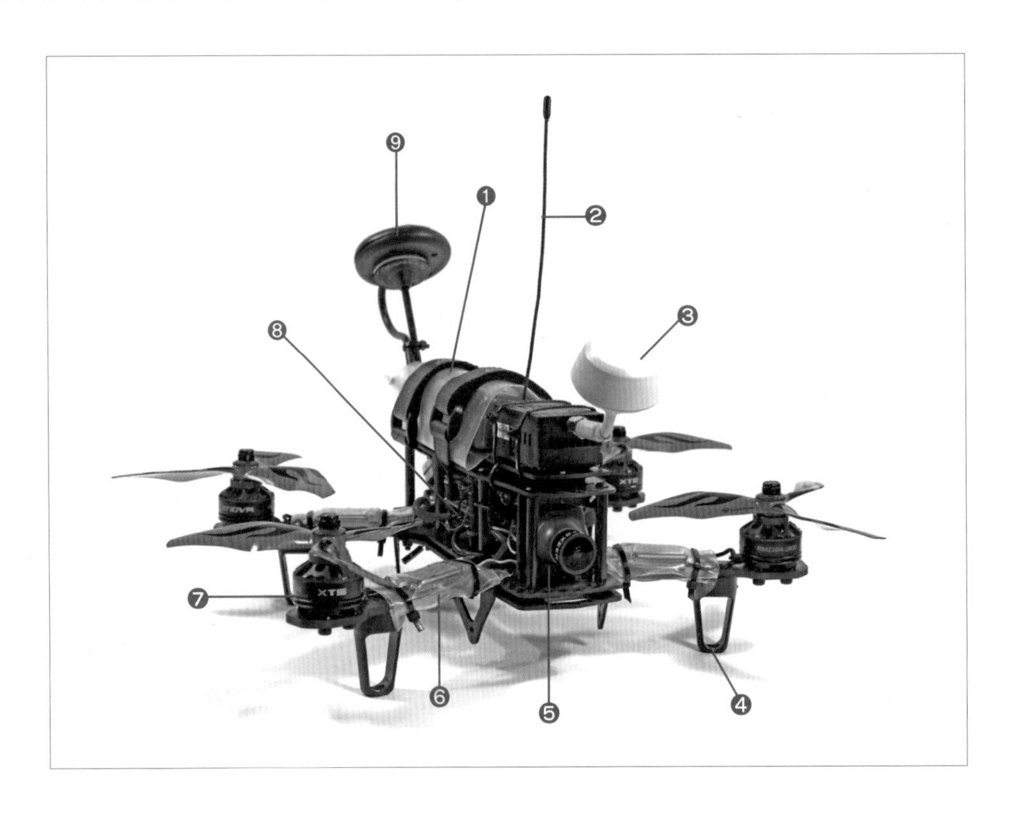

❶ 배터리

드론에 필요한 전기를 공급합니다.

❷ 조종기 수신기(리시버)

조종기의 명령을 무선으로 수신한 뒤 비행 컨트롤러에 전달하는 장치입니다. 조종기 구매 시 전용 수신기를 세트로 구매할 수 있습니다.

❸ 영상 송신기(전송기, VTX)

캠으로 찍은 영상을 조종자에게 무선으로 전송하는 부품입니다.

❹ 랜딩 기어

드론에서 지면과 맞닿는 다리입니다.

❺ 동영상 캠(Cam)

비행 중 전방 모습을 동영상으로 찍는 소형 캠입니다.

❻ 변속기(ESC)

모터의 회전 속도, 회전 방향을 제어합니다.

❼ 모터

변속기, 모터, 프로펠러로 조합되어 동력을 일으키는 동력부 장치입니다. 4개의 모터가 달려 있으므로 쿼드콥터형 드론입니다.

❽ 비행 컨트롤러(FC)

무선으로 받은 조종 명령과 기체 내 센서에서 입수한 정보를 조합하여 드론의 각 장치를 컨트롤합니다.

❾ GPS 모듈

비행 중 위치 파악, 경로 비행, 리턴 홈 기능을 사용합니다.

2) 드론 프레임과 내부 구조

드론의 외형을 해체하면 프레임(뼈대)과 부속품들이 보입니다. 다음 도해는 캠과 영상 전송기(TX)가 붙어 있는 상태인데, 캠과 영상 전송기를 제거한 나머지 부품으로도 드론을 만들 수 있습니다. 아래와 같이 크게 6가지 부품만 있어도 드론이 완성되고 여기에 배터리, 조종기, 조종기 전용 리시버를 추가한 뒤 여러 가지 설정을 하면 날 수 있는 드론 1세트가 완성됩니다.

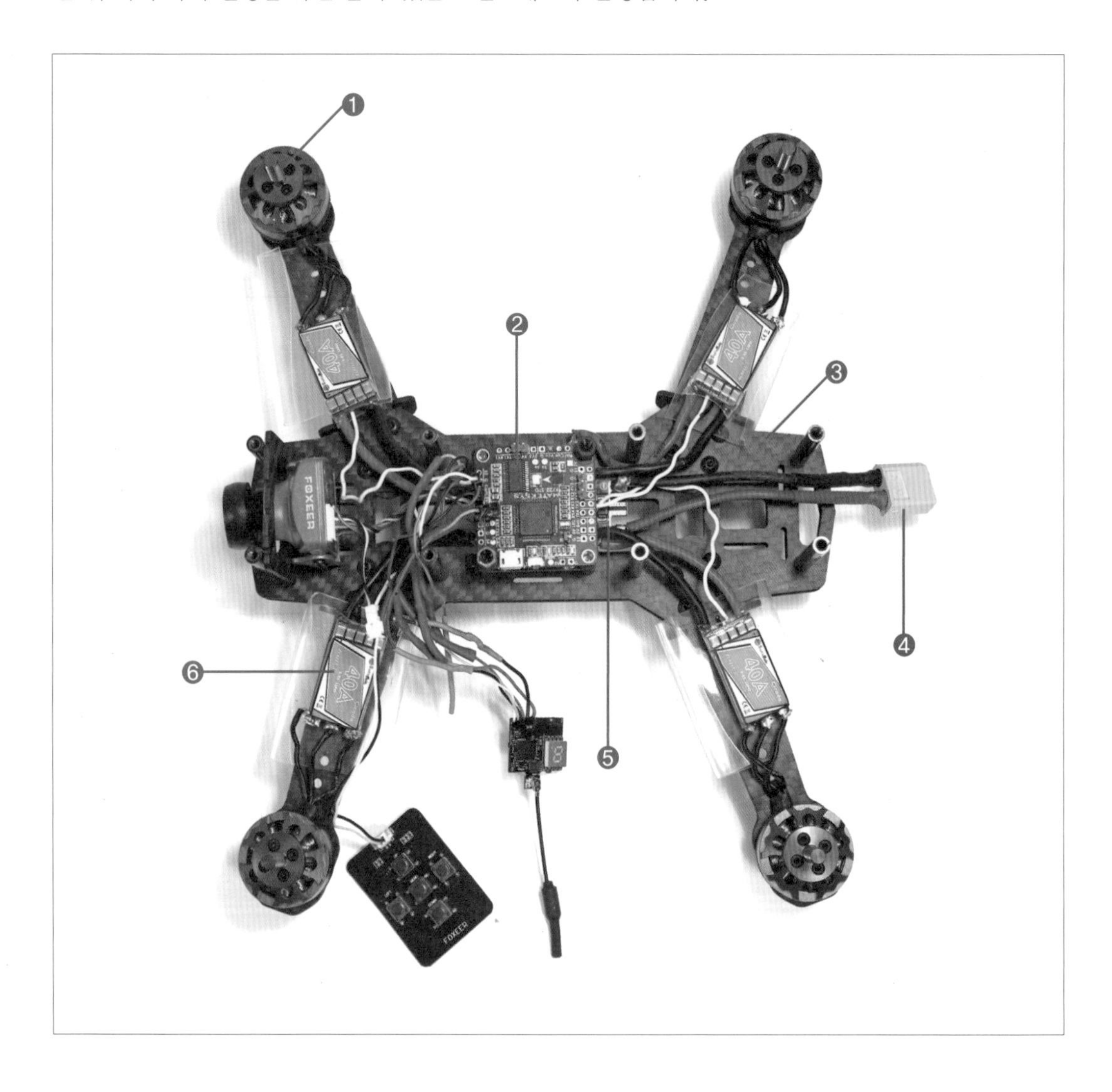

❶ 모터(로터) 4개 1세트

프로펠러를 장착하지 않은 상태입니다.

❷ 비행 컨트롤러(FC) 1개

❸ 프레임 1세트(QAV 250 모델)

❹ 배터리 단자

XT60 단자입니다.

❺ 전원 보드(배전반) 1개

전원을 분배하는 기판으로 비행 컨트롤러 하단에 장착합니다.

❻ 변속기(ESC)

4개 1세트

250급 드론의 휠베이스는 250mm, 350급 드론의 휠베이스는 350mm, 700급 드론의 휠베이스는 700mm입니다. 휠베이스(축거)라는 용어는 자동차 업계에선 앞바퀴와 뒷바퀴의 간격을 의미하지만 드론에서는 모터의 중심축을 기준으로 한 대각선 방향의 길이이며, 드론의 크기를 개괄적으로 산출하는 지표입니다.

3) 드론을 조립할 때 유의해야 할 기체의 무게 중심

다음은 레이싱 드론 프레임으로 유명한 QAV 250에 무거운 부품들을 조합한 예제입니다. 대각선 길이 250mm의 작고 가벼운 소형 기종에 무거운 부품들을 장착하면서 배터리 포함 총 무게는 800g에 가깝지만 2600KV 모터와 5인치 프로펠러를 조합해 이륙하는 데 스로틀의 35~40%만 사용하도록 조립했습니다. 다만 한정된 수납공간에 수많은 부품을 넣다 보니 기체 중앙에 있어야 할 무게 중심이 뒤편으로 이동했고, 이 때문에 앞쪽은 빨리 이륙하는 반면 꼬리 부분이 뒤늦게 이륙하면서 공중에서 중심을 잡지 못하고 표류하는 경향이 생겼습니다. 이 경우 무게 중심을 중앙에 오도록 해야 하는데, 보통은 배터리 장착 위치를 변경하는 방법을 사용하거나 두세 가지 부품을 가벼운 부품으로 교체하는 방법, 소프트웨어적으로 교정하는 방법을 사용합니다.

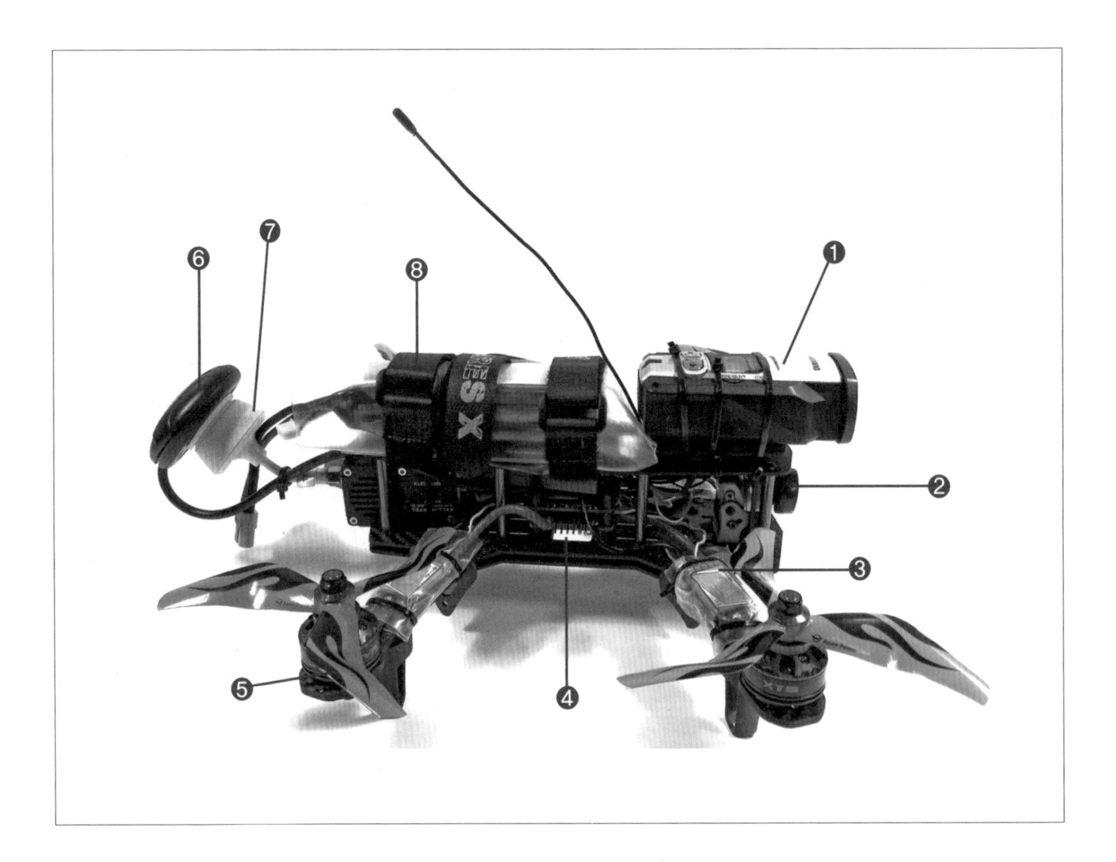

유용한 TIP

본문 사진은 부품을 많이 장착할 수 있음을 보여 주기 위한 사진이며, 실제로 위와 같이 조립하면 크기 대비 상단부가 무거운 기종입니다. 드론을 처음 조종하는 사람은 위와 같이 만들 경우 조종에 어려움을 겪을 수 있으므로 최대한 가벼운 부품으로 조립하기 바랍니다.

❶ 시마노 자전거 액션캠(약 106g)

250급 기체에 부착하기에는 무겁지만 화질이 좋아서 장착했습니다. 고프로 크기의 액션캠으로 교체하면 30~40g을 줄일 수 있습니다.

❷ FPV 캠(약 40g)

❸ 변속기 4개(40g)

❹ 프레임 무게(약 140g)

프레인 안에 내장된 부품들의 무게(약 40g)

❺ 모터 4개(약 120g)

작은 모터로 변경하면 40~50g 줄일 수 있지만 작은 모터는 이 무게를 들고 비행할 수 없을 수도 있습니다.

❻ GPS(약 40g)

❼ 영상 송신기 + 안테나(약 55g)

소형기인 250 기체에 부착하기에는 무겁습니다. 3g짜리 송신기로 교체하면 50g을 줄일 수 있습니다.

❽ 3S 배터리(180g)

250~350 기체용 배터리 무게입니다. 3S를 무게 130g 배터리로 교체하면 50g을 줄일 수 있습니다.

드론을 조립할 때는 기체의 총 무게를 줄이는 것도 중요하지만 무엇보다 중요한 점은 무게 중심을 기체 중앙에 배치하는 작업입니다. 기체 중앙에 무게 중심을 두면 모터 4개가 균일한 RPM으로 돌아가고 비행할 때의 균형이 잘 맞게 됩니다. 기체의 크기에 비해 무거울 경우 비행 균형과 안전성에 문제가 있으므로 250급 드론은 총 무게 800g이 아닌 600g 이하로 조립할 것을 권장합니다. 물론 앞의 경우처럼 기체의 총 중량을 800g으로 해도 날 수는 있지만 크기 대비 수납 부품이 많아서 기체의 무게 중심이 앞 또는 뒤에 몰리게 됩니다. 이 경우 무게 중심이 기체 중앙에 없기 때문에 기체가 비행하기까지 시행착오를 겪어야 합니다.

앞과 같은 경우의 해결책은 무게를 150~200g 줄이기 위해 배터리, 액션캠, 영상 송신기를 작고 가벼운 부품으로 교체한 뒤 무게 중심을 중앙에 오도록 재배치하는 방법, 액션캠을 제거한 뒤 배터리를 가벼운 것으로 교체하고 무게 중심을 중앙에 배치하는 방법이 있습니다. 또는 프레임을 아예 X자형 프레임으로 구입하는 방법도 있습니다.

유용한 TIP

레이싱 드론 프레임으로 요즘 인기 있는 X자형 프레임은 기체의 무게 중심을 가운데로 둘 수 있기 때문에 무게 중심을 쉽게 잡을 수 있습니다. 다만 상단에 부품을 적재할 공간이 협소하기 때문에 배터리를 하단에 부착하는 점이 약점입니다.

X자형 프레임을 선택하면 수납공간이 부족하기 때문에 장착할 수 있는 부품 수는 줄어들지만, 중앙에만 수납할 수 있으므로 무게 중심이 저절로 기체 중앙에 오게 됩니다.

만일 기체 중심에 무게 중심을 둘 수 없을 경우에는 소프트웨어적으로 비행 균형을 잡아 주기도 합니다. 예를 들어 무게 중심이 중앙에서 약간 이탈한 기체와 추락에 의해 비행 균형이 깨진 기체들을 대상으로 트림, 서브 트림, PID 설정을 통해 비행 균형을 어느 정도 잡아 줄 수 있습니다. 물론 소프트웨어적으로 균형을 잡는 작업은 어쩔 수 없는 상황일 때에 해당하고, 일반적으로는 하드웨어적으로 무게 중심을 중앙에 오게 하는 것이 좋습니다.

4) 기체의 무게 중심이 중앙에서 벗어난 경우 소프트웨어적인 해결책

부품들의 장착 위치를 변경하면서 기체 중앙에 무게 중심이 오도록 했으나, 비좁은 수납공간 때문에 기체 중앙에 무게 중심이 오지 않은 경우에 소프트웨어적으로 균형을 잡아 주는 방법은 다음과 같습니다.

아래 방법은 반복적인 추락 사고로 눈에 보이지 않는 손상에 의해 비행 균형이 깨진 드론, 한도 이상의 부품을 적재하여 무게 중심이 중앙에서 벗어난 기체 또는 자신만의 비행 스타일을 꾸미고 싶을 때 사용합니다.

트림	드론의 균형이나 무게 중심이 중앙에 없을 때 드론은 어느 한 방향으로 표류합니다. 또는 추락에 의해 어느 한 부분이 손상되었을 때도 표류 증상이 나타날 수 있습니다. 기체가 어느 한 방향으로 표류하는 증상이 생길 때 즉석에서 수정하는 기능은 조종기의 트림 버튼입니다. 사용법은 Part 5 '트림 버튼(Trim) 사용 방법'을 참고하기 바랍니다.
서브 트림	조종기의 트림 기능을 보조하는 기능입니다. 스틱 범위의 중간값(서브 트림), 최소 범위값, 최대 범위값을 설정해 스틱의 동작 범위에 한도를 주는 기능입니다. 스틱 범위의 중간값(서브 트림)에 따라 스틱의 중간 영점이 변경되고 스틱 조종으로 발생하는 명령이 미세하게 달라집니다. 사용법은 Part 4 '수신기(조종기) 영점 잡기'를 참고하기 바랍니다.
PID	기체의 균형을 찾아내고 조종 스틱에 대한 모터의 회전 속도에 변화를 주어 비행을 개선하는 기능입니다. 원래는 자기만의 비행 스타일로 튜닝하는 것이 목적이지만 무게 중심이 중앙에서 이탈한 기체, 반복적인 추락 사고로 비행 상태가 불안정한 기체, 모터의 소음과 진동 제거, 불안정한 호버링, 비행 회전각이 느슨하거나 민첩한 경우, 비행 속도의 변화를 부드럽게 하거나 민첩하게 하는 등의 작업을 할 때 PID 튜닝 기능을 사용합니다. 튜닝 중 계속 비행 테스트를 하면서 자신이 원하는 비행 상태가 나오도록 PID 값을 수정하면 됩니다. 사용법은 Part 4 '베타 플라이트의 PID 메뉴'를 참고하기 바랍니다.

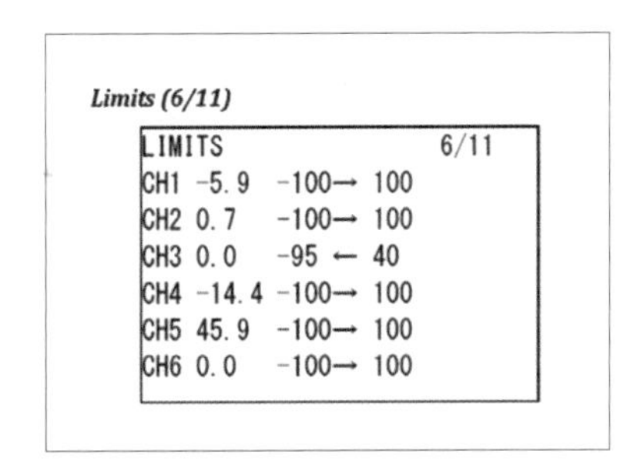

터니지 X9R 조종기의 서브 트림 조절 메뉴

위의 소프트웨어적인 해결책은 4개 모터의 공조 회전 방식을 변경하여 균형을 잡는 방식입니다. 이 때문에 무거운 쪽을 지탱하는 모터는 드론의 균형을 유지할 목적으로 더 많은 회전을 하며 다른 모터에 비해 많은 부하가 발생합니다. 또한 최고 속력을 낼 때 일을 많이 하는 모터는 한계에 다다르지만 일을 적게 하는 모터는 한계에 다다르지 않은 상태입니다. 최고 속력일 때 어느 모터가 놀고 있다면 성능 면에서 비효율적입니다. 따라서 남들보다 빠른 속도의 레이싱 드론을 꾸미는 것이 목표라면 기체를 최대한 가벼운 부품으로 조립하면서 기체 중앙에 무게 중심이 오도록 조립하는 것이 최선의 방법입니다.

2 메이커 완제품 드론과 DIY 조립 드론 비교하기

메이커 완제품 드론은 무게 중심이 중앙에 잘 잡혀 있고 쉬운 조종 모드를 디폴트로 설정한 상태이므로 상대적으로 조종이 쉽습니다. 조립식 드론은 기체 무게와 무게 중심이 천차만별이므로 사용자가 캘리브레이션을 하면서 조종술을 익혀야 합니다. 메이커 드론은 평화로운 비행을 할 수 있지만 재미있는 비행을 할 수는 없는 반면, 조립식 드론은 평화로운 비행술을 익히기까지 오랜 시간이 소요되지만 곡예비행 같은 비행술을 같이 익힐 수 있습니다. 일반적인 취미 목적이라면 메이커 드론을, 개성 있는 재미를 느끼려면 조립식 드론을 추천합니다.

메이커 완제품 드론	비교 요소	조립식 레이싱 드론
비교적 쉬움	**조종술 익히기**	어려움
단순, 평화로운 비행	**조종의 특징**	말벌이나 야생마를 조련하는 느낌
쉬운 비행 모드를 기본 탑재	**비행 모드**	곡예비행 모드 기본 탑재
대부분 지원하지 않음	**곡예비행 모드**	다양한 곡예비행 가능
비교적 쉬움	**호버링(제자리 비행)**	비교적 어려움
공장 출하 시 설정	**기체 캘리브레이션**	백지 상태(사용자가 직접 세팅)
공장 출하 시 설정	**다양한 기능**	백지 상태(사용자가 직접 세팅)
공장 출하 시 설정	**비행 두뇌**	백지 상태(사용자가 직접 세팅)
불편함	**자가 수리 난이도**	쉬움
불리	**성능 확장성**	용이
불편함	**개조**	다양하게 개조 가능
보통	**재미 요소**	높음
즉시 조종 가능	**조종기**	즉시 조종 불가(사용자가 직접 세팅)
보통	**학습 측면**	드론 구조학, 기계학, 물리학, 항공학 공부에 많은 도움

3 드론 1대를 조립할 때의 필수 부품 리스트

다음은 드론 1대를 조립할 때 필요한 부품 리스트입니다. 이를 준비하면 일단 드론 1대를 조립한 뒤 조종할 수 있습니다.

기체 조립	프레임	1세트. 기체의 뼈대(몸통)에 해당하는 부품입니다.	
	비행 컨트롤러(FC)	1개. 드론의 두뇌에 해당하는 명령 처리 기판이며, 중앙 처리 장치인 MPU(CPU)와 각종 센서가 내장되어 있습니다.	
	전원 보드(배전반)	1개. 배터리에서 전기를 공급받은 후 이를 5V나 10~12V로 전압을 낮추어서 분배하는 기판입니다.	
	모터	4개 1세트. 드론의 동력부 부품입니다. 무작정 구매하는 것이 아니라 드론의 예상 총 무게(추력)를 계산한 뒤 그 추력을 낼 수 있는 모터를 준비합니다.	
	변속기(ESC)	4개 1세트. 드론의 동력부 부품의 하나로 모터를 제어하는 부품입니다. 무작정 구매하는 것이 아니라 모터의 최대 순간 소비 전력을 커버하는 변속기를 준비합니다.	
	프로펠러	4개 2세트 이상. 드론의 동력부 부품입니다. 초기에는 드론이 자주 추락하므로 최소 2세트 이상을 구비하되 서로 다른 모양, 다른 크기로 구비한 후 어느 것이 최적의 프로펠러인지 테스트 비행 시 골라내야 합니다.	

배터리	기체 배터리	변속기 및 모터가 지원하는 권장 배터리를 사용하되 일반적으로 3~4S 리튬 폴리머 배터리를 사용합니다. 3, 4, 5S로 올라갈수록 모터를 회전시키는 순간적인 출력이 강해집니다.	
	조종기 배터리	조종기는 보통 12V 건전지나 리튬 폴리머 배터리를 사용하며, 조종기에 따라 배터리가 다릅니다. 리튬 폴리머 배터리를 사용하는 조종기는 조종기 구매 옵션에서 전용 배터리를 함께 구입하기 바랍니다.	
	벨크로(찍찍이 띠)	벨크로란 배터리를 기체에 묶을 때 사용하는 벨트로, 흔히 말하는 찍찍이입니다. 일반적으로 30cm 길이의 벨크로 2개를 구매합니다.	
	배터리 충전기	배터리를 충전할 때 사용합니다. 드론 배터리와 조종기 배터리 양쪽 다 충전할 수 있는 제품을 구매하기 바랍니다.	
	배터리 잔량 체크기	리튬 폴리머 배터리의 잔량을 체크하는 휴대용 장치입니다. 리튬 폴리머 배터리는 잔량이 부족하거나 과충전하면 고장나므로 반드시 잔량 체크기를 준비한 뒤 항상 잔량을 체크하기 바랍니다.	
조종기	조종기 본체	조종기의 본체에 해당합니다.	
	조종기 송신기 (TX, 트랜스미터)	드론에 붙인 수신기와 전파를 주고받는 조종기 쪽 장치입니다. 조종기를 구매하면 보통 조종기 뒤편에 모듈 형태로 내장되어 있습니다.	
	조종기 수신기 (RX, 리시버)	조종기와 호환되는 전용 수신기로 드론에 붙이는 장치입니다. 조종기가 보낸 무선 신호를 잡아서 드론의 전자 장치에 전달합니다. 조종기 구매 시 해당 조종기와 세트로 구매하되 전용 수신기나 호환 수신기를 구매합니다.	

4 필요한 경우 추가하는 부품

앞에서 소개한 부품들은 드론 1대를 조립할 때 필수적인 부품들이며, 지금부터는 필요한 경우 추가하는 주변 기기 목록입니다. 이들 주변 기기는 드론의 필수 부품이 아니므로 추가하지 않아도 드론의 비행에는 지장 없습니다.

구분	부품	설명
드론 주변 기기	FPV 전용 캠	비행 중 드론의 전방을 동영상으로 찍는 장치입니다. 녹화 기능은 내장되어 있지 않습니다. 보통 FPV 캠이라고 부릅니다.
	영상 송수신기	FPV 캠으로 찍은 동영상을 조종자에게 무선으로 전송하는 장치입니다. 비행 중인 드론이 보고 있는 모습을 실시간 동영상으로 보내 주기 때문에 조종이 한층 편리합니다.
	영상 수신용 화면 장치	FPV 캠이 찍은 동영상을 실시간 무선으로 받은 뒤 화면으로 출력하는 화면 장치입니다. 보통 영상 송수신기가 지원하는 화면 장치를 사용합니다. 휴대용 TFT 모니터, 태블릿, 스마트폰, 고글 등이 있습니다.
	GPS 모듈	드론의 위치 정보를 알 수 있는 GPS 장치입니다. GPS 모듈을 구매할 때는 별도의 GPS 지지대를 같이 구매하기 바랍니다.
	초음파 모듈(소나 모듈)	비행 중 장애물을 만났을 때 충돌 회피 기능을 추가하려면 초음파 모듈이 필요합니다. 250급 드론은 초음파 모듈을 설치할 공간이 협소하고 FC에 연결 단자가 없을 수도 있으므로 설치를 못 할 수도 있습니다. 주로 350급 이상의 중대형 드론을 조립할 때 준비하기 바랍니다.
	짐벌	모터의 진동이 액션캠이나 카메라에 전달되지 않도록 진동 흡수 및 완충 작용을 하는 카메라 전용 장치입니다. 자동형 짐벌은 설치 후 조종키를 할당하면 조종기에서 무선으로 회전과 각도를 조종할 수 있습니다. 250급 드론은 하단에 짐벌을 설치할 공간이 없고 보통은 350급 드론부터 기체 하부에 장착할 공간이 있습니다.
	랜딩 기어	드론의 다리에 해당합니다. 자동형 랜딩 기어는 조종키를 할당하면 조종기에서 무선으로 접거나 펼 수 있습니다. 일반적으로 350급 드론부터 기체 하단에 랜딩 기어를 설치할 공간이 있습니다.
	LED 모듈	드론에 LED를 장착할 수 있습니다. 시야 비행을 할 때 드론의 비행 위치를 육안으로 파악하는 데 도움이 됩니다.

5 드론 조립 시 필요한 도구와 부자재

드론을 조립할 때 필요한 최소한의 도구와 부자재입니다. 여기서는 QAV 250 같은 소형급 드론을 조립할 때 필요한 도구들을 소개합니다.

조립 공구와 부자재	육각 렌치	중소형급 드론은 보통 M2, M3, M5 규격의 육각 볼트 2~3종으로 조립합니다. 따라서 M2, M3, M5 규격별 육각 렌치가 필요합니다.
	육각 너트 홀더	M2, M3, M5 규격 육각 볼트를 조일 때 반대쪽 육각 너트가 헛돌지 않도록 잡아 주는 기구입니다. M2, M3, M5 규격별 육각 너트홀더가 필요하므로 종합 홀더를 준비하기 바랍니다.
	프롭 너트 홀더	프로펠러 상단의 너트를 프롭 너트라고 하며, 이 너트를 조이는 기구가 프롭 너트 홀더입니다. 중소용 드론은 보통 M5 규격 홀더를 준비하되, 가운데에 구멍이 뚫려 있는 홀더가 좋습니다.
	납땜 도구 & 납땜 흡입기 & 니퍼	납땜 도구와 납땜 흡입기는 납땜 작업 시 사용합니다. 니퍼는 전기선의 피복을 벗길 때 사용합니다.
	소프트 전선 (전깃줄)	피복이 일반 전기선보다 부드러운 전기선입니다. 딱딱하지 않으므로 고주파 진동에 유연하게 대처합니다. 배터리와 연결하는 전선은 14~16ANG 굵기, 소형 부품끼리 연결하는 전선은 21~23ANG 굵기의 소프트 전선을 사용합니다.
	수축 튜브	합선(쇼트) 방지 목적으로 납땜 부분에 덮는 튜브 모양 비닐입니다. 전깃줄용, 변속기용, 배터리용 수축 튜브가 있으므로 가급적 모두 준비하기 바랍니다.
	진동 완화 댐퍼 (고무 볼트형 지지대)	모터가 강하게 회전할 때 고주파 진동이 발생합니다. 진동 완화용 고무 볼트, 모터 밑에 붙이는 고무판 등은 진동을 완충시키는 효과가 있을 뿐 아니라 추락 시 기체와 부품의 손상을 줄여 줍니다.

6 DIY 드론 부품을 선정하는 순서와 방법

드론은 하늘을 비행하는 완구이기 때문에 무게에 민감합니다. 기체가 무거우면 배터리 소모가 많으므로 비행 시간은 짧아집니다. 따라서 드론을 조립하려면 일단 어떤 목적의 드론을 조립할 것인지 목표를 세운 뒤 무게를 최소화할 수 있는 부품은 어떤 것이 있는지 검색하기 바랍니다.

예를 들어 레이싱 드론일 경우 예상 총 무게를 600g 이하로 선정하고, 촬영 및 취미용 드론이라면 예상 총 무게를 1~10kg로 선정한 후 그에 적합한 크기의 프레임, 비행 컨트롤러(FC), 변속기(ESC), 모터, 배터리를 선정하는 과정이 필요합니다. 가급적 가벼운 부품으로 조립하는 것이 좋은데, 가벼울수록 배터리를 상대적으로 덜 소비하고 그 결과 더 오랫동안 비행할 수 있기 때문입니다.

1) 제작할 드론의 용도 선정

어떤 용도의 드론을 만들 것인지 목표를 선정합니다. 레이싱 드론, 실내용 드론, 취미용 드론, 항공 촬영용 드론, 농업용 드론, 산업용 드론, 업무용 드론 등의 목표를 선정할 수 있습니다.

2) 드론으로 들어올리는 비행 중량 혹은 추력 계산

추력이란 고정익 비행기가 날아가는 힘을 의미하며, 드론이나 헬기의 경우에는 기체의 상향성을 의미합니다. 추력이 높을수록 많은 무게의 짐을 싣고 비행할 수 있습니다. 드론을 조립하려면 먼저 용도를 정한 뒤 그 용도에 맞는 기체 중량을 계산합니다.

3) 비행 컨트롤러 선정

비행 컨트롤러는 기체의 크기나 용도에 상관없이 어떤 드론에서나 사용할 수 있습니다. 다만 비행 컨트롤러마다 성능의 차이가 있으므로 레이싱 드론이라면 명령 처리가 빠른 비행 컨트롤러, 업무용 드론이라면 입출력 단자 수가 많은 비행 컨트롤러를 선정하는 것이 좋습니다.

4) 프레임 선정

총중량 500g 이하가 목표라면 180mm급 이하 미니 프레임, 총중량 500~700g이 목표라면 250mm급 소형 프레임, 총중량 1kg이 목표라면 350mm급 중형 프레임을 선택합니다. 총중량 20kg이 목표라면 1~1.5m급 대형 프레임을 선정합니다.

5) 모터 선정

원하는 추력이 나오도록 모터 4개 1세트를 선정합니다. 모터로 총 추력을 계산하는 방법은 이번 장의 '모터' 항목을 참고하기 바랍니다.

6) 프로펠러 선정

프로펠러는 프레임과 모터 별로 권장 규격이 있습니다. 기체의 암 길이보다 짧은 프로펠러는 모두 장착할 수 있습니다. 프로펠러 크기에 따라 드론의 추력이 달라지므로 여러모로 판단한 뒤 선택합니다.

7) 변속기 선정

앞에서 선정한 모터의 순간 최대 소비 전류(A)를 안전하게 커버할 수 있는 변속기 4개를 선정합니다. 계산식이 복잡하기 때문에 모터의 순간 최대 소비 전류에 변속기의 정격 소비 전류를 맞추어서 조합합니다. 예를 들어 정격 전류는 20A, 순간 최대 소비 전류 25A의 모터를 사용할 생각이라면 정격 전류 25A, 순간 최대 소비 전류 30A급 변속기를 선정합니다. 이 경우 모터가 최대 속력으로 회전할 때(25A) 변속기의 정격 전류는 25A이므로 변속기에 과부하가 걸리지 않습니다. 만일 정격 전류 20A, 순간 최대 소비 전류 25A의 모터에 정격 전류 20A, 순간 최대 소비 전류 25A의 변속기를 조합하면 모터가 최대 속력으로 회전할 때(25A) 변속기도 순간 최대 소비 전류 25A로 모터를 지원해야 하므로 변속기에 과부하가 걸려 고장 납니다. 변속기가 고장 나면 모터에 공급되는 전원도 끊기므로 모터의 회전이 멈추면서 드론은 추락합니다.

8) 주변 기기 선정

조립식 드론의 주변 기기는 GPS, 영상캠, 영상 송수신기(영숙이), OSD 모듈, 초음파 센서(소나) 등이 있습니다. 필요한 경우 추가로 구입한 뒤 같이 조립하면 됩니다. 드론에 추가할 수 있는 이들 주변 기기는 일반적으로 비행 컨트롤러와 연결합니다. 연결한 뒤에는 부품에 따라 몇가지 세팅을 해야만 비행 컨트롤러에서 인식합니다.

9) 조종기 선정

앞에서 선정한 비행 컨트롤러와 연결 가능한 조종기를 선정합니다. 비행 컨트롤러와 연결되지 않는 조종기는 사용할 수 없음을 유념하기 바랍니다. 일반적으로 PPM 또는 SBUS 단자 방식을 둘 다 지원하는 조종기는 신형 비행 컨트롤러와 대부분 호환됩니다.

이와 달리 PWM 단자 방식 조종기는 신형 비행 컨트롤러와는 거의 호환되지 않는 구형 조종기입니다. 신형 비행 컨트롤러에는 사용할 수 없고 구형 비행 컨트롤러 중 PWM 단자 방식 제품에만 사용할 수 있으므로 PWM 단자 방식 조종기의 구매를 피하기 바랍니다. 간단히 말해 PWM 단자 방식 조종기는 신형 컨트롤러와 단자 모양이 아예 다르기 때문에 연결할 수 없다는 뜻입니다.

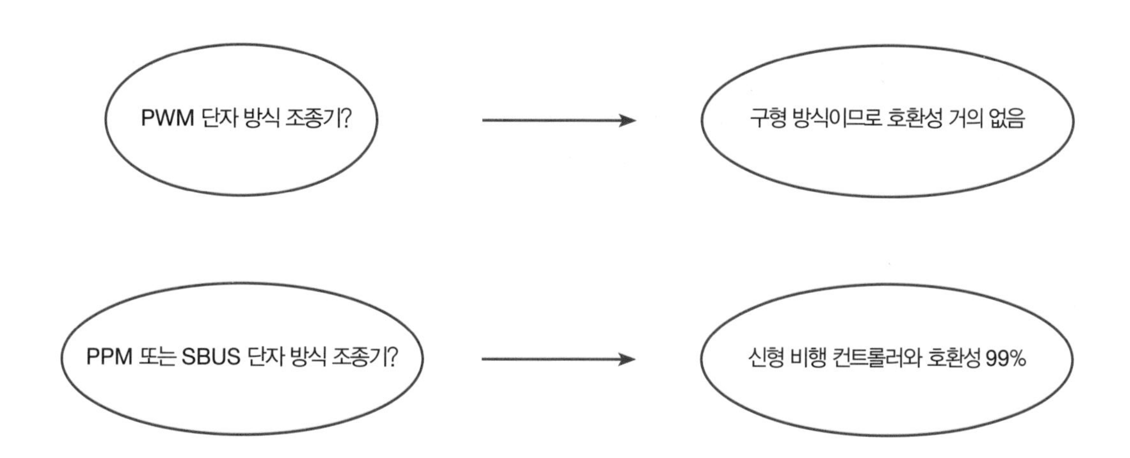

CHAPTER

02 비행 컨트롤러(FC)

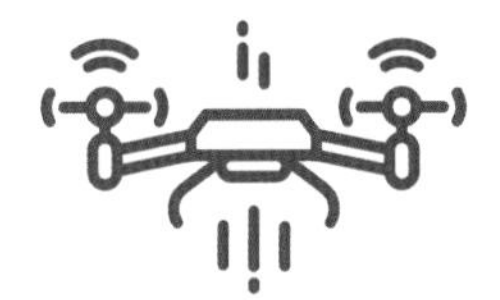

1 비행 컨트롤러란?

'Flight Controller'의 약자인 FC는 드론의 두뇌에 해당하는 비행 컨트롤러(비행제어기판)를 말합니다. 비행 컨트롤러에는 보통 가속도 센서, 자이로 센서, 바로미터가 내장되어 비행에 필요한 정보를 입수하고 조종기에서 보내는 조종 신호를 연산해 드론의 각 장치를 제어합니다.

요즘 사용하는 신형 비행 컨트롤러는 대략 500원 동전보다 약간 큰 크기의 기판입니다. 비행 컨트롤러에 내장된 중요 칩은 아래와 같고, 드론용 주변 기기를 연결할 수 있는 여러 종류의 단자를 제공합니다. 다목적 드론을 조립하려면 가급적 연결 단자 수가 많은 비행 컨트롤러를 선택합니다. 비행 컨트롤러의 국내 가격은 3~10만 원대인데 일반적으로 4만 원 이하는 구형이거나 버전이 낮은 제품 또는 신형이지만 부가 기능이 적은 제품이고, 5~10만 원대 상품들은 명령 처리 속도가 빠른 신형이거나, 구형이지만 성능이 뛰어난 제품입니다.
비행 컨트롤러의 단자에는 GPS, 초음파 센서, 자력계 부품을 붙일 수 있고 때에 따라 카메라 제어 기능이나 짐벌 제어 기능을 붙일 수 있으므로 여유 단자가 많은 제품이 좋습니다. 단자의 모양은 꼽는 방식과 납땜 방식 두 가지가 있는데, 납땜 방식 단자가 조립 면에서 더 유연합니다.
다음은 비행 컨트롤러를 구입하기 전 확인해야 할 스펙입니다.

1) MCU 칩

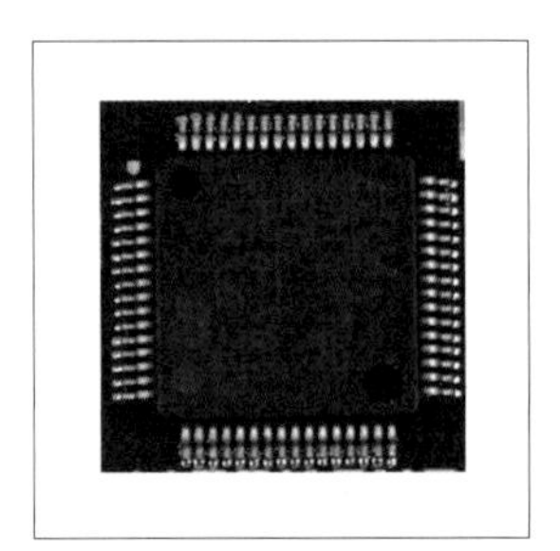

'Micro Control Unit'의 약자로서 드론의 두뇌이자 비행 컨트롤러의 핵심에 해당하는 부품입니다. 컴퓨터로 치면 CPU에 해당합니다. 레이싱용 비행 컨트롤러로 유명한 제품들은 대부분 STM32 MCU가 부착되어 있습니다.
구매 전 비행 컨트롤러 스펙에서 STM32 같은 MCU가 상대적으로 신형이자 고성능인지 확인하고 구매해야 하는데, F3, F4, F7로 올라갈수록 신형 버전이므로 더 안정적인 비행과 더 많은 연결 단자를 제공합니다.

2) IMU 칩

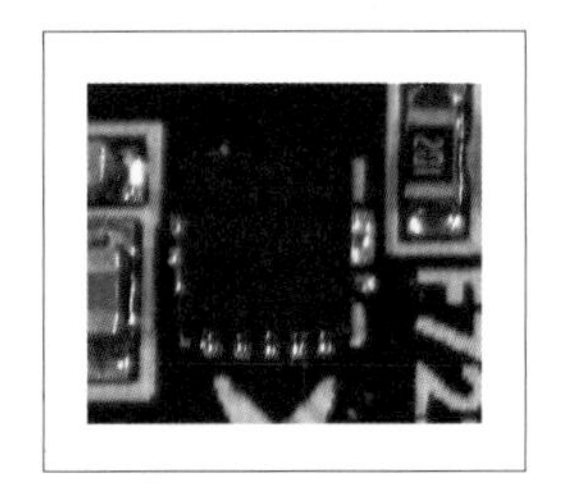

관성 측정 장치(Inertial Measurement Unit)를 말합니다. 비행 컨트롤러 기판에는 가속도 센서와 자이로 센서가 부착되어 있는데 이들 센서 기능을 통합한 칩이 IMU 칩입니다. IMU 칩은 드론의 기울기와 가속도, 회전 속도를 감지하고 평행 유지를 하도록 하는 기본 센서입니다. 비트 수가 높을 경우(가령 32비트) 고급 칩으로 취급하며 고급 칩일수록 부드럽고 안정적인 비행과 호버링, 빠른 연산 속도를 가집니다.
구매 전 비행 컨트롤러 스펙에서 IMU가 32비트 이상을 지원하는지 확인하고 구매하기 바랍니다.

3) 자이로(Gyro) 센서

드론의 회전각을 검출한 후 수평을 잡을 수 있도록 도와주는 센서입니다. 드론에서 가장 기본적인 부품이므로 저가형 비행 컨트롤러와 장난감 같은 드론에도 비행 컨트롤러의 IMU칩에 탑재되어 있습니다.

4) 가속도 센서

'Acceleration Sensor'라고 합니다. 자이로 센서와 달리 움직임의 가속도를 검출하여 드론 기체의 속도 등을 체크하는 장치입니다. 가속도 센서는 비행 컨트롤러(FC)의 MCU 부품에 기본으로 탑재되어 있습니다.

유용한 TIP

3축, 6축, 9축 자이로 센서

3축은 자이로 센서이고, 6축은 자이로 센서에 가속도 센서가 조합된 형태이며, 9축은 자이로 센서, 가속도 센서, 자기계(컴퍼스, 전자 나침반)가 조합된 형태입니다. 일반적인 비행 컨트롤러의 경우 IMU에 가속도 센서와 자이로 센서가 내장되어 있으므로 6축 자이로 센서라고 할 수 있고, 조립할 때 컴퍼스 내장 GPS를 추가하면 9축 자이로 센서 환경이 구축됩니다. 9축 자이로 센서에 자이로 센서나 가속도 센서 중 어느 하나를 더 내장한 12축 자이로 센서도 있습니다.

5) 바로미터(Barometer, 기압계)

일반적으로 비행 컨트롤러 보드에 내장되어 고도에 따른 기압을 인식하여 드론의 고도를 유지하게 하고 고도 정보를 생성합니다. 고급 비행 컨트롤러의 경우 고급 기압계 칩이 내장되어 있습니다. 참고로 비행 컨트롤러에 따라 기압계를 내장하지 않은 제품도 있으므로 반드시 확인하기 바랍니다. 기압계 부품이 내장되지 않은 비행 컨트롤러의 경우 1만 원대의 기압계 칩을 구입한 뒤 비행 컨트롤러에 납땜으로 연결할 수도 있습니다(기압계를 연결할 수 있는 단자가 있는 경우).

6) 조종기와 연결하는 PWM 입력 단자 또는 PPM, SBUS 입력 단자

PWM은 펄스 폭 변조 방식(Pulse Width Modulation) 방식을 말합니다. 구형 조종기 사용자는 PWM 방식 조종기일 확률이 높으므로 PWM 입력 단자가 있는 비행 컨트롤러를 구매해야 연결할 수 있습니다.

신형 조종기는 PWM 방식이 아닌 PPM, SBUS 방식 인터페이스로 무선 신호를 전송하므로 비행 컨트롤러에 PWM 단자 대신 PPM, SBUS 입력 단자가 있는 제품을 구입하는데, 보통은 UART 단자가 PPM/SBUS 입력 단자 기능을 함께 합니다. 간단히 말해 비행 컨트롤러와 맞는 방식의 조종기를 구매해야 합니다.

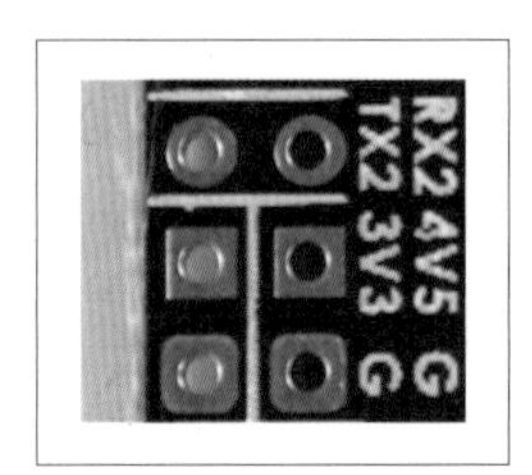

UART 단자

PWM 방식은 RC 초창기에 사용한 구형 방식이므로 신형 비행 컨트롤러는 PWM 입력 단자를 지원하지 않지만 가급적 PWM 입력 단자가 1개는 있는 비행 컨트롤러를 구매하기 바랍니다. 드론용 주변 기기 중 몇몇은 PWM 입력 신호를 사용하기 때문입니다.
PPM 또는 SBUS 방식 인터페이스는 대부분의 비행 컨트롤러와 연결이 가능한 방식이므로 조종기를 구매할 때는 PPM와 SBUS 인터페이스를 지원하는 조종기를 구매하는 것이 가장 좋습니다.

7) 모터를 연결하는 PWM 출력 단자

비행 컨트롤러의 PWM 출력 단자는 변속기를 통해 모터를 연결하는 단자입니다. 드론 중 모터가 4개인 쿼드콥터용 비행 컨트롤러는 기본 구조상 4개 모터를 연결하므로 4개의 PWM 출력 단자를 제공합니다. 만일 모터 외의 PWM 방식 주변 기기를 조종기로 제어하려면 PWM 출력 단자가 6개 이상 있는 비행 컨트롤러를 구매하는 것이 좋은데, 대부분의 비행 컨트롤러는 6개 정도의 PWM 출력 단자를 기본 제공합니다.

만일 모터를 8개 장착하는 옵토콥터 드론을 조립할 생각이라면 최소한 8개의 PWM 출력 단자가 물리적으로 존재하는 비행 컨트롤러를 구매하기 바랍니다.

8) 공급 전원(배터리의 직접 연결 유무)

비행 컨트롤러(FC)는 기본적으로 5V 전압으로 구동됩니다. 따라서 배터리를 직접 연결할 수 있는 단자가 있는 비행 컨트롤러의 경우에는 자체적으로 전압을 5V로 낮추어서 공급하는 레귤레이터를 내장한 보드라는 뜻입니다.

구형 FC의 경우에는 배터리를 직접 연결할 수 있는 제품이 많았지만, 신형 FC는 배터리를 직접 연결하지 않고 전원 보드(배전반)를 통해 공급받는 제품이 많습니다. 배터리를 직접 연결하지 않는 비행 컨트롤러는 배터리 연결 단자가 없으므로 이 경우 BEC 5V 전압을 분배하는 배전반을 추가 구매해야 합니다. 만일 5V만 입력받을 수 있는 비행 컨트롤러에 3S 이상의 배터리를 직접 연결하면 비행 컨트롤러에서 스파크와 함께 연기가 나면서 고장 나므로 주의하기 바랍니다.

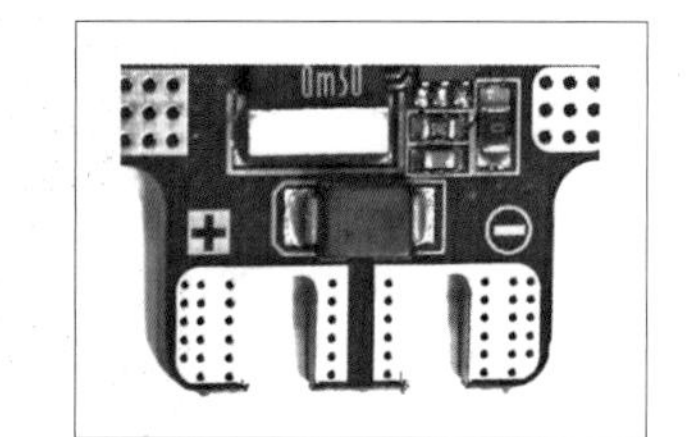

참고해요 · 비행 컨트롤러의 5V 전기는 어디서 끌고 올까? ·

비행 컨트롤러에 배터리를 연결하려면 반드시 비행 컨트롤러 매뉴얼이나 스펙에서 배터리의 직접 연결이 가능한지 확인하기 바랍니다. 통상 매뉴얼과 스펙에서 3S~4S 배터리 단자 내장이라고 쓰여 있을 경우 3S~4S 배터리를 바로 연결할 수 있는 비행 컨트롤러이지만, 이는 구형 비행 컨트롤러에서 많이 볼 수 있고 신형 비행 컨트롤러는 배터리를 직접 연결하지 않습니다.

초보자들은 이 사실을 모르기 때문에 드론을 조립할 때 배터리를 비행 컨트롤러에 바로 연결하다가 비행 컨트롤러를 고장 내는 경우가 많습니다. 조립하기 전에 배터리 연결 단자가 보이지 않는 비행 컨트롤러라면 5V 전기만 연결할 수 있는 비행 컨트롤러임을 명심하기 바랍니다. 5V 전기는 배전반이나 올인원 변속기 등에서 공급받을 수 있는데, 이 경우 배터리는 배전반이나 올인원 변속기에 연결한 뒤 해당 기판에서 제공하는 BEC 5V 출력 단자를 통해 비행 컨트롤러에 5V 전기를 공급합니다.

Matek F7 STD 비행 컨트롤러 전면부 도해

Matek F722 STD는 STM32 칩을 사용하는 제품 중 가장 최신 버전인 F7 버전입니다.

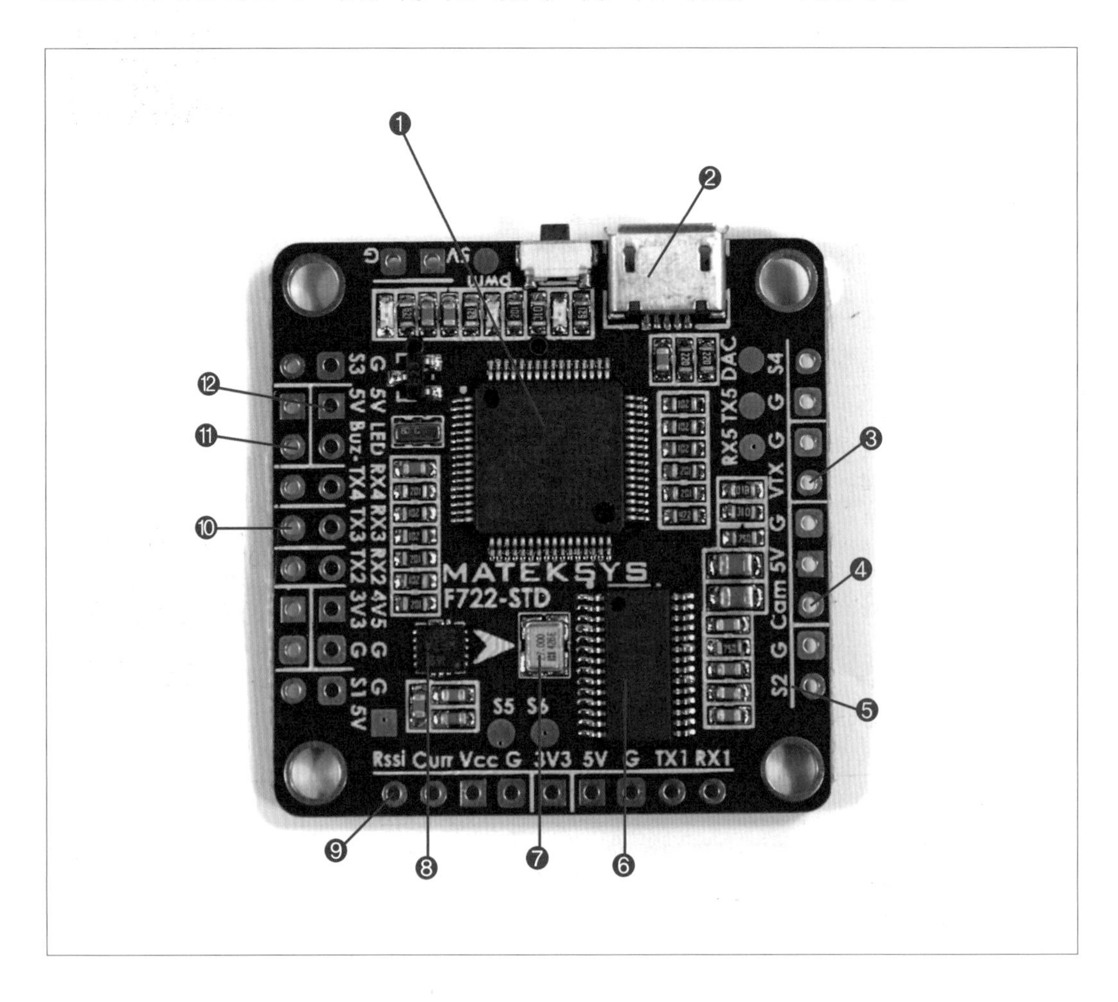

❶ MCU : 216MHz STM32F722RET6

드론의 중앙 처리 장치(CPU)에 해당하는 MCU 칩으로서 ST 회사의 STM32 F7 버전을 사용합니다. 조종기에서 보내오는 명령을 처리하는 속도는 F7 F4 버전보다 약 20% 빠른 216MHz입니다.

❷ 마이크로 USB 단자

❸ VTX : 영상 신호 단자

OSD를 내장한 제품이므로 캠에서 입력된 영상을 OSD를 경유해 영상 송신기로 보내는 단자가 있습니다.

❹ Cam : 캠 단자

OSD를 내장한 제품이므로 캠 영상 신호를 입력하는 단자가 있습니다.

❺ S1~S4 : 모터 단자

PWM 아웃 단자로서 변속기(모터)를 연결합니다.

❻ OSD : BetaFlight OSD w/ AT7456E chip

이 비행 컨트롤러에는 OSD 기능이 내장되어 있기 때문에 OSD 처리 칩이 붙어 있습니다.

❼ Baro : BMP280(I2C)

바로미터(기압계) 센서와 제품명입니다. 괄호 안은 인터페이스(연결 방식)입니다.

❽ IMU : 32K ICM20602 gyro/accelerometer(SPI)

가속도 센서와 자이로 센서가 통합되어 있는 IMU 칩입니다. 괄호 안은 인터페이스(연결 방식)입니다.

❾ RSSI 단자

RSSI를 지원하는 조종기에 필요한 단자입니다.

❿ UART 단자

다목적 단자입니다. 드론용 주변기기를 연결할 수 있습니다.

⓫ 버저 연결

드론용 버저(작은 스피커)를 연결합니다. 풀밭이나 숲속에 드론이 추락하면 찾을 수 없는 경우가 많은데, 이때 버저음으로 찾을 수 있습니다.

⓬ LED 연결

장식용의 LED 램프를 연결하는 단자입니다.

Matek F7 STD 비행 컨트롤러 후면부 도해

Matek F722 STD 비행 컨트롤러의 뒷면입니다. 이 제품은 기판 앞면이나 뒷면에 배터리 연결 단자가 없는 제품이므로 배터리가 연결된 다른 기판에서 BEC 5V 전기를 공급받아 구동합니다.

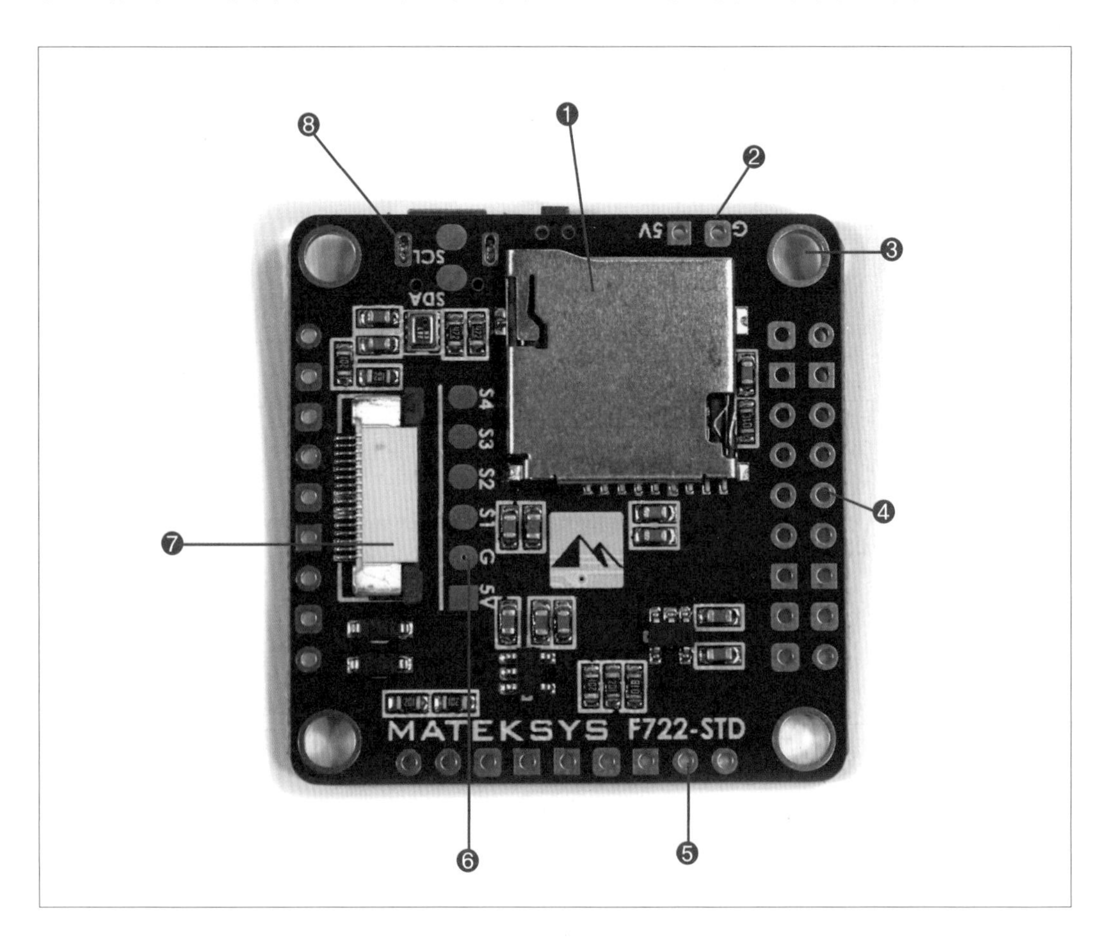

❶ 마이크로 SD 카드 슬롯

드론이 비행할 때 각종 비행 기록이나 위치 정보를 로그로 기록하려면 이곳에 SD 카드를 삽입합니다. 최대 4GB를 기록할 수 있습니다.

❷ PWM/전원단자

카메라 컨트롤 장치에 전기를 공급하는 단자입니다.

❸ 설치 구멍

프레임에 볼트로 설치하는 구멍입니다.

❹ UART 단자

URAT 단자는 다목적의 플렉시블 단자로써 주변 기기를 연결하는 단자입니다. 이 제품의 경우 UART 단자가 SBUS 단자를 병행합니다.

❺ 구멍이 있는 단자

구멍이 있는 단자는 윗면과 아랫면이 같은 단자이므로 어느 한쪽에 연결하면 됩니다.

❻ S1~S4 단자

올인원(4in1) 변속기 사용자는 변속기의 S1~S4를 이곳에 연결한 뒤, 전원 단자는 변속기의 S1~S4 단자 옆에 있는 전원 단자와 연결합니다.

❼ FFC 케이블 단자

이 제품의 전용 배전반을 사용할 경우 FFC 케이블로 연결하면 다른 단자를 연결할 필요 없이 배전반과 비행 컨트롤러가 일괄 연결됩니다.

❽ I2C 단자

I2C 인터페이스를 사용하는 드론 주변 기기용 연결 단자입니다.

2 비행 컨트롤러(FC) 스펙 읽기

비행 컨트롤러를 구매할 때는 스펙(Sepc) 항목에서 다음 항목들을 중점적으로 검토하면서 성능과 단자 종류를 확인하기 바랍니다.

- MCU: 216MHz STM32F722RET6
- IMU: 32K ICM20602 gyro/accelerometer (SPI)
- Baro: BMP280 (I2C)
- OSD: BetaFlight OSD w/ AT7456E chip
- Blackbox: MicroSD card slot (SD/SDHC)
- VCP, UART1, UART2, UART3, UART4, UART5
- PPM/UART Shared: UART2-RX
- Battery Voltage Sensor: 1:10
- Current Sensor: No (FCHUB-6S, FCHUB-VTX option)
- BEC 5V: No (FCHUB-6S, FCHUB-VTX option)
- LDO 3.3V: Max.300mA
- I2C1 SDA & SCL: Yes
- Camera control: Yes
- DAC: Yes
- WS2812 Led Strip : Yes
- Beeper : Yes
- RSSI: Yes

MCU	FC의 연산 처리 장치 이름과 속도. Mhz 수치가 높을수록 연산 처리 속도가 빠릅니다. 연산 처리 속도가 빠르면 조종기의 명령을 처리하는 속도, 스스로 수평 비행으로 복원하려는 속도, 자체적인 자율 비행 처리 속도가 빨라집니다.
IMU	FC에 내장된 가속도 센서, 자이로 센서의 이름과 처리 속도입니다.
Baro	FC에 내장된 기압계(바로미터) 칩의 제품명입니다.
OSD	FC에는 일반적으로 OSD 기능이 없지만 이 제품은 OSD 기능이 내장되어 있으므로 OSD 모듈 구입비를 절약할 수 있습니다.
조종기 연결 방식	이 제품과 연결 가능한 무선 조종 수신기의 연결 방식입니다. PPM 혹은 PWM 혹은 SBUS 등이 표기됩니다. 조종기를 구매할 때는 이 연결 방식을 지원하는 조종기를 구매해야 합니다.

Current Sensor	드론의 각종 부품에서의 전압, 전류 등의 사용량을 체크하는 센서의 내장 여부를 알 수 있습니다.
전원	일반적으로 배터리를 직접 연결할 수 있는 FC에는 연결 가능한 배터리 전압이 표시됩니다. 예를 들어 FC의 스펙에 3~4S 배터리라고 나와 있을 경우 3~4S(11~16V) 배터리를 직접 연결할 수 있는 FC를 뜻합니다. 배터리를 직접 연결할 수 있는 FC는 일반적으로 전압을 낮추어서 다른 장치에 분배하는 BEC 5, BEC 10V 단자를 내장합니다. 이 제품은 배터리를 직접 연결해서 사용하는 제품이 아니므로 배터리 연결 단자가 스펙에 나오지 않습니다. 배터리를 직접 연결할 수 없으므로 FC의 내부 구동 전압인 5V를 다른 기판의 BEC 5V 단자에서 공급받아야 합니다. 전용 또는 타 메이커의 배전반을 설치하고 배전반에 배터리를 직접 연결한 후 BEC 5V 단자를 통해 전기를 공급받으면 됩니다.
LDO	레귤레이터 장치입니다. 이 제품의 경우 공급받은 5V 전압을 3.3V 전압으로 내려서 필요한 주변 기기에 전기를 공급하는 레귤레이터가 내장되어 있습니다.
I2C	GPS 모듈이나 초음파 모듈이 사용하는 I2C 인터페이스를 연결할 수 있습니다. 대부분의 FC는 1개 이상의 I2C 단자를 내장하기 때문에 GPS는 기본적으로 연결할 수 있습니다.
Camera Control	드론에 장착한 카메라용 짐벌 등을 조종기에서 제어할 수 있도록 단자가 내장되어 있습니다.
DAC	디지털 신호를 아날로그 신호로 변환해 출력하는 기능이 내장되어 있습니다. DAC 대신 D/A(컨버터)라고 표기되어 있을 수 있습니다.
WS2812	여러 색 LED 라이트를 지능형으로 제어하는 단자가 내장되어 있습니다.
Beeper	비행 컨트롤러에 버저가 달려 있거나 버저를 연결하는 단자가 내장되어 있습니다.
RSSI	중급 이상 조종기 모델에서 볼 수 있는 Fail Safe(일종의 추락 예방 기능) 연결 단자입니다. 조종기 신호가 도달하지 않는 범위로 드론이 날아가면 신호를 잃은 드론이 추락하므로 RSSI 단자를 통해 신호가 끊길 범위를 설정하고 그 범위를 벗어날 경우 경고음을 송신 받아 드론을 복귀하게 하는 기능입니다. 신형 FC는 이 단자를 기본으로 제공하지만, 저가 조종기는 Fail Safe 기능을 지원하지 않으므로 신형 FC와 저가 조종기를 조합하면 Fail Safe 기능을 사용할 수 없습니다. 따라서 비상 복귀 모드인 RSSI 기능을 설정하려면 FC와 조종기 둘 다 RSSI 기능을 지원하는 제품을 구매해야 합니다. RSSI는 제품에 따라 'Fail Safe'란 용어로 표기될 수도 있는데 구현 방법은 거의 동일합니다.

- 3x LEDs for FC STATUS (Blue, Red) and 3.3V indicator(Red)
- 7x PWM / DShot outputs without conflict
- 5x UARTs
- 1x Group of G/S1/S2/S3/S4 pads for 4in1 ESC Signal/GND
- 1x I2C1
- 4x pairs of corner pads for ESC Signal/GND connections (DSHOT compatible)
- 1x Side-press button for BOOT(DFU) mode
- 1x 16pin bottom mounted FFC Slot for FCHUB-6S or FCHUB-VTX connection
- 36x36mm PCB with 30.5mm mounting holes

- w/ 2x 0.5mm*16Pin 5cm Flexible Flat Cable
- w/ 4pcs M3 Anti-vibration Standoffs

PWM 아웃	이 제품은 7개의 PWM 출력 단자를 제공합니다. 4개는 변속기를 통해 모터를 연결하는 단자이고, 나머지 3개는 PWM 인터페이스를 가진 주변 기기를 연결할 때 사용합니다.
UART	5개의 UART 단자를 제공하므로 UART 인터페이스를 가진 주변 기기를 최대 5개까지 연결할 수 있습니다. UART 단자는 플렉시블 단자로써, 범용 목적에 맞게 여러 주변 기기를 연결하는 용도입니다. UART 단자가 많을수록 그만큼 연결할 수 있는 기기가 많아집니다.
ESC Signal (S1~S4)	ESC(변속기)를 통해 모터를 연결하는 PWM 1~4번 출력 단자입니다. 쿼드콥터용 비행 컨트롤러이므로 기본적으로 4개의 출력 단자를 기판의 각 코너에 배치한 상태입니다. 이 단자는 PWM 속성이지만 기판에는 S1~S4 또는 M1~M4 단자로 표기됩니다. S5, S6, S7 출력 단자는 PWM 신호로 연결하는 그 외 장치를 연결할 수 있습니다.
DFU	비행 컨트롤러에 펌웨어를 기록할 수 있도록 DFU 부팅 버튼이 내장되어 있습니다.
FFC	전용 배전반과 FFC 케이블로 연결하는 단자입니다. 배전반을 사용하고 싶다면 다른 메이커보다는 옵션에 표기된 배전반을 사용하는 것이 와이어링하기에 편리합니다.
보드 크기	기판 크기를 말하며 가로, 세로 36mm의 사각형 모양입니다.
Scm	FFC 단자에 연결하는 16핀의 전용 FFC 케이블을 2개 제공합니다.
M3	이 비행 컨트롤러는 드론 프레임에 장착할 때 사용하는 M3 규격의 초음파 진동 완충용 고무 볼트형 지지대를 제공합니다.

3 비행 컨트롤러에 탑재된 MCU(CPU)

드론용 비행 컨트롤러는 APM/ArduPilot 비행 컨트롤러와 STM32 칩을 사용한 비행 컨트롤러가 있습니다. 과거에는 확장성의 이유로 APM/ArduPilot 비행 컨트롤러를 많이 사용했지만 요즘은 소형이면서 기능면에서도 좋은 STM32 비행 컨트롤러를 많이 사용합니다.

1) STM32 비행 컨트롤러

비행 컨트롤러(FC)의 스펙에 STM32 글자가 있을 경우 STM32 MCU를 사용한 제품이며, 사실상 드론계의 인텔급 CPU입니다. F1, F2, F3, F4, F7, H7로 버전이 다른데 버전이 낮을수록 구형, 높을수록 신형입니다. 신형일수록 빠른 연산 처리 능력을 제공하고 연결할 수 있는 단자 수도 구형에 비해 많지만 가격은 1~2만 원 비쌉니다. 현재 국내 시장은 구형 F3에서 F4로 넘어간 뒤 F7 버전 MCU를 탑재한 비행 컨트롤러가 점차 인기를 얻고 있습니다. 금전적인 여유가 있다면 F7 버전을, 저렴한 비용으로 드론을 조립하려면 F4 버전을 추천합니다. 1~2만 원 더 아끼려고 F3급의 구형을 구매하는 것만큼은 피해야 합니다.

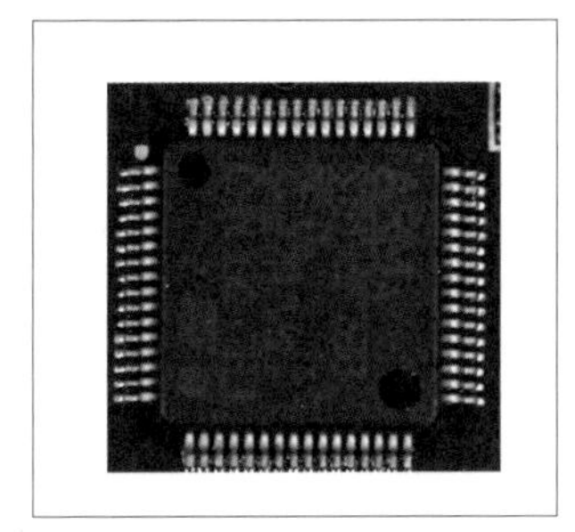

2) 아두이노 APM/ArduPilot 비행 컨트롤러

아두이노 APM 비행 컨트롤러는 오픈 소스 기반의 비행 컨트롤러입니다. 이 중 APM 2.X 비행 컨트롤러의 경우 Atmel Mega MCU를 사용합니다. 학계는 물론 취미, 산업계에서 드론 외에 RC 고정익 비행기, RC 헬기, RC 자동차, RC 보트, 로봇 플랫폼의 컨트롤러 부품으로 사용하지만 예전만큼의 인기는 없습니다.

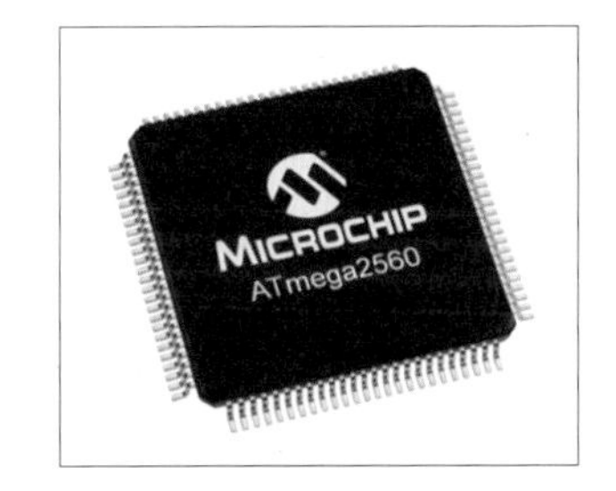

3) Pixhawk/PX4 Autopilot 비행 컨트롤러

오픈 하드웨어, 오픈 소스 기반의 저비용 고가용성을 목적으로 개발된 비행 컨트롤러입니다. 현재의 제품군은 대부분 F4 MCU라 할 수 있는 STM32F427을 사용합니다. Pixhawk/PX4 비행 컨트롤러 역시 학계는 물론 취미, 산업계에서 드론 외의 RC 고정익 비행기, RC 헬기, RC 자동차, RC 보트, 로봇 플랫폼의 컨트롤러 부품으로 사용합니다.

· 드론의 중앙 처리 장치 MCU – STM32 칩 ·

MCU(마이크로 컨트롤러 유닛)란 컴퓨터의 CPU와 동일한 기능을 제공하는 중앙 연산 처리 장치이지만 CPU는 윈도우 10같은 대형 운영체제로 구동하고, MCU는 입출력 포트를 내장하여 소형 펌웨어로 구동하는 연산 장치입니다. 일종의 전자 제품이나 가전제품을 위한 CPU라고 생각하면 됩니다.

STM32 칩은 ST 마이크로일렉트로닉스에서 개발한 칩으로 각종 자동 제어가 필요한 전자 제품이나 기계제품에서 연산 장치로 사용하는 MCU입니다. 초기의 MCU는 항상 켜 놓는 백색 가전제품 등에서 저성능으로 연산 처리를 하는 것이 목표였으나 저전력 고성능으로 환골탈태하면서 연산 장치가 없을 것이라고 생각되는 각종 가전제품은 물론 공장의 자동화 기계에서 연산 작업을 처리하는 장치로 사용되었으며, 최근에는 스마트폰, 웨어러블 기기, 사물 인터넷 기기, 드론에 들어가는 등 폭넓게 사용되고 있습니다.

STM32는 ARM® Cortex®–M 프로세서 기반의 32비트 플래시 마이크로 컨트롤러 제품군을 뜻하며, MCU 사용자에게 새로운 차원의 자유를 제공하도록 설계되었습니다. 이 제품군은 저전력, 저전압, 고성능, 입력 신호를 실시간 처리하는 기능을 제공하면서 드론에서 중앙 연산 작업을 수행하는 칩으로 발전하였습니다. 드론의 비행 컨트롤러(FC)에서 각종 연산 작업을 수행하는 STM32 칩은 F1, F2, F4, F7로 단계적인 버전업을 하면서 점점 고성능의 빠른 처리 속도를 제공하고 있습니다. 드론의 비행 컨트롤러에서 MCU의 처리 속도가 빠르면 그만큼 빠르게 명령을 전달한다는 뜻이므로 비행 컨트롤러를 구매할 때는 MCU의 버전과 처리 속도를 서로 비교한 뒤 우수한 제품을 구매하는 것이 좋습니다.

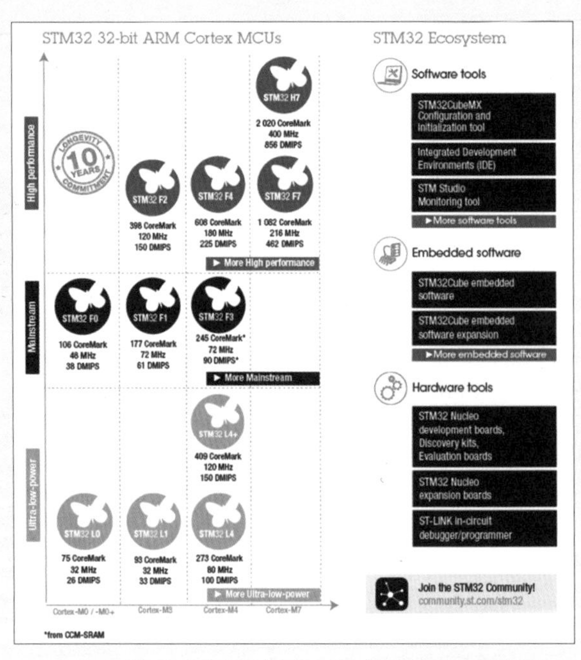

STM32 MCU 제품군의 버전별 연산 속도 비교 (출처 www.st.com)

4 비행 모드(Flight Modes)와 센서의 관계

드론에는 비행을 할 때 필요한 각종 정보를 입수하는 센서가 내장되어 있습니다. 센서의 대부분은 비행 컨트롤러에 내장되어 있지만 GPS나 컴퍼스처럼 주변 기기로 연결된 경우도 있습니다. 드론의 센서들은 드론의 자동 비행과 조종의 편의성에 도움이 됩니다.

드론에 내장된 센서와 비행 모드의 상관관계입니다. 이들 센서나 장치를 활성화하면 해당 비행 모드를 사용할 수 있습니다.

Acro 비행 모드는 DIY 드론의 디폴트 비행 모드입니다.

CPU에 과부하를 심하게 일으키는 센서입니다.

CPU에 약간의 과부하를 유도합니다.

	자이로(Gyro)	가속도(ACC)	기압계(Baro)	전자 나침반 (Compass)	GPS
Acro 비행 모드 (곡예비행 모드)	OK				
Angle 비행 모드 = Level 비행 모드 = Stable 비행 모드 = Acc 비행 모드	OK	OK			
Horizon 비행 모드	OK				
Altitude Hold (고도 유지 비행 모드)	OK	OK	OK		
Heading Hold (머리 유지 비행 모드)	OK	OK		OK	
HeadFree 비행 모드	OK	OK			
Return to Home (복귀 모드)	OK	OK		OK	OK
위치 유지 비행 모드 =자동 호버링	OK	OK		OK	OK
Waypoint 비행 모드 (경로 비행 모드)	OK	OK	OK	OK	OK
FailSafe (비상 복귀 비행 모드)	OK				OK

아밍(시동)이 걸렸다가 안 걸렸다 하는 증상의 원인은 대개 기압계의 과부하 때문이므로 기압계를 꺼 줍니다.

5 비행 컨트롤러의 펌웨어 컨피규레이터

드론의 조립을 완료한 뒤에는 비행 컨트롤러의 펌웨어를 업그레이드한 뒤 드론의 동작 환경과 사용 환경을 작합하게 설정하고 센서, 주변 기기, 조종기를 인식시키는 작업을 진행합니다. 이때 사용하는 소프트웨어가 드론용 펌웨어 컨피규레이터입니다.

드론의 환경 설정은 드론에 설치된 비행 컨트롤러가 지원하는 컨피규레이터를 PC에 설치한 뒤, 컨피규레이터에서 비행 컨트롤러의 펌웨어를 업데이트하고, 드론의 사용 환경과 주변 기기를 인식시키는 작업을 의미합니다. 간단히 말해 조립을 완료한 기체는 껍데기만 있는 상태이므로 여기에 비행 지식을 이식하는 작업이 드론의 환경 설정 작업입니다.

일반적으로 비행 컨트롤러가 지원하는 컨피규레이터를 설치하면 해당 비행 컨트롤러의 모델명과 같은 펌웨어를 다운로드 및 설치할 수 있고, 그 뒤 비행 컨트롤러의 환경을 조정하고 주변 기기를 인식시키는 작업을 진행합니다.

펌웨어 컨피규레이터는 다음과 같이 여러 종류가 있습니다. 비행 컨트롤러 스펙에서 지원하는 컨피규레이터를 찾아본 뒤 그것을 인터넷에서 검색한 후 PC에 설치하면 됩니다.

● 베타 플라이트(Betaflight)

클린 플라이트(Cleanflight)에서 파생된 소프트웨어로 드론 입문자들이 가장 많이 사용하는 인기 있는 컨피규레이터입니다.

이름대로 드론과 관련된 새로운 기능을 개발한 뒤 빠르고 신속하게 테스트 배포판을 보급하는 것을 목표로 삼은 컨피규레이터입니다. 그만큼 업데이트가 빠르지만 때때로 알 수 없는 오류가 발생하기도 합니다. 한글판을 지원하므로 전 세계는 물론 국내에서도 드론 입문자들이 흔히 선택하는 컨피규레이터입니다. 비행 컨트롤러가 베타 플라이트를 지원할 경우 사용할 수 있습니다.
PC에서 구글에 접속해서 'Betaflight Configurator'를 검색 및 다운로드한 뒤 자신의 비행 컨트롤러에 맞는 펌웨어를 업데이트하고 비행 컨트롤러(드론)의 환경과 주변 기기를 설정하면 됩니다.

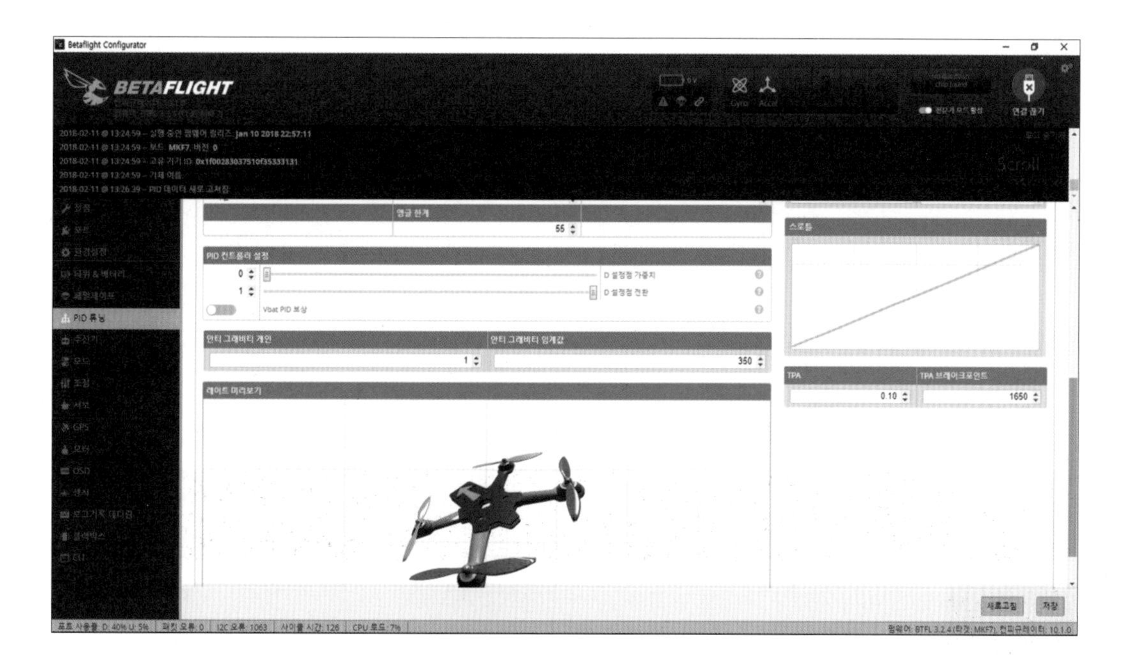

베타 플라이트 컨피규레이터는 다음과 같은 장점이 있습니다.

1) 새 펌웨어를 발표하는 주기가 매우 빠릅니다. 1년에 서너 번 펌웨어가 업데이트되므로 드론의 최신 기능을 바로 체험할 수 있습니다.

2) 변속기의 Dshot 프로토콜을 지원합니다. 디지털 방식의 프로코톨을 지원하므로 변속기와 모터를 아날로그 방식으로 캘리브레이션할 필요가 없습니다.

3) 거의 모든 비행 컨트롤러의 사용 환경을 설정할 수 있습니다. 또한 영문판 외에도 한글판을 지원합니다.

● 아이나브 플라이트(INAVFlight)

클린 플라이트(Cleanflight)에서 파생된 소프트웨어의 하나인 INAV는 드론의 GPS 활용성을 확장할 목적으로 개발된 컨피규레이터입니다.

INAV 컨피규레이터의 특징은 드론의 GPS 활용성 위주로 펌웨어를 개발한다는 점입니다. 주로 GPS 기반의 위치 파악, 경로 비행, 위치 홀딩, 자율 비행, 팔로우 미 기능, 비행 시간 연장 기술 위주로 드론의 사용 환경을 설정할 수 있습니다. 다양한 종류의 비행 컨트롤러 보드가 INAV 컨피규레이터를 지원합니다.

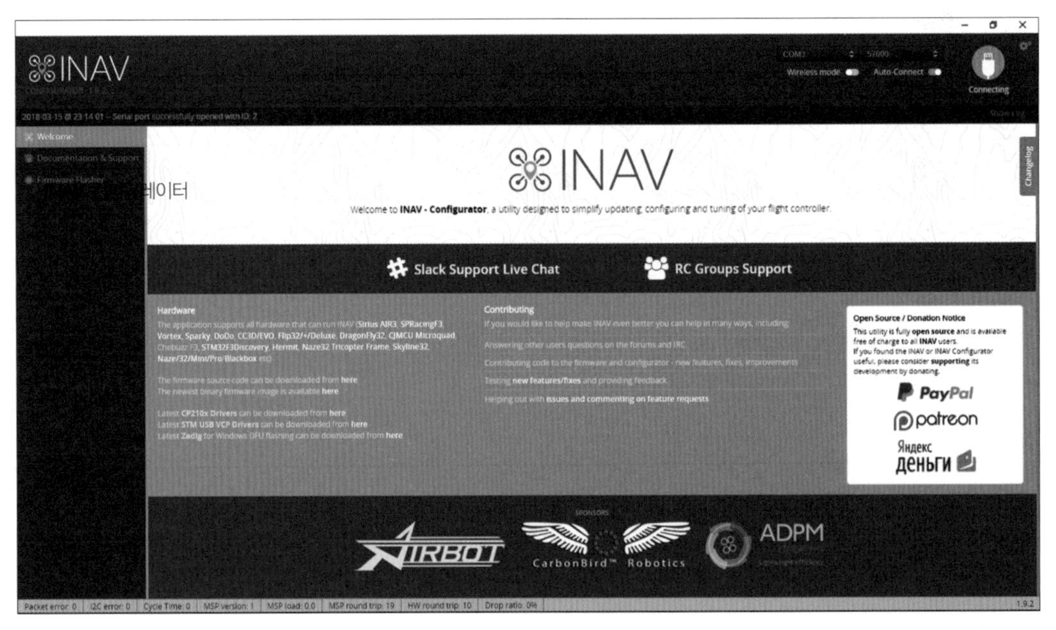

INAV 컨피규레이터

그렇지만 INAV 컨피규레이터는 다음과 같이 몇 가지 약점이 있습니다.

1) 펌웨어 업데이트 속도가 매우 느립니다. 비행 컨트롤러에 따라 1~2년 전에 개발된 펌웨어를 사용할 수도 있습니다.

2) 이 책을 집필하고 있을 때 확인할 결과 INAV는 아직도 Dshot 변속기를 지원하지 않고 있습니다. 이 때문에 변속기의 최신 프로토콜인 Dshot을 사용하지 못하고 구형 프로토콜인 OneShot이나 MultiShot을 사용해야 합니다.

3) Dshot 변속기를 사용하지 못하므로 모터 캘리브레이션을 해야 합니다. OneShot이나 MultiShot 프로토콜을 사용할 경우에는 반드시 모터 캘리브레이션을 해야 하므로 조립 작업이 번거롭습니다.

● 클린 플라이트(Cleanflight)

오리지널 버전의 8비트 MultiWii 코드의 32비트 버전 오픈 소스 컨피규레이터입니다. 앞에서 배운 베타 플라이트와 INAV 플라이트의 아버지 격에 해당하는 소프트웨어이지만 지금은 레이싱 드론의 환경 설정에 특화된 컨피규레이터입니다.

일반적으로 드론을 조립한 뒤 신기능을 미리 체험하려면 베타 플라이트 컨피규레이터, GPS 활용성을 늘리고 싶다면 INAV 컨피규레이터를, 레이싱 드론이라면 클린 플라이트를 사용합니다.

베타 플라이트와 아이나브 플라이트는 메뉴의 구성이 다르지만 클린 플라이트는 베타 플라이트와 메뉴 구성이나 사용법이 비슷합니다. 그렇지만 베타 플라이트에서 볼 수 있는 비행 모드 설정 기능이 클린 플라이트에는 없는 경우가 많습니다. 간단히 말해 GPS와 기압계 정보를 이용해 좀 더 쉽게 조종할 수 있는 드론을 조립하려면 베타 플라이트를, 레이싱 드론을 조립하는 사람은 클린 플라이트로 드론의 사용 환경을 설정하지만 사실 베타 플라이트로 작업해도 됩니다. 새 펌웨어를 발표하는 주기는 베타 플라이트보다는 조금 느리고 INAV보다는 빠릅니다.

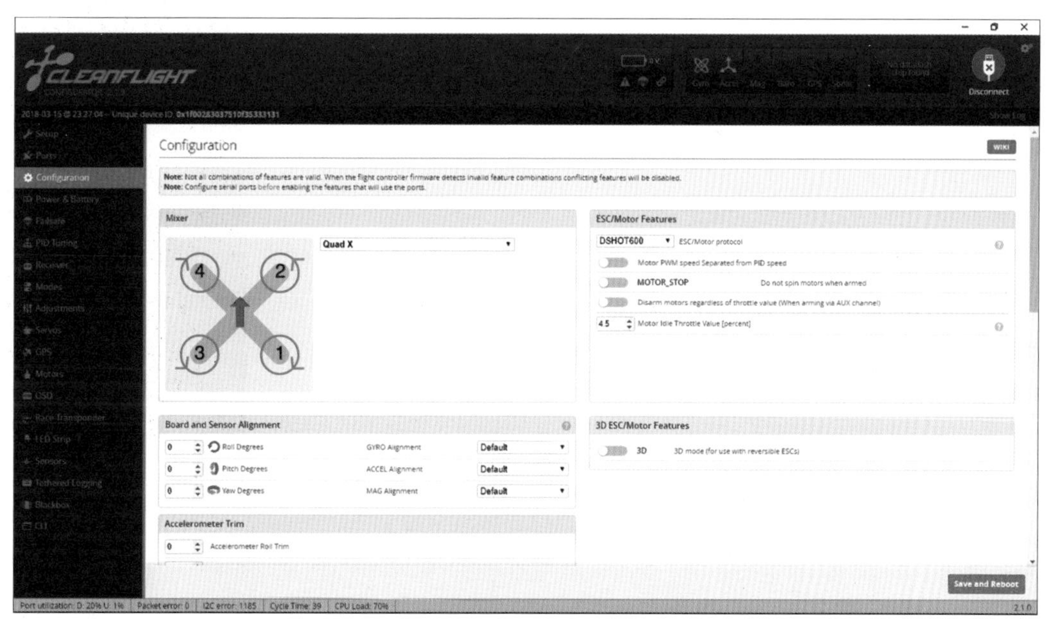

클린 플라이트 컨피규레이터

● 키스 플라이트(KISS flight)

드론 부품 제조업체인 Flyduino사의 KISS FC 제품의 전용 컨피규레이터입니다. KISS 비행 컨트롤러는 레이싱 드론 애호가들에게 호평을 받는 비행 컨트롤러입니다. 다른 컨피규레이터와 달리 스마트폰용 어플도 제공합니다.

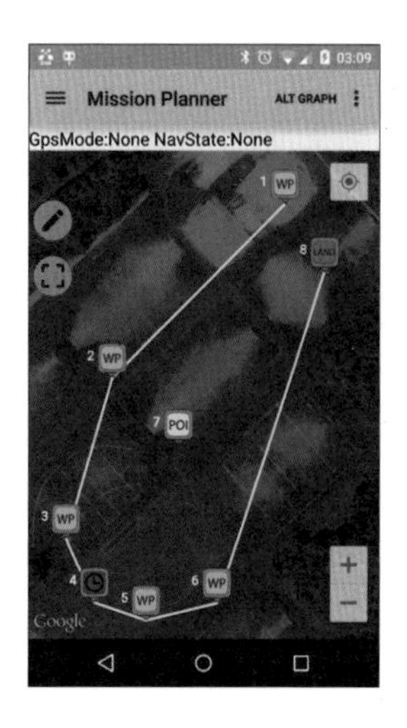

● 모바일용 FC 컨피규레이터(EZ-GUI Ground Station)

드론의 환경을 설정하는 스마트폰 어플 중에서 인기 있는 어플은 'EZ-GUI Ground Station' 어플입니다. 이 어플은 Cleanflight, Betaflight, INAV 컨피규레이터 펌웨어를 사용하는 드론을 대상으로 스마트폰으로 환경 설정을 할 수 있을 뿐 아니라 GPS 모드의 경로 비행을 설정할 수 있습니다.

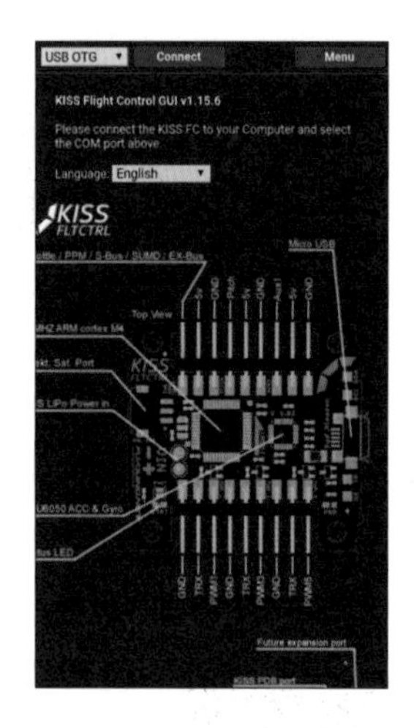

● 그 외 컨피규레이터 또는 드론용 어플

기존의 구형 비행 컨트롤러에서 사용했던 몇몇 컨피규레이터 소프트웨어는 대부분 베타 플라이트 등에 통합되면서 사라졌습니다. 따라서 자신이 구매한 비행 컨트롤러의 전용 컨피규레이터 소프트웨어를 찾을 수 없다면 베타 플라이트 컨피규레이터를 다운로드한 뒤 사용해야 합니다. 베타 플라이트 컨피규레이터의 펌웨어 메뉴에서 자신의 제품이 있는지 확인한 뒤 해당 펌웨어를 다운로드하여 설치합니다. 그 후에 베타 플라이트 컨피규레이터에서 비행 컨트롤러의 동작 환경을 설정하기 바랍니다.

6 비행 컨트롤러 조립 전 테스트

국내 쇼핑몰에서 비행 컨트롤러를 구매하면 2~3일 내에 도착합니다. 비행 컨트롤러가 도착하면 바로 다음과 같은 방식으로 동작 여부를 테스트하기 바랍니다. 만일 정상 제품이 아닐 경우 국내 구매 제품이라면 7일 내 환불 또는 교환할 수 있습니다.

비행 컨트롤러를 테스트하는 프로그램은 해당 비행 컨트롤러가 지원하는 컨피규레이터입니다. 이 프로그램을 설치한 뒤 비행 컨트롤러를 인식하는 방법은 매우 까다로우므로 그 점에 대해서는 책의 Part 4를 참고하시고 여기서는 컨피규레이터 소프트웨어로 비행 컨트롤러의 동작 여부를 테스트하는 방법을 알아봅니다.

비행 컨트롤러를 마이크로 5핀 USB 단자로 컴퓨터와 연결합니다(비행 컨트롤러에 따라 연결 단자 모양이 다를 수 있음). 해당 비행 컨트롤러가 지원하는 펌웨어 컨피규레이터를 실행한 뒤 '버추얼 시리얼 포트'로 접속하면 컨피규레이터가 비행 컨트롤러를 인식합니다.

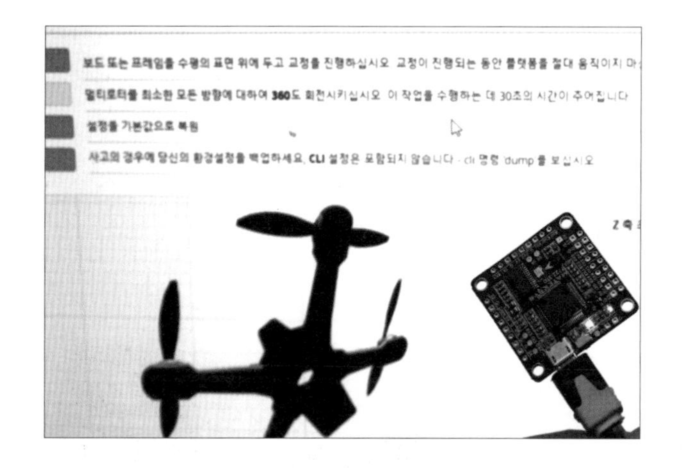

'버추얼 시리얼 포트'로 접속한 후 '설정' 메뉴에서 비행 컨트롤러를 좌우로 흔들거나 회전시켜 봅니다.
컨피규레이터 화면의 드론 그림이 똑같이 움직이면 정상입니다.

CHAPTER

03 프레임

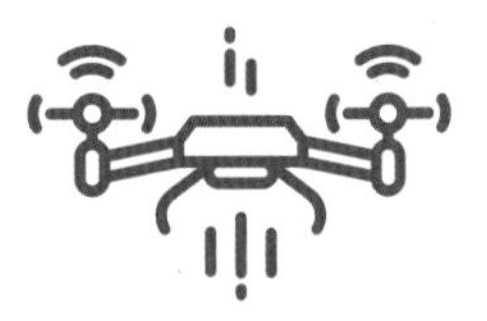

1 프레임의 구조

프레임이란 조립식 드론의 몸체인 뼈대를 말합니다. DIY 조립 드론용 프레임 중에서 튼튼하면서도 가벼운 프레임은 카본 재질 프레임입니다.

조립 드론의 프레임 구조

다음은 일반적으로 흔히 조립하는 QAV 250 짝퉁 모델의 프레임 구조입니다. 각 부속품들은 분리된 상태에서 도착하므로, 구매자는 이것을 조립해야 합니다. 프레임을 구입할 때는 일체형보다 암(날개)이 분리되는 분리형을 추천합니다. 추락할 경우 간혹 암이 부러지는데, 분리형 제품은 암을 별도로 구매하여 수리할 수 있습니다.

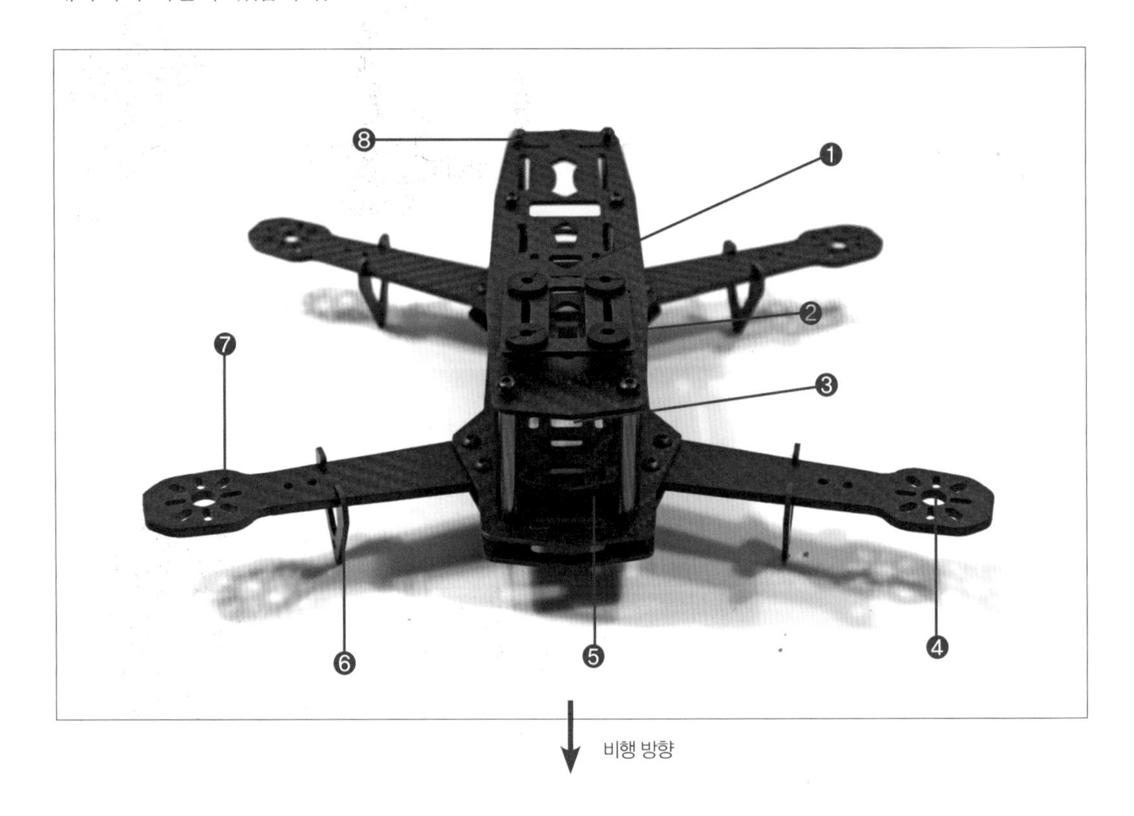

❶ 짐벌(액션캠 진동 완충 장치)

❷ 상하판 사이 안쪽에 기체 컨트롤 전자 장치 설치

❸ FPV 캠 설치 공간

❹ 모터 장착부(250급은 일반적으로 5.5인치 프로펠러 장착)

❺ 이중 구조 하판

❻ 높이 3cm의 랜딩 기어(다리)

❼ 암(날개)

❽ 상판(상단에 배터리 탑재)

QAV 250 프레임은 전방과 후방이 같은 모양이므로 나중에 FPV 캠(Camera)을 장착한 위치가 기체의 전방이 됩니다.

2 프레임의 크기, 용도, 재질

드론의 프레임 재질은 크게 3가지 종류가 있지만 카본 재질 프레임이 가장 튼튼하고 가볍습니다. 크기는 대각선 방향으로 마주보는 두 모터 사이의 길이로 측정하며, 이를 휠베이스라 합니다.

1) 크기에 따른 프레임 종류

구분	휠베이스	설명
90급 프레임	휠베이스 90mm	실내 비행용 미니 드론, 완구용 드론, 마이크로 FC 장착
120급 프레임	휠베이스 120mm	미니~소형급 드론으로 레이싱 경기용이나 취미용으로 조립. 크기가 작고 가볍기 때문에 적은 출력으로도 비행 가능. 주로 적은 출력의 부품인 10~20A 모터, 10~30A ESC, 2~4S 배터리로 조립. ※ 드론은 크기가 작을수록 가볍고 바람의 영향을 많이 받기 때문에 조종 연습을 많이 해야 합니다.
180급 프레임	휠베이스 180mm	
220급 프레임	휠베이스 220mm	
250급 프레임	휠베이스 250mm	소형급 중 가장 인기 있는 모델. 하부에 카메라 짐벌 장착 불가. 주로 10~30A 모터, 20~40A ESC, 3~4S 배터리로 조립
350급 프레임	휠베이스 350mm	중형급 드론이며 취미, 촬영, 업무용으로 사용. 하부에 카메라 짐벌과 액션캠의 장착 가능. 주로 20~40A 모터, 30~50A ESC, 3~5S 배터리 사용. 500급 드론은 평상시 1kg 이상을 탑재할 수 있는 추력으로 조립 가능 ※ 드론은 크기가 커질수록 무게 때문에 비행은 둔하지만 그만큼 중심을 잘 잡기 때문에 조종 면에서 유리합니다.
450급 프레임	휠베이스 450mm	
500급 프레임	휠베이스 500mm	
550급 프레임	휠베이스 550mm	업무, 산업, 농업(방제), 소방(화재 진압), 전문 항공 촬영용으로 활용할 수 있는 대형 드론. 장착 모터 개수는 쿼드콥터(4개)에서 옥토콥터(8개)까지 조립 가능. 하부에 카메라 짐벌과 액션캠은 물론 상하부에 여러 가지 업무용 소형 기기나 방제 도구 탑재 가능. 대형 드론일수록 무게가 많이 나가기 때문에 고출력 부품인 40~120A 모터, 50~150A ESC, 4~15S 배터리 같은 출력이 강한 부품을 선정해 조립. 550급 드론은 2kg 이상의 추력, 1300급 드론은 최대 추력 20kg으로 조립할 수 있어 하부에 방제 도구를 설치해 방제약이나 농약 10L를 실고 공중에서 살포할 수 있도록 조립할 수 있습니다.
700급 프레임	휠베이스 700mm	
900급 프레임	휠베이스 900mm	
1300급 프레임	휠베이스 1.3m (프로펠러 포함 대각선 길이 약 2m)	

2) 재질에 따른 프레임

재질	강도	설명
플라스틱	재질의 강도(약)	강화 플라스틱 재질. 충돌 시 잘 부러질 수 있습니다.
파이버 글라스 (유리 섬유)	재질의 강도(중)	플라스틱 프레임에 비해 강한 재질이지만 카본 프레임에 비해 약합니다.
카본(탄소)	재질의 강도(강)	가볍고 강한 재질입니다. 조립식 드론은 물론 낚싯대, 자전거 등에도 사용합니다. 두께에 따라 강도가 달라지므로 4mm 이상의 두께를 권장합니다. 중소형 드론은 두께 4mm 이상 판 모양 재질이고, 중대형 드론은 파이프 형태의 프레임입니다.

3 프레임의 크기 별 권장 총 무게

드론의 크기는 대각선 방향 양쪽 모터의 중심점을 기준으로 길이를 측정해 120급(12cm), 250급(25cm), 350급(35cm)이라고 부릅니다. 나중에 프로펠러를 장착하면 대각선 방향으로 10cm 정도 더 커집니다.

프레임을 선정한 뒤에는 권장 총 무게를 가급적 준수하면서 드론을 조립하는 것이 좋습니다. 물론 모터를 잘 조합하면 권장 총 무게의 두 배 이상도 허용할 수 있지만, 그럴 경우 기체가 무게 중심을 잡기 어렵기 때문에 조종의 난이도가 높아지고 모터의 부하가 발생할 수 있습니다.

다음은 프레임 크기별 권장하는 총 무게입니다.

프레임 크기별 권장 총 무게(배터리 포함)		
210급 이하 (대각선 0.21m)	권장 총 무게 450g 이하 (레이싱용, 완구용)	QAV 전용 캠 무게 포함 영상 송신기 무게 포함
250급 (대각선 0.25m)	권장 총 무게 500~600g (레이싱용) 권장 총 무게 700g (취미용)	QAV 전용 캠 무게 포함 영상 송신기 무게 포함 액션 카메라 무게 포함 때에 따라 GPS 무게 포함 짐벌 장착 불가
350~450급 (대각선 0.45m)	권장 총 무게 1~2kg (업무용, 취미 항공 촬영용)	QAV 전용 캠 무게 포함 영상 송신기 무게 포함 액션 카메라 무게 포함 GPS 모듈 무게 포함 짐벌 무게 포함 중형 디지털 카메라 무게 포함
700급 (대각선 0.7m)	권장 총 무게 2~4kg (업무용, 산업용, 토목용)	중소형 캠코더 또는 업무용 장비 무게 포함
1000급 (대각선 1m)	권장 총 무게 7~10kg (업무용, 산업용, 전문 항공 촬영용)	방송용 중소형 캠코더 또는 중대형 DSLR 무게 또는 업무 산업용 장비 무게 포함
1500급 (대각선 1.5m)	권장 총 무게 12~20kg (산업용, 농업용)	10kg 이하 업무 산업용 장비 또는 농업용 장비 무게 포함

※ 권장 총 무게보다 가볍게 조립을 해야 배터리 소모량이 적고 공중 비행 시간이 길어집니다.

1) 90~210 프레임(대각선 길이 90~120mm 기체)

마이크로 드론 혹은 미니 드론의 규격입니다. 실내에서도 날릴 수 있는 드론이기 때문에 방구석 레이싱 드론이라는 별명이 있습니다. 기체가 작고 가볍기 때문에 추력이 약한 모터로 조립합니다. 소형, 경량일수록 더 민첩하게 비행하고 배터리를 적게 소모하지만 바람의 영향을 많이 받으므로 조종은 어렵습니다. 모터, ESC는 상대적으로 출력이 낮은 20A 이하 부품을 준비합니다.

2) 250급 프레임(대각선 길이 250mm 기체)

쿼드콥터형 드론에서 모터 중심부를 기준으로, 대각선으로 마주보는 두 모터의 간격이 250mm(25cm)인 제품이며 조립 드론에서 가장 인기 있는 모델입니다. 미니급과 중대형급의 경계선상에 있는 제품이므로 저렴한 비용으로 소형급의 재미도 즐기고 중대형급의 묘미도 살짝 맛보려는 사람들이 조립합니다. 중앙부에 부품을 탑재할 공간은 넓지 않은 편입니다만 기본 부품과 배터리를 장착할 공간은 충분하며, 고프로같은 액션캠과 GPS는 기체 상부에 탑재할 수도 있습니다. 조종 가능한 기본 전자장치와 소형 배터리가 장착된 기체의 무게는 약 400~550g이고 영상 송수신기, GPS, 액션캠을 포함하면 약 700~800g까지 늘어날 수도 있습니다. 무게 중심 유지와 조종의 편의성을 위해 보통은 600g 이하가 되도록 조립합니다. 모터, ESC, 배터리를 출력이 강한 부품으로 조합하면 최대 추력 1,200g 이상도 조립할 수 있지만, 크기 대비 중량이 많기 때문에 비행 중 균형을 잡기 어렵고 모터에 부하가 발생하며, 추락의 위험이 높습니다. 따라서 QAV 250급을 조립할 때는 총 무게를 500~600g으로 설정하고 조립하는 것이 좋습니다.
250mm 급 드론의 약점은 크기가 작은 만큼 기체의 다리인 랜딩 기어 부품이 없다는 점입니다. 번들로 제공되는 랜딩 기어의 높이는 3cm에 불과하므로 기체 하단에 카메라 짐벌을 장착할 공간은 아예 없습니다.

3) 350~450 프레임(대각선 길이 350~450mm 기체)

350 이상급 드론부터는 기체의 크기가 크기 때문에 자동차로 운반하며, 기체 하단에 붙일 수 있는 랜딩 기어가 여러 종 있습니다. 랜딩 기어를 장착하면 랜딩 기어 사이에 소형 카메라 짐벌을 장착할 공간이 생기기 때문에 카메라 드론의 기본형에 해당합니다, 샤오미 액션캠이나 디지털 카메라를 장착할 생각이라면 적재물의 향후 무게를 생각해 모터, ESC를 상대적으로 출력이 강한 30~50A 부품을 준비합니다.

4) 550mm급 이상 프레임

일반적으로 550급 이상부터는 업무, 농업, 산업, 전문 항공 촬영용으로 조립하는 대형급 드론으로 분류합니다. 항공 촬영, 측량, 산업, 방제 업무 등 다양한 목적으로 조립할 수 있습니다. 평균 추력 2~5kg 이상이 필요하므로 출력이 강한 모터, ESC, 배터리를 선정한 뒤 조립합니다.

CHAPTER

04 모터와 프로펠러

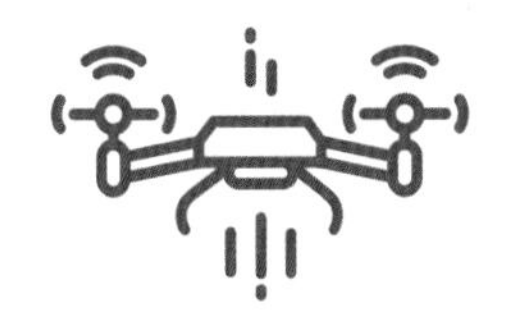

1 드론을 움직이는 힘, 모터

조립용 드론 부품을 선정할 때는 프레임과 비행 컨트롤러를 가장 먼저 선정한 뒤에 모터를 고릅니다. 모터를 선정할 때는 추력을 계산해야 합니다.

1) 어떤 모터가 좋을까?

스펙 읽는 법을 알아도 어떤 모터를 선택해야 좋을지 모르는 경우가 많습니다. 처음 입문하는 분들을 위해 간략히 정리하겠습니다.

210~250급 프레임에서는 2204-2300KV 모터가 몇 년 전 크게 인기였습니다. 속도도 적당히 나오고 추력도 적당히 나오기 때문입니다. 지금은 단종되었지만 2205, 2206 사이즈에서 2300KV 모터가 나오고 있습니다. 2600KV는 번개같이 빨라서 레이싱 드론 선수 아니면 적응이 어려운 모터입니다.

취미용 드론을 만들 계획이라면 조종이 편해야 하므로 2300KV 이하 제품들, 가급적 2000KV 이하의 모터로 조립하는 것이 좋습니다. 2000KV 이하의 모터는 레이싱 드론이 아닌 일반 취미용, 업무용 드론 모터에 해당합니다. 회전수가 느리다는 것은 비행 속도가 느리다는 뜻이므로 드론의 움직임을 더 쉽게 예측할 수 있어 레이싱 드론보다는 조종을 쉽게 익힐 수 있습니다. 다만 곡예비행에서는 레이싱 드론에 비해 불리합니다.

2) 모터/변속기 캘리브레이션 피하는 방법

모터/변속기 캘리브레이션이란 모터의 최저 회전 속도와 최고 회전 속도의 범위를 변속기(ESC)에 인식시키는 작업입니다. 즉 모터의 전체 성능을 변속기에 인식시키는 작업을 모터/변속기 캘리브레이션이라고 합니다.

디지털 프로토콜 변속기 사용자는 모터 캘리브레이션이 필요하지 않지만, 아날로그 프로토콜 변속기 사용자는 모터 캘리브레이션을 하지 않으면 모터 4개가 동시에 동작하지 않고 이상하게 동작할 수도 있습니다.

모터/변속기 캘리브레이션 작업은 귀찮고 번거롭기 때문에 이를 피할 수 있는 제품을 구매하는 것이 좋습니다. 기본적으로 디지털 방식 프로토콜인 Dshot 프로토콜 변속기 사용자는 모터/변속기 캘리브레이션을 하지 않아도 됩니다. 아날로그 방식 프로토콜인 Oneshot, MultiShot 프로토콜 변속기 사용자는 반드시 모터 캘리브레이션 작업을 한 뒤 조립을 해야 하는데 이 작업이 매우 귀찮은 작업이므로 변속기만큼은 반드시 Dshot 프로토콜 지원 제품을 구매하길 추천합니다(Dshot 프로토콜을 지원하지 않는 변속기는 구형이란 뜻입니다).

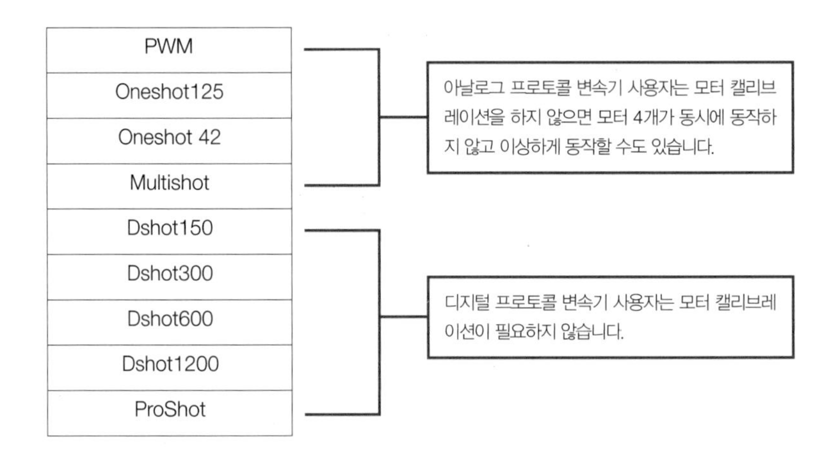

2 드론 모터 외형과 제원

드론에서 사용하는 모터는 일반 모터(예전 방식 모터로 안쪽이 회전)와 브러시리스 모터(수명이 긴 신형 방식)가 있습니다. 일반적으로 브러시리스 모터를 사용해 드론을 조립합니다.

모터의 외형보기

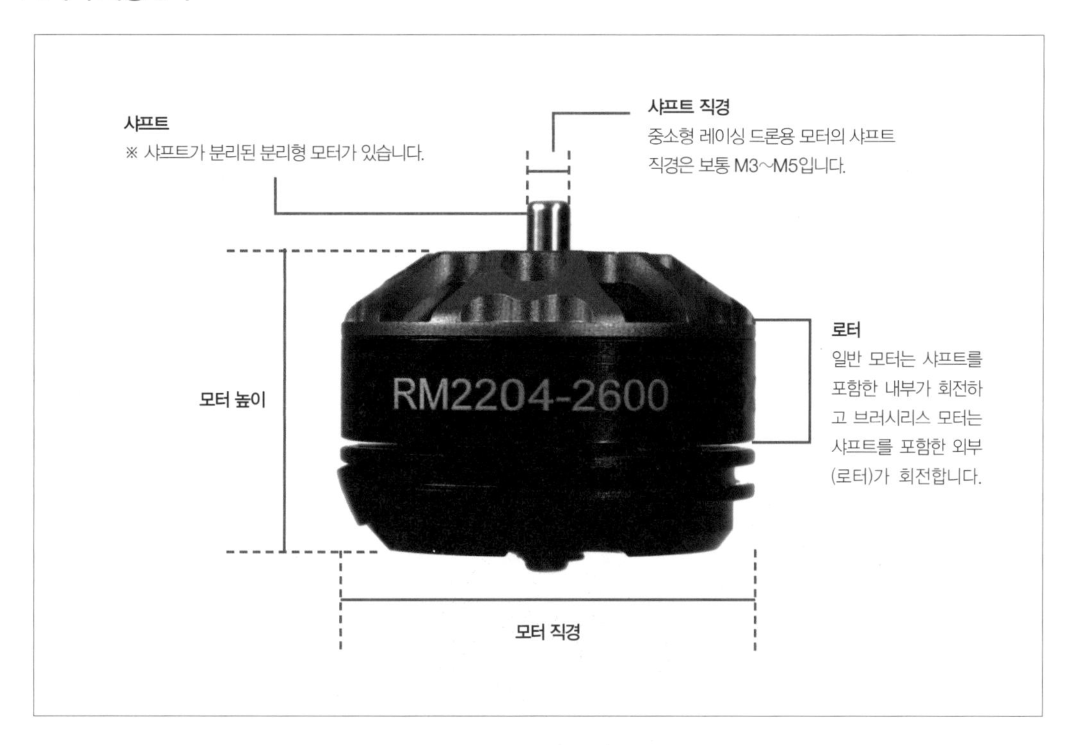

샤프트 분리형 모터는 그림처럼 분리된 상태로 판매합니다. 이런 모터는 추락 시 샤프트가 구부러지면 그 부품만 구입한 뒤 수리할 수 있기 때문에 좋습니다.

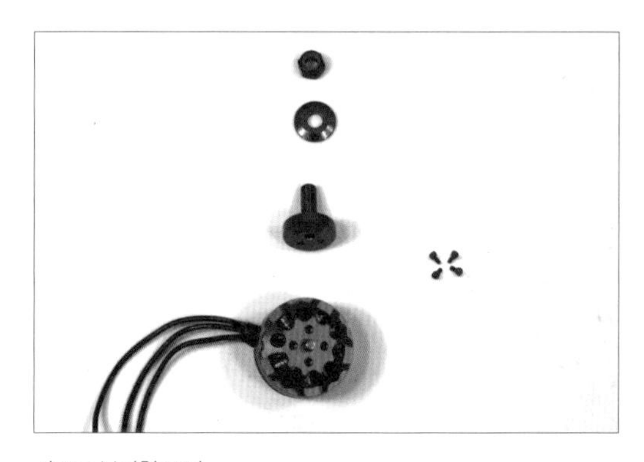
샤프트 분리형 모터

샤프트를 장착한 모습

3 모터 스펙 읽는 방법

모터 스펙을 읽는 방법입니다.

1) 브러시리스 모터 기본 스펙 읽기

브러시리스 모터는 보통 다음과 같은 제원이 표시됩니다.

Stator란 외부(로터)가 회전하는 브러시리스 모터의 내부에 고정되어 있는 전기 장치로 회전 모터의 고정자입니다. 보통 코일 형태이며, 이 부분이 크고 개수가 많을수록 대형 드론용 모터입니다.

KV는 1볼트당 1분 동안의 회전수입니다. 예를 들어 3S 리튬 폴리머 배터리(12.6V)로 2300KV 모터를 구동시키면 1분당 약 28980rpm으로 회전합니다.

2300KV × 12.6V = 28980rpm

프로펠러를 장착하면 회전수는 줄어들고 프로펠러의 크기가 크면 더 느려집니다.

4 기체에 맞는 모터와 프로펠러의 조합

다음은 3~4S 배터리를 지원하는 모터 기준으로, 기체 크기에 맞게 조합하는 방법입니다. 레이싱 드론은 회전수가 높은 제품이, 취미 촬영용 드론은 회전수가 느린 제품이 좋습니다. 회전수가 높은 모터는 민첩하고 빠른 비행 속도를 자랑하지만 그만큼 조종하기 어렵습니다.

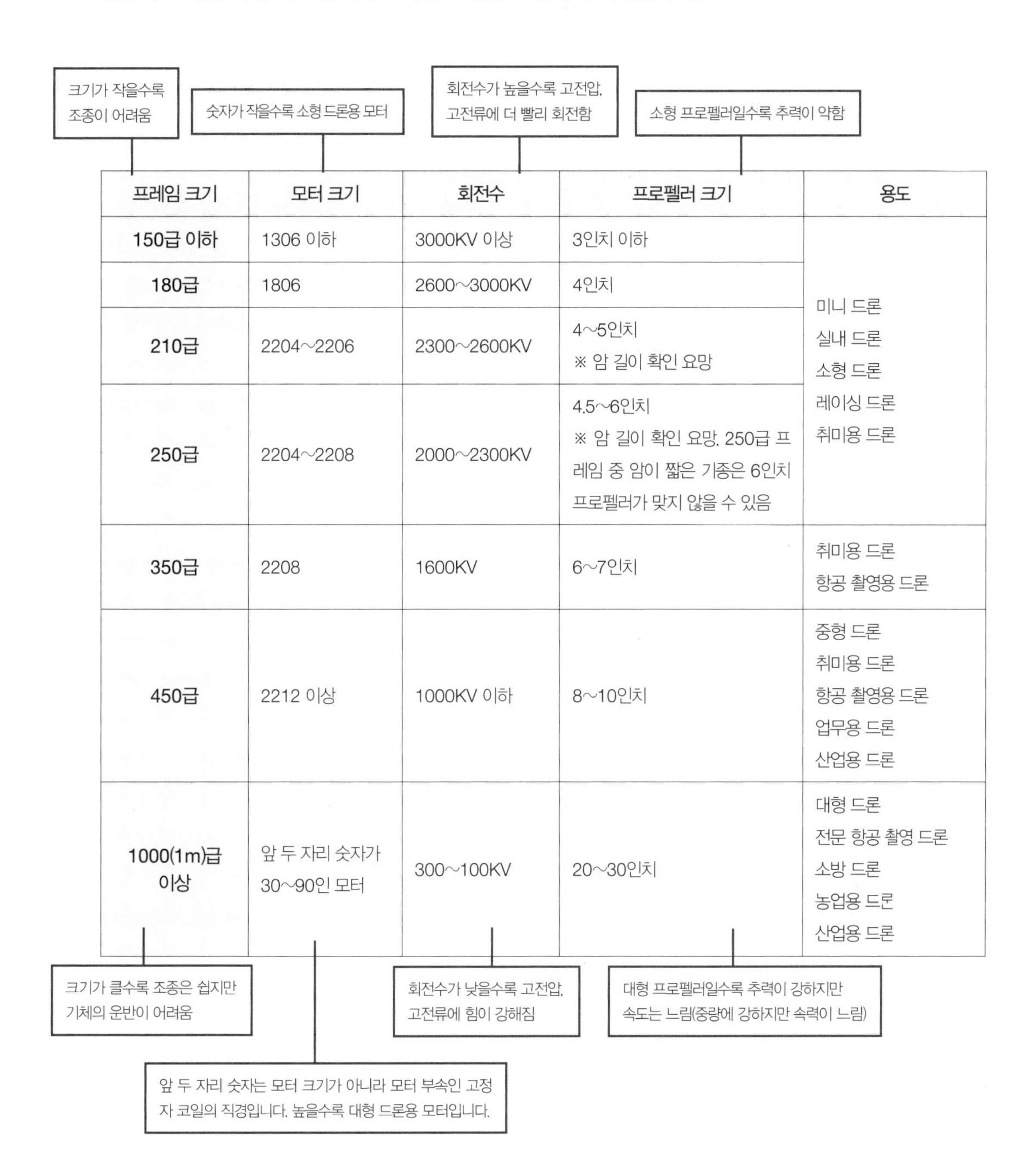

프레임 크기	모터 크기	회전수	프로펠러 크기	용도
150급 이하	1306 이하	3000KV 이상	3인치 이하	미니 드론 실내 드론 소형 드론 레이싱 드론 취미용 드론
180급	1806	2600~3000KV	4인치	
210급	2204~2206	2300~2600KV	4~5인치 ※ 암 길이 확인 요망	
250급	2204~2208	2000~2300KV	4.5~6인치 ※ 암 길이 확인 요망. 250급 프레임 중 암이 짧은 기종은 6인치 프로펠러가 맞지 않을 수 있음	
350급	2208	1600KV	6~7인치	취미용 드론 항공 촬영용 드론
450급	2212 이상	1000KV 이하	8~10인치	중형 드론 취미용 드론 항공 촬영용 드론 업무용 드론 산업용 드론
1000(1m)급 이상	앞 두 자리 숫자가 30~90인 모터	300~100KV	20~30인치	대형 드론 전문 항공 촬영 드론 소방 드론 농업용 드론 산업용 드론

유용한 TIP

모터 샤프트의 지름

레이싱 모터의 대부분은 일반적으로 5mm(M5) 샤프트를 장착하고 있습니다. 샤프트보다 프로펠러의 홀(가운데 구멍)이 클 경우 어댑터(프로펠러를 살 때 제공되는 검은색 플라스틱 링)를 끼우고 프로펠러를 장착합니다. 어댑터가 제공되지 않는 모터는 프롭 너트로 있는 힘을 다해 조여 주기 바랍니다. 샤프트보다 프로펠러의 홀이 작을 경우에는 드릴로 중심 위치에 맞게 구멍을 확대해 장착합니다.

5 레이싱 드론용 모터의 크기별 특징

레이싱 드론에서 인기 있는 모터는 프레임 크기에 따라 다릅니다.

1) 1806 모터

3~4인치 프로펠러를 사용하는 미니 레이싱 드론이나 실내용 드론용 모터입니다. 보통 180급 이하의 미니 드론을 조립할 때 선택합니다.

2) 2204

몇 년 전 레이싱 드론 시장을 장악했던 야생마형 모터입니다. 예전만큼 큰 인기는 없지만 상대적으로 저렴한 가격 때문에 지금도 이 모터를 선택하는 사람이 많습니다. 일반적으로 5인치 프로펠러가 적정 사양입니다. 210~250 프레임에 장착합니다.

3) 2205

2204 버전의 후속 버전에 해당하는 신형 모터입니다. 5인치 프로펠러가 적정 사양입니다. 210~250 프레임에 장착합니다. 2204와 2205 버전은 이름만 바꾼 똑같은 모델이라는 주장이 있을 정도로 비슷합니다.

4) 2206

레이싱 드론 모터 분야에서 추력이 강한 모터이지만, 소형급에 탑재하는 모터입니다.

5) 2207~2407

레이싱 드론 중 추력이 강한 모터를 원하는 사람들을 위해 크기를 유지하면서 추력을 끌어올린 모터입니다.

6) 취미 & 촬영용 드론

속도는 느리지만 조종이 용이한 드론을 조립할 경우 모터의 크기로 판단하는 것이 아니라 회전 속도가 느린 모터를 구매하는 것이 조종 면에서 유리합니다. 보통 1500KV를 기준으로 그보다 낮은 속도의 모터로 조립할 경우(프레임은 350급보다 커야 합니다) 레이싱 드론보다 훨씬 쉽게 조종할 수 있습니다.

참고해요 · 레이싱/아크로 & 취미용 기체의 추력 산출 비율 ·

레이싱/아크로(곡예) 비행용 기체는 속력의 경쟁이므로 기체의 무게를 줄이는 방법으로 조립하는 것이 좋습니다. 취미용 드론이라면 기체의 무게보다는 비행 안정성 위주로 설계합니다.

1) 취미용 일반 드론의 무게 대비 추력

일반 취미 오락용 드론이라면 기체의 총 무게가 1일 때 모터 4개의 합계 총 추력은 3~4 비율로 조립합니다. 예를 들어 기체의 총 무게가 600g으로 예상되면, 모터 4개의 합산 최대 추력은 1,800~2,400g으로 설계합니다. 중량 대비 추력이 약하므로 드론이 탱크처럼 둔탁하게 날아다닐 수 있습니다. 너무 둔탁할 경우 Expo 설정과 PID 설정으로 비행 상태를 교정합니다.

2) 취미 항공 촬영용 드론의 무게 대비 추력

취미용 항공 촬영 드론이라면 1:5의 비율로 설계합니다. 예를 들어 액션캠 포함 기체의 총 무게가 900g일 경우, 모터 4개의 합산 최대 추력은 4,500g으로 설계합니다.

3) 고급 아크로(곡예) 비행 드론의 무게 대비 추력

아크로 비행이 목적인 드론이라면 미니 쿼드에 1:6~7의 비율로 설계합니다. 예를 들어 기체의 총 무게가 600g일 경우, 모터 4개의 합산 최대 추력은 3,600~4,200g으로 설계합니다. 기체가 말벌처럼 민첩하게 날아다닐 수 있는 설계입니다.

4) 무조건 빠른 속도, 빠른 반응을 보이는 레이싱 기체

레이싱 기체를 만들 생각이라면 미니 쿼드에 1:7~8의 비율로 설계합니다. 비슷한 사양의 모터일 때 3~4S 지원 모터보다는 4~5S 지원 모터를 사용하면서 4~5S 배터리를 사용하면 더 빠른 반응을 보일 수 있습니다. 예를 들어 기체의 총 무게를 600g으로 예상할 경우, 모터 4개의 합산 최대 추력은 4,200~4,800g으로 설계합니다.

5) 공통점

앞의 기체들은 대부분 초보자들이 조종할 수 없을 정도로 너무 민첩하고 빨라서 문제가 될 수 있습니다. 이 경우 조종기의 Expo 설정과 컨피규레이터의 PID 설정으로 비행 상태를 느리게 동작하도록 설정한 뒤 조종 연습을 하면서 조종 감각을 익힙니다. 조종 감각이 익혀지면 Expo 설정과 PID 설정으로 원래대로 되돌려 줍니다.

6 모터 스펙으로 미리 산출하는 드론의 최대 추력(비행 총 중량)

모터 스펙을 읽는 법을 배우면 드론에 어느 정도의 중량을 실을 수 있는지 대략적인 추력을 산출할 수 있습니다. 추력이 강할수록 더 무거운 기체도 들어올릴 수 있습니다.

드론의 추력은 전반적으로 모터의 추력(Thrust)과 밀접한 관련이 있습니다. 일반적으로 각 모터의 최대 추력 합계가 드론으로 싣고 날 수 있는 최대 추력입니다.

다음은 Xnova사의 RM2006-2000KV 모터의 스펙입니다.

XTS RM2206-2000KV Propeller Datas						
Prop	Volts(V)	Throttle	Amps(A)	Thrust(g)	Watts(W)	Efficiency(g/w)
GemFan 6*4.5	14.8	50%	6.15	438	91.02	4.81
		60%	8.7	560	128.76	4.35
		70%	12.2	724	180.56	4.01
		80%	16.6	880	245.68	3.58
		90%	22	1085	325.6	3.33
		100%	24.6	1172	364.08	3.22

Thrust(g) 항목은 해당 모터의 추력을 의미합니다. 표에서 Prop 항목은 추력 테스트를 할 때 사용한 프로펠러 모델로, 6인치 프로펠러를 사용했음을 알 수 있습니다. Volts는 테스트에 사용한 배터리를 의미하며 14.8V 배터리는 4S 배터리입니다.

스로틀(Throttle) 50%일 때 추력인 Thrust(g)는 438g입니다. 이는 스로틀 스틱을 중간인 50%로 조절했을 때(전기를 50%만 공급했을 때) 이 모터가 들어올릴 수 있는 추력이 438g이란 뜻입니다. 스로틀(Throttle) 100%일 때 Thrust(g)는 1,172g이므로 스로틀 스틱을 최대로 올렸을 때(100%) 이 모터가 들어올릴 수 있는 최대 중량은 1,172g입니다.

쿼드콥터 드론은 총 4개의 동일 모터가 장착되어 있으므로 최대 추력 1,172 곱하기 모터 4개로 계산하면 총 추력은 4,688g입니다. 그런데 드론을 스로틀 100%로 조종하는 경우는 거의 없습니다. 일반적으로 기체의 추력은 총 추력 4,688g의 50%를 예상 추력으로 산출합니다. 즉 모터 4개에서 나오는 총 추력의 절반인 2,344g을 이 드론이 비행을 할 수 있는 최대 중량으로 산출합니다. 이는 Gemfan 6인치 프로펠러와 4S 배터리를 사용했을 때 얻은 결과이므로 5인치 프로펠러나 3S 배터리를 사용할 경우 추력은 10~20% 떨어질 수 있습니다.

이 드론의 예상 추력은 2,344g이므로 기체를 조립할 때 그 중량을 넘지 않게 조립하면 되지만, 레이싱 드론이라면 예상 추력의 1/4 또는 총 추력의 1/7 이하 무게로 조립하는 게 일반적입니다.

7 모터의 회전 방향과 배터리의 상관관계

헬기와 고정익 비행기(항공기형 비행기)의 모터/프로펠러 회전 방향은 CW(Clockwise; 시계 방향)입니다. 이와 달리 드론은 CW 방향과 CCW(Counterclockwise; 반시계 방향) 방향 모터를 2개씩 조합해 기체를 조립합니다.

1) 드론의 모터 회전 방향

기본형인 쿼드콥터형 드론은 모터 4개를 사용한 드론인데, 2개는 CW 방향 모터이고 2개는 CCW 방향 모터입니다. 각 모터에 맞게 프로펠러도 CW 방향 2개와 CWW 방향 2개를 장착합니다. 모터를 구매할 때는 일반적으로 4개 세트 상품을 구매하는데 그럴 경우 2개는 CW이고 나머지 2개는 CCW 모터입니다. CW/CCW 모터, 프로펠러의 장착 위치는 펌웨어 컨피규레이터 프로그램을 실행하면 확인할 수 있습니다.

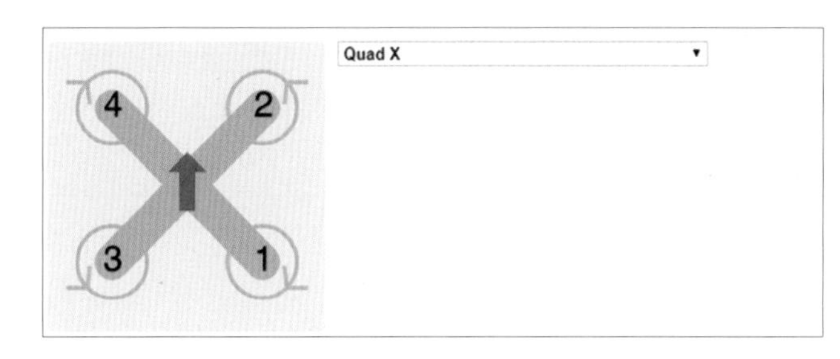

쿼드콥터 드론의 CW(4, 1), CCW(2, 3) 장착 위치

2) 양방향 회전(역회전 가능 모터)

최근 나오는 모터 중에는 CW, CCW 양방향 회전이 가능한 제품이 있습니다. 이런 제품은 드론에 장착할 때 방향 구별 없이 장착할 수 있습니다. 그렇지만 프로펠러만큼은 CW, CCW 방향별로 구매한 뒤 그에 맞게 장착해야 합니다. 양방향 회전 모터는 비행 중 조종기로 3D 비행을 할 때 사용하는데, 일반적인 취미용 드론에서는 구사하지 않는 비행 방법입니다.

3) 모터가 지원하는 배터리 셀 수(No. of cell : 3-4S)

모터는 특성상 최대 출력으로 회전할 경우 드론의 전력 자원(배터리)을 모두 사용해서라도 최대 출력을 내려고 합니다. 그럴 경우 모터가 소화할 수 있는 것보다 더 많은 전력을 끌어 오다가 모터가 불에 탈 수도 있습니다. 모터가 지원하는 배터리 셀 수는 'No. of cell : 3-4S' 식으로 표시되므로 5S 배터리 사용자는 3-4S 지원 모터가 아니라 3~5S 지원 모터, 혹은 4~5S 지원 모터를 구매하는 것이 모터 고장을 예방하는 방법입니다. 요즘 흔히 만드는 조립식 드론은 3~4S 배터리를 사용하는 경우가 많습니다.

8 프로펠러의 제원

프로펠러의 제원은 보통 아래와 같이 표시됩니다.

길이	프로펠러의 길이(지름)를 인치 단위로 표시합니다. 길이가 길수록 추력이 강한 프로펠러입니다. 모터가 권장하는 사양보다 큰 프로펠러를 장착하면 추력이 5~20% 강해지지만 모터가 과열되어 타버릴 수도 있습니다.
피치 3.5, 4, 4.5	프로펠러가 1회전할 때 전진하는 거리(혹은 추력)입니다. 3.5일 경우 1회전에 3.5인치 전진하는 프로펠러입니다. 피치 숫자가 높은 프로펠러는 추력이 좋음을 의미하며 추력이 높아질수록 배터리를 그만큼 더 많이 소모합니다.
회전 방향 CW, CCW =L, R	CW는 시계 방향으로 회전하는 프로펠러, CWW는 반시계 방향으로 회전하는 프로펠러입니다. 쿼드콥터 드론은 CW 프로펠러 2개, CCW 프로펠러 2개로 조립합니다. L, R로 표시된 프로펠러의 경우 L은 쿼드콥터 드론에서 상단 양쪽 중 왼쪽에 장착하는 프로펠러(CW), R은 상단 양쪽 중 오른쪽에 장착하는 프로펠러(CWW)입니다. 상단 양쪽에 프로펠러를 장착한 뒤 드론을 거꾸로 돌리면 밑부분이 위로 올라오는데, 이때 다시 상단 왼쪽에는 L 프로펠러, 상단 오른쪽에는 R 프로펠러를 장착합니다. ※ 프로펠러의 제원은 프로펠러 윗면에 음각으로 각인되어 있습니다. 그런데 제원을 표기하는 방법이 제조업체마다 다를 뿐 아니라 공장에서 잘못 표기하는 경우도 있습니다. 헷갈릴 경우 프로펠러의 측면에서 높은 면과 낮은 면을 확인한 뒤 높은 면을 회전 진행 방향으로 장착합니다.
프롭 날개 수 2엽, 3엽, 4엽	프로펠러의 날개 수입니다. 2엽은 2개의 날개, 3엽은 3개의 날개, 4엽은 4개의 날개로 된 프로펠러입니다. 날개 수가 많을수록 추력이 강해집니다.
프로펠러 윗면	프로펠러의 제원이 음각으로 각인된 면이 윗면이므로 장착할 때 윗면과 밑면이 바뀌지 않도록 주의합니다.
프로펠러 구멍(홀)	일반적으로 조립하는 기체의 프로펠러 가운데 구멍 크기는 5mm입니다. 작을 경우 드릴로 뚫어서 사용해도 되는데, 이때 중심을 잘 유지해야 합니다.

다음은 프로펠러 윗면에 표시된 프로펠러의 제원입니다.

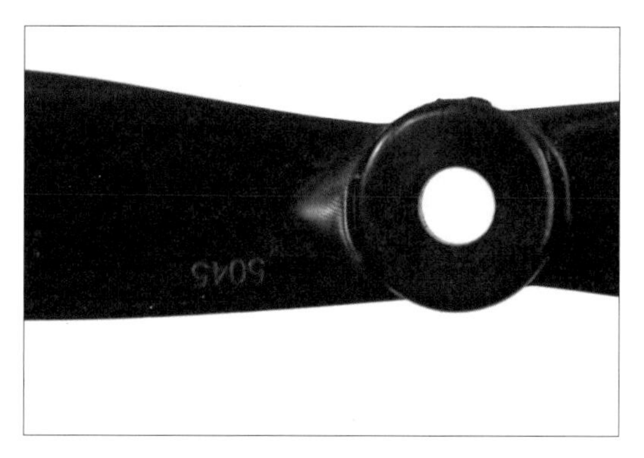

CW 프로펠러

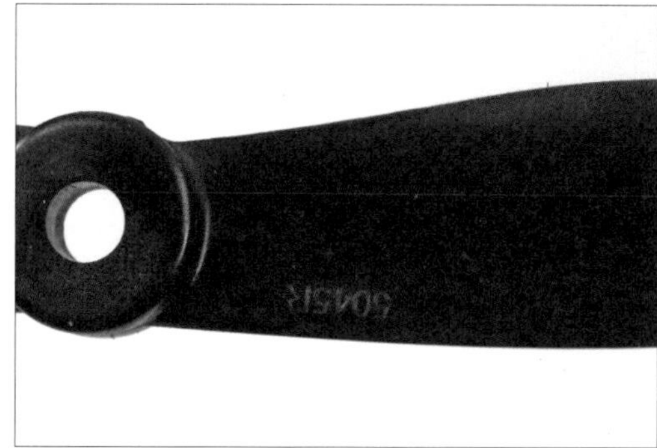

CWW 프로펠러

이 제품은 CW, CWW 표시 없이 길이와 피치만 표시되어 있고, CWW 프로펠러에만 추가로 R이라고 표시되어 있습니다. 드론에 장착할 때는 제원 글자가 적힌 부분이 위로 향하도록 장착합니다.

모든 프로펠러는 비스듬하게 경사가 져 있습니다. 드론은 상향성을 가져야 비행하므로 프로펠러는 경사가 높은 쪽을 회전 진행 방향으로 장착합니다. 이 팁을 알면 CW, CWW 회전 방향이 잘못 표기된 제품과 글자가 마모된 프로펠러도 회전 방향에 맞게 장착할 수 있습니다.

프로펠러의 측면에서 볼 때 경사가 높은 쪽이 프로펠러의 회전 방향이자 상향성을 만드는 방향입니다.

참고해요 · 저비용으로 조립한 드론의 성능이나 추력을 높이는 방법 ·

저렴한 가격대로 가벼운 기체를 조립한 뒤 비행을 하다 보면 때때로 액션캠 같은 장치를 장착하고 싶은 경우가 있습니다. 이럴 때 돈을 적게 들이면서 드론의 추력을 높이는 방법을 알아보겠습니다.

1) 드론의 추력이 발생하는 이유

추력은 프로펠러의 회전에 의한 상향성에서 발생합니다. 드론의 추력이 기체의 전체 무게보다 우세하면 드론에 상향성이 생기고 비행을 하게 합니다.

2) 살짝 움직이다 만 경우

드론에 액션캠을 장착한 뒤 날리려고 하는데 이륙은 하지 못하고 살짝 움직이다 마는 경우도 있습니다. 이 경우 기체의 추력과 기체의 무게가 같다는 뜻입니다. 만일 4S 지원 모터라면 배터리를 3S에서 4S로 변경해서 모터의 출력을 높여 해결하는 방법이 있지만, 이 경우 기체가 차지하는 무게가 있으므로 드론이 탱크처럼 돌진하는 형태로 날아다닐 수 있습니다.

3) 피치가 높은 프로펠러로 교체하기

프로펠러는 기본적으로 피치가 높을수록 힘이 좋습니다. 프로펠러의 제원에서 5×4 프로펠러보다는 5×4.5 프로펠러가 0.5인치만큼 더 멀리 가고 힘이 좋습니다. 따라서 피치가 높은 프로펠러로 교체하는 방식으로 추력을 늘릴 수도 있습니다.

4) 프로펠러의 크기

일반적으로 프로펠러의 크기가 커질수록 추력/힘(토크)이 좋아집니다. 따라서 약간 힘이 부족한 드론은 프로펠러를 0.5~1인치 크고 피치가 더 높은 프로펠러로 교체하면 드론의 추력이 10~20% 늘어나면서 조금 더 무거운 중량을 들고 비행할 수 있습니다. 하지만 프로펠러가 커진 만큼 모터에 생기는 부하와 배터리의 소모량도 많아집니다. 또한 모터가 지원하는 프로펠러보다 훨씬 큰 프로펠러를 장착하면 모터는 더 큰 프로펠러를 같은 회전수로 돌리려 하므로 발열이 심해집니다. 만일 모터의 발열이 매우 심하다면 모터가 타버릴 수 있으므로 한 단계 작은 프로펠러로 교체하기 바랍니다.

5) 모터의 회전수가 빠르면?

모터의 분당 회전수(KV)가 높으면 비행 속도가 빠르지만 호버링에 약합니다. 따라서 레이싱 드론용 모터와 촬영용 드론의 모터는 구분하여 선택해야 합니다.

레이싱 드론이라면 비슷한 급에서 회전수가 빠른 모터가 유리하고, 촬영용 드론은 비슷한 급에서 회전수가 느린 모터가 안정적입니다. 회전수가 느린 모터는 더 안정적으로 호버링을 하므로 조종 면에서 유리하지만, 레이싱 경기 같은 속도 경쟁에서는 불리합니다.

CHAPTER

05 변속기(ESC)

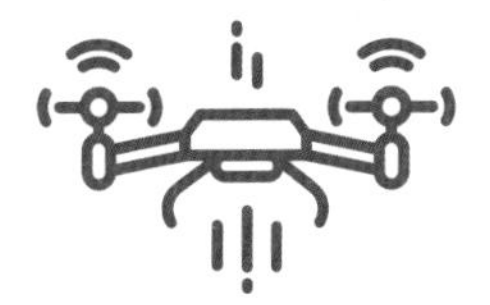

1 모터를 제어하는 변속기

모터를 선정한 뒤 필수로 하는 일은 모터와 궁합이 맞는 ESC를 선택하는 일입니다. ESC는 모터의 속도와 동작을 제어하는 전자 변속기(Electronic Speed Controller)의 약자입니다.

쿼드콥터 드론은 기본적으로 4개의 모터를 사용하므로 각 모터를 제어하려면 4개의 변속기가 필요합니다. 주의해야 할 점은 변속기를 먼저 선정하고 모터를 선정하는 것이 아니라, 모터를 선정한 뒤 모터를 커버해 주는 변속기를 선정해야 한다는 점입니다.

1) 변속기

변속기는 각 모터에 1대1로 붙이는 부품으로 비행 컨트롤러의 명령를 받고 모터의 회전 속도와 동작을 제어하는 임무를 수행합니다. 자동차에서 기어를 넣으면 변속 장치를 통해 바퀴를 제어하는 것과 마찬가지인 셈입니다.

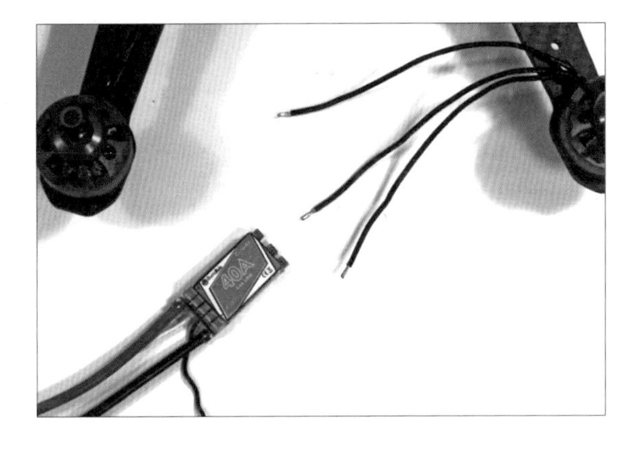

쿼드콥터 드론은 4개의 모터를 사용하므로 각 모터를 제어하려면 변속기 4개가 필요합니다.

2) 올인원(4in1) 변속기

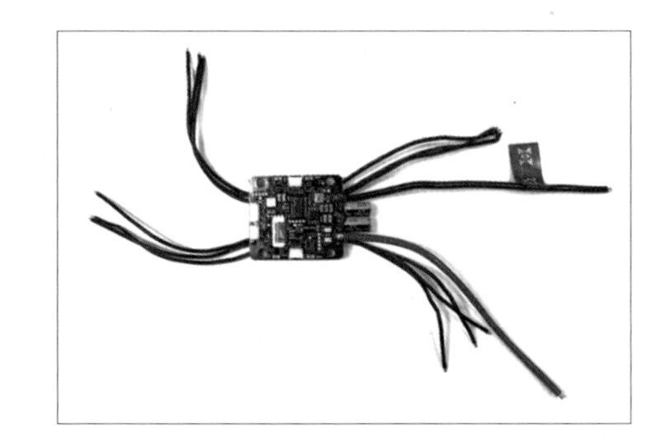

변속기 4개를 하나의 보드에 집어넣은 변속기를 올인원 변속기라고 부릅니다. 각각의 변속기로 모터를 제어하는 것보다 무게가 가볍고 설치 공간을 적게 차지한다는 점에서 요즘은 일반 변속기 4개보다 올인원 변속기 1개를 구매하는 추세입니다.

사진 속의 변속기는 BEC 내장형 변속기이기 때문에 배터리를 직접 연결할 수 있는 변속기입니다. BEC를 내장한 변속기이므로 배터리에서 받은 전압을 조절하여 전기를 필요로 하는 다른 주변 기기로 분배하는 기능도 제공합니다. 올인원 변속기 겸 전원 보드(배전반) 기능을 하는 제품인 셈입니다.

2 변속기의 구조와 모터와의 궁합

변속기(ESC)의 구조를 공부한 뒤 모터와 어떻게 조합하면 궁합이 맞는지 알아봅니다.

1) 변속기의 구조

변속기를 구매할 때는 스펙을 비교하면서 상대적으로 우수한 제품, 목적에 맞는 제품을 구매하되, 모터가 사용하는 최대 전류를 커버하는 제품으로 구매합니다.

다음은 SunriseModel의 Cicada 'BLHeli_S' 펌웨어 지원 '40A', No BEC 변속기입니다.

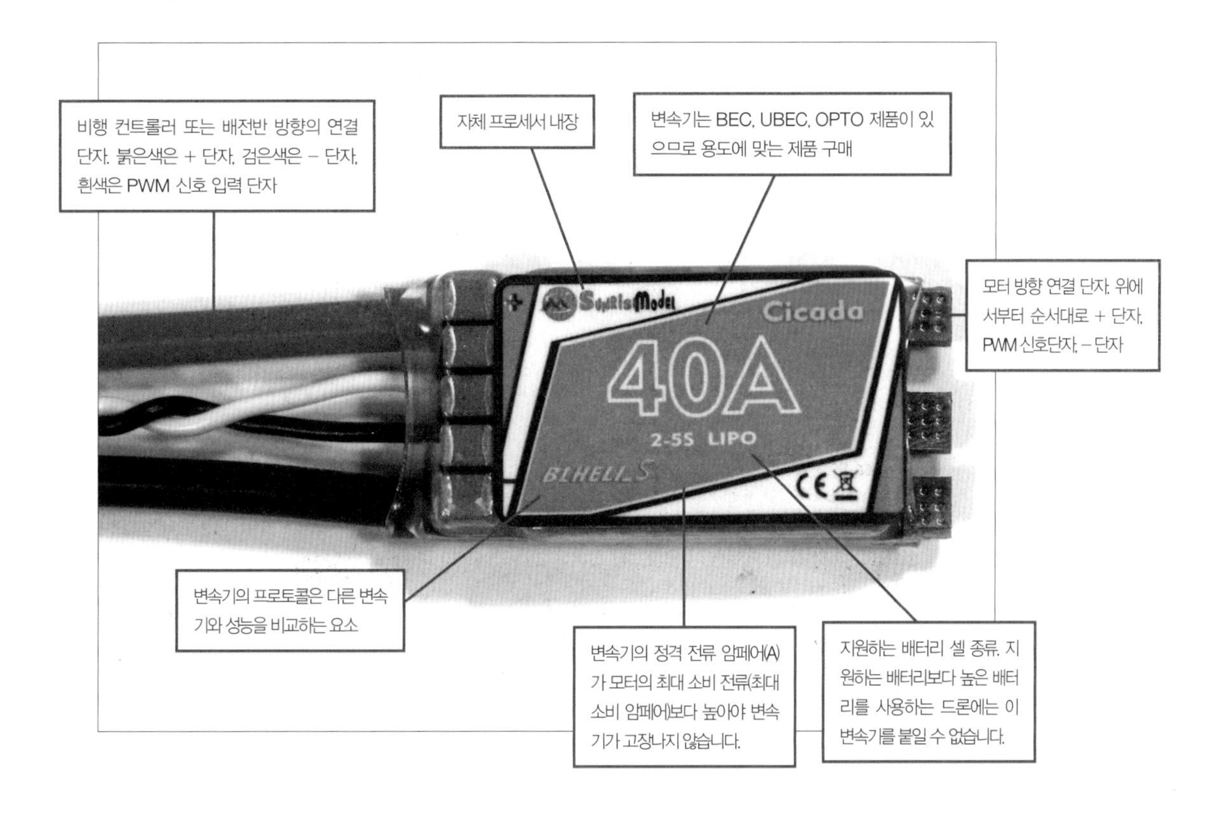

2) 변속기와 모터의 조합 방법

모터에 변속기를 조합할 때는 모터의 순간 최대 소비 전류(A)를 참고해 변속기를 선택해야 합니다. 예를 들어, 모터의 순간 최대 소비 전류는 40A인데 변속기의 정격 전류는 30A라면 모터가 최대 소비 전류 40A를 쓸 때 변속기에 과부하가 걸려 고장납니다. 이때 모터의 전원은 변속기를 통해 공급되므로 변속기가 고장나면 모터의 전원도 끊기면서 드론이 추락합니다.

정격 전류 35A, 순간 최대 소비 전류 40A인 모터를 사용할 계획이라면, 변속기의 정격 전류는 모터의 최대 소비 전류인 40A를 견뎌야 하므로, 정격 전류가 40A인 변속기를 선택하는 것이 좋습니다. 그럴 경우 모터가 최대 소비 전류 40A를 1~2분 동안 쓰더라도 고장나지 않습니다. 간단히 말해 변속기의 정격 전류가 모터의 최대 소비 전류를 커버하면 모터가 최대 속도로 회전하더라도 부하에 걸리지 않습니다.

3 변속기의 스펙과 선택 요령

변속기를 선택할 때는 스펙을 비교한 뒤 상대적으로 우수한 제품을 구매하기 바랍니다. 일반적으로 BLHeli_32 펌웨어 방식 Dshot 프로토콜 지원 제품을 구매하는 것이 가장 좋으며, 이 경우 모터/변속기 캘리브레이션을 하지 않고 바로 사용할 수 있습니다.

암페어(A, 정격 전류)	변속기의 정격 전류인 암페어를 확인하기 바랍니다. 모터는 변속기를 통해 전류를 공급받으므로 모터의 최대 소비 전류보다 변속기의 정격 전류가 높거나 같아야 변속기가 견딜 수 있습니다. 모터의 최대 소비 전류가 40A면 스로틀을 가장 많이 열었을 때(무거운 물건을 들고 공중으로 상승하기 위해 가장 강하게 모터를 회전시켰을 때) 최대 40A의 전류를 소비한다는 뜻입니다. 이를 변속기가 견디려면 변속기의 정격 전류가 모터의 최대 소비 전류와 같거나 조금 높아야 합니다.
펌웨어	변속기는 펌웨어에 따라 성능이 달라지므로 가장 최신의 펌웨어(BLHeli_32)를 지원하는 변속기를 구매하기 바랍니다.
ESC 프로토콜	변속기는 프로토콜에 따라 신호의 처리 속도가 다릅니다. 가장 빠른 속도의 프로토콜을 지원하는 변속기를 구매하되, 반드시 Dshot 프로토콜 지원 제품을 구매하기 바랍니다. 그 외 프로토콜은 구형 방식이기 때문입니다.
BEC, UBEC, OPTO	변속기는 5V 전압을 사용하므로 변속기에 레귤레이터가 내장되어 있는지 확인하기 바랍니다.
프로세서	변속기가 사용하는 프로세서입니다. 일반적으로 크게 중요하진 않습니다.
입력 전압	변속기에 연결할 수 있는 전압입니다.
지원 배터리	3~6S 지원 변속기의 경우 3~6s 배터리를 장착한 드론에서 사용할 수 있으므로 소형~중대형 드론에서도 사용할 수 있는 변속기입니다.
크기와 무게	변속기를 드론에 설치할 때 차지하게 될 크기와 무게를 확인하기 바랍니다. 변속기는 암에 장착하기 때문에 프로펠러가 회전할 때 방해되지 않는 크기가 좋습니다.

· 변속기의 BEC, UBEC, OPTO 란? ·

변속기는 BEC 기능이 내장된 제품과 BEC를 내장하지 않은 제품이 있습니다. 변속기를 고를 때 반드시 파악해야 할 요소입니다.

1) BEC 내장 변속기

베터리 제거 회로(Battery Elimination Circuit)의 약자인 BEC는 배터리의 높은 전압을 ESC가 사용할 수 있는 낮은 전압(배터리 → 5V)으로 변환하는 레귤레이터가 장착된 변속기입니다. 변속기에서 사용하는 전압은 5V이므로 BEC를 장착해 배터리에서 들어오는 12V나 16V 전압을 5V로 낮추어 공급하는 것입니다. 이 때문에 BEC 변속기는 5V보다 높은 전압의 3~4S(12~16V) 배터리에 바로 연결해도 무방합니다. BEC 변속기는 일반 3~4S 배터리로 구동되는 표준 쿼드콥터 드론에서 흔히 사용합니다.

2) UBEC 내장 변속기

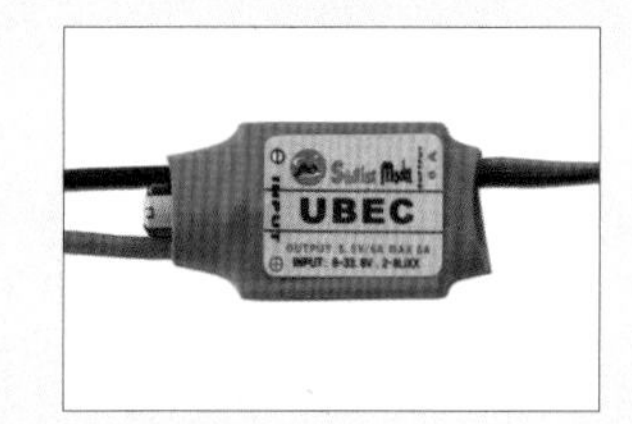

UBEC는 범용 배터리 제거 회로(Universal BEC)의 약자입니다. 원래는 BEC 변속기의 한 종류였지만 어느 회사가 UBEC란 브랜드를 사용하면서 널리 퍼졌고, 현재는 BEC 변속기와는 조금 다른, 성능이 강한 변속기라고 알려져 있습니다.

BEC 변속기가 5V만 공급하는 반면 UBEC 변속기는 5V 또는 6V로 공급하는 전환 모드 혹은 전환 회로가 탑재된 변속기입니다. 일반적으로 UBEC 변속기는 과부화가 걸릴 때 더 높은 전압을 공급하는 모드로 변해서(5V -> 6V) 과부하를 피할 수 있다고 합니다. 따라서 UBEC 변속기는 BEC 변속기보다 과부하에 견디는 힘이 강하고, 5V보다는 6V로 공급하는 것이 전류의 손실을 더 줄여주기 때문에 더 효율적이라고 합니다. 이런 장점 때문에 UBEC 변속기는 일반적인 표준 쿼드콥터 드론에 비해 모터 수가 많은 대형 드론에 장착하는 변속기라고 알려져 있습니다.

3) OPTO 변속기(No BEC 변속기)

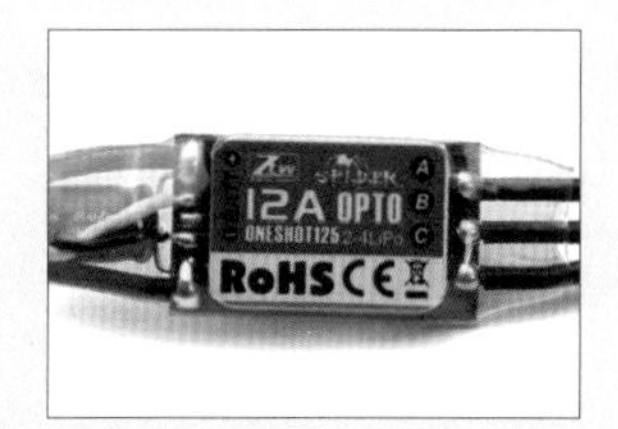

OPTO(Optoisolator) 변속기는 BEC나 UBEC를 내장하지 않은 No BEC 변속기를 말합니다. 5V로 낮추는 레귤레이터를 내장하지 않은 제품이기 때문에 BEC 5V 레귤레이터를 내장한 비행 컨트롤러나 배전반 또는 BEC 모듈에 연결한 뒤 반대편은 모터에 연결합니다. 보통은 여러 부품에 5V를 분배해 주는 전원 보드에 연결하지만, 배터리에서 전용 UBEC 5V 모듈로 전원을 뽑은 뒤 OPTO 변속기로 연결하는 방법도 있습니다. 참고로 OPTO(Optoisolator)라는 용어는 원래의 뜻과 상관없이 드론 업체들이 붙인 이름입니다.

4 변속기 성능의 핵심 펌웨어

변속기(ESC)의 펌웨어는 변속기 내부에서 자율 구동하는 소프트웨어로 변속기의 성능, 지원되는 프로토콜, 인터페이스를 결정하는 요소입니다. 펌웨어 버전에 따라 변속기의 성능이 차별되므로 가급적 최신 펌웨어를 탑재한 변속기를 선택하기 바랍니다.

변속기 펌웨어는 다음과 같이 다섯 종류가 있습니다. 일반적으로 BLHeli_32 펌웨어를 탑재한 변속기가 2018년 기준 가장 최신형입니다.

BLHeli	2015년 이전 인기 있었던 펌웨어로 오픈 소스 기반 펌웨어 중에서 초기형 펌웨어입니다. 이 펌웨어를 지원하는 변속기는 재고품 혹은 구형일 확률이 높습니다. 기본적으로 8비트 프로세서에서 실행되는 펌웨어입니다. Dshot 기능이 없으므로 사용 전 모터/변속기 캘리브레이션을 해야 합니다.
BLHeli_S	2016년에 시장에 출현한 펌웨어로 초기형 BLHeli 펌웨어의 2세대 버전입니다. 기본적으로 8비트 프로세서에서 실행되는 펌웨어입니다. Dshot 기능이 없으므로 사용 전 모터/변속기 캘리브레이션을 해야 합니다.
BLHeli_32	2017년에 시장에 출현한 펌웨어로 초기형 BLHeli 펌웨어의 3세대 버전입니다. 32비트 프로세서에서 동작하도록 만들어졌으며 8비트 변속기에는 설치되지 않습니다. Dshot을 지원하므로 모터/변속기 캘리브레이션이 필요하지 않습니다. BLHeli_32 펌웨어를 내장한 ESC는 1세대 및 2세대 펌웨어보다 명령의 처리 속도가 빠릅니다. 처리 능력이 향상되면서 Dshot1200 같은 빠른 프로토콜을 지원합니다. 조종기에서 보내온 지시를 더 빠르게 모터로 전달해 모터의 동작을 제어합니다. 또한 BLHeli_32 펌웨어는 이전 버전에서는 처리할 수 없었던 여러 가지 기능을 제공합니다. – DShot 프로토콜 지원 – DShot 사용 시 변속기 캘리브레이션이 필요 없음 – 양방향 회전 가능한 모터의 방향 변경 개선 – 최대 48kHz의 프로그래밍이 가능한 PWM 주파수 – 효율성을 높이는 자동 타이밍 – 전류 제한(ESC에 커렌트 센서 내장) – 조정 가능한 제동 브레이크 – ESC 텔레메트리 기능 지원
SimonK	오픈 소스 기반 펌웨어에 해당하며 초기형 펌웨어입니다. 이 펌웨어를 지원하는 변속기는 재고품이거나 구형일 확률이 높습니다.
KISS	드론 부품 제조업체 KISS에서 만든 자사 변속기용 펌웨어입니다.
그 외 펌웨어	기타 제조업체들이 자사 변속기에 자체 펌웨어를 내장하고 있습니다.

5 변속기의 프로토콜

변속기의 프로토콜이란 비행 컨트롤러(FC)와 변속기가 통신하는 데 사용하는 언어입니다. 빠른 프로토콜을 지원하는 변속기는 그만큼 빠르게 모터에 명령을 전달할 수 있습니다.

다음은 프로토콜 종류와 프로토콜별 하나의 데이터 패킷을 보내는 데 걸리는 시간입니다. 아래 표는 스로틀이 100%일 때 데이터 패킷 하나를 보내는 데 필요한 시간이며, μs 단위는 백만분의 1초를 뜻합니다. 변속기마다 지원하는 프로토콜이 다르므로 상대적으로 수치가 낮은 프로토콜을 지원하는 변속기를 구매하기 바랍니다.

아날로그 프로토콜 (구형 방식)	PWM(가장 구형)	1000us – 2000μs
	Oneshot125	125us – 250μs
	Oneshot42	42us – 84μs
	Multishot	5us – 25μs
디지털 프로토콜 (신형 방식)	Dshot150	106.8μs
	Dshot300	53.4μs
	Dshot600	26.7μs
	Dshot1200(최신형)	3.4μs
	ProShot	디지털 프로토콜과 아날로그 프로토콜의 중간 속성을 가진 프로토콜

숫자가 낮을수록 명령 처리에 빠른 제품

2015년 이전에는 변속기가 사용하는 프로토콜이 PWM만 있었습니다. 그러다가 지난 2~3년 사이에 ESC의 제조 기술이 급속도로 성장하면서 Oneshot125, Oneshot42, Multishot 같이 더 빠르게 조종기의 움직임을 모터에 전달하는 프로토콜이 나타났습니다.
디지털 방식 프로토콜은 가장 최신의 BLHeli_32 펌웨어를 탑재한 변속기에서 볼 수 있는 프로토콜로, 빠른 속도를 기본으로 제공할 뿐 아니라 ESC의 특정 명령을 전송할 수 있습니다.

2017년 중반 이후 출시한 신제품 ESC는 대부분 BLHeli_32 펌웨어를 내장하고 있으므로 DShot 프로토콜을 기본 지원하며, Dshot을 지원하지 않는 변속기는 구형 변속기이거나 재고품일 확률이 높으므로 가격 매리트가 없는 한 구매를 피하기 바랍니다. Dshot을 지원하는 변속기의 가장 큰 장점은 모터/변속기 캘리브레이션 작업을 하지 않고 바로 사용할 수 있다는 점입니다.

6 올인원(4in1) 변속기

올인원 변속기란 모터에 1대1로 붙이는 싱글 변속기 4개를 하나의 보드에 모아서 무게와 설치 크기를 줄인 변속기입니다.

올인원 변속기는 싱글 변속기 4개가 합쳐진 변속기이므로 모터 쪽으로 연결하는 각 변속기 4개 분량이 하나의 기판에 내장되어 있습니다. 싱글 변속기는 각각의 모터에 1대1로 붙이기 때문에 와이어링이 불편하지만 올인원 변속기는 와이어링을 간편하게 할 수 있다는 장점이 있습니다. 단점은 기판에서 변속기 하나가 고장나면 전체를 수리해야 한다는 점입니다.

1) 올인원 변속기

모터 4개에 각각 연결하는 변속기 4개가 하나의 기판에 내장된 변속기입니다.

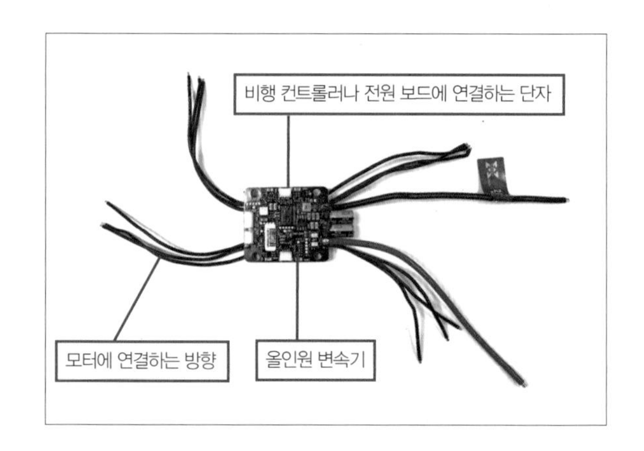

2) 일반 싱글 변속기

일반 변속기는 모터에 1대1로 대응하여 붙이는 싱글 변속기입니다. 따라서 쿼드콥터 드론의 모터 4개를 제어하려면 총 4개의 싱글 변속기가 필요합니다.

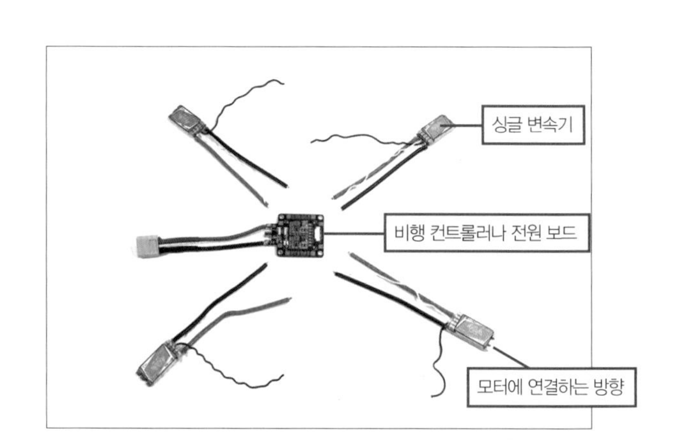

CHAPTER 06

영상과 영상 전송

1 드론의 시야를 보여 주는 FPV 캠(Cam, 카메라)

'First Person View'의 약자인 FPV는 드론의 전방을 동영상으로 찍은 뒤 무선으로 전송해 주는 영상 송신 장치를 말합니다. 영상을 수신한 조종자는 드론의 전방을 보면서 조종할 수 있어서 조종이 편리해집니다.

FPV 드론은 때론 FOV 드론이라고도 하는데, FOV는 Field Of View의 약자로서 '카메라 렌즈의 시야각'을 뜻합니다. 카메라가 달린 드론에서 드론이 보는 방향을 액정 화면으로 볼 수 있다고 해서 붙은 이름입니다. FOV의 정확한 의미는 고글이나 액정 화면에서 보이는 화면의 각도입니다.

드론의 전면부에 전용 FPV 캠과 영상 송수신기를 장착하면 비행 중인 드론이 무선으로 전송해 오는 영상을 실시간으로 보면서 조종할 수 있습니다. 원래는 조종을 더 잘하기 위해 레이싱 드론에서 FPV 드론을 만들기 시작했는데 현재는 일반 드론에도 캠이 부착될 정도로 폭넓게 보급되어 있습니다. 드론이 보내온 영상은 연결 방식에 따라 전용 LCD 모니터, 전용 고글, 스마트폰, 태블릿 등으로 볼 수 있는데, 영상 송수신기를 어떤 제품을 사용하느냐에 따라 사용할 수 있는 화면 장치도 바뀝니다. 요즘은 전용 LCD 모니터보다는 스마트폰으로 화면을 수신하는 장치가 인기입니다.

다음은 드론용 영상 송수신기 부품을 구입한 후 동작하는 방식입니다. 스마트폰용 영상 송수신기를 구입한 뒤 영상 트랜스미터는 드론의 캠에 연결하고, 스마트폰에는 영상 수신기를 연결합니다. 드론이 비행할 때 찍은 동영상을 무선으로 보내오면 스마트폰에서 영상을 보면서 드론을 조종할 수 있습니다.

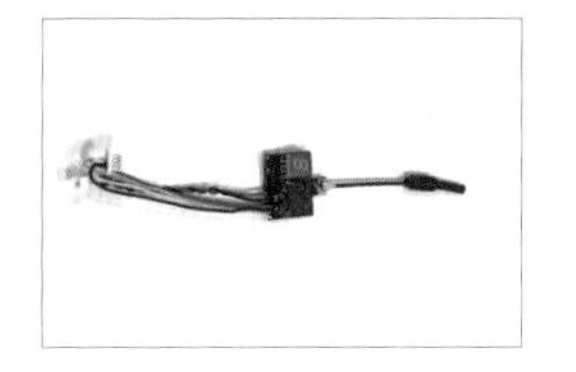

드론에 FPV 캠과 영상 전송기 장착

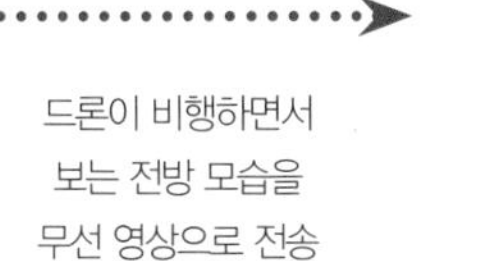

드론이 비행하면서
보는 전방 모습을
무선 영상으로 전송

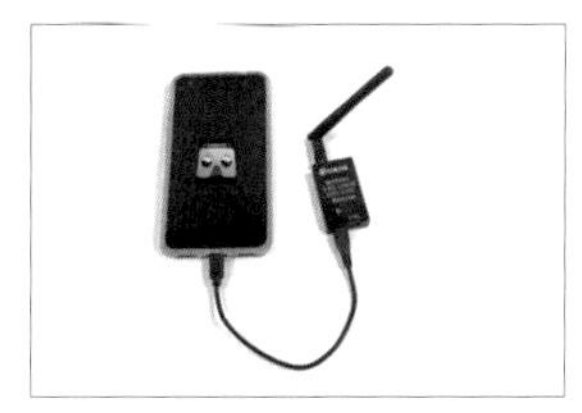

스마트폰에 영상 수신기를 연결한 뒤
영상 수신

2 드론에 장착할 수 있는 캠(카메라)과 레이턴시

드론에 장착할 수 있는 캠은 크게 네 가지가 있습니다. 조종을 용이하게 하기 위해 비행 중인 드론의 전방을 보려는 사람이라면 화질이 우수한 캠보다는 레이턴시가 좋은 FPV 전용 캠을 드론에 장착하기 바랍니다.

시속 80km로 비행하는 드론이 영상을 무선으로 보내올 때 레이턴시(지연 시간)가 100ms(0.1초)라고 할 경우, 영상을 수신하는 사람은 약 2m 늦게 영상을 받게 됩니다. 영상이 전달되는 동안 드론은 2m를 더 날아간 상태이기 때문에 드론이 2m 앞 어딘가에 충돌했을 경우 그 장면을 볼 수 없습니다. 따라서 드론에 장착하는 FPV 캠은 화질보다는 레이턴시가 짧은 캠을 부착하는 것이 좋으며, 특히 레이싱 경기용 드론을 조립하는 유저라면 화질보다는 레이턴시가 짧은 FPV용 전용 캠을 장착하는 것이 좋습니다. 지연 시간 없이 비행 모습을 실시간으로 확인하면서 드론을 조종하면 레이싱 경기를 더 잘할 수 있을 것입니다.

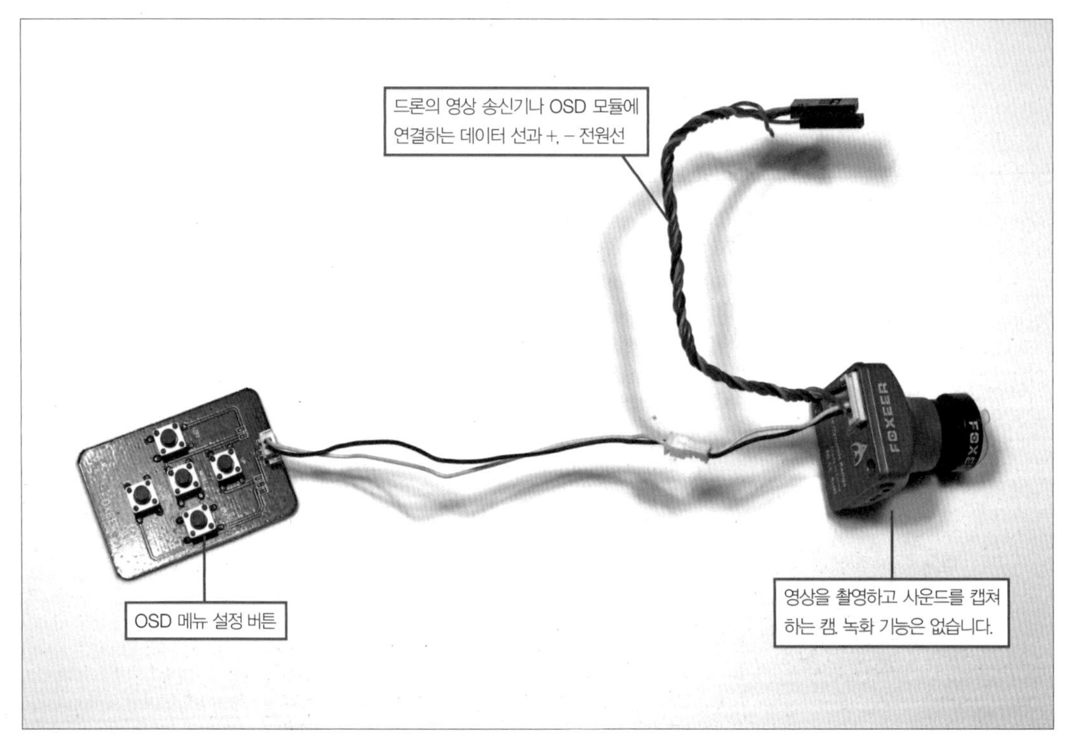

FPV 캠 제품군에서 저렴한 가격대의 제품인 600 TVL 캠. OSD 기능이 내장되어 있지만 저렴한 제품이다 보니 있으나 마나한 기능입니다.

다음은 드론에 장착할 수 있는 캠 네 가지를 알아보겠습니다.

드론 전용 FPV 캠	과거 CCTV 등에서 사용했던 캠을 렌즈 위주로 작고 가볍게 만든 미니캠입니다. 비행 중 드론의 전방 영상을 실시간으로 빠르게 전송하기 위해 레이턴시(지연 시간)를 줄였으며 무게는 50g 내외입니다. 캠 종류에 따라 600 TVL 해상도로 찍는 캠과 1200 TVL로 찍는 캠 등 20여 제품이 있는데, 일반적으로 작은 화면을 찍는 캠이 화질은 나쁘지만 레이턴시는 좋습니다. 특성상 레코딩 기능은 없지만 레이턴시가 짧기 때문에 조종자가 화면을 실시간 보면서 조종할 수 있습니다. 일반적인 FPV 전용캠은 대략 50ms 미만의 레이턴시를 가지고 있습니다.
레코딩 가능 FPV 캠	FPV 캠은 레이턴시를 최소화하고 화면을 빠르게 전송하는 것이 목적인 만큼 녹화 기능이 내장되어 있지 않지만 레코딩이 가능한 FPV 캠도 있습니다. 일반적으로 디지털 캠 방식이므로 TVL 해상도가 아닌 HD 해상도를 가진 제품도 있습니다. 레코딩 FPV 캠은 자체적으로 메모리 카드를 내장해 녹화를 같이할 수 있습니다. 무게는 70~120g 내외입니다.
액션캠	일반적인 액션캠의 무게는 50~110g입니다. 고화질을 지원하므로 레이턴시가 높지만(일반적으로 화질이 높을수록 레이턴시도 높아집니다) 몇몇 유명 액션캠은 레이턴시도 우수한 편이라고 합니다. 하지만 액션캠 대부분은 레이턴시가 130ms 안팎이기 때문에 영상을 실시간으로 수신하는 용도로는 좋지 않습니다. 보통의 액션캠 사용자들은 FPV 캠과 액션캠을 같이 부착한 뒤 영상은 FPV 캠에서 전송받고, 액션캠은 항공 촬영용으로 사용합니다.
디지털 카메라 또는 캠코더	일반 디지털 카메라와 캠코더 역시 드론에 붙일 수 있지만 무게가 많이 나가기 때문에 추력이 좋은 중대형 드론에만 붙일 수 있습니다. 고급 카메라는 화질과 다이나믹 레인지가 액션캠에 비해 훨씬 우수하기 때문에 전문 동영상을 찍는 사용자는 중대형 드론을 선호합니다. 고화질이기 때문에 레이턴시가 심하므로 영상을 전송받을 목적으로는 사용하지 않고 항공 촬영 목적으로만 사용합니다. 카메라의 무게는 300g에서 2kg까지 다양하며, 이 무게를 들어올릴 수 있는 추력을 가진 중대형 드론에만 장착할 수 있습니다.

3 FPV 캠, 액션캠, 디지털 카메라 스펙 읽는 방법

FPV 캠이나 액션캠은 그 자체가 가볍고 소형이다보니 고급 디지털 카메라만큼 뛰어난 화질을 제공하지는 않습니다. 그러나 FPV 캠이나 액션캠을 선택할 때 다음을 참고하면 더 좋은 성능의 캠을 선택할 수 있을 것입니다.

다음은 FPV 캠, 액션캠, 디지털 카메라를 선택할 때도 참고할 수 있는 내용입니다.

<table>
<tr><td>TVL 해상도</td><td>TVL 해상도는 디지털이 아닌 아날로그 방식 비디오 해상도입니다. 대부분의 FPV 전용 카메라는 아날로그 방식이므로 아날로그 TV의 수평 해상도인 TVL 단위로 해상도를 평가하는 반면 디지털 방식 캠은 픽셀 단위로 해상도를 평가합니다.
TVL 해상도는 480, 600, 800, 1000 등이 있는데 수치가 높을수록 더 넓고 고화질의 영상을 찍어 줍니다. 드론용 무선 영상 송수신기를 통해 영상을 전송받을 때 레이턴시가 좋은 해상도는 600~800 TVL이라고 알려져 있습니다.

600TVL 영상

800TVL 영상</td></tr>
<tr><td>화각(POV)</td><td>화각이란 렌즈를 통해 보이는 시야(각도)입니다. 사람의 양쪽 눈으로 전방을 자연스럽게 바라볼 때 시야각(화각)이 약 130도입니다. 화각이 넓을수록 더 넓은 각도와 더 시원한 풍경을 영상으로 볼 수 있지만, 그만큼 화면 왜곡이 심해집니다.
FPV 캠 구매 시 렌즈 스펙을 보면 화각을 알 수 있습니다.

3.6mm lens – 92도 화각
3.0mm lens – 127도 화각
2.1mm lens – 158도 화각
1.7mm lens – 170도 화각
1.2mm lens – 185도 화각</td></tr>
</table>

다이나믹 레인지	다이나믹 레인지는 영상에서 밝고 어두운 부분의 계조(階調, 그러데이션)를 얼마만큼 자연스러운 단계로 표현하는지를 체크하는 지표입니다. 밝고 어두운 부분의 표현이 좋지 않고 하얀 구름이나 그늘의 음영 계조가 무너져 있는 동영상이라면 다이나믹 레인지가 나쁜 것입니다. 드론 캠이나 액션캠은 소형화를 추구하다보니 대체로 화질에 신경을 쓰지 않아 다이나믹 레인지가 나쁜 편입니다. 다이나믹 레인지는 화소 수만으로는 알 수 없는데, 업체마다 이미지 처리 기술이 다르기 때문입니다. 가능하면 다른 사용자가 찍은 영상을 참고하여 다이나믹 레인지가 좋은 캠을 구매하시기 바랍니다. 계조가 좋은 영상 / 계조가 망가진 영상
S/N Ratio (SNR)	신호 대 잡음비(Signal-to-Noise Ratio)를 뜻하며 수치가 높을수록 좋습니다. 일반적으로 60dB을 기준으로 그 이상의 제품들이 좋은 캠입니다.
LUX	캠이 촬영할 수 있는 최소 조도를 평가하는 지표입니다. 수치가 낮을수록 저조도에서도 영상이 촬영되므로 야간 비행 시 유리합니다.
OSD	수신된 영상 화면에 각종 정보를 표시해 주는 기능인 OSD를 내장한 캠은 제품 설명서에 OSD 내장이라고 표시됩니다. 이 경우 별도로 OSD 모듈을 장착할 비용을 절약할 수 있지만 캠에 내장된 OSD는 표시되는 정보가 서너 가지일 정도로 형편없습니다. 예를 들어 드론이 비행을 하며 GPS 위치 정보를 수집할 수 있다면 이 GPS 정보는 캠 내장 OSD 기능으로는 볼 수 없고 드론의 메인 컨트롤러에 연결된 OSD 모듈에서만 확인할 수 있습니다.
전원	FPV 캠은 일반적으로 5~24V 또는 5~36V에서 동작하므로 전원 보드의 5V는 물론 3~6S 배터리에 직접 연결해도 동작합니다. 드론 부품 중에서 일반적으로 FPV 캠은 5~24V 사이 아무 전압이나 연결해도 동작하고, 영상 트랜스미터(영상 전송기)는 5~12V 사이 아무 전압이나 연결해도 동작합니다. 나머지 부품들은 그 부품이 지정한 전압을 연결해야 동작하며, 과전압을 연결하면 바로 망가집니다. 참고로 5~24V에서 아무 전압이나 공급해도 동작하는 부품이라면 낮은 전압인 5V 대신 24V로 연결하는 것이 좋습니다. 전압이 높을수록 배터리의 전류(암페어)를 적게 소비하므로 배터리의 사용 시간을 더 늘릴 수 있습니다.

4 영상을 주고받기 위한 영상 송수신기

영상 송수신기는 영상을 무선으로 송신(전송)하는 모듈과 영상을 받는 수신기 모듈로 구성되어 있습니다. 드론에 장착한 FPC 캠이 찍은 비행 중 전방 모습을 조종자가 볼 수 있도록 영상을 보내고 받을 수 있는 장치입니다. 한글 명칭이 길기 때문에 드론 사용자들 사이에선 영숙이(영수기)라고 부르거나 비디오 트랜스미터(VTX)라고 부릅니다.

1) 영상 송수신기

드론에 장착하는 영상 송수신기는 무선으로 영상 신호와 사운드 신호를 보내고 그것을 수신해서 화면으로 볼 수 있는 장치입니다. 조종기 역시 무선이므로 보통 조종기는 2.4GHz 주파수 대역을, 영상 송수신기는 5.8GHz 대역을 사용합니다. 서로 다른 주파수 대역을 사용함으로써 조종기와 영상 송수신기는 주파수 간섭을 피할 수 있습니다. 국내의 경우 5.8GHz 대역은 기가인터넷이나 산업용 등으로 사용하다 보니 간혹 영상 수신 화면에 노이즈가 끼거나 다른 사람이 사용하는 영상이 잡힐 수도 있습니다. 이 경우 영상 송신기의 채널을 변경하고 수신기쪽 채널을 영상 송신기 채널에 맞추면 전파 간섭을 피할 수 있습니다.

2) 개인의 무선 영상 송수신 거리는 10mW(약 30m)

드론 산업은 급부상한 산업이기 때문에 주파수 할당 없이 사용자들이 늘어났습니다. 완구용 RC 조종기는 예로부터 2.4GHz 대역을 사용했으므로 인정하지만 개인의 무선 영상 송수신은 국내법상 10mW 한도까지만 주고받을 수 있습니다. 즉 국내에서는 30미터까지의 드론 영상을 무선으로 받는 것이 한계이며, 그 이상을 수신할 수 있는 무선 영상 송수신기의 사용은 불법입니다. 일본의 경우엔 이미 드론 전용 주파수 대역을 할당해 드론 산업을 육성하고 있으므로 국내도 드론용 대역과 송수신 거리를 조만간 풀어 줄 것이라고 봅니다.

3) 다양한 연결 방법

영상 송수신기는 일반적으로 드론 기체에 붙이는 송신기(Video Transmitter)와 조종사가 화면 장치에 붙이는 수신기 두 가지로 구성되어 있습니다. 영상 송신기는 캠과 바로 연결하거나 OSD 모듈에 연결합니다. 비행 컨트롤러에 VTX 단자가 있을 경우 일반적으로 OSD 기능이 내장된 보드이므로 캠을 비행 컨트롤러에 연결하고 영상 송신기를 VTX 단자에 연결하면 캠에서 찍은 영상이 비행 컨트롤러의 OSD를 통과한 뒤 무선으로 전송됩니다. 여기서 OSD는 화면 장치에 각종 정보를 문자로 보여 주는 기능입니다. 표시되는 문자 정보는 비행 컨트롤러의 각종 센서가 입수한 비행 정보(고도, 속도, 위치, 배터리 사용 정보 등)이며, 이를 영상 수신 화면에서 보고 싶다면 반드시 OSD 모듈을 경유해 영상 송신기를 연결해야 합니다. 만일 비행 컨트롤러에 OSD 기능이 내장되지 않은 경우 OSD 모듈을 별도로 장착해야 합니다. 수신된 영상과 OSD 정보는 조종자의 영상 수신기와 연결된 화면 장치인 LCD 모니터, 스마트폰, 태블릿, 고글 등으로 볼 수 있습니다.

5 영상 송수신기 스펙 읽는 방법

다음은 드론용 무선 영상 송수신기를 구매할 때 흔히 접하는 스펙을 읽는 방법입니다.

1) 무선 영상 송신기(VTX, TX, 비디오 트랜스미터, 영상 신호 전송기) 스펙

무선 영상 송신기는 드론에 장착하는 부품으로 드론의 캠이나 OSD 보드에서 받은 영상 신호를 실시간으로 조종자에게 보내 주는 장치입니다.

<table>
<tr><td>출력 파워 :
mW 단위
100mW/
200mW/
500mW
(switchable)</td><td>공중선 전력(mW)은 무선 영상 송신기가 캠에서 받은 영상을 무선으로 보내는 출력의 단위로, 송수신 거리와 밀접한 관계가 있습니다. 국내법은 10mW까지만 합법입니다.

해외 제품의 평지 기준 평균적인 송수신 범위를 산출하면 다음과 같습니다.

100mW = 약 200m
200mW = 약 400m
300mW = 약 700m
400mW = 약 900m
500mW = 약 1,200m

※ 위 송수신 범위는 정확한 값이 아니라 송수신 예측값입니다. 송신기 안테나는 기상 상태, 전파 혼선, 장애물에 따라 신호 도달 거리가 줄어들 수 있고, 송신기(TX) 쪽 안테나 뿐 아니라 수신기(RX) 쪽 안테나에 따라 달라지기 때문입니다.
예를 들어 500mW 출력은 평지에서는 1km 이상 송수신 거리를 보여 주지만, 빌딩으로 무선 신호가 잘 막히는 도심에서는 300m 정도까지만 송수신이 되는 경우도 있습니다.
'switchable'은 이 영상 송신기의 안테나 출력 파워를 변경할 수 있음을 의미합니다.</td></tr>
<tr><td>Input Voltage :
3.5~5.5V</td><td>영상 송신기가 동작하는 데 필요한 전압입니다.</td></tr>
</table>

스마트폰을 화면 장치로 사용하는 저가형 세트 상품

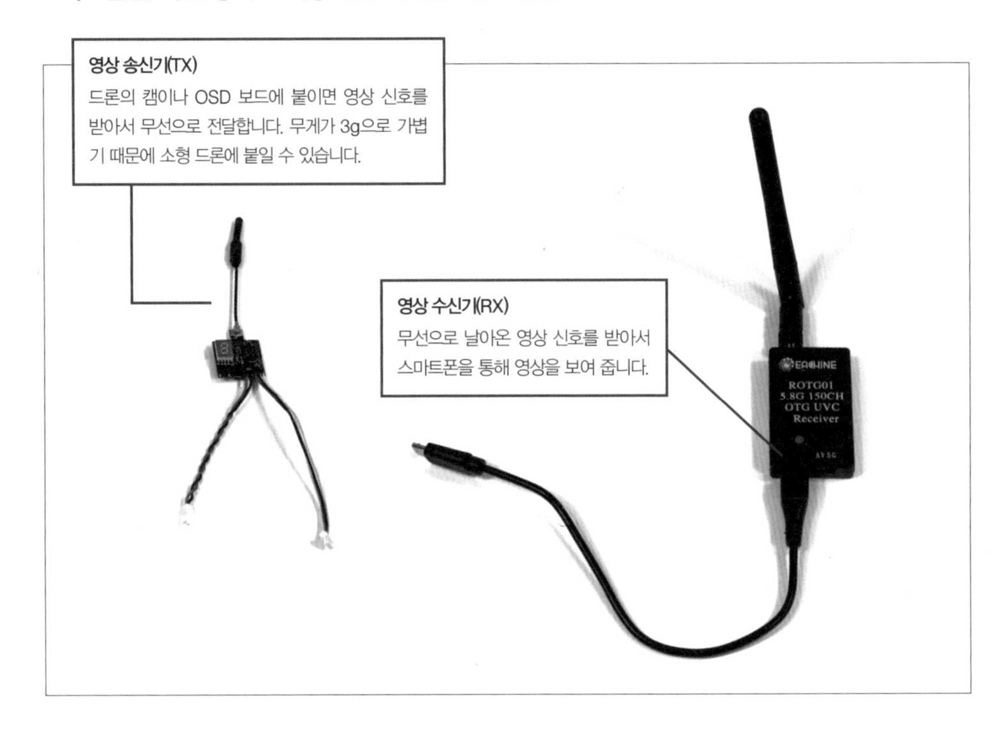

휴대용 모니터를 화면 장치로 사용하는 중고가 세트 제품

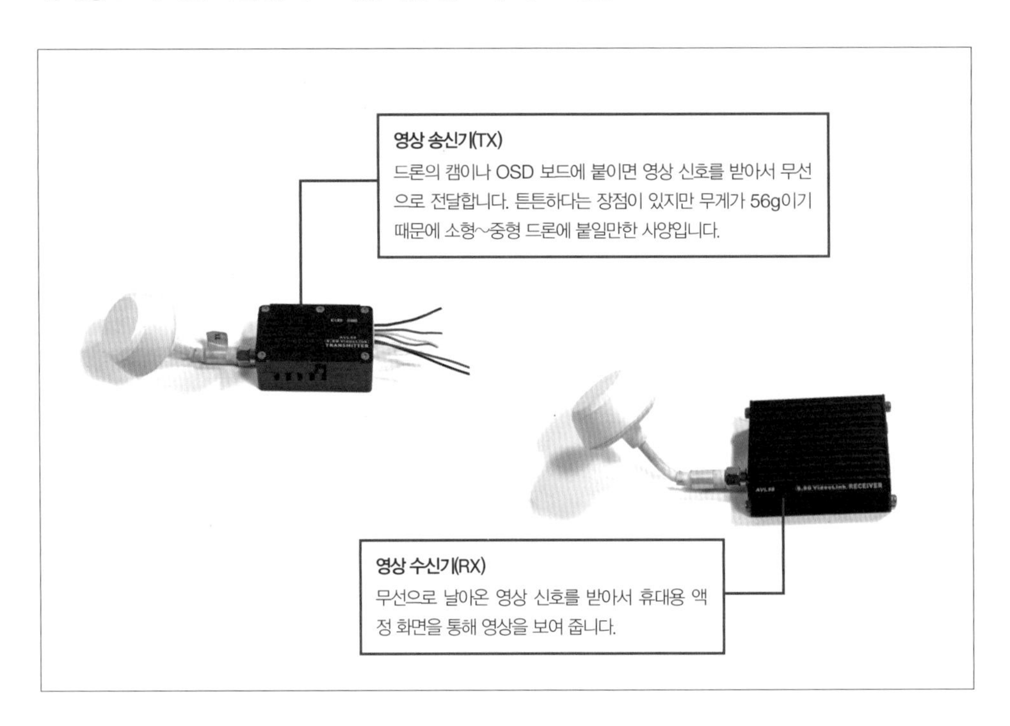

Antenna : IPEX	안테나의 단자 모양입니다. 출력이 높은 안테나로 교체하면 송수신 거리도 확장됩니다. 참고로, 송수신 거리를 확장하려고 할 때는 드론 쪽 안테나가 아니라 조종사 쪽 안테나를 교체하는 것이 더 편리합니다. ※ 드론에 붙이는 영상 송신기 안테나를 교체하면 드론의 무게가 달라질 확률이 있고, 전압도 추가로 공급해야 합니다. 이런 문제 때문에 드론 쪽 안테나는 그대로 두고 조종사 쪽 영상 수신기 안테나를 교체해 출력을 높이는 것이 좋습니다.
Frequency : 5.8GHz 9 bands 72 channels	무선 신호의 전송 통로로 5.8GHz 대역을 사용하는 제품입니다. 9밴드 72채널이란 5.8GHz 대역에서 영상 신호를 전송하는 통로를 9그룹 72개 채널에서 선택할 수 있다는 뜻입니다. 1밴드에 72채널이므로 9밴드이면 총 648채널입니다. 즉 신호를 전송할 때 사용할 수 있는 통로를 648개 채널에서 선택할 수 있는 제품이므로 혼선 방지에 좋은 제품입니다. ※ 같은 장소에서 여러 사람이 드론을 날리다 보면 우연히 같은 영상 송수신 채널을 사용하는 사람이 생길 수 있는데, 이 경우 본인의 드론이 찍은 영상이 자신의 화면 장치뿐 아니라 같은 채널을 사용하는 다른 사람 화면 장치에도 나타나면서 전파 혼입/혼선이 발생합니다. 이런 경우 채널을 변경하면 영상 신호를 보내는 통로가 변경되므로 그 사람과 영상 신호가 겹치는 것을 피할 수 있습니다. 따라서 채널을 많이 지원하는 제품이 전파 혼선을 막는 데 좋은 제품입니다.
Size : 15×23mm (L×W) Weight : 3g	영상 송신기 기판(모듈)의 크기와 무게입니다. 드론에 장착하는 부품이므로 작고 가벼운 제품일수록 유리하지만, 장시간 비행하다 보면 기판이 과열되어 고장날 수도 있습니다. 따라서 영상 송신기는 가급적 튼튼한 제품을 구매하는 것이 좋지만 케이스가 있는 제품은 무게가 나가므로 여러 가지 고민을 해야 하는 부품입니다. ※ 기판의 무게가 3g이면 얇은 기판이기 때문에 과열에 약합니다. 참고로 안테나를 사용하는 기판은 안테나가 신호를 끊임없이 보내기 위해 전류를 계속 사용하므로 과열되기 쉽습니다. ※ 손가락으로 조금 눌렀을 때 부러질 것 같은 얇은 기판들은 과열에 타버리는 기판이므로 얇은 기판 중 안테나가 있는 기판은 드론에서 통풍이 잘되는 위치에 장착하기 바랍니다. ※ 얇은 기판은 과열에 약하므로 수축 튜브를 씌우지 않도록 합니다. ※ 영상 송수신기 쪽은 특히 얇은 기판을 사용한 제품이 많으므로 구매 여부와 장착 위치에 대해 심사숙고하기 바랍니다.

2) 무선 영상 수신기(영상 리시버, RX) 스펙 읽는 방법

무선 영상 수신기(RX)는 영상 송신기(TX)가 무선으로 보내온 영상 신호를 수신 받는 장치입니다. 조종기 위에 부착한 화면 장치를 통해 수신 받은 영상을 볼 수 있습니다.

Antenna Gain : 2dB	영상 수신기 쪽 안테나의 출력 강도를 알 수 있는 안테나 게인(안테나의 상대성 이득, 안테나 증폭)입니다. 이 제품은 2dB 출력을 하는 기본형 안테나를 장착한 제품입니다(버섯형 안테나는 dBi 단위 사용).
Antenna : RP-SMA plug	영상 수신기가 사용하는 안테나와 단자 모양입니다. 이 안테나는 위에 표시된 2dB 게인을 제공하는 안테나입니다. 게인(dB 또는 dBi)이 높은 5dB, 8dB급 안테나로 교체하면 영상 수신 화면이 자주 끊기는 현상을 줄일 수 있고 송수신 범위도 더 길어집니다. 만약 더 강한 출력의 안테나로 교체할 경우에는 안테나에 부족한 전원을 연결하기 위해 배터리를 추가로 장착하는 상황이 벌어질 수 있습니다. TX쪽 안테나가 500mW 출력을 제공한다고 가정할 때, RX쪽 안테나를 게인이 높은 안테나로 교체하면 5km 이상으로 송수신 범위를 넓힐 수 있습니다. ※ 무선 송수신 장치는 송신기(TX), 수신기(RX) 양쪽 안테나에 의해 송수신 범위가 달라지는데, 보통은 조종사 쪽 안테나를 업그레이드하는 것이 송수신 범위를 대폭 확장하는 방법입니다.
Video Format : NTSC/PAL auto	수신할 수 있는 TV 영상 방식입니다. Auto를 지원하므로 캠이 찍은 영상의 포맷에 관계없이 화면 장치로 볼 수 있도록 출력해 줍니다.
Power Input : 12V	12V 배터리로 전원을 공급하는 제품입니다.
Working Current : 200mA max	최대 소비 전류량입니다.
화면 장치 연결 단자 : RCA, 마이크로 USB 등	화면 장치와 연결하는 단자의 종류입니다. 단자 종류에 따라 연결할 수 있는 화면 장치가 달라집니다. RCA 단자는 휴대용 LCD 모니터만 연결할 수 있고 스마트폰은 연결할 수 없습니다. 스마트폰을 화면 장치로 사용하는 무선 영상 수신기는 스펙에 마이크로 USB 단자라고 표시됩니다.
Dimension : 80 x 65 x 15mm Weight : 85g	RC 조종자는 영상 수신기를 보통 RC 조종기 뒷면에 붙여서 사용합니다. 그런 뒤 영상 수신기에 화면 장치를 케이블로 연결하면 드론에 장착된 영상 송신기가 보내온 영상을 볼 수 있습니다. 조종기 무게에 영상 수신기 무게, 화면 장치 무게가 추가되므로 영상 수신기 역시 무게가 가벼운 제품이 좋지만 작은 제품일수록 안테나 출력이 약하므로 적당한 크기의 제품을 구입합니다. 참고로, LCD 모니터를 화면 장치로 사용하는 제품보다는 스마트폰을 화면 장치로 사용하는 영상 수신기가 더 가벼운 제품입니다.

6 드론 안테나의 종류

드론은 무선으로 신호를 주고받는 제품이므로 다양한 안테나를 사용할 수 있습니다. 다음은 드론에서 흔히 사용하는 안테나의 모양에 따른 특징입니다.

1) 지향성 안테나(Directional Antenna, 일반적인 기다란 형태의 안테나)

RC 조종기에서 흔히 사용하는 지향성 안테나는 신호가 안테나 방향으로만 강하게 전달, 지향되는 안테나입니다. 간단히 말해 손전등 불빛처럼 신호를 한 방향으로 보냅니다. 드론을 조종할 때 조종기를 자꾸 드론 쪽으로 향하게 하는 이유도 지향성 안테나를 사용하기 때문입니다. 지향성 안테나는 일반적으로 기다란 형태이지만 천문대의 접시 모양 안테나도 사실은 지향성 안테나입니다. 접시는 신호를 더 잘 잡아 주는 용도이며, 접시 가운데에 달린 기다란 뿔이 지향성 안테나인 것입니다.
지향성 안테나는 방향성이 강해 평지에서는 신호를 멀리 보낼 수 있지만, 투과력이 약해 빌딩 같은 장애물이 많은 지역에서는 신호 범위가 확 줄어듭니다. RC 조종기는 일반적으로 지향성 안테나를 사용합니다.

2) 무지향성 안테나(Isotropic Antenna, 등반성 안테나, 옴니 안테나, 버섯 안테나)

신호를 어느 한 방향이 아닌 360도 방향으로 균등하게 보내는 안테나이기 때문에 일반적으로 버섯 모양으로 생겼습니다. 쉽게 이야기하면 백열전구처럼 신호를 360도 방향으로 보냅니다. 신호를 필요로 하지 않는 반대 방향으로도 균등하게 보내기 때문에 지향성 안테나에 비해 송수신 거리/조종 거리가 짧습니다(출력의 절반을 안테나 너머로 보냈기 때문입니다).
무지향성 안테나는 송수신 거리가 지향성 안테나에 비해 짧지만 360도 방향으로 신호를 보내기 때문에 건물 같은 장애물이 많은 지역과 들쑥날쑥한 산악 지역에서 지향성 안테나에 비해 신호를 잘 잡아 줍니다. 무선 영상 수신기(RX)와 영상 송신기(TX, VTX)는 지향성 안테나를 사용하는 제품과 무지향성 안테나를 사용하는 제품이 있는데 장단점이 서로 다르므로 원하는 제품을 구매하기 바랍니다.

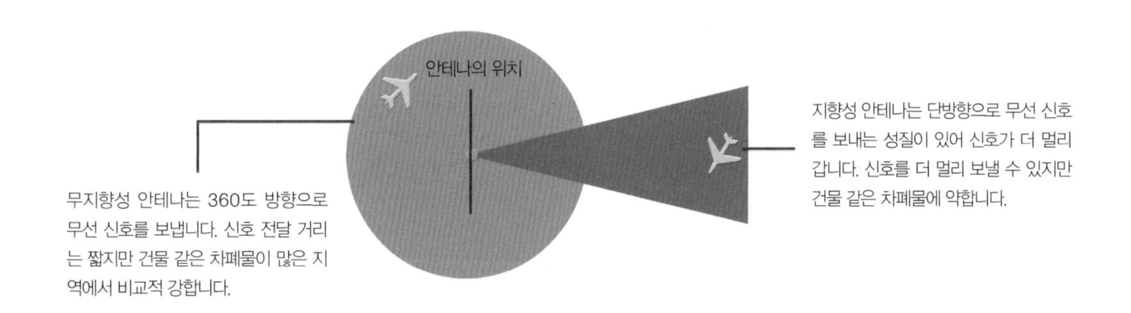

지향성 안테나를 사용한 보급형 영상 송신기입니다. 기다란 형태나 사다리 형 제품이 있습니다.

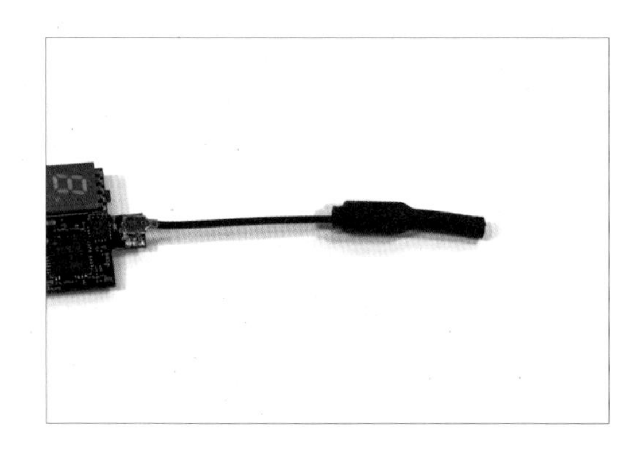

RC 조종기는 일반적으로 지향성 안테나가 장착되어 있습니다.

무지향성 안테나를 사용한 영상 송신기(TX)입니다. 무지향성 안테나는 일반적으로 버섯 모양이기 때문에 버섯 안테나라는 별명이 있습니다. 지향성, 송신기는 무지향성 안테나, 또는 수신기는 A제품, 송신기는 B제품을 사용해도 채널이 맞으면 영상 송수신이 가능합니다. 다만 해당 제품의 기본 송수신 거리는 달라질 수 있습니다.

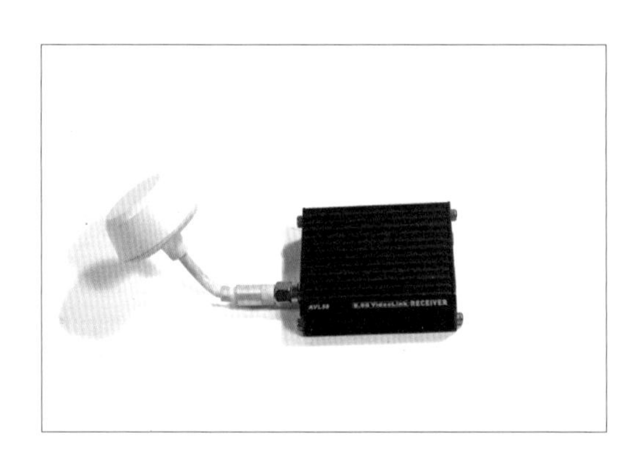

7 각종 정보를 보여 주는 OSD 모듈(기판)

OSD 모듈은 조종자가 수신 받은 영상 화면에 드론의 센서가 입수한 각종 정보를 문자로 보여 주는 기능입니다. OSD 정보는 화면 장치를 통해 볼 수 있으므로 OSD 정보를 보려면 영상 송수신기, 캠, 화면 장치를 사용해야 합니다.

OSD 모듈은 별도로 붙이는 기능이지만 메인 컨트롤러나 캠에 OSD 기능이 내장된 경우도 있습니다. 이 경우 OSD 모듈을 붙이지 않고 내장된 OSD 기능을 사용해 화면 장치에 OSD 정보를 출력합니다. OSD 정보로 출력할 수 있는 정보는 드론의 메인 컨트롤러가 입수한 정보인 비행 위치(GPS), 비행 속도, 온도, 고도, 비행 모드, 메인 배터리 소모 상태, RSSI 신호 정보, 이륙 위치에서 비행 위치까지의 이동 거리 등입니다. 이때 OSD 화면에 표시할 수 있는 정보는 OSD 모듈 성능과 프로그램, 장치 등에 따라 달라집니다. 예를 들어 GPS를 장착하기 않은 드론은 GPS 위치 정보와 이동 거리 등을 입수할 수 없습니다.

OSD 기능(OSD 칩)이 내장된 비행 컨트롤러입니다. 별도의 OSD 모듈을 장착하지 않고도 OSD 기능을 사용할 수 있습니다. 이 메인 컨트롤러에 내장된 OSD 칩은 베타 플라이트 OSD 기능을 지원하므로 베타 플라이트 OSD로 정보를 출력합니다.

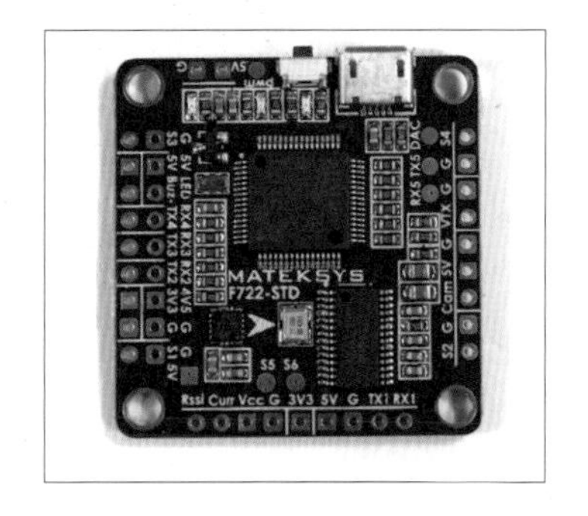

DJI NAZA 비행 컨트롤러에 연결하는 OSD 모듈입니다. NAZA 비행 컨트롤러처럼 OSD 기능을 내장하지 않은 경우에는 별도의 OSD 모듈을 비행 컨트롤러와 연결해야 OSD 정보를 화면 장치에 표시할 수 있습니다.

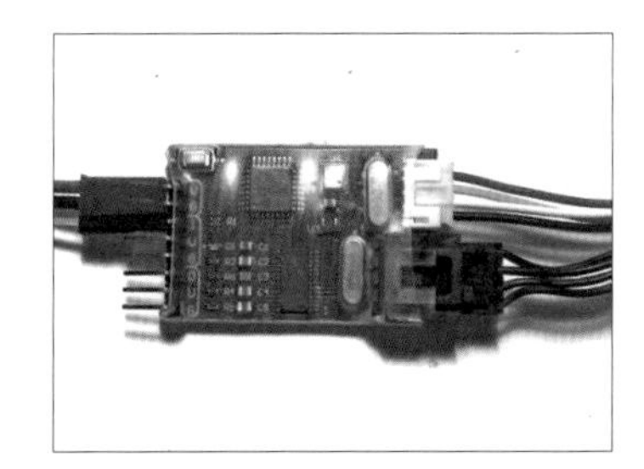

다음은 OSD 모듈을 통해 베타 플라이트에서 제공하는 OSD 인터페이스를 사용하는 모습입니다. 베타 플라이트 컨피규레이터를 사용하는 드론은 베타 플라이트 OSD 인터페이스를 사용할 수 있고 컨피규레이터에서 세팅을 할 수 있습니다. 너무 많은 정보를 OSD 화면에 표시하면 헷갈릴 수 있으므로 필요한 정보만 OSD 화면에 표시하도록 설정하기 바랍니다.

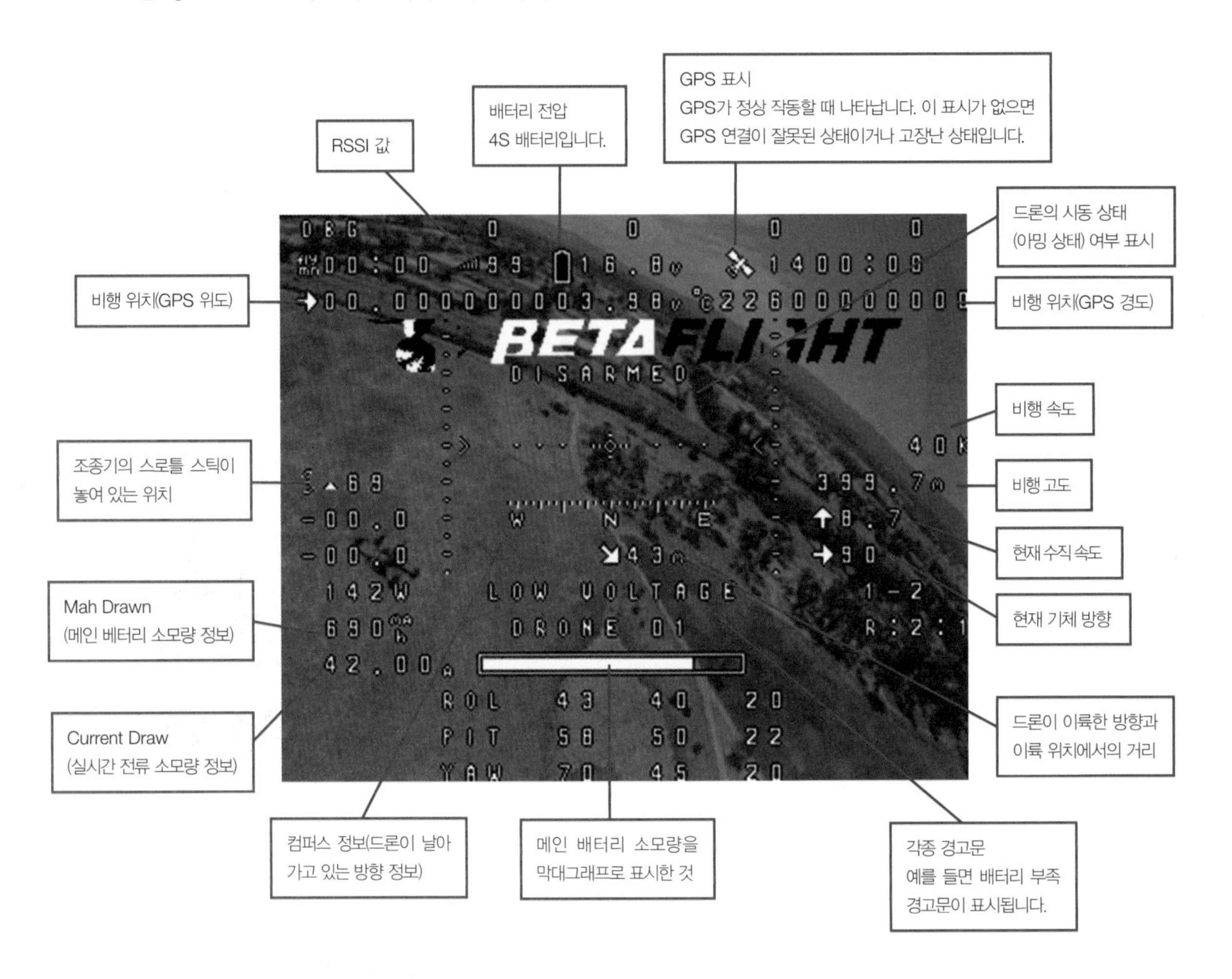

RSSI(Fail Safe) 값은 드론이 조종기의 신호를 감지하는 값을 말합니다. 장거리 비행을 하는 드론이 조종기 신호가 약한 임계 지역에 도달하면 RSSI 항목이 깜박입니다. 그 장소에서 더 먼 곳으로 드론을 보내면 드론은 조종기 신호를 감지하지 못하는 지역에 도달한 뒤 추락을 하므로 조종사는 RSSI 표시가 깜빡일 때 드론을 복귀시켜야 합니다. RSSI 임계값은 베타 플라이트의 Fail Safe 메뉴에서 사용자가 임의로 설정할 수 있습니다.

드론이 조종기 신호가 약한 범위에 도달할 때 알려 주는 기능인 RSSI 기능과 Fail Safe는 보급형 조종기에서는 지원하지 않는 기능이며 보통은 중 · 고급 조종기에서 사용하는 기능입니다.

CHAPTER

07 GPS와 소나

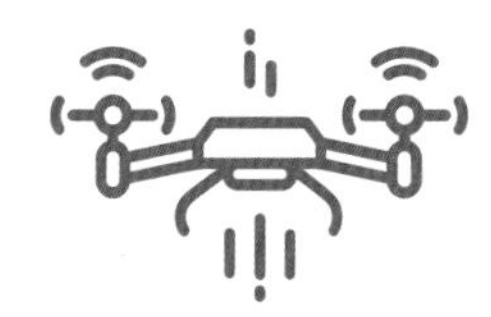

1 GPS 모듈, 컴퍼스 모듈

드론에 탈부착하는 GPS(Global Positioning System) 부품은 드론에서 각종 GPS 정보를 입수할 목적으로 사용합니다. GPS는 무료 GPS 위성 정보를 드론이 수신한 후 비행 위치와 고도 정보를 입수하는 기능입니다.

1) 어떤 GPS 모듈을 붙여야 할까?

GPS 모듈은 여러 가지 종류가 있다고 착각하는 사람이 많을 것입니다. 제품명에도 CC3D 비행 컨트롤러용 GPS, Pixhawk 비행 컨트롤러용 GPS, APM 비행 컨트롤러용 GPS 등의 글자가 있으므로 자신의 비행 컨트롤러와 호환 여부를 확신할 수 없습니다. 이들 GPS 모듈은 사실 조립식 드론에서 모두 호환되는 모듈입니다. 다만 GPS 제품의 연결 단자는 보통 6~7핀인데 시중의 GPS 모듈들이 APM 비행 컨트롤러나 Pixhawk용 GPS 모듈이기 때문에 그에 맞는 단자를 제공하는 것입니다. 따라서 일반 비행 컨트롤러와 연결하려면 단자 모양이 다르기 때문에 납땜으로 연결해야 합니다. 단자가 맞지 않아 납땜을 하는 것뿐이지 성능은 변하지 않습니다.

시중에서 볼 수 있는 STM 기반 일반 비행 컨트롤러는 보통 4핀 UART 단자를 제공하기 때문에 시중에서 볼 수 있는 GPS 제품을 연결하려면 GPS 연결 단자를 분해한 뒤 SMT 방식 비행 컨트롤러에서 와이어링 위치를 정확히 파악한 후 납땜으로 연결해야 합니다. 이를 피하려면 UART 지원 GPS 모듈을 구입해야 하는데 그럴 경우 일반 GPS 제품에 비해 두 배 가격입니다. 어느 핀에 납땜할 것인지 공부하는 것은 어려울 수 있지만, 일반 GPS 제품을 와이어링 하는 작업을 따라하는 것은 그리 어렵지 않기 때문에 이 책을 따라하면 금방 익힐 수 있습니다.

2) 컴퍼스 내장 GPS 모듈

GPS 모듈은 컴퍼스 내장형과 비 내장형 모듈이 있습니다. 컴퍼스란 전자 나침반을 의미하며 드론이 비행할 때 동서남북 정보를 입수하는 자기계 센서입니다.

드론의 메인 컨트롤러에는 일반적으로 자기계 센서가 없으므로 GPS 모듈을 구입할 때는 컴퍼스 내장형 GPS를 구매할 것을 권장합니다. 그럴 경우 6축 가속도계의 조립형 드론이 9축 가속도계의 드론이 되므로 비행 시 평행을 잘 유지하고 위치, 고도 정보를 더 정확하게 입수할 수 있습니다.

3) GPS 위성 지원 수

GPS 모듈은 GPS 위성으로부터 정보를 수신해 자신의 위치를 파악합니다. 일반적으로 미국 GPS 위성 시스템(GPS), 러시아 GPS 위성 시스템(GLONASS), 유럽 GPS 위성 시스템(EGNOS) 등의 여러 GPS 위성 시스템을 지원하는 제품이 성능이 좋습니다. 멀티 지원으로 2개 이상의 GPS 위성 시스템으로부터 정보를 수신하는 GPS 모듈이 더 정확하게 기체의 위치를 산출합니다.

4) GPS 처리 칩

조립 드론 애호가들은 흔히 Ublox NEO N6, N7, N8 칩을 사용한 GPS 모듈을 사용합니다. Ublox NEO 칩은 스위스에 본사가 있는 GPS 칩입니다. 중국 업체들은 이 칩을 사용해 GPS 모듈을 제조 및 판매합니다. Ublox NEO N6, N7, N8 칩은 RC 완구에 내장된 GPS 칩이나 저가 액션캠에 들어 있는 GPS 칩보다 상대적으로 고급입니다.

Ublox NEO N6, N7, N8 등의 칩은 수치가 높을수록 좋은 칩입니다. 중국의 제조업체들은 여러 가지 케이스 디자인으로 모듈을 만들기 때문에 조립하려면 드론 크기에 맞는 GPS 모듈을 구매하는 것이 좋습니다. 앞 페이지의 사진 속 M8N 모듈은 60g 중량의 크기가 조금 큰 GPS 모듈로 300급 이상 드론에 붙이는 GPS 모듈입니다. QAV 250 드론이나 그 이하 크기의 드론에는 조금 더 작은 GPS 모듈을 붙여야 하지만, 다른 부품을 조금 덜어 내거나 가벼운 부품으로 교체하면 장착할 수 있습니다.

5) Positioning Accuracy(위치 결정 정밀도)

위치 검출의 정확성에 대한 오차를 뜻하는 단어입니다. GPS 모듈에 따라 오차율이 다를 수 있습니다. Positioning Accuracy가 2.5m인 GPS 모듈은 위치 검출 오차가 2.5m란 뜻입니다. GPS 모듈에 따라 수십cm 내의 정확성을 가진 제품도 있지만, 흔히 사용하는 제품은 위치 결정 오차율이 2.5m 내외입니다.

6) Cold Start Time/Warm Start Time/Hot Start Time

기온에 따른 GPS의 동작 시간입니다.

GPS 설치용 지지대는 한쪽 방향으로 꺾을 수 있는 제품을 구매하기 바랍니다.

7) GPS 정보를 보는 방법

GPS 모듈에서 입수한 GPS 위치 정보를 드론 조종자가 확인하려면 영상 캠이 장착되어 있어야 합니다. GPS/컴퍼스가 입수한 드론의 위치와 방향 정보는 드론 FC를 통해 무선으로 드론 조종자에게 중계되기 때문입니다.

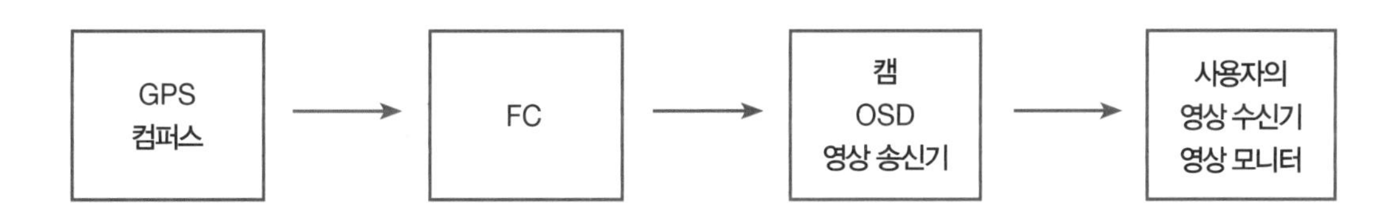

2 GPS 모듈 스펙 읽는 방법

GPS 모듈의 스펙을 읽는 방법을 알아봅니다. 제품 설명에서 눈여겨 볼 부분은 컴퍼스(나침반) 부분과 연결 가능한 방식입니다.

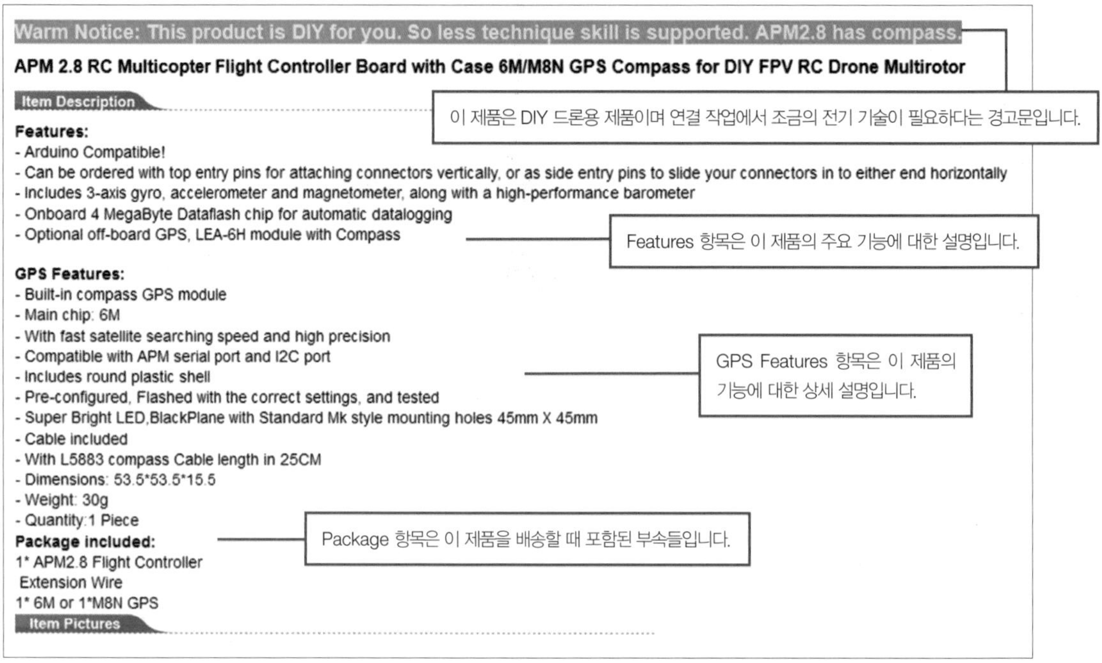

Warm Notice: This product is DIY for you. So less technique skill is supported. APM2.8 has compass.

APM 2.8 RC Multicopter Flight Controller Board with Case 6M/M8N GPS Compass for DIY FPV RC Drone Multirotor

이 제품은 DIY 드론용 제품이며 연결 작업에서 조금의 전기 기술이 필요하다는 경고문입니다.

Item Description

Features:
- Arduino Compatible!
- Can be ordered with top entry pins for attaching connectors vertically, or as side entry pins to slide your connectors in to either end horizontally
- Includes 3-axis gyro, accelerometer and magnetometer, along with a high-performance barometer
- Onboard 4 MegaByte Dataflash chip for automatic datalogging
- Optional off-board GPS, LEA-6H module with Compass

Features 항목은 이 제품의 주요 기능에 대한 설명입니다.

GPS Features:
- Built-in compass GPS module
- Main chip: 6M
- With fast satellite searching speed and high precision
- Compatible with APM serial port and I2C port
- Includes round plastic shell
- Pre-configured, Flashed with the correct settings, and tested
- Super Bright LED,BlackPlane with Standard Mk style mounting holes 45mm X 45mm
- Cable included
- With L5883 compass Cable length in 25CM
- Dimensions: 53.5*53.5*15.5
- Weight: 30g
- Quantity:1 Piece

GPS Features 항목은 이 제품의 기능에 대한 상세 설명입니다.

Package included:
1* APM2.8 Flight Controller
Extension Wire
1* 6M or 1*M8N GPS

Package 항목은 이 제품을 배송할 때 포함된 부속들입니다.

Item Pictures

www.aliexpress.com 캡쳐화면

❶ **컴퍼스 내장 여부** : GPS Features 항목에 'Built–in compass GPS module'이라고 기재되어 있으므로 컴퍼스(나침반 센서)가 내장된 GPS임을 알 수 있습니다.

❷ **연결 방식 혹은 단자 모양** : 연결 방식은 'Arduino Compatible!'이므로 아두이노용 비행 컨트롤러에 바로 연결할 수 있습니다. 또한 Compatible with APM serial port and I2C port이므로 Serial Port 단자와 I2C 단자를 동시에 가지고 있는 비행 컨트롤러에 연결할 수 있습니다. DIY 드론 제작 시 흔히 구매하는 STM 칩의 비행 컨트롤러는 대부분 1개 이상의(Soft) Serial Port 단자와 1개 이상의 I2C 단자를 동시에 가지고 있으므로 Arduino 비행 컨트롤러가 아닌 STM 비행 컨트롤러에도 이 제품을 납땜으로 연결할 수 있습니다.

❸ **무게** : 마지막으로 확인할 것은 제품의 무게(Weight)인데, 30g이므로 적당합니다.

3 GPS 장착 드론이 할 수 있는 첨단 기술들

드론의 두뇌인 비행 컨트롤러는 GPS를 통해 입수한 정보를 비행에 사용할 수 있습니다. 다음은 드론에 GPS를 장착하면 추가할 수 있는 기능들입니다. 조립 드론에서도 설정에 따라 아래 기능을 추가할 수 있습니다.

1) 기체의 위치 파악

GPS를 탑재한 드론은 이륙 위치와 현재 비행 위치, 이동 거리를 산출할 수 있으며 조종자는 OSD 화면에서 해당 정보를 알 수 있습니다. 이를 이용해 시야에 보이지 않는 곳으로 드론을 날릴 수 있습니다.

2) 위치 고정 비행(Position Hold)

드론의 고도와 위치를 고정하고 비행할 수 있습니다.

3) 리턴 홈(RTH, Return to Home, 홈 복귀 기능), 간단한 자동 비행(Autopilot) 기능

GPS를 장착한 드론은 출발했던 위치를 기억하기 때문에 조종기에서 리턴 홈 스위치를 누르면 드론을 출발 지점으로 자동 복귀시킬 수 있습니다.

이 기능은 조종기에서 '리턴 홈 스위치'로 사용할 스위치를 할당한 뒤 컨피규레이터 프로그램에서 세팅하여 사용할 수 있습니다. 자동 비행 기능 중에서 가장 간단한 기능이므로 조립식 드론을 사용하는 초보자들도 손쉽게 구현하는 기술입니다.

4) 경로 비행(Autonomous Flight)

GPS를 장착한 드론은 경로 비행(점항법 비행, GPS Waypoint; 경유지와 목적지 등을 점 형태로 연결한 비행 기법)을 할 수 있습니다. 이 기능을 사용할 경우 드론은 비행 경로를 따라 자동 이륙, 경로 비행, 자동 복귀를 할 수 있습니다. 별도의 소프트웨어가 필요하며 메이커 드론의 중급 이상 제품에서 사용 중인 기술입니다.

5) 첨단 비행과 군집 비행

경로 비행에서 한층 발달한 첨단 비행이 드론에 접목되고 있습니다. 자동 경로 비행을 하는 드론에 경로별 비행 속도, 비행 고도를 지정할 수 있습니다. 2018 평창 동계올림픽에서 본 것처럼 수천 대의 드론을 대상으로 자동 경로 비행과 군집 비행을 할 수도 있습니다. 드론을 이용한 택배 서비스도 GPS 기반의 드론 제어 기술입니다.

4 장애물 회피를 위한 초음파 센서(Sonar)

초음파 센서(소나 센서)는 낮은 고도 측정과 가까운 위치의 장애물을 측정하는 센서입니다. 초음파를 쏘아 장애물에서 반사되어 돌아오는 시간을 측정하여 벽과의 거리나 지면과의 거리를 파악합니다.

1) 초음파 센서

설치 위치에 따라 지면이나 장애물과의 거리를 계산합니다. 기체 하단부에서 지면을 향해 설치하면 지면과의 거리(고도)를 인식하며, 기체 정면이나 후면, 좌우측에 설치하면 해당 방향의 장애물을 인식합니다. 설치한 뒤 인식할 간격을 50cm라고 설정하면 장애물이 50cm 앞에 있을 경우 전진을 멈추고 회피 비행을 할 수 있습니다.

초음파 센서는 모듈이 무겁기 때문에 QAV 250급 드론에는 설치하는 것이 불가능합니다. 일반적으로 450급 이상 드론이나 RC 로봇, RC 자동차 등에서 사용하는 센서라고 할 수 있습니다. 메이커 회사의 중대형 드론은 초음파 센서를 장착한 드론들이 많으며, 이들은 회피 비행을 할 수 있는 드론이라고 광고합니다.

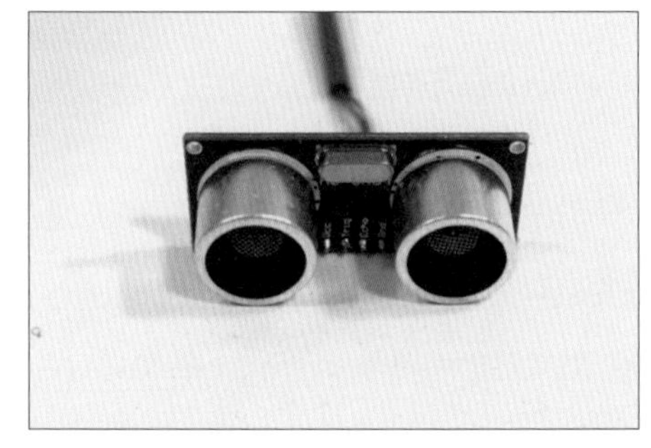

원래 RC 자동차와 RC 로봇에서 사용했던 저렴한 가격의 SR04 초음파 센서

초음파 센서는 일반적인 크기의 QAV 250에는 장착할 공간이 없습니다. 또한 최신 비행 컨트롤러는 PWM 아웃 단자가 모터 연결용의 4개만 있는 경우가 많기 때문에 센서 1대당 연결 단자로 PWM 아웃 단자 2개가 필요한 초음파 센서의 설치를 어렵게 합니다. 따라서 회피 비행 기능을 구현하는 드론을 조립하려면 250급 프레임이 아닌 450급 프레임에 PWM 아웃 단자가 8개 이상인 비행 컨트롤러로 조립해야 합니다. 그럴 경우 초음파 센서를 기체 전방과 하부에 장착할 수 있습니다.

2) 초음파 센서가 하는 일

초음파 센서는 전방으로 초음파를 발사한 후 반사되는 초음파를 탐지해 전방에 있는 장애물을 파악합니다. 비슷한 기능으로 적외선을 쏘아 거리를 측정하는 적외선 센서도 있습니다.
초음파 센서의 하나인 HC-SR04는 매우 저렴한 가격의 센서이지만, 스펀지같은 흡수성 물체는 초음파를 흡수하므로 거리를 측정할 수 없습니다. 이 센서는 최저 2cm, 최고 4m 거리의 장애물을 탐지할 수 있습니다. 비행 컨트롤러에 장착한 뒤에는 베타 플라이트 같은 비행 컨트롤러에서 센서를 연결한 단자를 ESC(기타 센서 장치)로 설정한 후 소나 센서를 활성화한 뒤 탐지 거리를 설정합니다. 이후 실내 공간에서 드론을 날리면 벽이 가로막고 있을 때 충돌을 회피하며 비행하는 것을 알 수 있습니다.

2개의 소나 센서가 장착되어 있는 Yuneec Typhoon H 드론 (www.yuneec.com)

CHAPTER

08 배터리

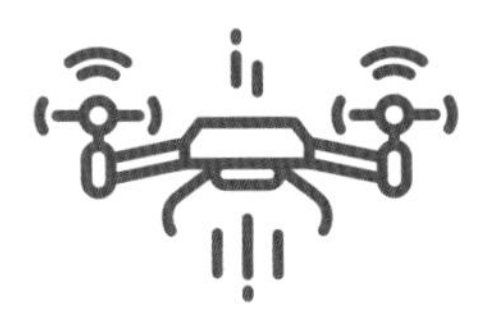

1 드론 배터리의 종류와 스펙 읽기

드론 기체에 탑재하는 배터리는 리포(Lipo, 리튬 폴리머) 배터리와 리페(LiFe, 리튬 철) 배터리가 있습니다. 안정성 면에서는 리페 배터리가 좋지만 무게 때문에 잘 사용하지 않으며, 보통 리튬 폴리머 배터리를 많이 사용합니다.

1) 리튬 폴리머 배터리(Lipo 배터리, 리튬 폴리머 배터리)

드론용 리튬 폴리머 배터리는 여러 개의 배터리 셀을 직렬로 연결한 팩 형태입니다. 직렬 연결한 셀 개수에 따라 3S(3셀), 4S(4셀) 배터리로 분류합니다. 셀의 수가 많으면 전압이 높아지면서(3S의 경우 11.1V) 출력이 강해지지만 그만큼 배터리의 무게는 늘어납니다. 비행할 때는 기체 중량을 줄여야 하므로 중·소형기에서는 보통 3~4S 배터리를 사용합니다.

전압	리튬 폴리머 배터리 전압은 한 셀(Cell)당 3.7V, 충전 완료 시 4.2V이고, 과방전 위험 구간은 2.8V이며, 장시간 사용하다 2.8V 이하로 내려가면 배터리가 고장날 확률이 있습니다. 어느 한 셀이라도 2.8V에 가까워지면 사용을 중단하고 재충전하기 바랍니다.
전류(mAh)	mAh(밀리암페어)는 배터리에 저장된 전류의 양입니다. 드론의 비행 시간은 전류의 양에 따라 늘어나거나 줄어들지만 전류의 양이 많은 배터리는 그만큼 셀이 크고 개수가 많기 때문에 무게 대비 효율성을 잘 따져 봐야 합니다. 250급 드론은 일반적으로 배터리 무게를 줄여야 하므로 3~4S의 1500mAh 이하 제품, 300급 이상 제품은 3~4S의 2200mAh 이상 제품을 흔히 선택합니다. 대형 기종의 경우 기체의 크기가 클수록 3~6S의 3000mAh, 5000mAh, 10000mAh 배터리를 장착해도 드론이 비행할 수 있습니다.
방전률 Current Rate/C	방전률(Current Rate/C)은 배터리에서 연속으로 사용할 수 있는 최대 전류량을 말하며 줄여서 C라고 표기합니다. 1C는 지속적으로 사용할 수 있는 전류가 최대 2.2A임을 뜻하며, 50C 배터리가 지속적으로 사용할 수 있는 최대 전류는 110A입니다. 일반적으로 C가 높을수록 효율성이 좋은 배터리이지만 충격 시 화재 위험성이 높기 때문에 관리에 주의해야 합니다.

밸런스 단자	3S 배터리는 똑같은 셀을 3개 이어 붙여서 만든 배터리입니다. 때문에 충전을 하다 보면 각 셀이 균등하게 충전되지 않습니다. 이를 막기 위해 만든 단자가 밸런스 단자이며, 리튬 폴리머 배터리에 기본적으로 붙어 있습니다. 리튬 폴리머 배터리를 충전할 때는 충전 단자와 밸런스 단자 두 가지를 충전기에 연결한 후 충전합니다.
충전 단자 XT60, 딘스, JST	배터리를 충전할 때 충전기에 연결하는 단자입니다. 실제 충전을 할 때는 충전 단자를 통해 충전됩니다.

2) 리튬 폴리머 배터리 외형

리튬 폴리머 배터리는 일반적으로 전원 단자와 밸런스 단자가 같이 붙어 있습니다.

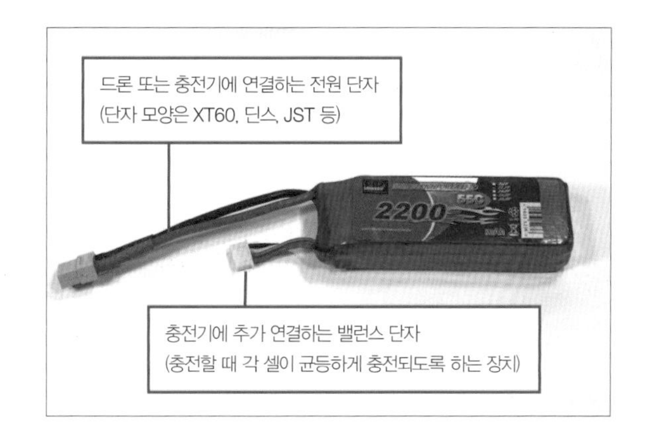

3) 리튬 폴리머 배터리 충전기 사용법

리튬 폴리머 배터리는 배터리에 붙어 있는 두 가지 선을 충전기에 연결해야 충전이 시작됩니다.

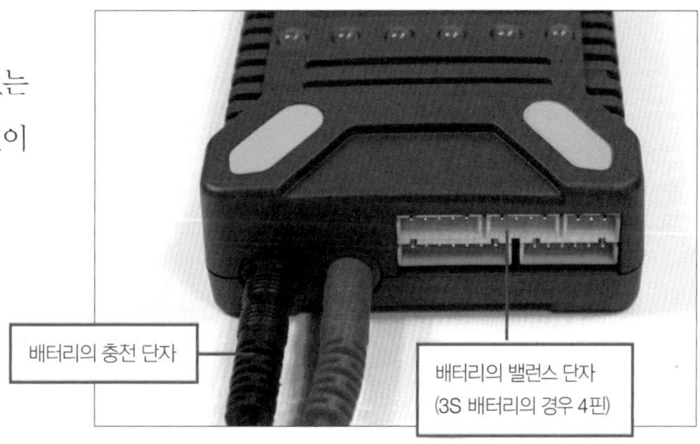

2 배터리의 셀 수에 따른 선택 방법

리튬 폴리머 배터리는 한 셀(Cell)당 3.7V, 충전 완료 시 4.2V이며 3S 배터리는 이를 직렬로 연결한 뒤 하나의 팩으로 만든 12V(11.1V) 배터리입니다.

1) 셀의 개수

3S 배터리는 3개의 셀로 되어 있으므로 완충 시 약 12V(11.1V) 전압을, 4S 배터리는 4개의 셀로 되어 있으므로 완충 시 약 16V(14.8V) 전압을 가집니다.

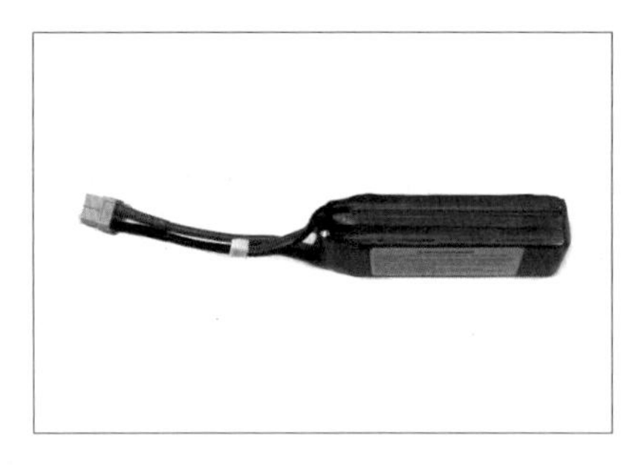

3S, 11.1V, 2,200mAh 리튬 폴리머 배터리(180g)

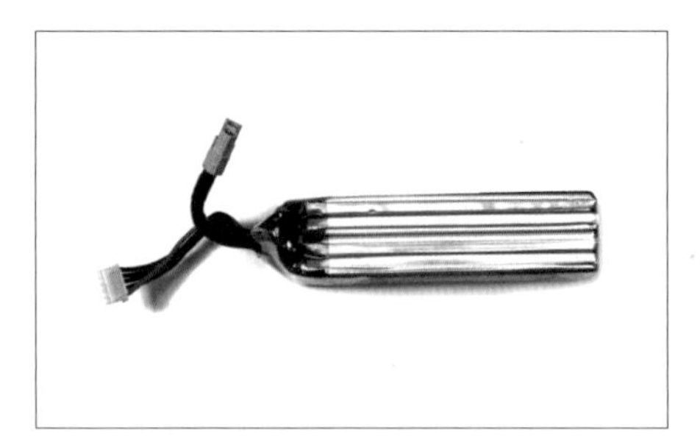

4S, 14.8V, 2,600mAh 리튬 폴리머 배터리(280g)

2) 셀의 개수와 사용 시간 및 출력 성능

일반적으로 전압이 높으면 전류(A) 소비량이 적어지기 때문에 전기를 효율적으로 쓴다고 합니다. 예를 들어 110V보다는 220V가 전류 손실 없이 가정까지 공급되고 가전제품의 전류 소비량이 적기 때문에 발전소 입장에서 효율적입니다. 같은 2,200mAh의 리튬 폴리머 배터리를 비교하면 12V보다는 16V로 전류를 공급하는 것이 전류 손실과 전류 소비량이 적으므로 배터리를 더 오래 사용하고, 전압이 높으므로 더 큰 출력을 낼 수 있습니다. 따라서 같은 용량의 드론 배터리라면 3S 배터리보다는 4S 배터리가 더 힘이 좋고 긴 비행 시간을 가지고 있음을 의미합니다.

셀의 수가 많을수록 전류 소모가 적고 더 큰 출력을 낼 수 있지만 배터리의 중량이 무거워지므로 배터리를 구매할 때는 중량 대비 효율성, 모터의 지원 여부를 판단한 뒤 선택해야 합니다.

레이싱 드론처럼 속력이 중요한 드론은 순간적으로 낼 수 있는 최대 출력이 높을수록 속도가 빠르므로 3S 배터리보다는 4S 배터리를 사용하는 것이 좋습니다. 1~2S 배터리는 전압이 약하기 때문에 장난감 드론이나 미니 드론에서 사용합니다. 촬영 및 업무용 드론은 속력보다는 비행 시간을 늘리는 것이 중요하므로 같은 중량의 3~4S 배터리일 경우 셀 수는 적되 전기 용량(mAh)을 더 많이 충전할 수 있는 3S 배터리를 선택하는 것이 좋습니다.

3 리튬 폴리머 배터리 충전 및 관리 방법

리튬 폴리머 배터리는 반고체 상태의 배터리입니다. 관리를 잘못하면 큰 화재가 발생할 수도 있으므로 사용 시 세심한 주의를 기울이기 바랍니다.

- 뾰족한 것에 패키지가 손상될 때 화재의 위험이 있습니다. 고온에도 취약하므로 여름철 차량 안에 보관하는 것을 피하기 바랍니다.
- 과방전을 하면 재생이 불가능하므로 수시로 배터리 용량을 확인하면서 충전을 권장합니다.
- 충전할 때 과충전을 하면 배터리가 손상되거나 화재가 발생할 수도 있으므로 충전 시에는 자리를 떠나지 말기 바랍니다.
- 통상 12V의 1~5A 충전기(파워 서플라이)를 리튬 폴리머 배터리 전용 충전기에 연결한 뒤 충전합니다. 12V 5A 파워 서플라이는 30~50분이면 3~4S 리튬 폴리머 배터리를 완충에 가깝게 충전할 수 있으므로 충전 시에는 자리를 떠나지 말기 바랍니다.
- 과충전/과방전을 하거나, 오랜 기간 동안 사용하다 보면 외피가 점점 부풀어 오르는데, 많이 부풀어 오르면 화재 위험이 있으므로 소금물에 24시간 담가 놓았다가 폐기 처분을 하기 바랍니다.
- 충전할 때는 전용 충전기의 전원선에 충전 단자를 연결한 뒤 밸런스 잭을 연결하고 그 뒤 파워 서플라이를 연결해 충전합니다. 밸런스 잭 없이 충전할 경우 특정 셀만 충전되어 리튬 폴리머 배터리가 고장 날 수 있으므로 반드시 밸런스 잭을 연결해 각 셀이 골고루 충전되도록 해야 합니다.

유용한 TIP

리페 배터리(LiFe 배터리, 리튬 철 배터리, 리튬 철 인산 배터리)

리페 배터리는 상대적으로 화재 위험이 없는 안전한 배터리이지만 1셀당 3.3V, 3S일 경우 9.9V 전압을 제공하는 배터리입니다. 드론에서 리페 배터리를 사용하려면 보통 4S, 5S 배터리를 사용해야 하지만, 리페 배터리 특성상 배터리의 무게가 동일 셀의 리튬 폴리머 배터리의 두 배이므로, 가벼운 배터리를 사용해야 하는 드론 분야에서는 잘 사용하지 않는 배터리입니다. 무게 면에서 아주 큰 약점이 있는 리페 배터리는 레이싱 기체에서는 거의 사용하지 않지만 화재 위험성이 낮기 때문에 추력이 강한 중대형 드론에서 가끔 사용합니다.

4 드론 배터리의 필요 용품

리튬 폴리머 배터리는 고온에 민감하고 터질 경우 화재가 발생하므로 가급적 불연성 재질의 전용 가방에 보관 및 운반하는 것이 좋습니다. 리튬 폴리머 배터리용 필요 용품은 다음과 같습니다.

1) 배터리 전용 가방

화재에 민감한 리튬 폴리머 배터리를 보관하는 불연성 재질의 보관함 겸 운반 가방입니다. 리튬 폴리머 배터리를 충전할 때도 가방에 넣은 채 충전하는 것이 좋습니다.

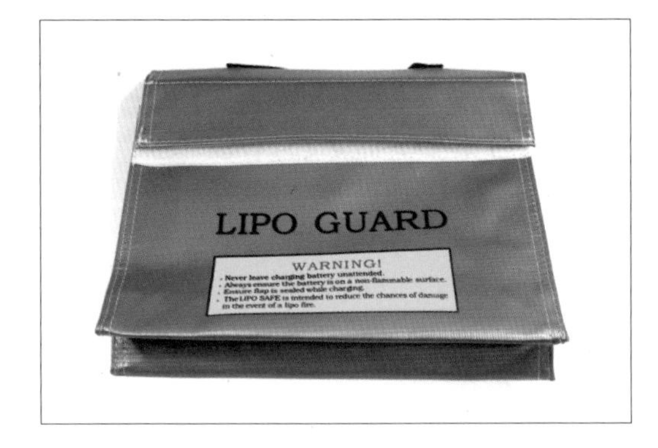

리튬 폴리머 배터리 보관용 불연성 가방

2) 리튬 폴리머 배터리 충전기

흔히 사용하는 리튬 폴리머 배터리는 셀 개수에 따라 2~7S 등이 있으므로 2~7S 배터리를 충전할 수 있는 종합 충전기를 구매하기 바랍니다. 파워 서플라이란 220V를 12V로 낮추어 공급하는 충전기입니다. 단자 모양이 맞을 경우 가정에서 사용하는 일반 12V 충전기를 사용해도 무방합니다.

3) 배터리 체커

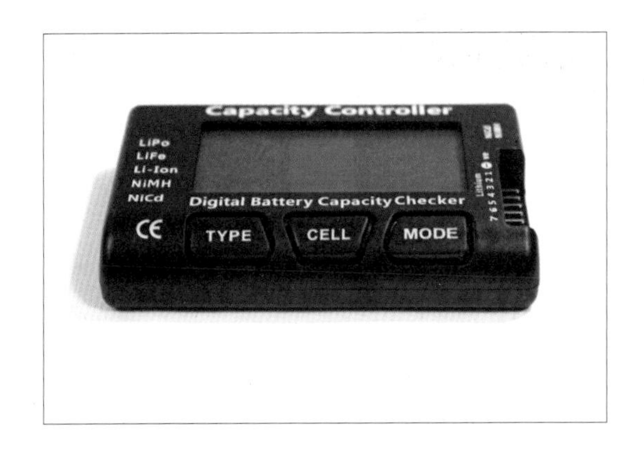

배터리 체커는 배터리의 잔여 용량과 전압 확인하는 기기입니다. 리튬 폴리머 배터리의 밸런스 단자를 체커의 핀에 꽂으면 전체 셀의 잔여 용량과 각 셀별 용량, 전압 편차를 퍼센트(%)로 확인할 수 있습니다. 그림은 2~5S 리튬 폴리머 배터리용 배터리 체커이며 리튬 철, 니카드 배터리 체커 겸용입니다.

리튬 폴리머 배터리는 95% 이상의 과충전과 20% 이하의 과방전에 손상을 입으므로 항상 배터리 상태를 체크하기 바랍니다. 장기간 보관할 경우에는 잔여 용량을 50~60%로 유지해야 수명을 길게 유지할 수 있습니다.

4) 벨크로(찍찍이), 수축 튜브

벨크로는 기체 위나 아래에 배터리를 장착한 후 배터리가 떨어지지 않도록 묶는 벨트이고, 배터리용 수축 튜브는 충격에 약한 배터리를 보호하기 위해 포장하는 투명 수축 비닐입니다. 리튬 폴리머 배터리는 충격에 약하므로 반드시 수축 튜브를 씌우고 조심스럽게 헤어 드라이어로 수축시켜 주기 바랍니다. 수축 튜브는 배터리의 둘레를 줄자로 잰 뒤 그 길이에 적합한 것을 구입합니다.

배터리용 벨크로

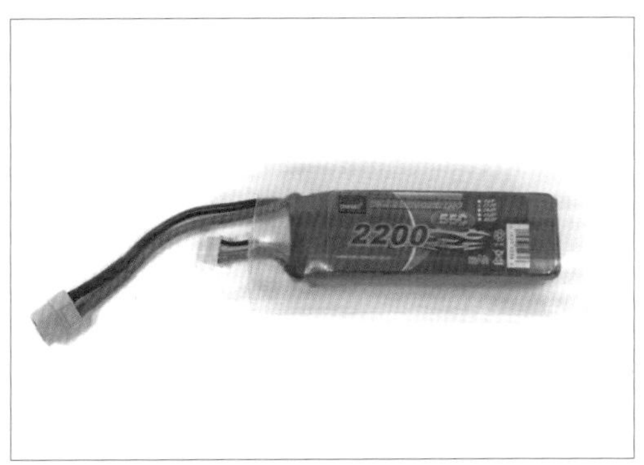

배터리와 수축 튜브

참고해요 · 배터리 전압을 강하하여 사용하는 레귤레이터(또는 BEC 모듈) ·

레귤레이터 또는 BEC 모듈은 3S 11V 이상의 배터리에서 공급받은 전압을 5V나 10V가 필요한 부품에 공급할 수 있도록 전압을 강하하는 장치입니다.

드론을 조립하다 보면 BEC 5V로 뽑을 수 있는 전원 단자가 부족한 경우가 많은데 이 경우 레귤레이터로 해결할 수 있습니다. 일반적인 DIY 드론을 조립할 때는 레귤레이터 부품이 필요한 경우가 거의 없지만, 안테나 등을 개조하다 보면 별도의 전압으로 전기를 공급해야 할 필요가 있습니다. 레귤레이터 부품은 크기가 크기 때문에 조종기 쪽 개조에 사용하고 드론 기체에서 전압을 낮추어 공급할 필요성이 있을 때는 크기가 작은 BEC 모듈을 사용합니다. BEC 모듈 역시 레귤레이터처럼 전압을 낮추어 공급할 때 사용하는 부품인데, 레귤레이터보다 훨씬 작기 때문에 드론 기체에서 흔히 사용합니다.

1) 기판 형태의 레귤레이터

드론에 장착하기에는 크기가 크므로 보통은 조종기에서 전압을 낮추어 증폭기 등에 공급할 목적으로 사용합니다.

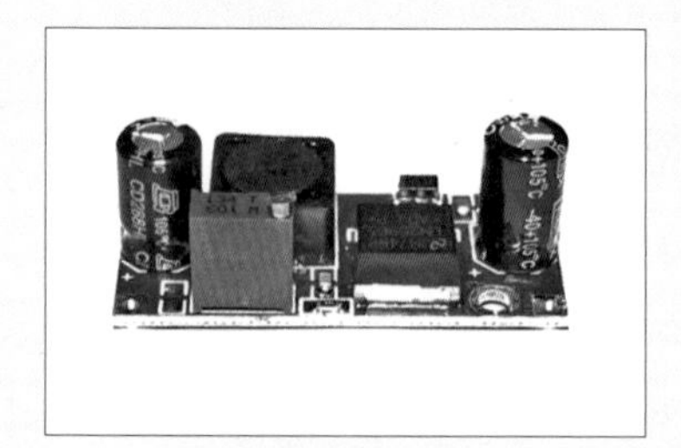

2) 박스 형태의 레귤레이터

DJI의 초기형 레귤레이터입니다. 배터리에 연결한 뒤 비행 컨트롤러로 3~5V 전기를 낮추어서 공급해 줍니다.

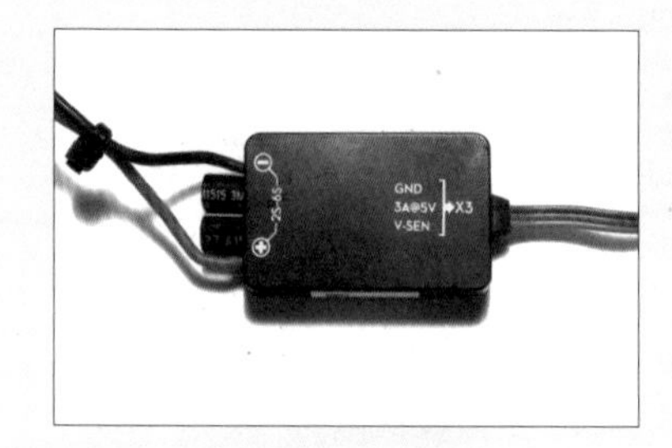

3) 모듈 형태의 레귤레이터

일반적인 레귤레이터입니다. 12V 레귤레이터이므로 4~7S 배터리에 연결한 뒤 12V를 사용하는 캠에 전압을 낮추어서 공급해 줍니다. 기체에는 보통 장착하기 편리한 모듈 형태의 레귤레이터를 사용하며 보통 UBEC 5V, UBEC 12V 제품이 있습니다.

CHAPTER 09

조종기

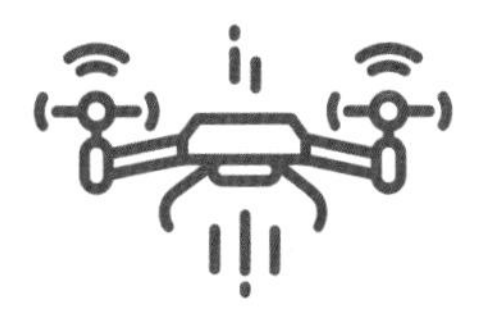

1 RC 조종기

드론 조종기는 드론용으로 따로 존재하지 않고 RC 완구용 조종기를 사용합니다. RC 조종기는 RC 요트, RC 자동차, RC 항공기, RC 헬기에서 사용하는 종합 조종기입니다. 드론은 RC 헬기의 하위 부류에 해당하므로 분류에 맞게 설정하는 작업이 필요합니다.

1) RC 조종기의 송신기(트랜스미터, TX)와 수신기(리시버, RX)

조종기의 본체는 흔히 송신기(트랜스미터, TX)라고 불리고 수신기는 리시버(RX)라고 부릅니다. 조종기의 본체인 트랜스미터는 조종자가 조종할 때 사용하며, 수신기인 리시버는 조종기가 보내오는 무선을 받아 드론에 전달하므로 드론에 붙이는 부품입니다. 따라서 조종기를 구매할 때는 본체 뿐 아니라 전용 리시버 또는 호환 리시버를 세트로 구매합니다.

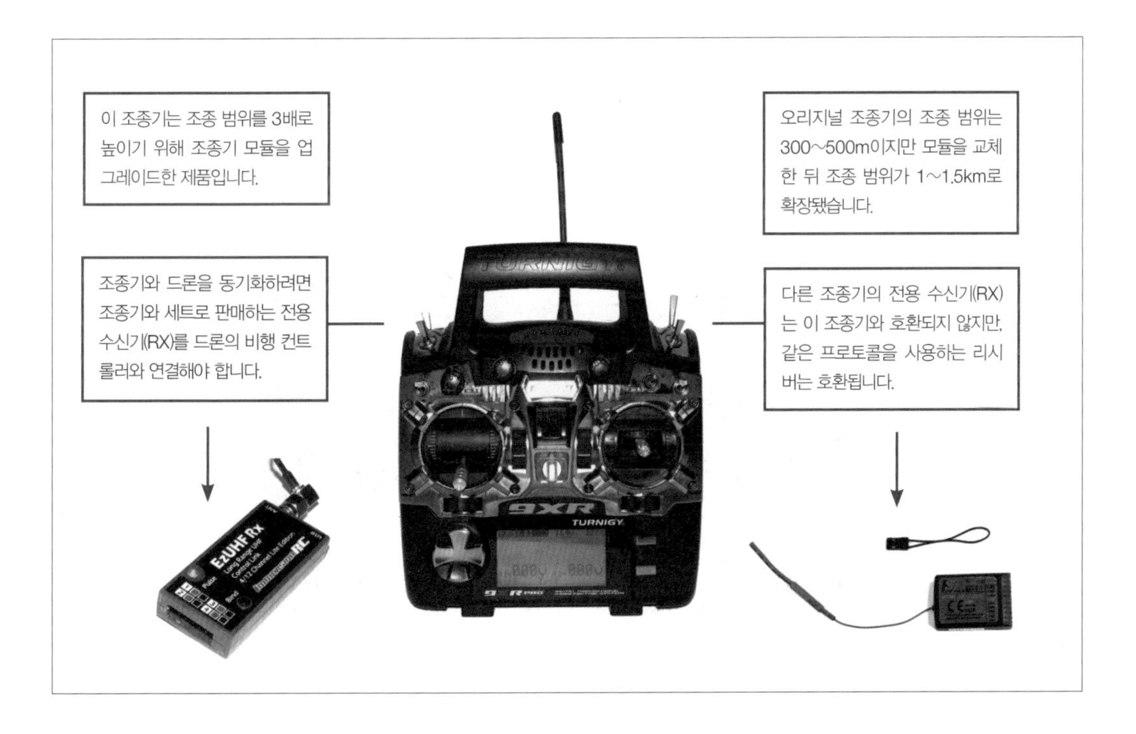

2 조종기 구매 시 참고 사항

같은 모양의 조종기도 스틱 위치에 따라 모드 1과 모드 2로 나뉩니다.

1) 모드 1 조종기

스로틀 스틱이 오른쪽에 있는 조종기입니다. 일반적으로 아시아에서 인기 있는 조종기입니다.

2) 모드 2 조종기

스로틀 스틱이 왼쪽에 있는 조종기입니다. 일반적으로 유럽에서 사용하는 조종기입니다. 원래 아시아권은 모드 1 조종기가 보급되었고, 유럽권은 모드 2가 보급되었습니다. 그러다가 유럽에서 법으로 완구용 조종기는 모드 2만 허용하고 모드 1은 금지하면서 중국의 제조업체들이 모드 2 조종기 위주로 생산을 시작합니다. 이 때문에 모드 2 조종기는 어느 쇼핑몰이건 물량이 많은 상태이고 모드 1 조종기는 대부분 품귀 상태입니다. 필자가 추천하는 조종기는 모드 2 방식입니다.

스로틀 스틱은 모든 RC 완구에서 엔진(모터)에 공급되는 에너지량(전류 또는 기름)을 조절합니다. 따라서 조종기를 켤 때 스로틀 스틱은 무조건 제일 밑에 있어야 합니다. 중간에 있으면 조종기를 켜자마자 모터에 에너지가 공급된다는 뜻이므로 위험할 수 있습니다. 이 때문에 조종기들은 전원을 켤 때 스로틀 스틱이 중간에 있으면 동작하지 않고 'Throttle not idle' 에러 메시지를 보냅니다. 에러 메시지는 스로틀 스틱을 제일 밑으로 내리면 자동으로 사라집니다.

3) 조종기 스틱이 하는 일

조종기의 스틱이 하는 일은 다음과 같습니다. 스틱 외의 기능들은 대부분 스위치를 On/Off 하는 기능입니다. 드론의 조종은 사실상 아래 4개 스틱을 얼마만큼 부드럽게 조작하느냐에 달려 있습니다.

스로틀
(상승/하강 비행)

러더
(좌우 방향 회전 비행)

엘리베이터
(전후 비행)

에일러론
(좌우 비행)

모드 2 조종기의 스틱

MODE 1	조종기 패널에서 스로틀, 러더 스틱은 오른쪽에 있습니다. 엘리베이터, 에일러론 스틱은 왼쪽에 있습니다.
MODE 2	조종기 페널에서 스로틀, 러더 스틱은 왼쪽에 있습니다. 엘리베이터, 에일러론 스틱은 오른쪽에 있습니다.
MODE 3	Mode 1과 같은 형태이지만 러더와 에일러론 스틱이 서로 자리를 바꾼 형태입니다. 조종기 내장 메뉴에서 선택할 수 있으므로 이 방식이 손에 익숙할 경우 변경할 수 있습니다.
MODE 4	Mode 2와 같은 형태이지만 러더와 에일러론 스틱이 서로 자리를 바꾼 형태입니다. 조종기 내장 메뉴에서 선택할 수 있으므로 이 방식이 손에 익숙할 경우 변경할 수 있습니다.

3 드론 조종기의 종류

드론 조종기는 리시버의 인터페이스에 따라 PWM, PPM, SBUS 방식 조종기가 있습니다.

1) 조종기 리시버의 연결 방식(인터페이스)에 따른 분류

조종기의 리시버란 드론 기체에 붙이는 조그만 부품으로 조종기에서 보내오는 무선 신호를 받아서 드론의 비행 컨트롤러에 입력하는 부품입니다. 리시버는 보통 비행 컨트롤러와 3핀 단자로 연결하지만 4핀이나 6, 8, 10핀으로 연결하는 리시버도 있습니다. 연결 방식(인터페이스)에 따라 조종기를 분류하는데, 가급적 많은 연결 방식을 지원하는 리시버가 호환성이 좋습니다.

PWM(CPPM)	데이터 전송 채널 수만큼 연결 핀이 필요한 리시버입니다. 8채널 PWM 리시버의 경우 데이터 전송 핀 8개와 전원 공급용 +, − 핀이 필요하므로 총 10핀으로 구성되어 있습니다. 명령 처리 속도가 느릴 뿐 아니라 채널 수만큼 연결 단자(핀)가 필요하기 때문에 경량화 및 소형화된 요즘의 비행 컨트롤러에는 10핀 단자를 넣을 공간이 없어 시장에서 사라진 방식입니다. 구형 방식이기 때문에 요즘의 비행 컨트롤러와는 호환되지 않습니다. 가급적 PWM(CCPM) 방식 조종기는 구매를 피하기 바랍니다.
PPM(CPPM)	3핀으로 연결하는 방식입니다. 명령 처리 속도는 PWM과 비슷하거나 조금 빠르고 SBUS보다는 많이 느립니다. 1개의 데이터 핀으로 8채널 신호를 보낼 수 있고 2개 핀은 전원 공급용의 +, − 핀이므로 총 3개 핀으로 연결합니다. 대부분의 비행 컨트롤러와 연결할 수 있을 만큼 호환성이 매우 높은 방식이므로 가급적 PPM 방식 조종기를 구매하는 것이 좋습니다.
SBUS (IBUS, XBUS)	일반적으로 4핀으로 연결하는 방식입니다. 명령 처리 속도는 PPM 방식보다 두 배 이상 빠릅니다. 8채널, 16채널 등으로 지원 채널 수가 많으므로 인기 있는 방식입니다. 대부분의 비행 컨트롤러와 연결할 수 있을 만큼 호환성이 매우 높은 방식이므로 가급적 SBUS 방식 조종기를 구매하는 것이 좋습니다.
MSP(Multiwii)	멀티위 방식 연결 단자입니다. 비행 컨트롤러에 따라 연결 못 할 수도 있지만 SBUS 방식의 하나이므로 보통은 SBUS 방식을 같이 지원합니다. 따라서 MSP로 연결할 단자가 없는 비행 컨트롤러에는 SBUS 단자에 연결합니다. 일반적으로 PPM을 같이 지원하므로 여의치 않으면 PPM 3핀으로 연결하면 됩니다.
SUMD(Graupner)	Graupner 조종기의 연결 방식입니다. 비행 컨트롤러에 따라 연결 못 할 수도 있지만 SBUS 방식의 하나이므로 보통은 SBUS 방식과 같은 방식으로 연결합니다. 일반적으로 PPM을 같이 지원하므로 여의치 않으면 PPM 3핀으로 연결하면 됩니다.

아래 사진은 PWM, PPM, IBUS를 같이 지원하는 리시버입니다. 리시버 케이스에 지원하는 인터페이스가 표시되어 있습니다. PWM, PPM, IBUS를 지원하고 있으므로 PWM 연결 단자가 없는 비행 컨트롤러에는 PPM 3핀이나 IBUS(SBUS) 4핀으로 연결하면 됩니다.

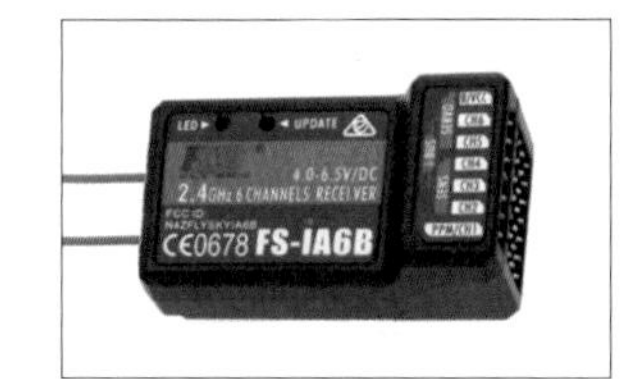

2) 조종기 트랜스미터의 프로토콜 분류

조종기의 트랜스미터란 조종기에 붙이는 장치로 조종 신호를 무선으로 전송하는 기능을 담당합니다. 트랜스미터는 조종기 뒤편에 모듈 형식으로 붙어 있습니다. 조종 거리 연장과 밀접한 관계가 있으므로 가급적 신형 프로토콜을 사용하는 조종기를 구매하기 바랍니다.

다음은 트랜스미터(TX)의 프로토콜에 따른 조종기 분류입니다. 아래 나온 프로토콜 중 같은 프로토콜을 사용하는 리시버는 서로 호환되는 리시버이므로 조종 거리 연장을 위해 리시버를 변경하려면 동일 프로토콜을 사용하는 리시버 중에서 교체하기 바랍니다.

AFHDS(Flysky)	보급형 조종기인 Flysky 조종기 리시버 중 가장 구형으로 조종 신호가 전송되는 범위는 300~500m 안쪽입니다. 이 프로토콜을 사용하는 조종기는 재고품이자 조종 범위를 1km 이상으로 연장할 수 있는 호환 리시버가 없으므로 구매를 피하기 바랍니다.
AFHDS 2A(Flysky)	AFHDS의 업그레이드 프로토콜입니다.
SBUS (IBUS, XBUS)	중급 조종기인 Frky에서 사용하는 프로토콜입니다. 조종 거리를 1km 이상으로 연장할 수 있는 호환 리시버가 많습니다. ※ Frky와 Flysky는 이름이 비슷하지만 서로 다른 회사로 리시버가 호환되지 않습니다.
A-FHSS	중급 HiTec 조종기에서 사용하는 고유 프로토콜입니다. 조종 거리를 1km 이상으로 연장할 수 있는 호환 리시버가 있습니다.
DEVO	중저가 Walkera 조종기에서 사용하는 오픈 소스 프로토콜입니다.
DSM, DSM2, DSMX	중급 Spektrum 조종기에서 사용하는 고유 프로토콜입니다. 제품에 따라 1km 이상의 조종 범위를 가지고 있습니다.
DMSS	JR 조종기, 모듈에서 사용하는 고유 프로토콜입니다. 제품에 따라 1km 이상의 조종 범위를 가지고 있습니다.
FASST, FHSS & S-FHSS	중급 Futaba 조종기에서 사용하는 고유 프로토콜입니다. 제품에 따라 1km 이상의 조종 범위를 가지고 있습니다.
IIX	중저가 RadioLink 조종기에서 사용하는 고유 프로토콜입니다. 제품에 따라 1km 이상의 조종 범위를 가지고 있습니다.
V2x2, KN	WL Toys 조종기 고유 프로토콜입니다.

트랜스미터와 리시버는 프로토콜이 같을 경우 서로 바인딩이 가능한 호환 조종기입니다. 하나의 조종기에 호환 리시버가 여러 개 존재할 경우 모두 바인딩할 수 있으므로 조종 거리가 긴 호환 리시버를 장착하면 그만큼 장거리 조종이 가능합니다.

4 조종기와 비행 컨트롤러의 궁합

조종기의 수신기(RX, 리시버)와 드론의 비행 컨트롤러를 연결하려면 둘 다 동일한 인터페이스를 사용해야 합니다. 조종기를 잘못 구입하면 연결 인터페이스가 달라 비행 컨트롤러와 연결되지 않으므로 조종기를 선택할 때는 다음을 참고해 궁합을 맞추기 바랍니다.

신형 비행 컨트롤러는 단자 공간을 많이 차지하는 PWM 입력 단자를 포기하고 3~4핀으로도 연결할 수 있는 PPM 단자나 SBUS 입력 단자를 비행 컨트롤러에 내장합니다. 당연히 구형 PWM 방식 조종기와는 단자의 핀 수가 다르므로 물리적 연결을 할 수 없습니다. 이 말은 즉, SBUS 연결 단자가 있는 비행 컨트롤러를 구입했는데 조종기는 PWM 방식 조종기를 구매하면 서로 붙일 수 없다는 뜻이므로 돈을 낭비하게 됩니다. 따라서 요즘 나오는 신형 비행 컨트롤러로 드론을 제작하려면 가급적 PPM과 SBUS 방식 둘 다 지원하는 조종기를 구매하기 바랍니다. PPM 단자가 있는 리시버는 보통 SBUS 단자도 함께 지원하므로 조종기의 리시버 케이스에 PPM 글자나 SBUS 글자가 있는 조종기를 구매하면 대부분의 조립 드론을 조종할 수 있는 조종기입니다.

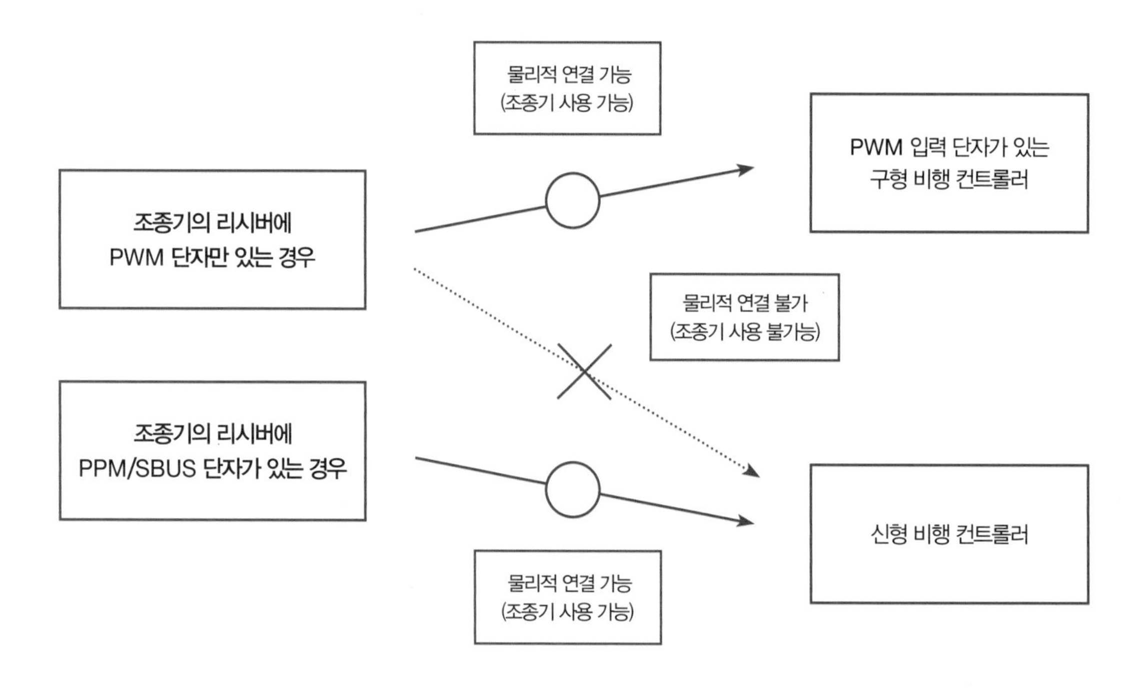

5 조종기의 일반적인 조종 범위

RC 조종기는 저렴한 제품은 5~6만 원대에서 시작하며 고급 제품은 200만 원이 넘는 제품도 있습니다. 일반적으로 18만 원대 가격의 조종기면 제품의 마감도 좋고 조종 범위도 1km가 넘습니다.

조종기는 완구용 장난감 조종기와 보급형 조종기, 중급형 조종기, 고급형 조종기가 있습니다. 조종기는 가격이 높을수록 더 고출력 안테나를 사용하므로 조종 범위가 곱으로 늘어납니다.
일반적인 6~15만 원대의 보급형 조종기의 조종 범위는 300~500m이지만 전파 방해가 많은 도심에서 조종할 경우에는 조종 범위가 100~300m 이하로 떨어질 수 있습니다.
국내의 경우에는 18~20만 원 이상 제품을 중급 조종기로 분류하며, 조종 범위는 평균 1~1.5km입니다.

다음은 가격대로 본 조종기들의 조종 범위입니다.

종류	평지 기준 조종 범위	조종 범위 업그레이드 방법
장난감 드론의 번들 조종기	20~80m	
6~13만 원대 보급형 조종기	200~500m	※ 업그레이드 모듈이 있는 제품은 조종기 뒤의 모듈을 교체하면 평지 기준 조종 범위 1~1.5km로 확장할 수 있습니다. ※ 업그레이드 가능한 호환 리시버가 있는 제품은 조종 거리가 긴 호환 리시버로 교체해 조종 범위를 1~1.5km로 확장할 수 있습니다. ※ 조종기 쪽 안테나를 출력이 강한 것으로 교체하면 평지 기준 조종 범위 1~1.5km로 확장할 수 있습니다. 안테나에 공급하는 전기는 조종기 내부에서 충당하거나 배터리를 추가로 장착합니다.
18~200만 원대 중고급 조종기	중급 조종기 1~1.5km 고급 조종기 1~5km	※ 조종기 쪽 안테나를 출력이 강한 것으로 교체하면 조종 범위를 확장할 수 있습니다. 안테나에 공급하는 전기는 조종기 내부에서 충당합니다.

보급형 조종기는 액정 화면이 있는 제품과 없는 제품이 있으며, 가급적 액정 화면이 있는 제품을 고르는 것이 좋습니다. 가격이 싸다고 해서 조종이 안 되는 것은 아니기 때문에 6~13만 원대 조종기로도 사람에 따라 노련하고 멋진 비행을 할 수 있습니다.

6 조종기의 스펙 읽는 방법

조종기 본체의 스펙에서 중요한 요소입니다.

Model Type : quadcopter, glider, helicopter, airplane, also car or boat	이 조종기로 조종할 수 있는 RC 완구 모델입니다. 바로 조종할 수 있는 것이 아니라 조종하고 싶은 RC 완구에 리시버를 붙인 뒤 조종기의 조작 환경을 그 완구에 맞게 수정하는 작업이 필요합니다.
RF Power : less than 20dB	안테나 출력 파워입니다. 조종 범위와 연관 있으며 수치가 높을수록 조종 범위가 넓어집니다. 일반적으로 1mW = 0dBm 10mW = 10dBm 100mW = 20dBm 1000mW = 30dBm 입니다.
2.4G System : AFHDS	조종기가 사용하는 프로토콜입니다. 프로토콜이 같은 리시버는 이 조종기와 호환(바인딩, 동기화)되고 프로토콜이 다른 리시버는 이 조종기와 호환되지 않습니다. 리시버를 업그레이드하여 조종기의 성능을 높이기도 하는데, 이 경우 같은 프로토콜을 사용하는 리시버가 대상이 됩니다. ※ AFHDS 프로토콜은 RC 초창기 시절 프로토콜이므로 구매를 피하기 바랍니다.
Control Range : 350-500m	조종 범위입니다. 일반적으로 조종기 스펙에는 조종 범위가 표시되지 않습니다.
Power : 12VDC or 8 x 1.5AA	이 조종기를 동작하는 데 필요한 전압입니다.

조종기 리시버(조종기 신호를 무선으로 수신해 기체에 입력하는 장치)의 스펙을 읽는 방법입니다.

<table>
<tr><td>Channels :
PWM 8 Channels

Channels :
PPM 8 Channels,
16ch from SBUS port,
or two X8R

Data Output :
PPM/i-BUS/S.BUS</td><td>지원하는 채널 수입니다. 드론의 경우 일반적으로 1, 2, 3, 4번 채널이 스로틀 스틱, 러더 스틱, 엘리베이터 스틱, 에일러론 스틱의 명령을 전송하는 통로로 할당됩니다. 4개 스틱이 각각의 통로를 통해 명령을 전송하므로 이 4개 스틱은 동시에 서로 다른 지시를 내릴 수 있습니다. 8채널 지원 리시버의 경우 스틱 4개에 기본 할당된 4개 채널 외에 남아 있는 4개 채널을 통해 다른 명령을 전송할 수 있습니다.

예를 들면 5번 채널은 시동 키를 On/Off 하는 신호를 보내는 통로로 할당할 수 있고 6번 채널은 랜딩 기어를 접는 신호를 보내는 통로로 할당할 수 있습니다. 채널이 많을수록 명령 신호를 보내는 통로를 각각 할당할 수 있습니다. 채널이 부족한 경우 5번 채널을 2개 이상 명령을 보내는 통로로 공유 할당하기도 하는데, 그럴 경우 5번 채널용 스위치를 On/Off할 때 할당한 명령 두 가지가 동시에 진행되므로 불편합니다. 시동 키 신호와 짐벌 회전 신호를 채널이 부족해 같은 채널에 공유 할당하면 스위치를 넣을 때 시동이 걸리고 짐벌도 쓸데없이 회전합니다.

리시버는 채널 수가 많은 제품일수록 좋은 제품인데, 지원하는 채널수는 리시버가 사용하는 인터페이스에 따라 달라집니다. 'PWM 8 Channels'은 PWM 방식, 'PPM 8 Channels'은 PPM 방식으로 연결하는 리시버이고 각각 8채널을 지원한다는 뜻입니다. 물리적 연결 단자는 PWM 방식인데 신호는 PPM으로 전달하는 리시버도 PPM 방식이라고 주장하므로 리시버에 PPM 단자가 물리적으로 존재하는지 확인 바랍니다. PPM 단자가 물리적으로 있는 리시버는 호환성이 좋습니다.

'16ch from SBUS port'는 3~4핀 SBUS 방식으로 기체와 연결할 수 있는 제품을 뜻하며 PPM 대신 SBUS 방식으로 연결하면 채널을 16채널로 확장할 수 있음을 의미하므로 좋은 제품입니다.

※ 리시버 케이스에 PWM 단자만 있는 리시버는 구식 기술을 사용한 재고품이므로 신형 기술을 사용하는 비행 컨트롤러와 90% 호환되지 않습니다.

※ 리시버 케이스에 PPM 또는 SBUS 단자가 있는 조종기들은 신형 비행 컨트롤러 99%와 연결할 수 있는 호환성이 높은 조종기입니다.</td></tr>
<tr><td>Name :
Telemetry Receiver</td><td>텔레메트리(Telemetry) 기능을 지원하는 리시버입니다. 텔레메트리 기능이 있는 리시버는 좋은 제품입니다.</td></tr>
<tr><td>Receiving Sensitivity :
−105dBm</td><td>dBM은 dB 전력량을 말하며 여기서는 리시버의 수신 감도를 의미합니다. 성능을 내기 위한 최소 입력 신호 레벨입니다.</td></tr>
<tr><td>Frequency Range :
2.4−2.48GHz</td><td>조종기가 무선 송수신에 사용하는 대역입니다. RC 조종기는 대부분 2.4GHz 대역을 사용해 무선 신호를 전송합니다.</td></tr>
</table>

Operating Range : 1.5km(Full Range)	조종 범위입니다. 일반적으로 표시되지 않는 항목입니다.
RSSI Output : Aanalog voltage output(0~3.3V)	RSSI 기능을 지원하는 제품입니다. FrSky 기술인 RSSI는 조종기의 신호가 약해지는 지점에서 드론이 추락하지 않고 복귀 비행을 하도록 설정할 때 필요한 연결 단자입니다. 조종기 제조업체에 따라 Fail Safe 기능이라고도 부릅니다. 비행 컨트롤러에 RSSI 단자가 있을 경우 리시버의 RSSI 단자와 연결하고 베타 플라이트 같은 펌웨어 컨피규레이터에서 RSSI 사용을 활성화 후에 조종기 신호가 약해지는 임계값을 설정하면 드론이 임계값 지점에서 비행할 때 경고 표시가 나타납니다. 그 이상으로 비행하면 조종기 신호가 끊길 수 있음을 의미하므로 드론을 복귀 비행으로 전환하는 것이 좋습니다. ※ 드론은 조종기 신호가 끊기면 일반적으로 추락합니다. 만일 RSSI 혹은 Fail Safe 설정이 되어 있을 경우에는 조종기 신호가 끊기는 지점을 예측할 수 있으므로 추락을 방지할 수 있습니다.
Weight : 18g Antenna Length : 26mm Size : 50×30×15mm	조종기의 리시버는 기체에 붙이는 부품이므로 무게, 안테나 크기, 리시버 크기를 체크한 뒤 기체에 붙일만한 공간이 있는지 확인 바랍니다.
Compatible Transmitter	조종기와 호환 가능한 리시버 목록입니다. 조종기의 리시버는 프로토콜이 같은 리시버만 호환됩니다. 예를 들어 AFHDS 프로토콜 리시버를 사용하는 조종기는 다른 업체의 AFHDS 리시버를 사용할 수 있습니다. 참고로 AFHDS 프로토콜과 AFHDS 2 프로토콜은 엄연히 다른 프로토콜이므로 서로 호환되지 않습니다.

조종기는 리시버에 따라 지원 채널수가 많아지거나 조종 범위가 늘어날 수도 있습니다. 보통 기본 리시버와 세트로 판매하는데 호환 리시버의 성능이 더 좋은 경우도 많습니다. 이 경우에는 기본 세트 제품의 구매를 피하고 조종기 본체와 성능 좋은 호환 리시버를 세트로 구성해 구매하기 바랍니다.

7 바인딩과 시동 키

신품 조종기는 아무런 설정이 되어 있지 않은 백지 상태입니다. 또한 조립을 완료한 드론도 비행 아이큐가 없는 백지 상태입니다. 따라서 신품 조종기와 드론을 조종하려면 설정 작업이 필요합니다.

다음은 백지 상태의 신품 조종기와 백지 상태의 드론을 조종할 수 있는 상태로 만드는 과정입니다. 조종기와 드론을 설정하는 방법은 책의 Part 4, 5, 6을 참고하기 바랍니다.

❶ 조립 완료와 리시버 장착

조종기와 세트로 제공되는 리시버(수신기)를 드론 내부에 장착한 뒤 비행 컨트롤러와 케이블로 연결합니다.

↓

❷ 조종기와 드론의 바인딩(동기화)

조종기와 세트로 제공되는 리시버(수신기)를 드론 내부에 장착한 뒤 비행 컨트롤러와 케이블로 연결합니다

↓

❸ 컨피규레이터에서 조종기의 연결 방식 설정

드론과 PC를 USB로 연결한 뒤 베타 플라이트 같은 컨피규레이터 소프트웨어를 실행합니다. 그런 뒤 연결한 리시버의 연결 방식을 정확히 설정합니다. PPM, SBUS 등이 있습니다.

↓

❹ 조종기 스틱 교정

조종기 설정 작업에서 두 번째로 해야 할 작업은 드론의 시동을 거는 시동 키(아밍 키) 설정 작업입니다. 조종기에 시동 키를 설정하지 않으면 드론의 시동을 걸 수 없습니다. 시동 키 설정 방법은 책의 Part 5를 참고하기 바랍니다.

↓

❺ 시동 키 설정

조종기 설정 작업에서 두 번째로 해야 할 작업은 드론의 시동을 거는 시동 키(아밍 키) 설정 작업입니다. 조종기에 시동 키를 설정하지 않으면 드론의 시동을 걸 수 없습니다. 시동 키 설정 방법은 책의 Part 5를 참고하기 바랍니다.

↓

❻ 조종기 테스트와 비행 상태 교정

시동 키를 만들면 조종기의 지시로 시동을 걸고 반응하게 할 수 있습니다. 이때부터 조종기로 드론을 조종할 수는 있지만 스틱 움직임에 드론이 정확하게 반응하게 하려면 비행 상태에 대한 교정 작업을 해야 합니다.

완제품 메이커 드론은 공장 출하 시 교정을 완료한 상태로 출시되는 반면, 조립식 드론은 사용자가 일일이 백지 상태의 조종기와 드론을 교정하는 작업을 해야 합니다.

PART

04

DIY 드론 조립 따라하기

CHAPTER

01 프레임 조립

1 QAV 250 프레임 하판 조립하기

QAV 250은 대각선 길이 250mm인 프레임입니다. 레이싱 경기용 기체에서 가장 인기 있는 모델인 동시에 배터리도 큰 것을 장착할 수 있고 카메라도 상단에 장착할 수 있습니다. 그러나 조립을 할 때는 가급적 무게가 늘어나지 않도록 조립하길 권장합니다.

1) 중국산 QAV 250을 구매하면 그림과 같이 분리되어 있는 부품이 도착합니다.

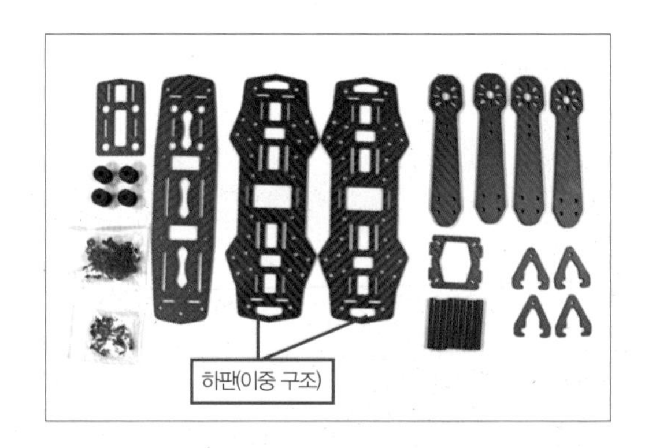

2) 미리 조립 모양을 예상한 모습입니다. 그림과 같은 모양으로 조립하게 됩니다.

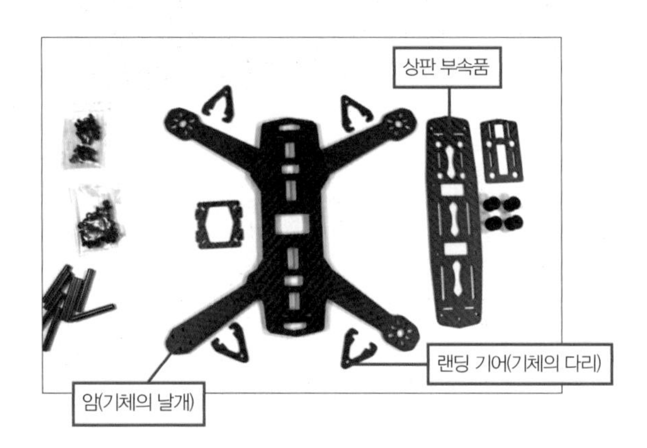

3) 하판은 2겹으로 조립하기 전에 폴대를 조립해야 합니다. 폴대의 길이는 4cm이고 8개입니다. 참고로 250급 다른 모델은 폴대의 길이가 4cm 이하일 수도 있습니다.

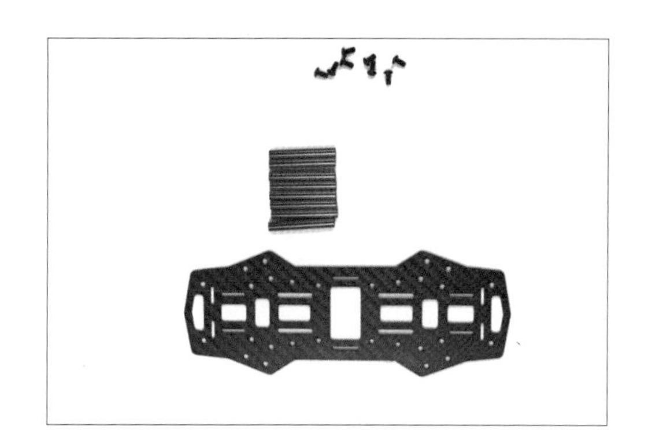

4) 그림처럼 폴대를 조립합니다. M3 육각 볼트는 짧은 것과 긴 것 두 종류가 제공되는데 짧은 것으로 조립합니다.

5) 그림처럼 폴대 8개를 조립합니다.

6) 가운데 부분은 비행 컨트롤러(FC)가 내장될 부분입니다.

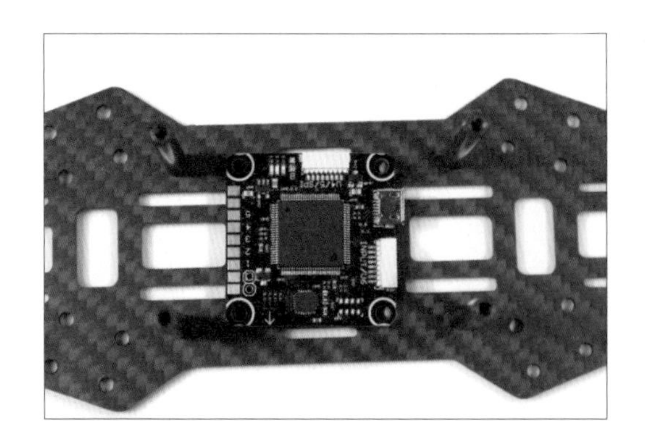

7) 이 부품은 별도로 주문해야 하는 비행 컨트롤러 지지대 겸 고무 볼트입니다. 고무 볼트는 비행 컨트롤러에 진동이 전달되지 않도록 완충 기능을 합니다. 고무 볼트를 주문하지 않은 경우 비행 컨트롤러에서 제공하는 번들 볼트와 지지대를 사용합니다.

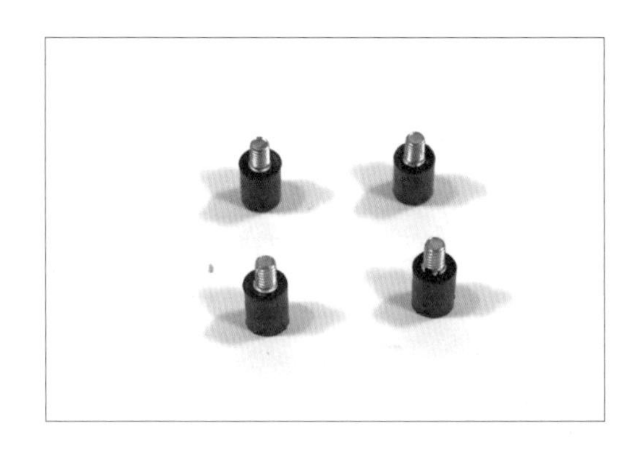

8) 고무 볼트를 그림처럼 조립합니다.
고무 볼트의 정식 명칭은 'FC 진동방지 포스트'이고 볼트 규격은 M3입니다.

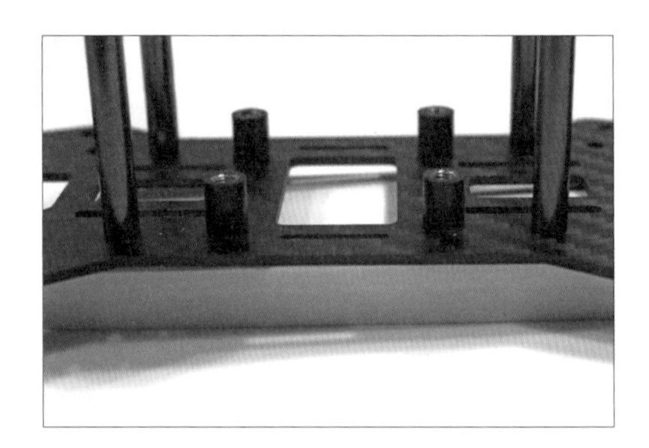

8) 밑부분을 규격에 맞는 너트로 조여 줍니다.

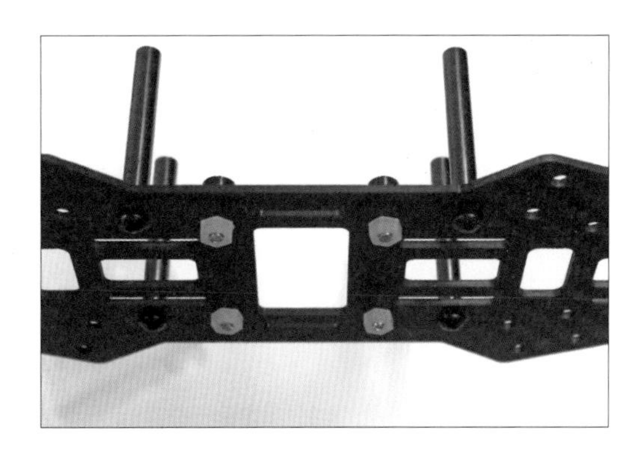

9) 이 상태에서 기체의 암(날개) 조립을 시작합니다.

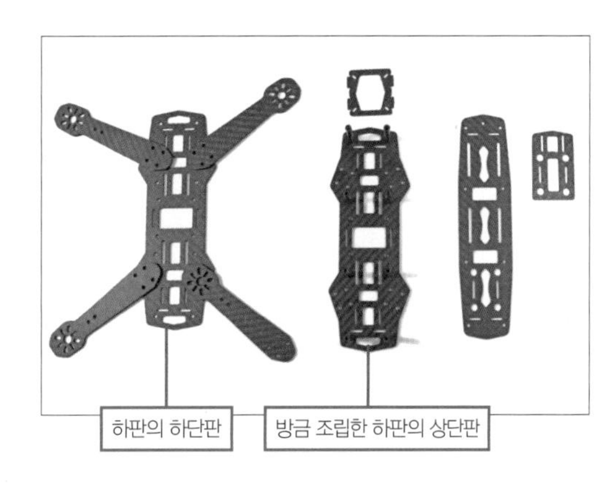

만일 FPV 영상캠을 사용하는 사람이라면 암을 조립하기 전에 영상캠을 먼저 조립해야 합니다.

2 FPV 캠 부착하기

FPV 영상캠을 구입한 사람은 드론의 암대을 조립하기 전에 캠을 미리 조립하는 것이 좋습니다. 캠을 구매하지 않은 사용자는 3페이지 뒤의 암대를 조립하는 과정을 따라하기 바랍니다.

1) FVP 캠을 조립하려면 하판에 카메라 마운팅 플레이트를 장착해야 합니다. 그림과 같은 사각형의 '카메라 마운팅 플레이트'를 장착한 쪽이 나중에 드론의 앞부분이 됩니다.

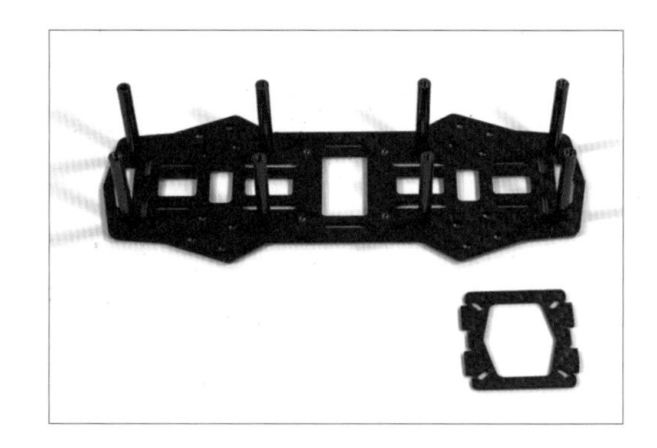

2) 카메라 마운팅 플레이트를 부착한 모습입니다. 헐거워서 자꾸 빠지므로 잃어버리지 않도록 조심하기 바랍니다.

3) 저가형 FPV 캠을 장착하겠습니다. 이 캠은 비행 중 드론의 전방 모습을 동영상으로 찍는 기능을 합니다.

4) 캠 받침대를 조립합니다. 비행 중 캠의 진동을 방지하기 위해 그림처럼 고무 재질의 양면테이프를 붙였습니다. 양면테이프는 가까운 문구점에서 구매하기 바랍니다.

5) 아래와 같이 캠 받침대를 붙인 뒤 볼트와 너트로 조여 줍니다.

QAV 250의 경우 이 부분 볼트 지름은 M2 규격입니다. 양면테이프를 붙이지 않은 경우에는 길이 5mm 볼트를, 양면테이프를 붙인 경우에는 10mm 볼트를 사용합니다. 반대편의 너트는 M2 너트를 사용합니다.

6) 캠 받침대의 장착을 완료한 모습입니다. 고무 재질의 양면테이프를 붙인 상태이므로 M2 10mm 볼트를 별도로 구입해 조립했습니다. 캠에 동봉된 볼트는 고무 재질의 양면테이프를 붙이지 않았을 경우 사용할 수 있는 5mm 길이의 볼트입니다.

7) 받침대의 중앙에 캠을 삽입한 뒤 좌우측을 볼트로 조여 줍니다. 여기서 사용하는 볼트는 캠을 구입할 때 동봉된 볼트입니다.

8) 볼트로 캠을 고정한 모습입니다.

9) 정면에서 확인했을 때 캠의 렌즈부가 정중앙, 수평을 이루도록 각도를 잘 잡아서 고정해 줍니다.

3 기체의 날개(암대) 조립하기

그림의 날개 4개는 각각 삼각형 모양의 랜딩 기어(다리)를 장착한 상태입니다. 하판에 날개를 붙일 때는 랜딩 기어가 아래쪽을 향하도록 조립하면 됩니다.

1) 하판 2개와 부착할 날개 4개를 준비한 모습입니다.

2) 하판 조립이 끝나면 각 날개마다 모터를 장착할 계획입니다.

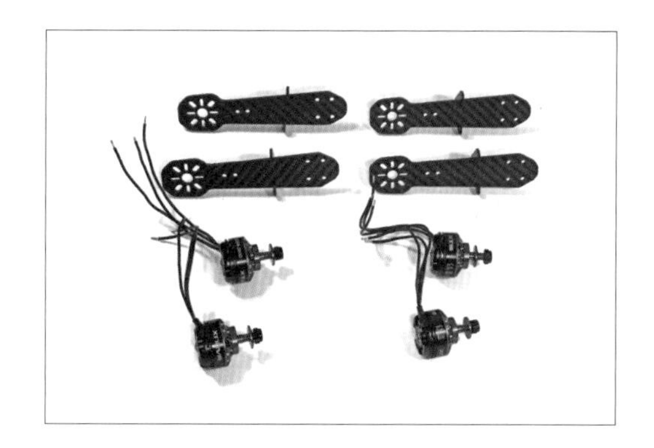

3) 조립에 사용하는 볼트와 너트는 M3 10mm 규격입니다. 이 부품들은 QAV 프레임에 동봉된 부속품입니다.

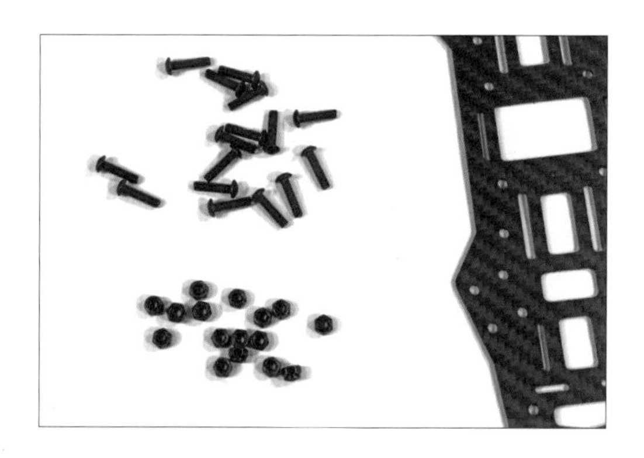

4) 하부의 밑판에 암대를 구멍에 맞게 배치합니다.

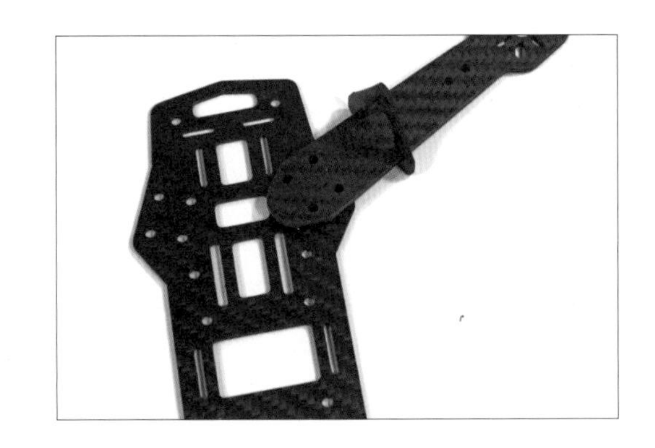

5) 앞에서 조립한 하부의 상판을 구멍에 맞게 배치합니다.

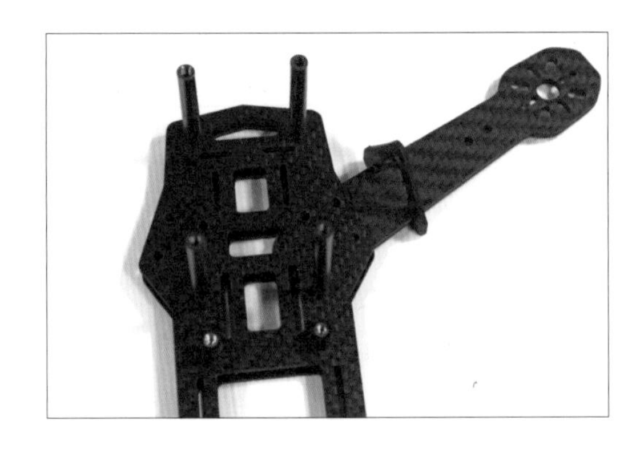

6) 그림처럼 M3 육각 볼트 10mm를 끼워 넣은 뒤 육각 너트를 사용해 임시로 조여 줍니다.

7) 육각 홀더로 그림처럼 너트가 헛돌지 않게 홀딩합니다.

8) M3 육각 렌치로 반대편 볼트를 조여 줍니다. 또는 볼트가 헛돌지 않도록 고정한 뒤 육각홀더로 조여 주어도 됩니다.

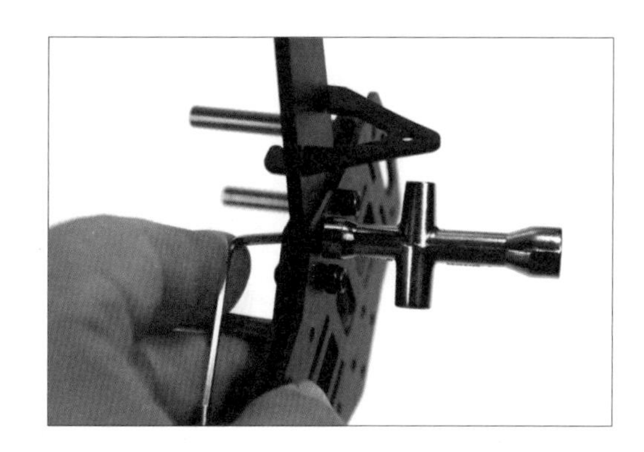

9) 첫 번째 암대의 조립을 완료한 모습입니다.

10) 마찬가지로 두 번째 암대도 그림처럼 조립합니다.

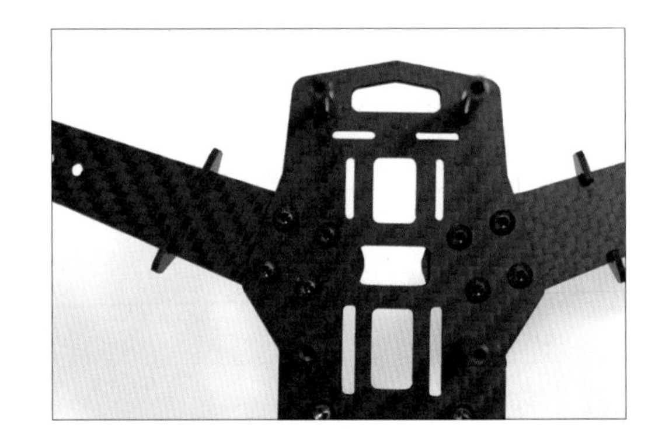

11) 4개의 암대를 모두 조립 완료한 모습입니다.

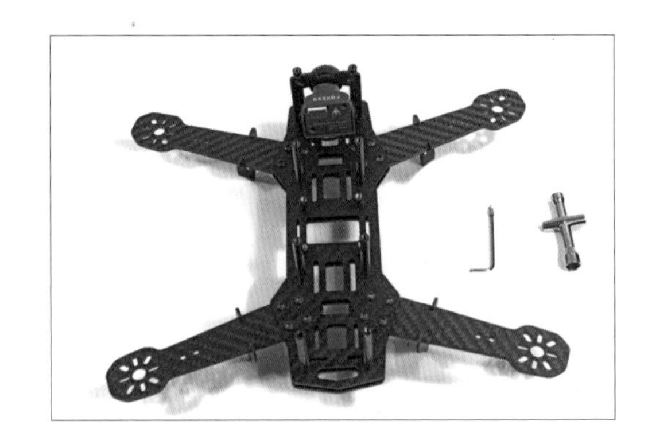

12) 캠이 장착된 부분이 나중에 비행을 할 때 기체의 앞부분이 됩니다.

기체의 앞과 뒤는 비행 컨트롤러를 장착한 방향에 따라 달라지므로, 비행 컨트롤러를 장착할 때는 캠이 앞쪽에 오도록 장착하면 됩니다.

4 샤프트가 분리된 모터의 조립

최근에는 모델에 따라 샤프트가 분리된 모터도 있습니다. 샤프트가 분리된 상태의 모터를 구입했다면 일단 모터 부품들을 조립해 하나의 완전체 모터를 만들어야 합니다. 지금부터 모터를 사용하기 전 샤프트가 분리되어 있는 신상 모터를 조립하는 방법을 알아봅니다.

1) 모터 제품 중에서 샤프트 부분이 분리된 제품군은 샤프트가 부러지거나 손상되었을 때 그 부분을 별도로 구매한 뒤 교체할 수 있는 모터입니다.

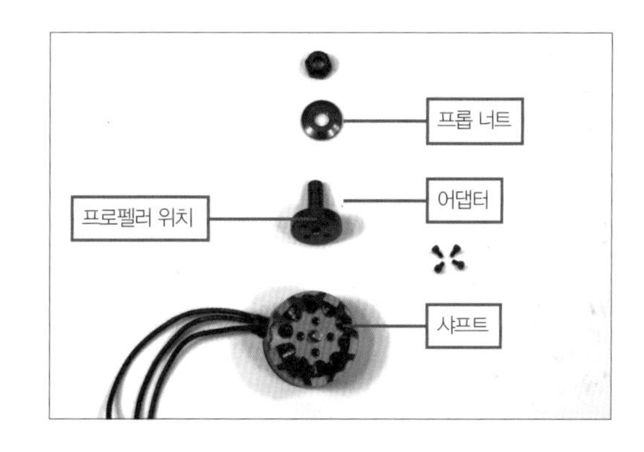

2) 모터의 몸통에 해당하는 캔 부분입니다.

3) 캔 위에 샤프트를 장착합니다.

4) 샤프트의 구멍을 본체 구멍에 맞춘 뒤 제품에 동봉된 M2 육각 볼트 4개를 끼워 줍니다.

5) M2 육각 렌치로 볼트를 각각 조여 줍니다.

6) 본체에 샤프트를 조립한 모습입니다. 이 위에 어댑터와 프롭 너트를 임시로 장착하면 모터의 조립이 완료됩니다.

5 모터 위치를 확인하고 모터 장착하기

비행 컨트롤러 같은 전자 부품들은 기체에 붙이기 전에 전선 연결 작업(와이어링)이 필요하므로 모터를 먼저 장착하도록 합니다.

1) 앞에서 조립한 반 본체 상태의 QAV 250 기체입니다. 모터는 4개가 필요합니다.

2) 모터에 CW, CCW 회전 방향이 정해져 있는 제품을 구매한 사람은 다음과 같이 위치를 맞추어서 모터를 장착합니다. 모터에 회전 방향이 없는 제품은 회전 방향과 상관없이 장착합니다. 나중에 프로펠러를 장착할 때는 프로펠러를 다음과 같이 정방향(CW)과 역방향(CCW)에 맞게 장착합니다.

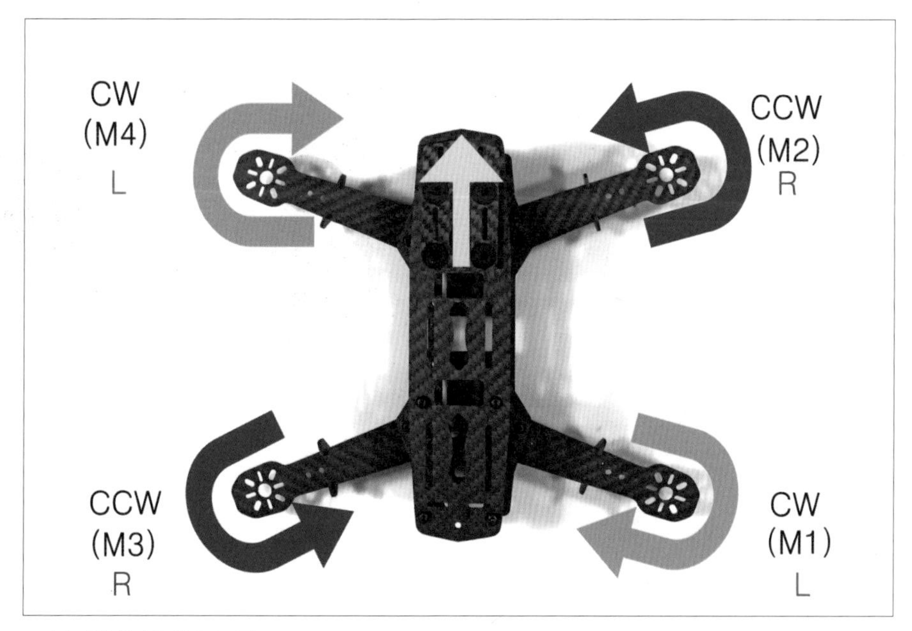

모터의 장착 위치를 위에서 내려다 본 모습

3) 드론 모터를 프레임에 고정하는 볼트는 M3 볼트 2종류(짧은 것과 긴 것)와 와셔가 있습니다. 암대가 4cm 이상으로 두껍고, 모터 밑에 모터 보호대나 진동 방지 고무를 대는 경우에는 긴 볼트로 조립합니다. 이 볼트들은 모터 구매 시 함께 제공되며, 그림에 있는 십자 모양의 진동 완충 고무 패드는 필자가 별도로 구매한 제품입니다.

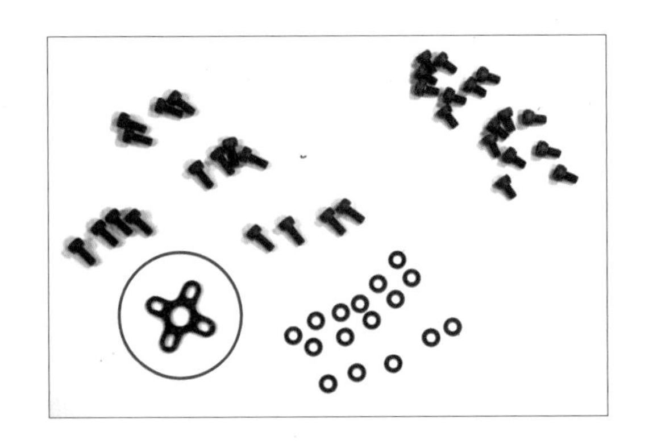

4) 조립은 볼트, 와셔, 암대, 진동 완화용 경질 고무판, 모터 순서로 합니다.

5) 암대의 모터 장착부에 진동 완화 경질 고무판을 배치합니다. 고무판을 볼트 구멍에 맞게 배치한 뒤 떨어지지 않도록 접지부에 접착제를 살짝 발라 줍니다.

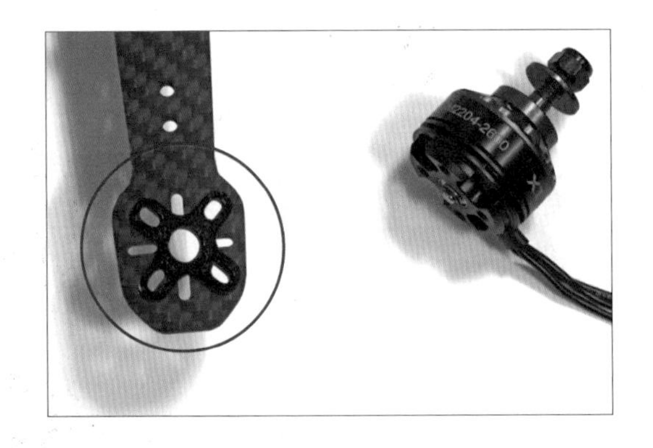

6) 그 위에 모터를 암대의 볼트 구멍에 맞게 배치합니다.

7) 암대판 하단부에서 와셔와 볼트를 끼운 뒤 M3 육각 렌치로 꽉 조여 줍니다.

8) 모터의 장착을 완료한 모습입니다.

9) 나머지 모터 3개도 같은 방식으로 장착합니다.

10) 이 상태에서 기체를 보관하면 프롭 너트가 빠지면서 분실하는 경우가 많습니다. 프롭 너트를 조금 더 조여서 분실하지 않도록 주의합니다.

유용한 TIP

프로펠러의 장착 시기

드론의 프로펠러는 야외에서 비행을 할 때 현장에서 장착하는 것이 가장 좋고, 평상시에는 분리하여 보관하는 것이 좋습니다. 특히 조립을 하고 있거나 실내에서 모터 테스트를 할 때는 프로펠러의 장착을 피하기 바랍니다. 프로펠러를 장착한 상태에서 모터 테스트를 하면 테스트 중 사고가 발생할 수도 있기 때문입니다.

6 QAV 250 프레임 상단 조립하기

QAV 250의 상판 플레이트는 고프로와 같은 액션캠, 배터리, GPS 지지대를 장착하는 부분입니다. 배터리는 모터의 힘에 따라 3~4셀의 2,200mAh 배터리도 장착할 수 있지만 레이싱용 드론이라면 통상 1,500mA 이하의 가벼운 배터리를 장착하기 바랍니다.

1) QAV 250의 상단부는 그림처럼 3개의 부품으로 구성되어 있습니다. 오른쪽 두 가지 부품은 고프로 크기의 액션캠을 장착할 수 있는 짐벌 장치입니다.

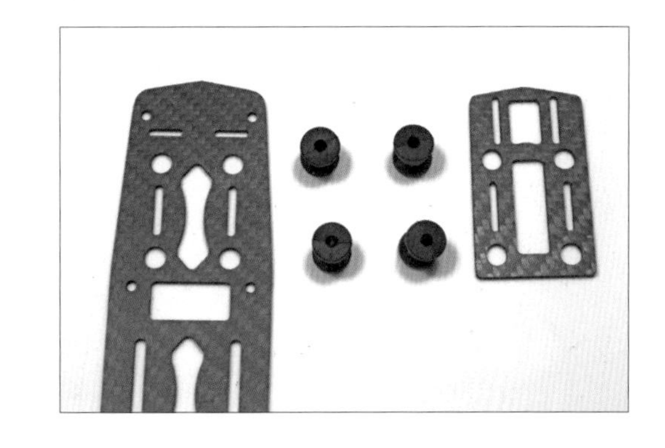

2) 이 고무볼(댐퍼볼)은 카메라 장착부 하단에 위치하는 진동 완화 장치입니다. 일반적으로 개당 100g 정도의 무게를 견딜 수 있으므로 4개를 장착할 경우 400g 무게를 견딜 수 있습니다.

3) 고무볼 4개를 상판 플레이트의 구멍에 맞게 끼워 줍니다. 고무볼의 끝부분을 구겨서 구멍에 삽입한 뒤 반대편에서 손톱으로 잡아당깁니다. 여의치 않으면 일자 드라이버로 구멍에 밀어 넣어도 됩니다.

4) 고무볼의 장착을 완료한 모습입니다.

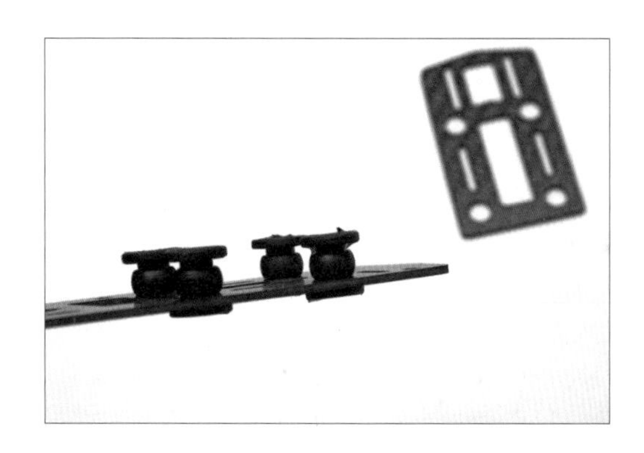

5) 간이형 짐벌에 해당하는 플레이트를 그림처럼 고무볼 위에 장착한 뒤 고프로 크기의 액션캠을 짐벌 플레이트 위에 장착해 줍니다. 적당한 장착 도구가 없으므로 케이블 타이 등으로 액션캠을 묶어 주어야 합니다.

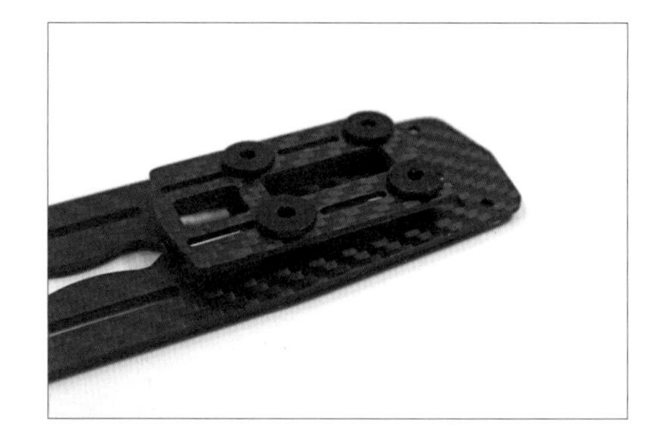

6) 일단 지금까지 조립한 반 본체에 상부 플레이트를 붙이지 않은 상태에서 보관하기 바랍니다. 상부 플레이트를 지금 반 본체 기체에 조립하면 나중에 전자부품을 기체 안쪽에 설치할 때 다시 분해해야 합니다.

CHAPTER

02 필수 부품 조립하기

1 와이어링 작업 전 주의 사항

기체를 반 본체 상태로 조립한 뒤에는 전자부품의 와이어링(전선 연결)과 납땜 작업을 시작합니다. 작업에 앞서 조심할 점을 알아봅시다.

최근 나오는 비행 컨트롤러(FC) 보드는 일반적으로 5V 전압을 전원으로 사용합니다. 따라서 12V 배터리를 비행 컨트롤러의 +, −에 연결하면 전원을 인가하는 순간 비행 컨트롤러가 고장납니다. 과거에는 몇몇 비행 컨트롤러에 전압을 낮추는 BEC 부품이 탑재되어 12V를 배터리를 연결해도 자체적으로 5V를 공급해서 동작했습니다만, 요즘의 비행 컨트롤러는 대부분 BEC를 내장하지 않았기 때문에 인터넷에서 잘못 들은 정보를 믿고 배터리를 직접 비행 컨트롤러에 연결하는 것은 피하기 바랍니다.

자신의 비행 컨트롤러가 12V 이상의 배터리를 연결할 수 있는지 여부는 비행 컨트롤러의 매뉴얼이나 스펙, 기판의 메인 전압부 등에 적혀 있습니다. 기판의 전압 입력 단자에 5V +, − 글자만 있을 경우에는 5V 전원만 연결 가능하며, 아무런 표시가 없을 경우에도 99% 5V 연결 단자이지 배터리 연결 단자가 아닙니다. 기판에 VCC, VBAT, Cur, Curr 등의 여러 가지 글자가 있는데 이들 단자는 배터리 연결 단자가 아닙니다.

비행 컨트롤러의 기판 매뉴얼에서 전원 입력부 설명에 12V라고 쓰여 있을 경우에만 12V 배터리를 연결할 수 있는 보드입니다. 만일 매뉴얼에 3S, 4S, 5S, 6S 지원 보드라고 써 있는 경우에는 3S(12볼트), 4S(16볼트), 5S(20볼트), 6S(24볼트) 배터리를 보드에 바로 연결할 수 있습니다. 이 경우 BEC(레귤레이터 장치)가 내장된 보드라는 뜻이고, 내장 BEC는 배터리로 입력받은 전기를 자체적으로 5V나 10V로 낮추어서 해당 보드의 전원으로 사용하는 동시에 다른 부품들에 전기를 배분할 수 있습니다. 만일 매뉴얼에 3S, 4S, 5S, 6S 지원이라는 글자가 없는 경우에는 해당 비행 컨트롤러는 5V 전압만 연결할 수 있는 보드입니다.

만일 비행 컨트롤러가 5V만 지원할 경우에는 12V 이상의 배터리를 연결할 수 없으므로 12V 이상의 배터리를 연결할 수 있는 전원 보드(전기 분배판, 배전반, 파워보드)를 따로 구매한 뒤 전원 보드에다 배터리를 연결하고 거기서 5V를 끌어와 비행 컨트롤러를 구동시킵니다. 요즘 나오는 신형 비행 컨트롤러는 대부분 이런 방식을 사용합니다.

올인원 변속기(4in1 ESC) 사용자는 올인원 변속기가 BEC를 내장하여 전원 보드 기능을 하는 모델도 있으므로 이 경우에는 별도의 전원 보드 없이 올인원 변속기에 바로 배터리를 연결한 뒤 올인원 변속기에서 BEC 5V 전기를 끌어와서 비행 컨트롤러를 구동시킵니다. 이 점을 잘 기억해 두면 5V 단자에 10V를 연결해 고장내는 일은 없을 것입니다.

참고해요 · 전원부를 연결하기 전 필수 확인 사항 ·

드론의 기판은 메인 배터리가 연결된 기판과 그 기판에서 전원을 분배받아 사용하는 기판이 있습니다. 부품을 제조하는 업체가 많은 까닭에 전원 연결용 단자 이름이 통일되어 있지 않아서 간략하게 정리하겠습니다.

기판에서 볼 수 있는 전원 연결용 단자는 통일된 원칙이 없어 제조업체마다 임의로 단자를 규정해서 마구잡이로 사용하는 실정입니다. 따라서 이 책의 설명은 참고하는 수준에서 이용하기 바라며 전원선의 정확한 연결 방법은 해당 부품의 제조업체 홈페이지에서 제공하는 매뉴얼을 참고하기 바랍니다.

1) VCC 단자

전기의 + 극에 해당합니다. 또는 배터리가 연결된 보드에서 배터리 전압을 분배하는 단자로 사용될 수도 있습니다. 또는 5V만 사용하는 보드에서 5V를 분배하는 용도로 사용될 수도 있습니다. VCC 단자는 다른 보드의 전압을 체크할 때 아웃 단자로 사용되기도 하므로 이 경우 다른 보드의 Vbat 단자에 연결하기도 합니다.

2) Vbat 단자

'Voltage of the Battery'의 약자로 배터리 잔량인 전압 체크를 위해 사용하는 단자입니다. 다른 보드의 단자와 상호 연결하는데 주로 VCC 단자일 확률이 높습니다. 사실 단자의 성질에 대해서는 국제적인 규격이 없어서 제조업체마다 표기법이 다르므로 Vbat을 'Battery Voltage'라고 말하며 배터리를 직접 연결하는 단자에 Vbat 표기를 하기도 합니다. 단자의 기능에 대해 정확히 확인하려면 해당 제조업체의 매뉴얼을 참고하기 바랍니다.

3) Cur 단자

전류 사용 상태를 체크하는 커렌트 센서가 내장된 보드에 있는 단자로서 커렌트 센서가 내장되지 않은 다른 보드의 전류를 체크할 목적으로 연결하는 단자입니다.

4) Curr 단자

커렌트 센서가 있는 보드의 Cur와 연결하는 커렌트 센서가 없는 보드의 단자입니다. Cur 단자는 Curr 단자에 연결하며 그럴 경우 커렌트 센서가 있는 보드가 다른 보드의 전류 이상이나 사용 상태를 체크할 수 있습니다.

5) +5V 단자

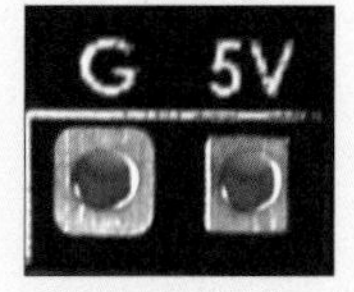

BEC 모듈이나 BEC가 있는 보드에서 전원을 공급받는 보드 또는 BEC가 내장된 보드에서 5V를 필요로 하는 다른 보드나 부품에 5V 전압을 공급하는 단자입니다.

6) +10~12V 단자

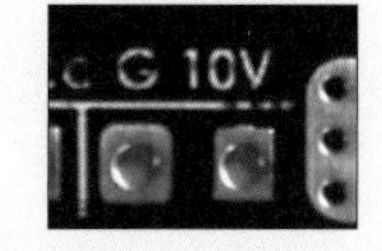

BEC 모듈이나 BEC가 있는 보드에서 전원을 공급받는 보드 또는 BEC가 있는 보드에서 +10~12V를 필요로 하는 다른 보드나 부품에 12V 전압을 분배하는 단자입니다.

드론에서 5V 이상 전기를 사용하는 부품은 FPV 캠과 중고급 영상 송신기가 있습니다. FPV 캠의 경우 6~30V 내외의 전압을 받을 수 있으므로 그곳에 전압을 공급하고 싶을 때 +10~12V 단자를 사용합니다. + 단자는 +에, − 단자는 − 단자와 상호 연결하면 +10~12V 전압이 공급됩니다. − 단자가 없을 경우 +10~12V 단자 옆의 Gnd(Ground) 단자를 상호 연결하면 해당 캠이나 영상 송신기 장치에 +10~12V 전압이 공급됩니다.

7) 배터리 전원 입력 단자 또는 3S~7S 입력 단자

배터리의 +, −를 바로 연결할 수 있는 단자입니다. 무작정 연결할 수 있는 것이 아니라 12~16V일 경우 12~16V 배터리를, 3~5S라고 표기된 경우 3~5S 배터리를, 3~7S라고 표기된 경우 3~7S 배터리를 연결할 수 있습니다. 일반적으로 전원 보드, 올인원 변속기 등에 배터리를 연결할 수 있지만 연결 전 스펙이나 매뉴얼에서 배터리를 직접 연결할 수 있는 기판인지 필히 확인하기 바랍니다.

8) G(Gnd) 단자

다목적 단자로서 보통은 – 단자 기능을 합니다. – 단자 표기가 없는 기판은 G 또는 Gnd라는 글자로 표시됩니다. FPV 캠이나 영상 송수신 기판, OSD 기판에서 볼 수 있는 Gnd 단자는 전원 단자의 – 기능을 하는 단자와 비디오 신호 전송을 안정화시키는 비디오 G(GND) 단자가 있습니다.

전원 공급 단자(+ 단자)와 이웃한 Gnd 단자는 전기용 – 단자이고, Video 혹은 Cam 또는 VTX 단자와 이웃한 Gnd 단자는 비디오 Gnd 단자입니다.

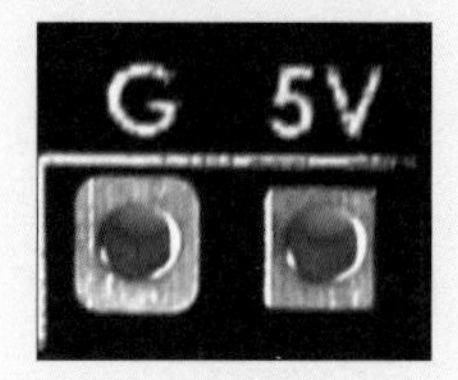

전기용 G 단자

영상, 캠용 비디오 G 단자

FPV 캠의 전원선은 일반적으로 +, GND(–) 두 선 외에 비디오신호 단자, 오디오신호 단자, GND 단자로 구성되어 있습니다. GND 단자가 2개일 경우 비디오신호 단자 옆의 GND 단자는 – 단자가 아니라 '비디오 GND' 단자입니다. 캠의 비디오 GND 단자를 OSD 기판의 Cam 단자 바로 옆 Gnd 단자에 연결하면 됩니다.

2 배전반 핀아웃

배전반은 배터리로부터 전원을 받은 뒤 이를 비행 컨트롤러나 주변 기기가 사용하는 5V 전압과 캠이 사용하는 12V 등으로 분배하는 기판으로, 전원 분배판, 전원 보드, 파워 분배판, PDB Distributer 등 다양한 이름으로 불립니다.

일반적으로 S1~S4 입력 단자를 비행 컨트롤러와 연결하고 M1~M4(S1~S4) 출력 단자는 모터와 연결합니다. 고급 배전반은 전원 분배 기능 외에 전류 사용 상태를 체크하는 '커렌트 센서'가 내장된 제품, 캠을 연결할 수 VTX 단자가 내장된 제품, OSD 기능을 내장한 제품, 영상 트랜스미터를 내장한 제품 등이 있습니다. 전원 분배 기능만 있는 간단한 배전반의 가격은 1만 원대지만, 여러 가지 기능의 배전반은 비행 컨트롤러보다 비싼 가격을 형성합니다.

비행 컨트롤러와 배전반을 함께 사용할 경우에는 주변 기기의 데이터 신호의 입출력 단자는 비행 컨트롤러와 연결하고, 주변 기기에 전력을 공급할 때는 배전반을 통해 공급하는 방식으로 조립하는 것이 복잡한 와이어링을 편리하게 할 수 있습니다.

사실 비행 컨트롤러만 있어도 배터리, 변속기, 모터, 주변 기기의 연결이 가능하지만 최근 나오는 비행 컨트롤러는 대부분 5V 전압만 입력받을 수 있으므로 배터리를 바로 연결할 수 없습니다. 이 경우 BEC 5V 단자가 내장된 배전반이나 BEC 5V 단자가 있는 올인원(4in1) 변속기에 배터리를 연결한 뒤 비행 컨트롤러에는 BEC 5V를 연결해 전압을 공급합니다.

다음은 Matek의 FCHub 6S 배전반입니다. 3~6S 배터리로부터 전압을 공급받은 뒤 BEC 5V 단자 2개, BEC 10V 단자를 통해 전압을 분배할 수 있는 제품입니다.

배전반의 윗면

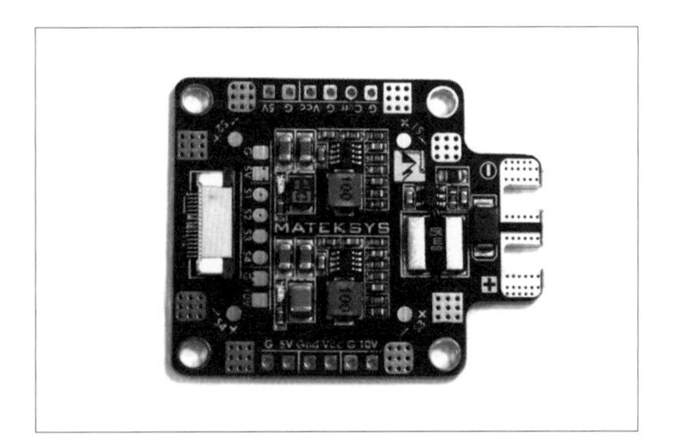

배전반의 뒷면

배전반의 핀아웃은 일반적으로 다음과 같습니다.

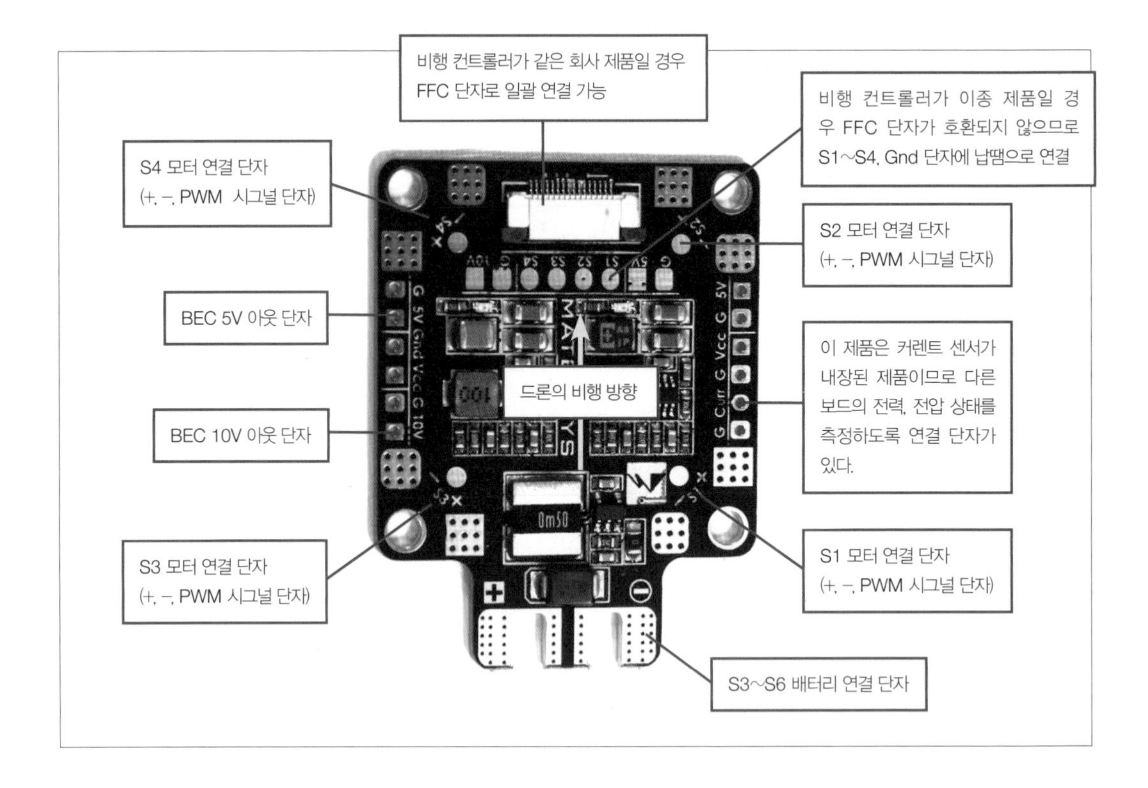

1) BEC 5V 아웃 단자

5V를 사용하는 비행 컨트롤러나 GPS 같은 주변 기기에 전압을 공급하는 단자입니다.

2) BEC 10V 아웃 단자

10V를 사용하는 FPV 캠이나 영상 트랜스미터 같은 주변 기기에 전압을 공급하는 단자입니다. FPV용 캠은 대부분 12~24V 전압을 사용하지만 사실 5V 이상의 전원을 공급하면 동작하고, 10V용 영상 트랜스미터는 6V 이상이면 동작합니다. 다만 권장 전압보다 낮은 전압을 공급하면 전류(암페어) 소비량이 상대적으로 많아지므로 권장 전압이 6~12V인 제품에는 6V보다는 12V로 공급하는 것이 전류 소비량을 줄이고 배터리를 더 오래 사용하는 방법입니다.

3) S1~S4 모터 연결 단자

모터를 연결하는 단자입니다. 모터를 바로 연결하지 않고 변속기를 연결한 후 변속기에 모터를 연결합니다. 각 변속기는 3개의 선이 있는데(때에 따라 4개) 일반적으로 +, − 단자와 모터를 제어하는 PWM 단자를 전원 보드에 상호 연결합니다.

3 배전반 와이어링

배전반의 핀아웃을 파악했으므로 용도에 맞게 와이어링을 할 수 있습니다.

다음은 Matek 배전반과 동일한 FFC 단자를 제공하는 Matek 비행 컨트롤러의 와이어링 방법입니다. 배전반과 비행 컨트롤러가 동일한 핀 수의 FFC 단자를 제공하므로 FFC 케이블만 연결하면 바로 하나의 부품처럼 동작합니다.

이후 나머지 부품인 변속기(ESC), 캠, 리시버, LED, 버저, GPS 부품들을 해당 단자에 납땜으로 연결해 줍니다.

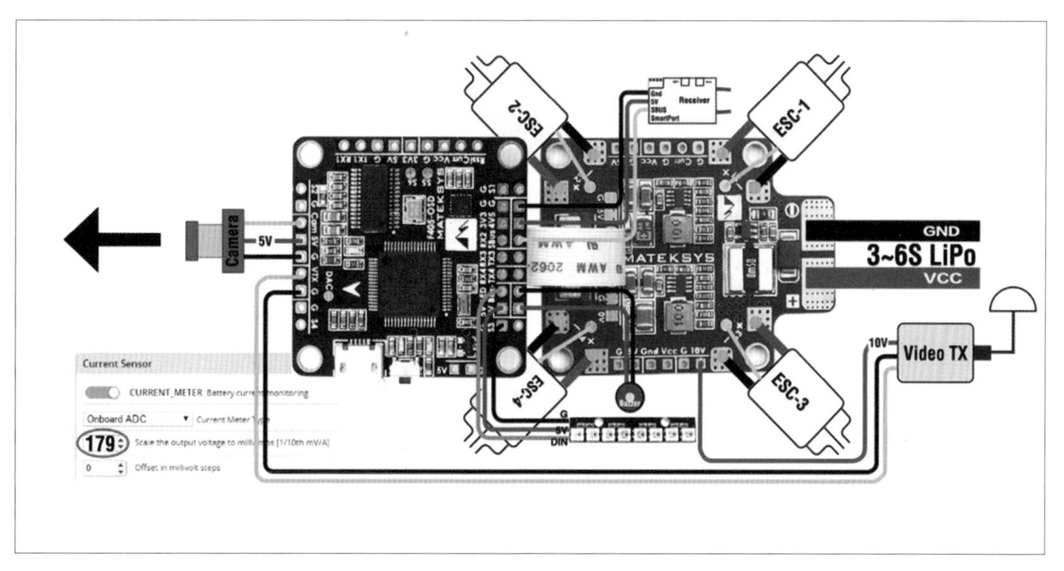

Matek FCHUB-6S 배전반 와이어링 매뉴얼 (www.mateksys.com)

1) FFC 케이블

Matek 제품의 경우 비행 컨트롤러와 배전반이 동일 회사 제품이므로 FFC 단자가 호환됩니다. FFC 케이블로 비행 컨트롤리와 베전반을 연결하면 다른 연결 없이 배전반이 비행 컨트롤러에 5V 전기를 공급하고, 비행 컨트롤러의 PWM 제어 신호인 S1~S4 단자는 배전반의 S1~S4 단자(제품에 따라 M1~M4로 표시되는 경우도 있음)에 자동으로 연결됩니다.

2) 변속기(모터) 연결 단자

비행 컨트롤러와 배전반 양쪽에 변속기 연결 단자(M1~M4 또는 S1~S4)가 있을 경우 비행 컨트롤러를 깨끗하게 관리하려면 배전반에 변속기(모터 포함)를 연결한 뒤 납땜하는 것이 좋습니다.

3) 캠 연결 단자

이 제품의 경우 비행 컨트롤러에 OSD 기능이 내장되어 있습니다. OSD 기능을 사용하기 위해 캠을 비행 컨트롤러에 연결한 뒤 캠이 사용할 전압은 배전반에서 끌어옵니다. OSD 기능을 사용하지 않으려면 캠을 바로 비디오 트랜스미터와 연결하고 전압은 배전반 등에서 공급합니다.

4) 비디오 트랜스미터(Video TX, 캠 영상 송신장치) 단자

캠 영상을 받아서 무선으로 보내는 장치입니다. 전압은 배전반 등에서 공급합니다.

4 배터리 연결 단자 납땜하기

배터리를 직접 연결할 수 있는 배전반, 올인원 변속기, 비행 컨트롤러 사용자는 배터리 연결선을 해당 부품과 납땜으로 연결해야 합니다.

다음은 Matek 배전반에 배터리 연결선을 납땜하는 모습입니다. 배터리 쪽에 붙어 있는 연결 단자는 일반적으로 암 단자입니다. 여기서는 XT60(암) 단자가 있는 배터리와 배전반을 연결하기 위해 배전판에 XT60(수) 단자를 납땜하겠습니다.

1) 납땜 인두기, 납땜을 잘못했을 때 제거하는 납 흡입기, 납땜 약인 실납을 준비합니다.

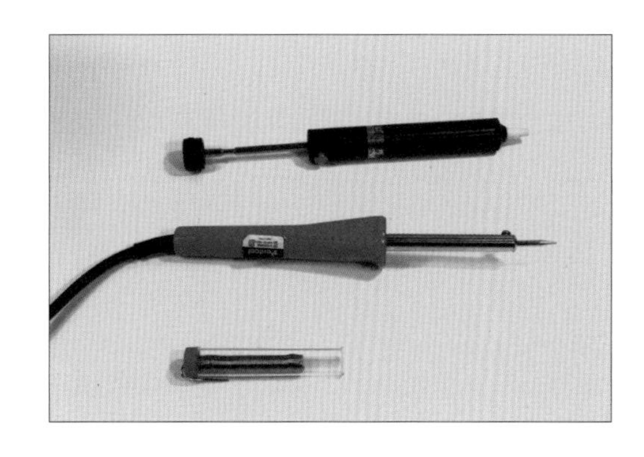

2) 길이 5~10cm의 검은색 소프트 전기선 1개, 빨간색 소프트 전기선 1개, 수축 튜브 2개, XT60(수) 단자를 준비합니다.

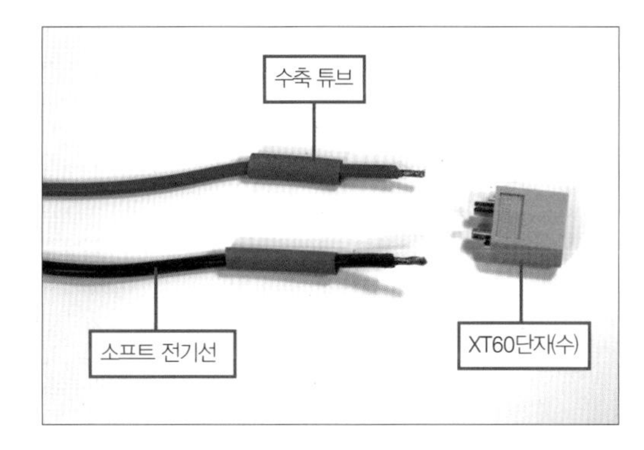

3) 그림처럼 XT60단자의 + 부분에 빨간색 소프트 전기선을 납땜으로 연결합니다.

전기선을 납땜할 때 +에는 붉은색 전기선을, −에는 검은색 전기선을 연결하기 바랍니다. 나중에 전기선 색상만으로 +/−를 알기 위함입니다.

4) 납땜 부분은 나중에 단락되는 경우가 많으므로 그림처럼 튼튼하게 납을 먹여 줍니다.

5) 납땜 부분의 합선 예방을 위해 미리 끼워 둔 수축 튜브로 납땜 부분을 덮어 줍니다.

6) 수축 튜브를 불로 지지면 수축됩니다.

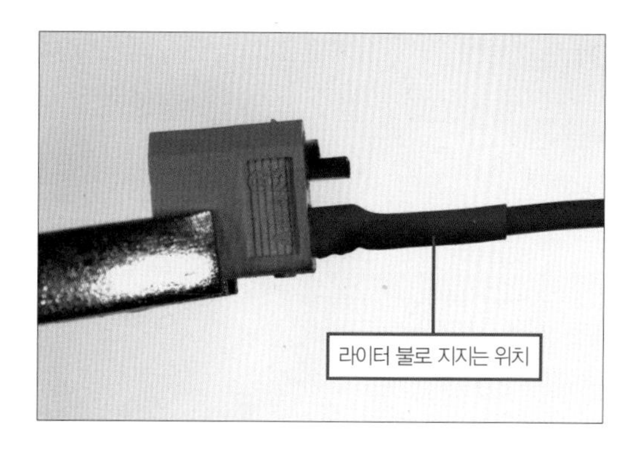

7) 같은 방법으로 검은색 전기선도 납땜으로 연결합니다. 검은색 전기선의 납땜 부분도 합선 예방을 위해 수축 튜브로 가려 주고 불로 지져 줍니다.

8) 배전반(또는 올인원 변속기 등)에 배터리 연결선을 납땜합니다. +는 +에, −는 − 단자에 맞게 납땜하기 바랍니다.

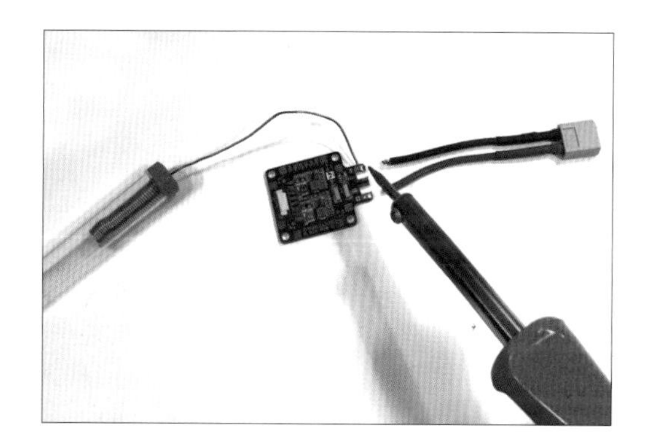

9) 배전반에 배터리 연결선을 납땜한 모습입니다. 이 배전반의 경우 배터리를 연결하면 배전반에서 LED 불빛이 들어오는 제품이므로 배터리를 연결해 보면 정상적으로 와이어링이 된 것인지 확인할 수 있습니다.

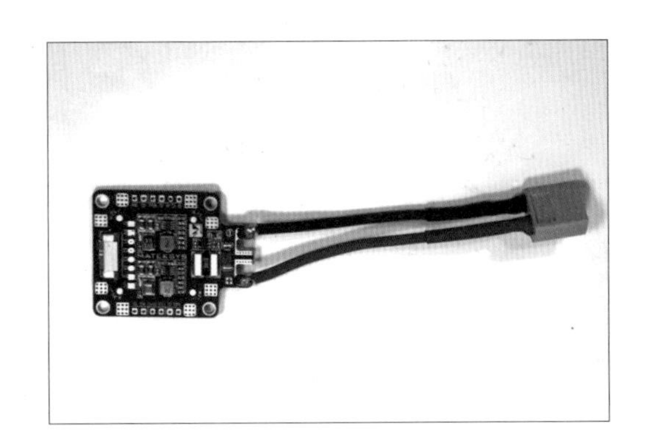

10) 다음은 배전반 대신 올인원(4in1) 변속기에 배터리 연결선을 연결한 예제입니다.
예제의 올인원 변속기는 BEC를 내장한 제품이므로 배터리를 직접 연결할 수 있습니다. 또한 BEC 5V와 BEC 10V를 내장했으므로 배터리에서 공급받은 전압을 5V나 10V로 내려서 다른 부품에 공급할 수 있어 배전반 기능을 함께 하는 제품입니다.

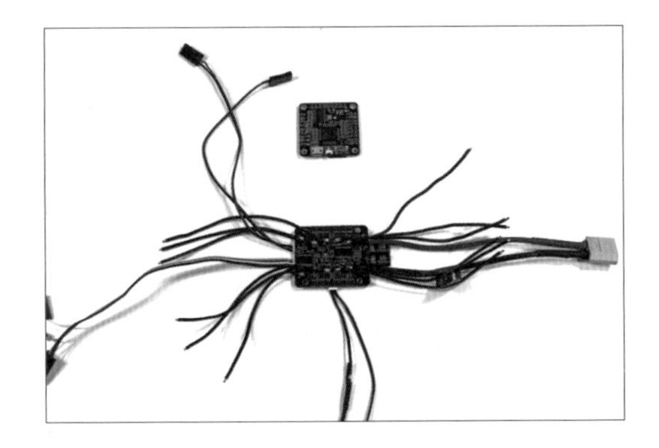

유용한 TIP

BEC 내장 올인원 변속기 사용의 경우 배전반은 필요 없다

BEC 5V와 BEC 10V를 내장한 올인원 변속기는 배터리에서 공급받은 전압을 5V나 10V로 내려서 다른 부품에 공급할 수 있습니다. 따라서 BEC 내장 올인원 변속기를 사용할 경우에는 별도의 배전반이 필요 없으므로 배전반 구입이 1~5만 원을 절약할 수 있습니다.

5 드론에 비행 컨트롤러(FC) 설치하기

비행 컨트롤러(Flight Controler)는 보통 FC라고 부르며 드론에서 두뇌에 해당하는 부품입니다. 비행 컨트롤러를 설치할 때는 드론의 진행 방향에 맞게 설치해야 하며 기체의 수평 정보를 입수하는 장치이므로 수평으로 설치해야 합니다.

비행 컨트롤러를 설치할 때는 다음과 같은 점을 유념합니다.

1) 비행 컨트롤러의 앞 방향이 어느 쪽인지 확인하기

비행 컨트롤러는 드론의 진행 방향(비행 방향)에 맞게 설치해야 하며 설치를 잘못할 경우 방향에 혼선이 올 수 있습니다.

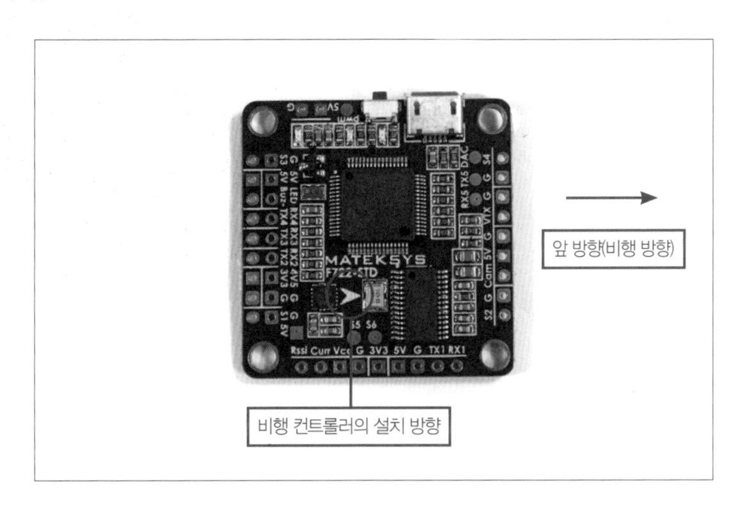

2) 비행 컨트롤러의 설치 위치

배전반을 사용할 경우에는 배전반을 하단에 설치하고 그 위에 비행 컨트롤러를 설치합니다. 배전반 대신 올인원 변속기를 사용하는 경우 올인원 변속기를 하단에 설치하고 그 위에 비행 컨트롤러를 설치합니다.

3) 수평 유지하고 설치하기

비행 컨트롤러에는 가속도계와 자이로 센서가 내장되어 있습니다. 이 둘은 비행 속도와 각도 정보를 입수하는 센서이기 때문에 비스듬히 설치하면 평행 각도를 정확히 인식하지 못해서 수평 비행을 할 수 없습니다. 그러므로 비행 컨트롤러를 설치할 때는 반드시 평평한 곳에서 수평에 맞게 설치한 뒤 가속도계를 캘리브레이션하여 수평 상태를 교정해야 합니다.

6 비행 컨트롤러와 올인원 변속기의 와이어링

여기서는 서로 다른 업체의 '비행 컨트롤러'와 '올인원 변속기' 또는 '배전반'을 전선으로 연결하는 방법을 정리합니다. 서로 다른 업체의 제품이므로 FFC 케이블 같은 서로 호환되는 단자가 없어서 전기선으로 직접 연결해야 합니다.

다음과 같이 서로 다른 업체의 보드를 와이어링하는 방법을 알아봅니다.

1) 비행 컨트롤러 – Matek FC F7

Matek사의 F7급 비행 컨트롤러입니다.

- 사용 전압 : 5V
- 내장 BEC : 없음. 배터리 연결 불가
- 커런트 센서 : 없음
- 지원 모터 : 최대 6개 모터 연결 가능
- 지원 여부 : 올인원 변속기 연결을 위해 S1~S4 단자 지원

2) 올인원 변속기 – Xrotor 4 in 1

하비윙사의 4-1 올인원 변속기는 자체적으로 전압을 강하하여 사용하는 내장 BEC를 지원하므로 3S~4S 배터리를 바로 연결한 뒤 다른 보드로 5V와 10V 전압을 공급할 수 있습니다.

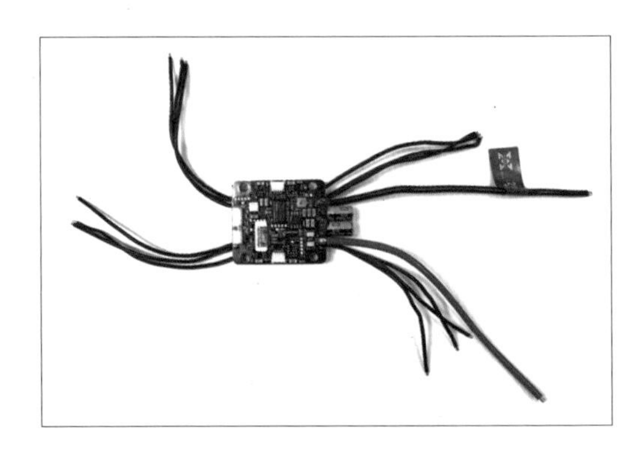

- 사용 전압 : 12~16V
- 내장 BEC : BEC 5V 2개, 10V 1개
- 커런트 센서 : 탑재
- 지원 모터 : 최대 4개 모터 연결 가능

유용한 TIP

이 제품을 와이어링 테스트 제품으로 선택한 이유

비행 컨트롤러인 Matek F7 비행 컨트롤러는 BEC를 내장하지 않았으므로 배터리를 바로 연결할 수 없고 커런트 센서가 없는 컨트롤러입니다. Matek F7을 구동시키려면 BEC 5V 전원을 공급하는 배전반이나 변속기를 선택해야 하는데 Xrotor 4 in 1 20A 변속기는 자체적으로 전압을 다운해 분배하는 기능을 제공하므로 3~4S 배터리를 바로 연결한 뒤 BEC 5V와 BEC 10V 단자를 통해 다른 보드에 전기를 분배할 수 있습니다. 아울러 커런트 센서를 내장한 제품이므로 커런트 센서가 없는 Matek F7의 전압, 전류 상태를 체크할 수 있습니다.

① 비행 컨트롤러와 올인원(4in1) 변속기 또는 배전반의 기본 연결 방법

비행 컨트롤러의 S1, S2, S3, S4 단자와 올인원 변속기의 S1, S2, S3, S4 단자를 상호 연결하면 비행 컨트롤러가 보낸 모터 제어 명령을 올인원 변속기가 받아서 M1, M2, M3, M4 단자에 연결한 모터를 구동시킵니다.

만일 비행 컨트롤러에 전원이 없다면 비행 컨트롤러가 사용할 5V 전기를 BEC 5V 전기 단자가 있는 배전반이나 올인원 변속기에서 뽑아 와야 합니다.

다음은 5V 전원만 공급받을 수 있는 Matek F7 비행 컨트롤러와 배터리를 직접 연결할 수 있는 동일 업체 또는 다른 업체의 올인원 변속기를 와이어링하는 방법입니다.

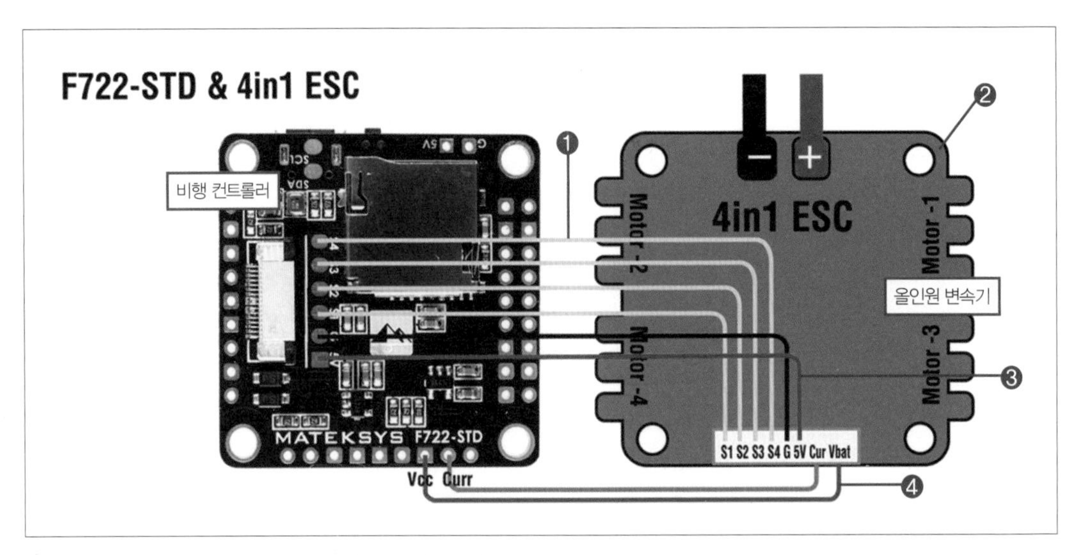

Matek F7 비행 컨트롤러와 BEC 내장 올인원 변속기의 와이어링 (www.matek.com)

❶ S1~S4 모터 제어 신호(PWM 신호) 연결 단자

올인원(4-1) 변속기와 비행 컨트롤러 사이의 연결은 S1~S4 단자를 상호 연결합니다. 비행 컨트롤러의 명령을 받은 변속기가 지시대로 보드에 연결된 모터 4개를 구동하게 됩니다.

❷ 모터 연결 단자

올인원 변속기에서 M1~M4는 모터를 연결하는 부분입니다. 보드에 따라 S1~S4라고 표기된 경우도 있습니다. 일반적으로 납땜으로 연결합니다.

❸ 전원 공급 단자

5V 전용 컨트롤러가 사용할 5V 전기는 배터리가 연결된 보드의 BEC 5V 아웃 단자에서 빼 옵니다. 보통 변속기 또는 배전반의 BEC 5V 단자를 통해 공급받습니다. 5V 전용 컨트롤러에 5V 이상의 배터리는 바로 연결하지 말아야 합니다. 5V 전용 컨트롤러에 5V 이상의 배터리를 연결하면 컨트롤러는 과전류로 고장납니다.

❹ 커렌트(Current) 센서

비행 컨트롤러에 커렌트 센서가 탑재되지 않은 경우, 변속기나 배전반 등의 다른 보드에 탑재된 커렌트 센서로 비행 컨트롤러의 전압, 전력 동작 상태를 체크하려면 Vbat 단자를 Vcc에 와이어링하고, Cur 단자는 Curr에 와이어링합니다. 커렌트 센서가 없는 제품인 경우 이들 단자를 연결하지 않아도 됩니다.

② **자체적으로 BEC를 내장한 비행 컨트롤러에서 같은 업체 또는 다른 업체의 BEC 내장 올인원 변속기나 배전반을 와이어링하는 방법**

비행 컨트롤러에 BEC가 있으므로 3S 이상의 배터리를 바로 비행 컨트롤러에 연결한 후 비행 컨트롤러 보드에서 사용하는 5V 전압을 자체적으로 만들 수 있습니다. 올인원 변속기 역시 BEC가 내장된 제품이므로 하나의 배터리를 공유 연결할 수 있습니다.

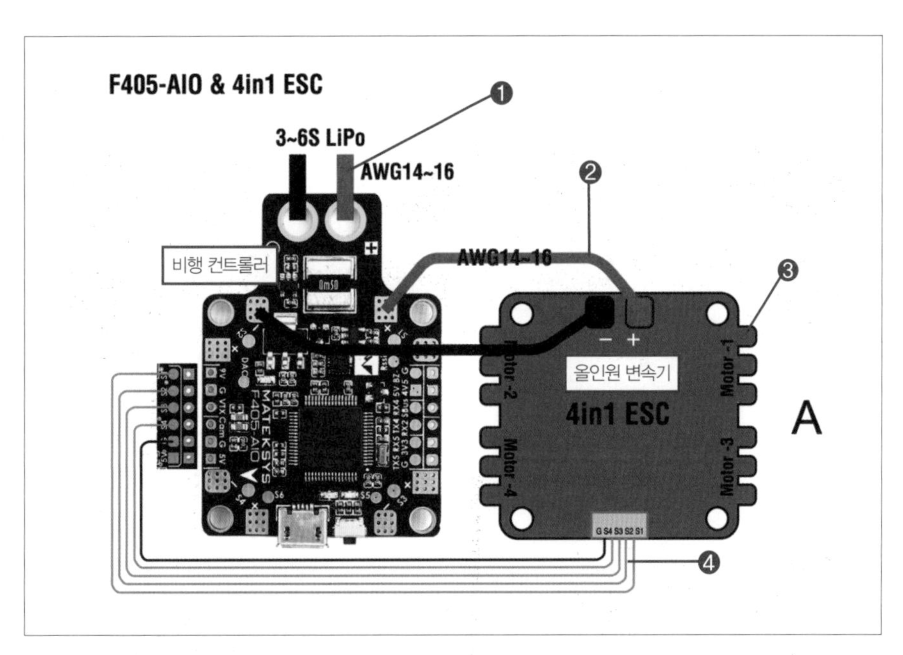

Matek F4 비행 컨트롤러와 올인원 변속기의 와이어링 (www.matek.com)

❶ 배터리 연결 단자

비행 컨트롤러에 5V BEC가 내장된 경우 비행 컨트롤러에 직접 배터리를 연결할 수 있습니다. 3~6S란 3~6셀 베터리만 연결할 수 있다는 뜻입니다.

❷ 올인원 변속기 전원 공급 단자

비행 컨트롤러에 배터리를 연결했으므로 올인원 변속기의 배터리는 비행 컨트롤러에서 끌어와서 연결합니다.

❸ 모터 연결 단자

올인원 변속기에서 M1~M4는 모터를 연결하는 부분입니다. 일반적으로 납땜으로 연결합니다.

❹ S1~S4 모터 제어 신호(PWM 신호) 연결 단자

올인원(4-1) 변속기와 비행 컨트롤러 사이의 S1~S4 단자를 상호 연결합니다. 아울러 S1~S4 단자에 있는 Gnd 단자를 상호 연결하여 안정성을 확보합니다. 비행 컨트롤러의 명령을 받은 변속기가 지시대로 보드에 연결된 모터 4개를 구동하게 됩니다.

다음은 furious 비행 컨트롤러인 PIKO F4와 X Rotor 20A 올인원 변속기의 와이어링 예제입니다. 비행 컨트롤러와 변속기 양쪽 다 BEC를 내장하여 배터리를 바로 연결할 수 있는 제품입니다. 비행 컨트롤러는 2~6S 배터리까지 연결할 수 있는 반면 X Rotor 20A 변속기는 3~4S 배터리를 연결하는 제품이므로 아래 예제의 경우 최대 4S 배터리를 공유 연결할 수 있습니다. 만일 5~6S 배터리를 공유 연결할 경우 변속기에 문제가 발생합니다.

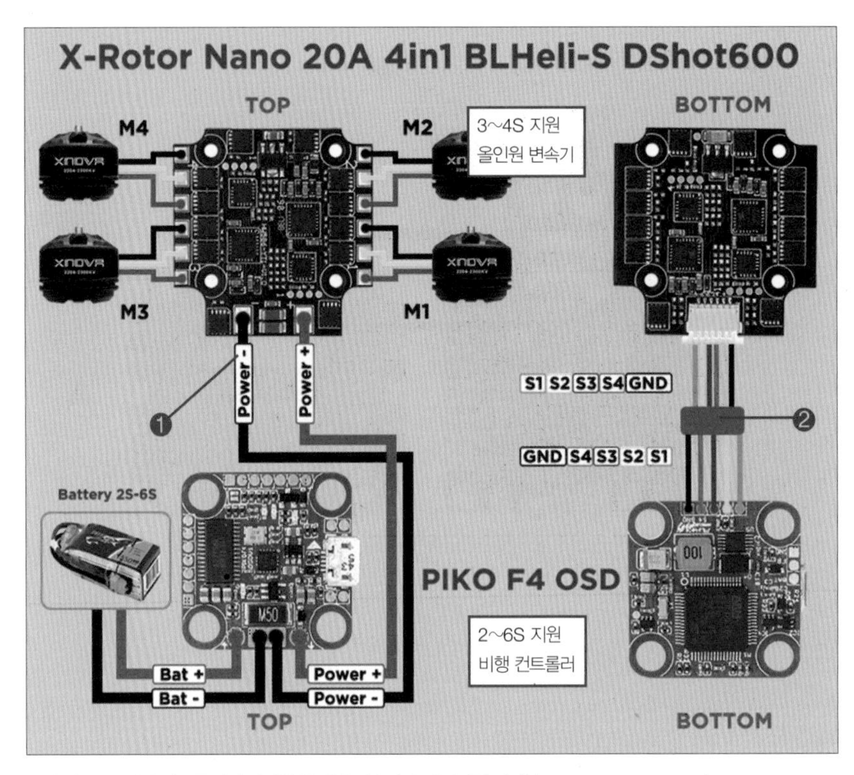

퓨리어스 F4 비행 컨트롤러와 하비윙 올인원 변속기의 와이어링 예제 (www.furiousfpv.com)

❶ 배터리 연결 단자

비행 컨트롤러와 변속기 양쪽 다 BEC를 내장하고 있으므로 배터리를 바로 연결해 전원을 공급할 수 있습니다. 어느 한쪽 보드에 배터리를 연결한 후 배터리 전원을 다른 보드로 이어 주면 양쪽 보드에 배터리 전원이 같이 공급됩니다.

❷ S1~S4 모터 제어 신호(PWM 신호) 연결 단자

이 제품의 경우 모터 제어 신호인 PWM 신호를 기판을 뒤집어서 연결합니다. 비행 컨트롤러와 올인원 변속기 사이에 S1~S4 단자를 상호 연결하면 됩니다. 아울러 S1~S4 단자에 있는 Gnd 단자를 상호 연결해 안정성을 확보합니다. Gnd 단자가 없을 경우 상호 연결하지 않는 경우도 있습니다.

7 배전반/올인원 변속기와 비행 컨트롤러를 연결하는 방법

배전반이나 올인원 변속기를 비행 컨트롤러와 연결하는 방법은 아래와 같이 두 가지 방법이 있습니다.

1) 같은 업체의 연결 호환 제품

비행 컨트롤러와 배전반이 같은 업체 제품이고 단자 모양이 서로 호환될 경우에는 FFC 케이블로 연결할 수 있습니다. 이 경우 배전반과 비행 컨트롤러는 전원 연결부터 데이터까지 한꺼번에 연결되므로 추가 와이어링을 할 필요가 없습니다.

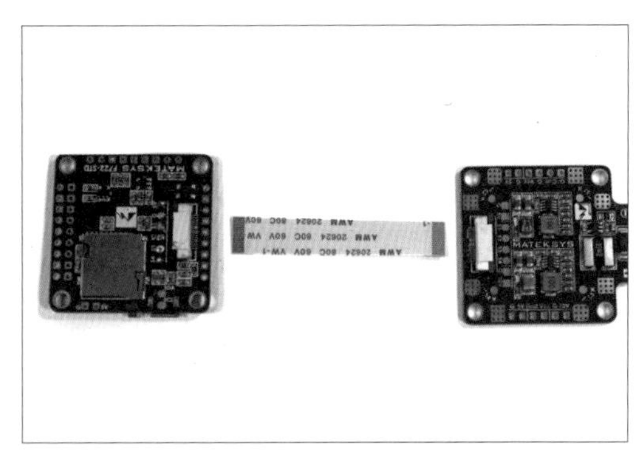

같은 업체의 호환 부품을 FFC 케이블로 연결하는 모습

2) 서로 다른 업체 제품의 경우

만일 배전반(또는 올인원 변속기)과 비행 컨트롤러가 서로 다른 회사 제품일 경우에는 FFC 케이블 단자가 호환되지 않으므로 S1, S2, S3, S4, +, – 단자들을 전기선으로 직접 와이어링해야 합니다.

서로 다른 업체의 비호환 부품을 전기선으로 연결하는 모습

8 비행 컨트롤러와 올인원 변속기(4 in 1 ESC) 연결 실습

올인원 변속기에 3셀(3S) 이상의 배터리를 직접 연결할 수 있는 제품의 경우 변속기에 배전반 기능이 포함되어 있습니다. 따라서 별도의 배전반을 장착하지 않고 올인원 변속기를 배전반 겸 변속기로 사용할 수 있습니다.

1) BEC 내장 올인원 변속기를 구매한 경우 별도의 배전반 없이 올인원 변속기를 변속기 겸 배전반으로 사용할 수 있습니다.
비행 컨트롤러와 올인원 변속기(또는 배전반)가 서로 다른 업체 제품의 경우에는 연결 단자가 호환되지 않는데, 이런 경우에는 전기선을 납땜해 연결합니다.

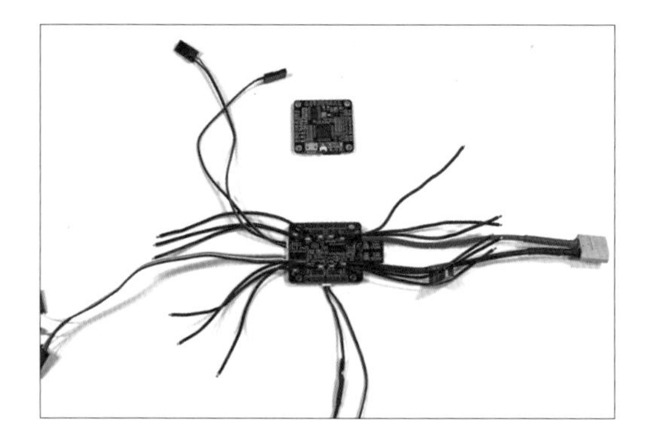

2) 올인원 변속기의 S1, S2, S3, S4, 5V+, 5V− 아웃 6핀 단자에 전선을 끼운 뒤 반대편은 단자 모양이 호환되지 않으므로 절단합니다.

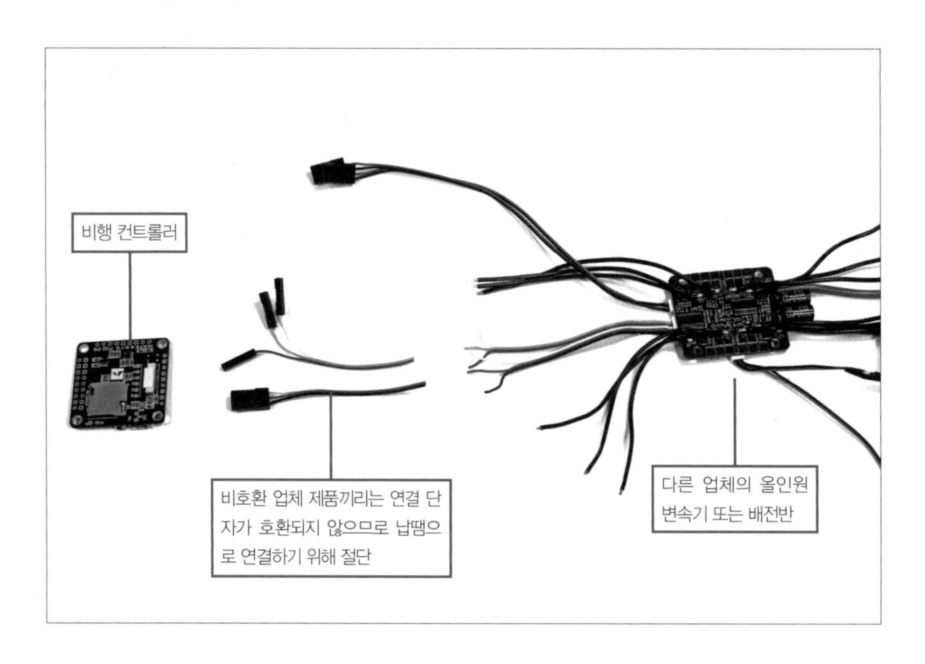

3) 전기선을 절단한 뒤에는 핀 위치를 정확하게 파악해야 합니다(해당 올인원 변속기 또는 배전반 매뉴얼 참고).

6핀이므로 S1, S2, S3, S4 PWM 데이터 신호 입력핀과 5V+, − 출력핀으로 구성되어 있습니다.

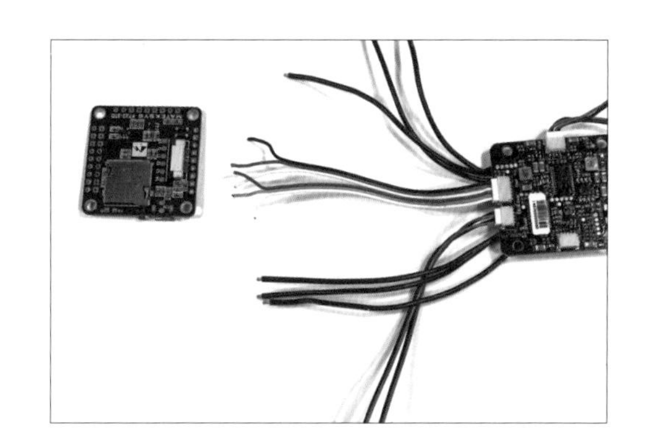

4) 이 핀을 비행 컨트롤러의 S1, S2, S3, S4 출력핀과 5V+, G(−) 입력핀에 1대 1 대응하여 납땜으로 연결하면 됩니다.

다른 업체의 비행 컨트롤러와 배전반 또는 올인원 변속기를 납땜으로 연결하는 부분

5) 6핀 단자를 납땜으로 연결 완료한 모습입니다.

올인원 변속기에 배터리를 연결하면 변속기는 BEC를 통해 전압을 5V 다운해서 비행 컨트롤러로 공급해 줍니다.

비행 컨트롤러가 모터를 제어하는 신호를 발생시키면 S1~S4 단자를 통해 변속기에 전달됩니다.

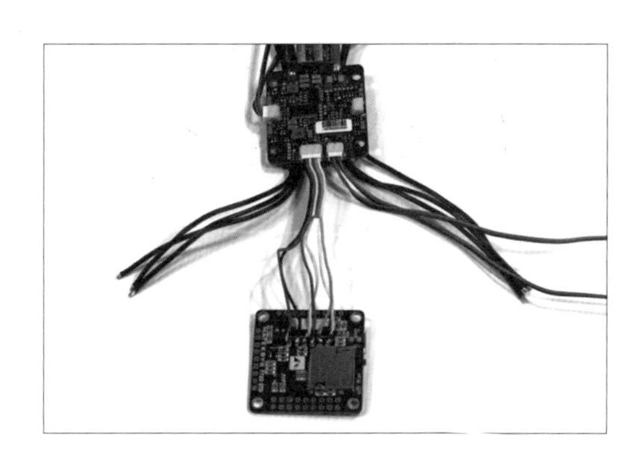

9 싱글 변속기 4개 연결하기

싱글 변속기는 배전반이나 비행 컨트롤러 중 원하는 부품에 연결할 수 있습니다. 배전반 사용자는 가급적 배전반에 변속기를 연결하는 것이 납땜 중 비행 컨트롤러의 손상을 막을 수 있습니다.

숙련되지 않은 초보자는 납땜을 하다가 기판을 고장내는 경우가 많습니다. 비행 컨트롤러는 납땜을 하다가 손상되면 교체 비용이 3~5만 원이지만, 배전반은 손상되어도 교체 비용이 1만 원 안팎입니다. 따라서 변속기 같은 부품은 비행 컨트롤러에 직접 연결하는 것보다 배전반에 연결하는 것이 더 좋습니다.

단일형 싱글 변속기(ESC)는 올인원 변속기와 달리 모터에 1대 1로 연결하는 개별 변속기입니다. 좌우 굵은 전기선(빨강과 검정선)은 +, − 전기 공급선이며, 가운데 두 선 중 흰색 전기선은 PWM 신호가 전송되는 데이터 선이고 검은색 전기선은 사용하지 않으므로 잘라도 무방합니다.

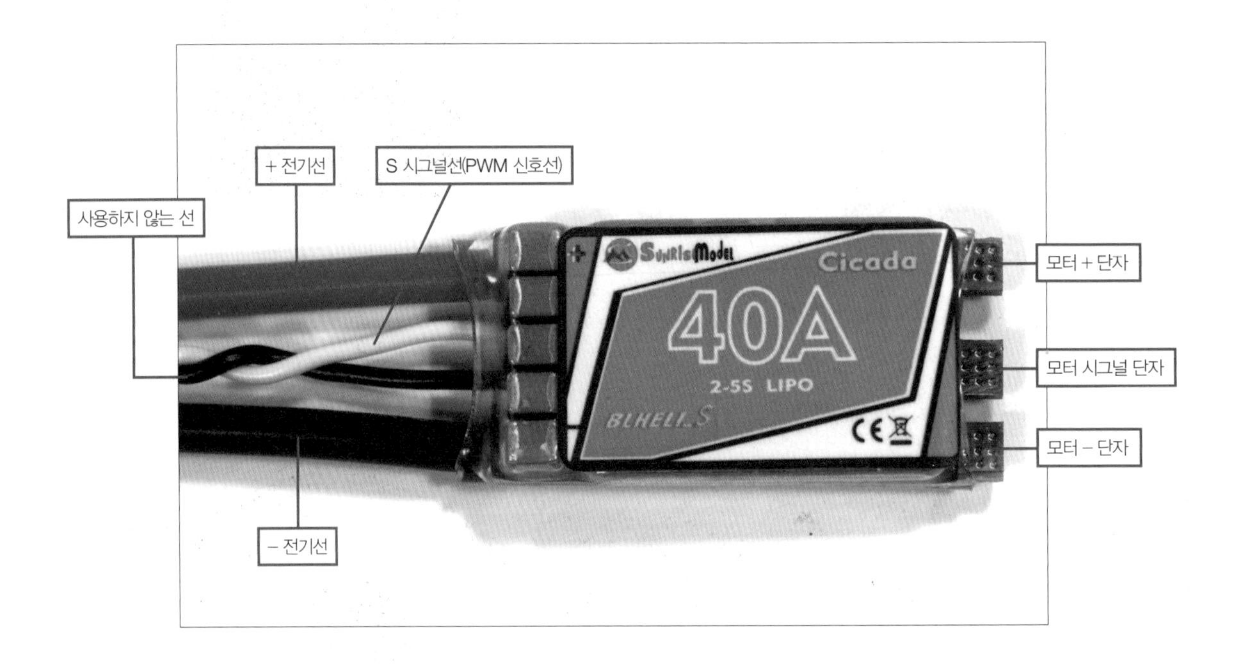

1) 그림에서 왼쪽은 배전반(또는 비행 컨트롤러)에 연결하는 부분, 오른쪽은 모터에 연결하는 부분입니다. 배전반(또는 비행 컨트롤러)에 연결하는 부분에서 가운데 두 선을 납땜으로 연결하기 좋게 절단해 줍니다.

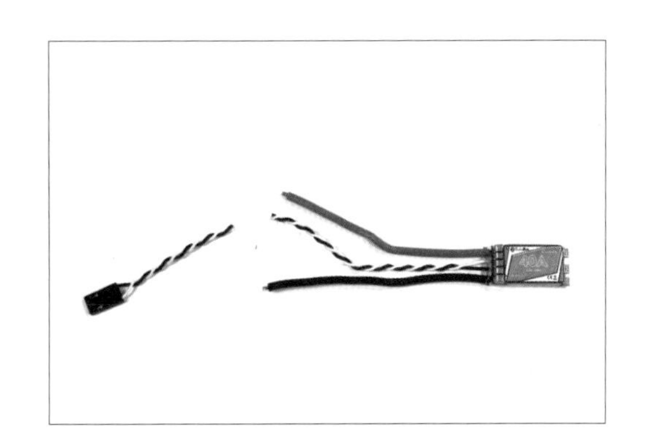

2) 배전반에 싱글 변속기 4개를 연결하는 방법입니다.

이때 가운데 얇은 선 중 검은색 선은 사용하지 않는 전기선이므로 프로펠러에 걸리지 않도록 최대한 짧게 절단해도 무방합니다(과거에는 사용했지만 지금은 사용하지 않는 불용선입니다).

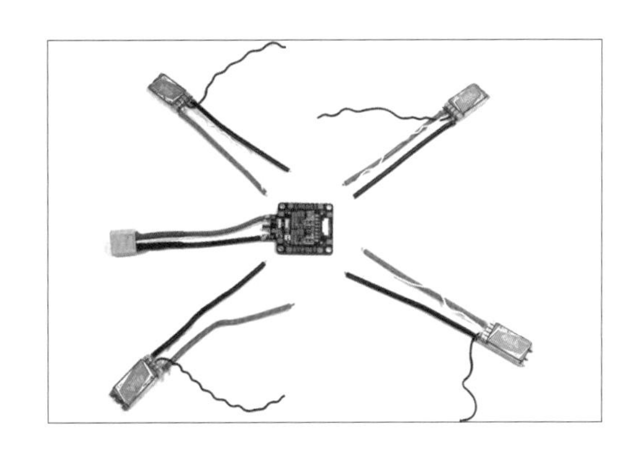

3) 변속기와 배전반을 그림처럼 연결한 뒤 납땜합니다.

변속기 + 선	배전반 + 단자
변속기 – 선	배전반 G(–) 단자
흰색 시그널 선	시그널(S) 단자
검정 시그널 선	사용 안 함

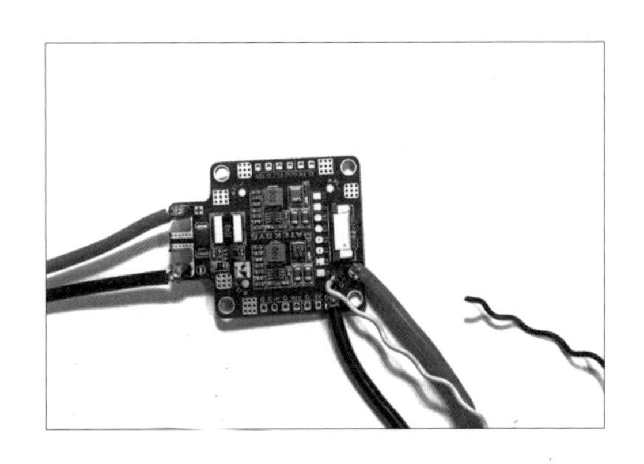

4) 싱글 변속기 4개를 배전반에 납땜으로 연결한 모습입니다.

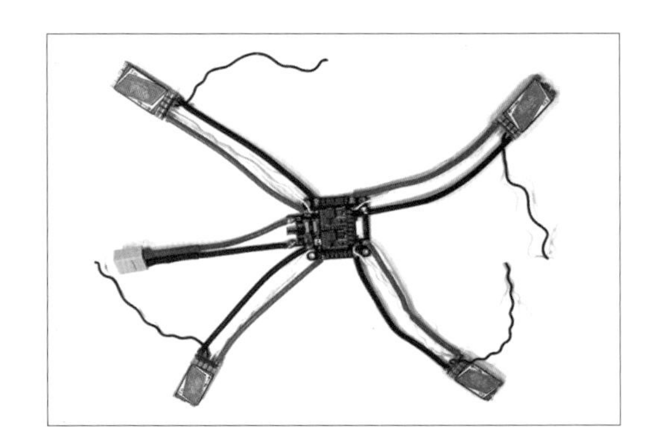

5) 싱글 변속기의 반대편은 모터와 연결되는 단자입니다.

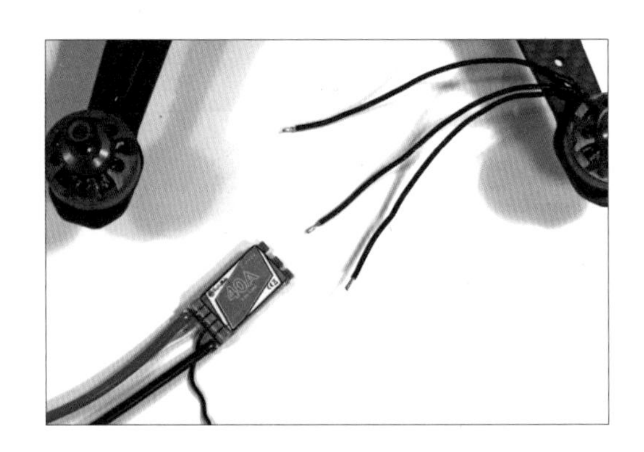

6) 프레임에 장착할 때 변속기의 전기선 길이가 넘치는지 확인하여 넘칠 경우 절단한 후 다시 납땜하기 바랍니다.

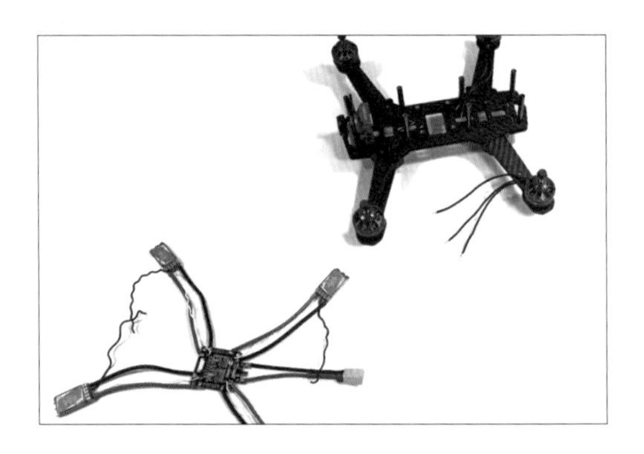

7) 프레임에 맞게 모양을 잡아 줍니다.

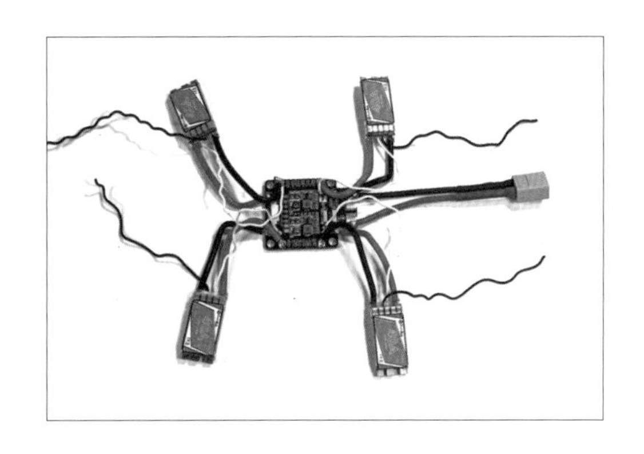

8) 프레임 중앙에 고무 볼트(고무 볼트 모양 지지대) 4개를 끼운 뒤 그 위에 배전반을 장착합니다. 나중에 배전반 상단에 비행 컨트롤러를 장착할 것입니다.

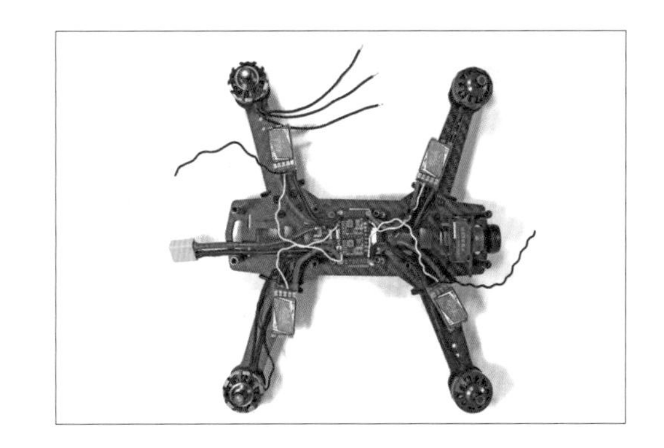

9) 배선이 길거나 넘치면 나중에 프로펠러가 회전할 때 걸릴 수 있으므로 정리해 줍니다.

10) 각 변속기마다 모터 선을 연결해야 합니다. 변속기와 모터의 연결 방법은 조금 뒤에 알아봅니다.

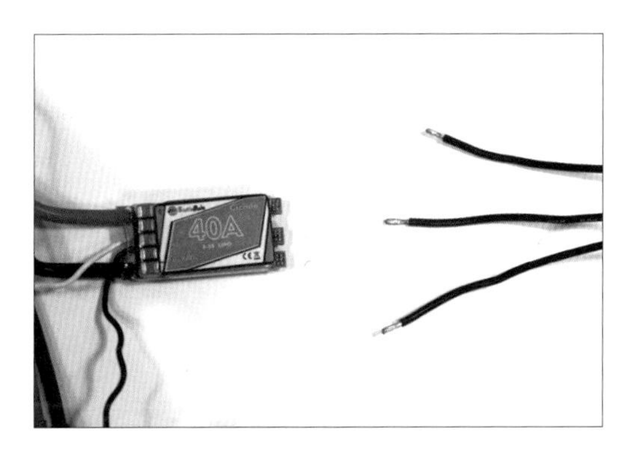

10 배전반과 비행 컨트롤러를 FFC 케이블로 연결하기

배전반과 비행 컨트롤러가 호환되면 다음과 같이 FFC 케이블로 연결합니다.

1) 비행 컨트롤러와 배전반을 같은 회사의 호환 제품으로 구매할 경우 두 부품을 연결할 수 있도록 FFC 케이블이 동봉되어 있습니다.

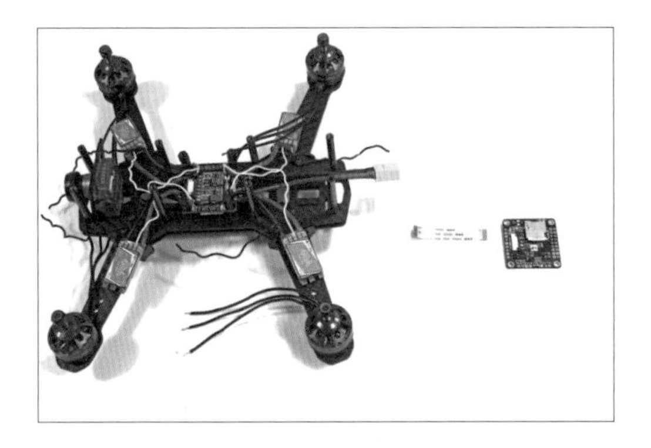

2) 배전반에서 FFC 단자의 오른쪽 걸쇠를 핀셋으로 열어 줍니다.

3) FFC 단자의 왼쪽 걸쇠를 핀셋으로 열어 줍니다.

4) FFC 케이블을 삽입해 줍니다. 만일 삽입이 안 될 경우에는 걸쇠가 충분히 열려 있지 않은 상태이므로 충분히 열어 주기 바랍니다.

5) FFC 케이블이 정상적으로 삽입되면 핀셋으로 양쪽 걸쇠를 닫아 줍니다.

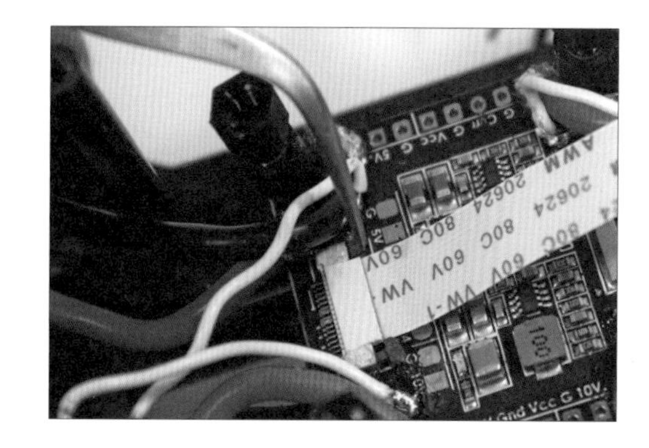

6) 비행 컨트롤러 기판에서도 걸쇠를 열고 FFC 케이블을 장착한 뒤 걸쇠를 닫아 줍니다.

7) 고무 볼트(고무 볼트 모양 지지대) 4개를 끼운 뒤 그 위에 비행 컨트롤러를 포개 줍니다.

8) 비행 컨트롤러를 설치할 때는 정확히 수평을 유지해야 합니다. 비행 컨트롤러에는 수평 각도를 인식하는 자이로/가속도 센서가 내장되어 있기 때문입니다.

포개놓은 비행 컨트롤러에 볼트 4개를 장착해 고정시킵니다.

9) 싱글 변속기 4개를 각 암에 맞게 배치한 뒤 모터의 전기선을 변속기 길이에 맞게 잘라 줍니다.

11 모터 와이어링하기

모터 와이어링 방법은 매우 직관적이고 간단합니다. CW 방향 모터는 그냥 위에서 아래로 순서대로 1대1 대응하여 변속기에 납땜합니다. CWW 방향 모터는 맨 위 전기선(+)과 맨 아래 전기선(-)을 서로 바꿔서 변속기에 연결합니다.

1) 변속기 보호용 수축 튜브를 준비한 경우에는 납땜을 하기 전 변속기에 수축 튜브를 끼운 뒤 납땜하기 바랍니다.

2) 비행 컨트롤러와 컴퓨터를 USB로 연결한 뒤 컨피규레이터를 실행합니다. 여기서는 베타 플라이트 컨피규레이터를 실행했습니다.
베타 플라이트 '환경 설정' 메뉴에 그림처럼 모터 회전 방향이 있습니다. 이 방향에 맞게 모터를 와이어링합니다.

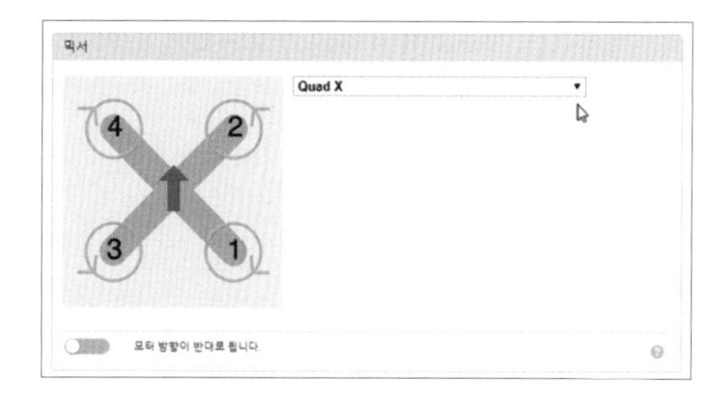

3) 옵토콥터를 조립할 경우에는 그림처럼 8개 모터의 회전 방향에 맞게 모터를 와이어링합니다.

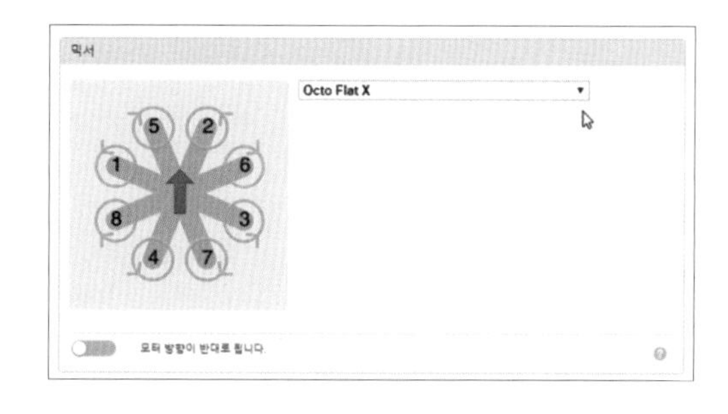

4) CW(시계 방향) 모터는 그림처럼 모터의 전기선 1, 2, 3과 변속기 단자 1, 2, 3을 위에서 아래 순서로 연결합니다.

5) CCW(시계 반대 방향) 모터는 그림처럼 모터의 전기선 1번은 변속기 3번 단자에, 모터 전기선 3번은 변속기 1번 단자에 X자 모양으로 연결합니다. 가운데 전기선은 시그널 선이므로 변속기의 가운데 단자에 그대로 연결합니다.

6) 모터 4개를 각각의 변속기와 연결한 뒤 납땜을 완료한 모습입니다. 모터 동작을 확인하기 위해 비행 컨트롤러와 컴퓨터를 USB로 연결했습니다.

7) 모터가 각 방향에 맞게 회전하는지 테스트 하기 위해 드론(배전반)에 배터리를 연결합니다.

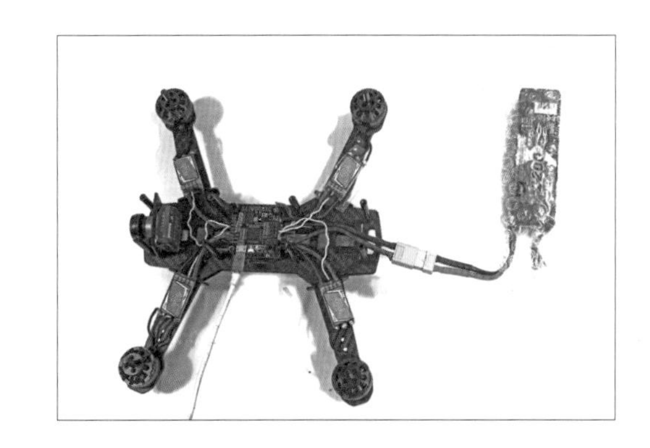

8) 베타 플라이트 같은 컨피규레이터 프로그램에서 '모터' 메뉴로 이동합니다. '나는 위험을 인지하고 있으며…' 옵션에 체크한 뒤에 각 모터의 슬라이더를 움직여 모터가 정상적으로 회전하는지 확인합니다.

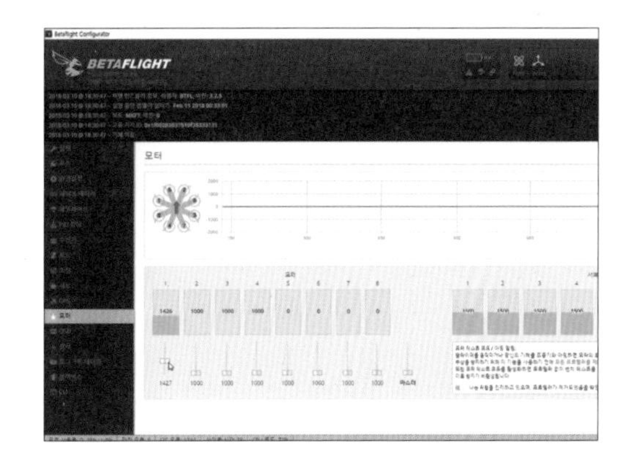

9) 모터가 회전할 때 손끝을 모터에 대고 CW 방향(시계 방향)과 CCW 방향(반시계 방향)으로 올바르게 회전하는지 확인합니다. 정상적으로 회전하는 것이 확인되면 모터 와이어링을 완료합니다.
만일 반대 반향으로 회전하면 배터리를 뽑은 뒤 배전반의 3개 단자에 연결한 모터선 1, 3번을 반대로 해서 다시 납땜해 줍니다.

12 프로펠러의 조립 방법

레이싱 드론용 모터의 샤프트 굵기는 일반적으로 M5이고, 프로펠러의 구멍 크기도 M5입니다. 샤프트 굵기보다 프로펠러 구멍이 더 큰 경우를 대비해 여러 가지 플라스틱 링을 제공하기도 합니다. 링이 없는 프로펠러는 그냥 장착합니다.

1) 모터에 프로펠러를 장착하는 순서는 모터 -> 프로펠러에 동봉된 플라스틱 링 -> 프로펠러 -> 모터 어댑터 -> 프롭 너트 순서입니다.

참고로 프로펠러는 기체의 조립을 완료한 뒤 실제로 날리러 갈 때 장착합니다. 미리 장착해 놓으면 조립 테스트를 할 때 프로펠러가 같이 돌기 때문에 위험합니다.

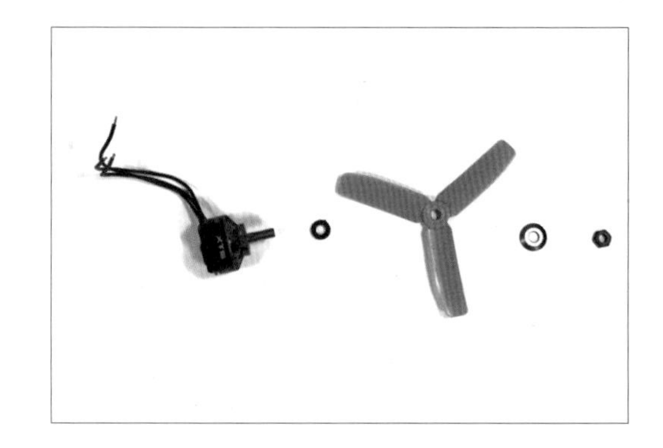

2) 프로펠러에 동봉된 플라스틱 링은 샤프트에 딱 맞는 것을 선택하는데, 만일 링이 없는 프로펠러를 구입했다면 링 없이 프로펠러만 장착해도 상관없습니다.

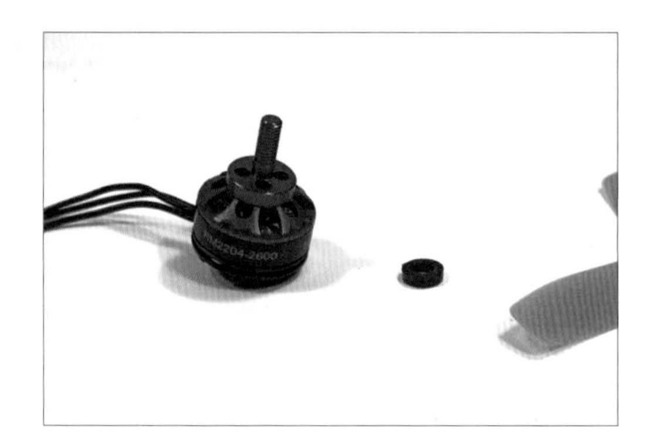

3) 샤프트 굵기에 딱 맞는 링을 골라서 샤프트에 꽂아 줍니다.

4) 프로펠러를 장착한 후 앞에서 삽입한 링에 딱 맞도록 튼튼하게 끼워 줍니다.

5) 모터 어댑터를 프로펠러 위에 끼워 줍니다.

6) 마지막으로 프롭 너트를 끼운 뒤 프롭 너트 홀더로 프롭 너트를 있는 힘껏 조여 줍니다. 절대 프로펠러가 헛돌지 않도록 있는 꽉 조여 주기 바랍니다(프로펠러를 손으로 돌릴 때 몸통이 함께 돌아야 합니다).

CHAPTER

03 추가 부품 조립하기

1 영상캠과 영상 송수신기

이번에는 영상캠과 영상 송수신기를 드론에 조립하겠습니다. 영상캠을 장착하는 방법은 앞의 프레임 조립 부분에서 다루었으므로 여기서는 영상 송수신기를 조립하고 와이어링하는 방법을 알아봅니다.

OSD 보드가 없거나 사용하지 않는 경우에는 영상 송신기와 캠을 직접 연결해도 영상 신호를 무선으로 보낼 수 있습니다.

OSD 보드가 있거나 OSD 내장 비행 컨트롤러를 사용할 경우에는 캠을 OSD 보드 또는 OSD 내장 비행 컨트롤러의 Cam에 연결하고 영상 송신기의 Video 단자는 OSD 보드 또는 OSD 내장 비행 컨트롤러의 VTX 단자에 연결합니다. 이 경우 영상 신호와 OSD 화면이 무선으로 전송됩니다.

<table>
<tr><td rowspan="4">OSD 보드가 없는 경우
(캠과 영상 송신기 직접 연결)</td><td>캠 비디오 단자 – 영상 송신기 비디오 단자와 연결</td></tr>
<tr><td>캠 오디오 단자 – 영상 송신기 오디오 단자와 연결</td></tr>
<tr><td>영상 송신기 전원 – 배전반이나 비행 컨트롤러에서 공급</td></tr>
<tr><td>캠 전원 – 배전반이나 비행 컨트롤러에서 공급</td></tr>
<tr><td rowspan="5">OSD 보드가 없는 경우
(캠과 영상 송신기 직접 연결)</td><td>캠 비디오 단자 – OSD 보드 또는 비행 컨트롤러의 Cam 단자로 연결</td></tr>
<tr><td>캠 오디오 단자 – 영상 송신기 오디오 단자로 연결
(OSD 보드에 오디오 단자가 있을 경우 거기에 연결)</td></tr>
<tr><td>영상 송신기 비디오 단자 – OSD 보드 또는 비행 컨트롤러의 VTX 단자로 연결</td></tr>
<tr><td>영상 송신기 전원 – 배전반이나 비행 컨트롤러에서 공급</td></tr>
<tr><td>캠 전원 – 배전반이나 비행 컨트롤러에서 공급</td></tr>
</table>

1) 기체에 장착한 캠 부품입니다. OSD 기능이 내장된 캠이기 때문에 OSD 설정을 할 수 있는 스위치 보드가 별도로 있습니다.

2) 캠, OSD 스위치 보드, 케이블을 연결한 모습입니다. 캠은 앞에서 프레임을 조립할 때 함께 조립했습니다.

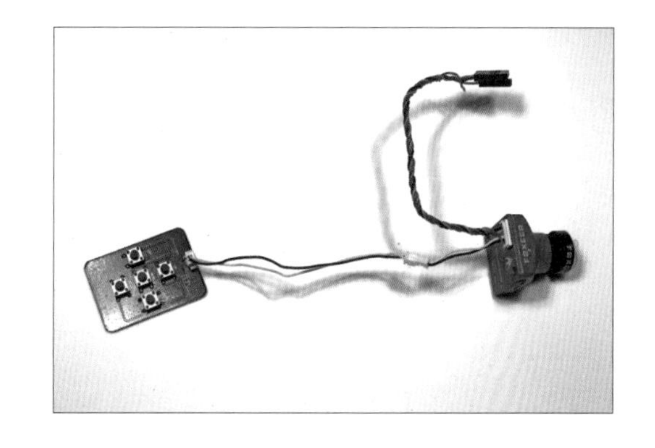

3) 드론용 영상 수신기(RX)와 영상 송신기(TX)입니다. 영상 송신기(TX)는 기체에 장착한 후 캠에 연결하면 캠으로 찍는 영상을 실시간으로 전송합니다. 영상 수신기(RX)는 무선으로 날아온 신호를 받아서 화면 장치를 통해 보여 주는 장치입니다.

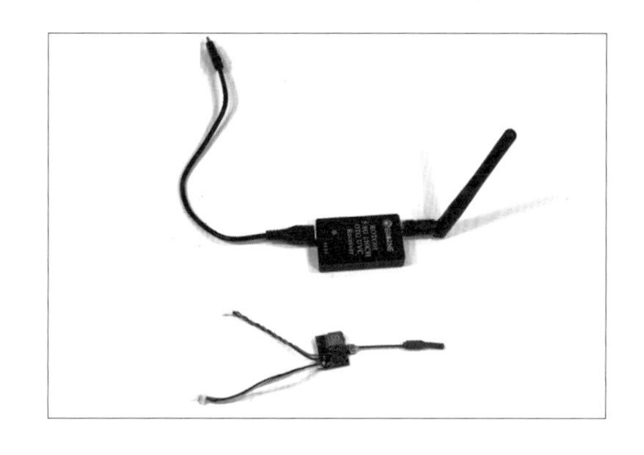

4) 먼저 캠과 연결하는 케이블을 OSD 보드 또는 OSD 내장 비행 컨트롤러에 연결하겠습니다.

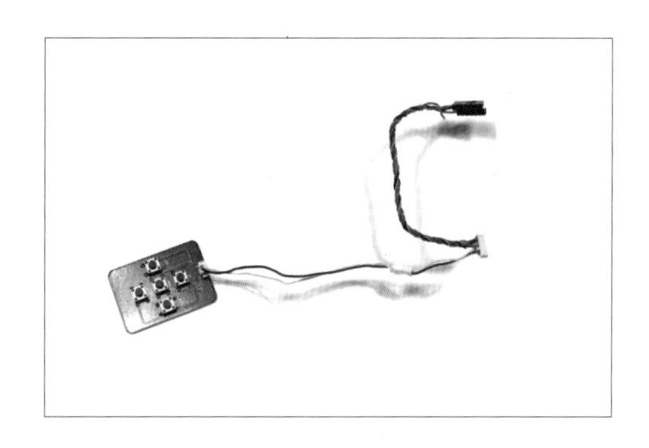

5) Matek F7은 OSD 내장 비행 컨트롤러이므로 캠을 연결할 수 있습니다. 캠의 Video, +, − 단자를 비행 컨트롤러의 Cam 단자, 5V(+) 단자, G(−) 단자와 연결하면 캠에 전원이 공급되고 캠으로 찍는 비디오 신호가 비행 컨트롤러의 OSD 장치를 경유해 출력됩니다.

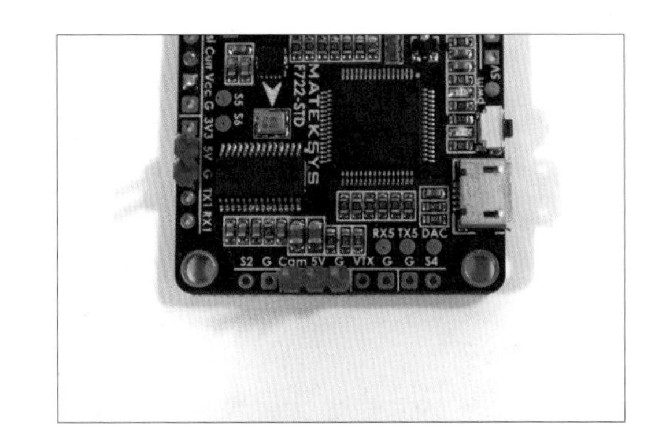

6) 캠의 Video, +, − 단자를 비행 컨트롤러의 Cam 단자, 5V(+) 단자, G(−) 단자와 연결한 모습입니다. 납땜으로 연결하거나 핀을 꽂아서 연결합니다.

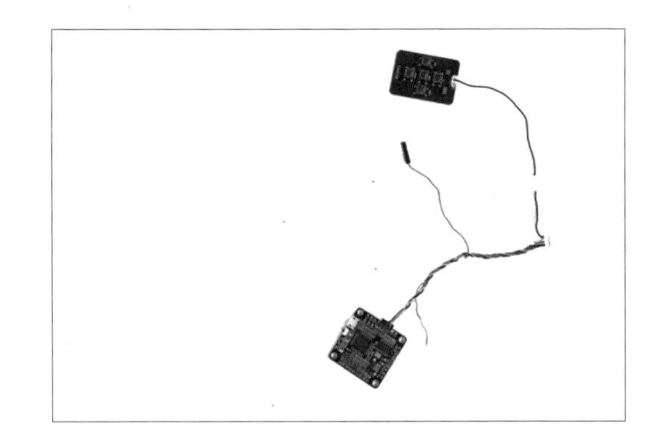

7) 영상 송신기입니다. 일반적으로 Video, Video G, Audio, 5V+, − 단자와 OSD 스위치 보드를 연결하는 단자가 있습니다.

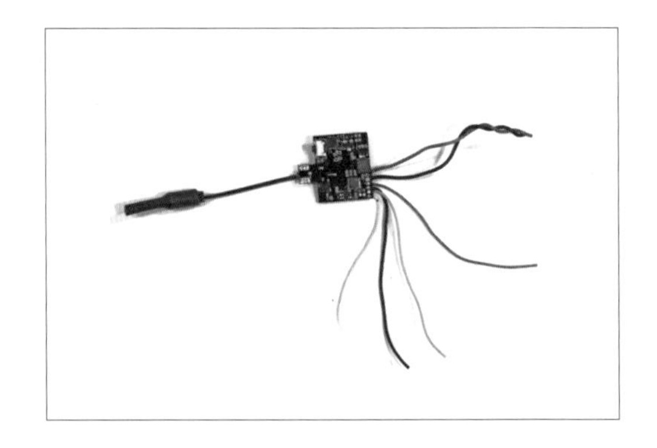

8) 영상 송신기의 Video, Video G 단자를 비행 컨트롤러(또는 OSD 보드)의 VTX 단자와 VTX 단자 바로 옆의 G 단자에 연결합니다.

전원 공급을 위해 영상 송신기의 5V+, - 단자를 비행 컨트롤러(또는 OSD 보드)나 배전반의 5V+, G(-) 단자와 연결합니다.

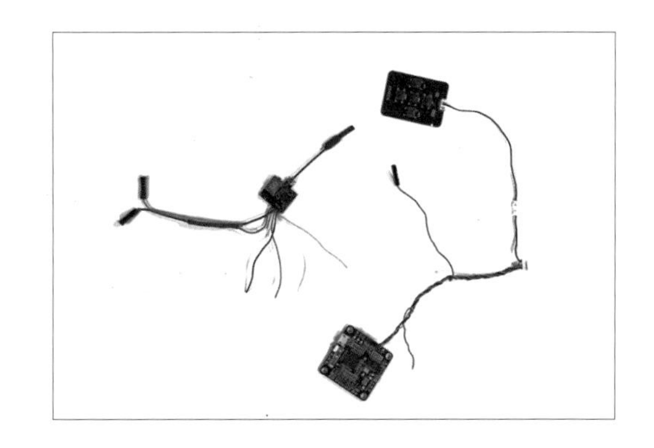

9) 앞의 단자들을 연결한 모습입니다.

영상 송신기의 Audio 단자는 캠의 Audio 단자와 연결합니다.

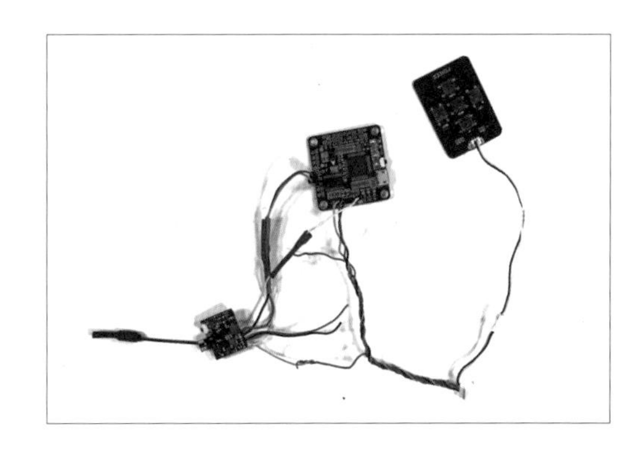

10) 연결을 완료한 부품들을 기체에 장착합니다. 이때 영상 송신기(TX)는 고열이 자주 발생하므로 통풍이 잘되는 위치에 설치하기 바랍니다.

OSD 스위치 보드는 설정을 할 때만 연결하고, 비행할 때는 기체의 무게를 줄이기 위해 분리하기 바랍니다.

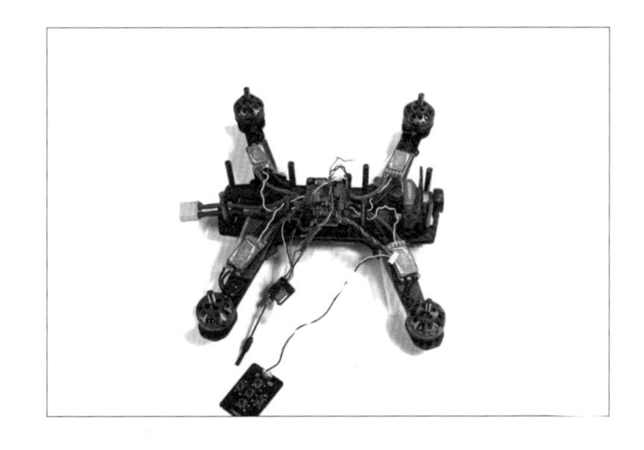

11) 캠에 케이블을 연결합니다. 이후 영상 송수신 기능이 정상 동작하는지 확인하기 위해 드론에 배터리를 연결합니다.

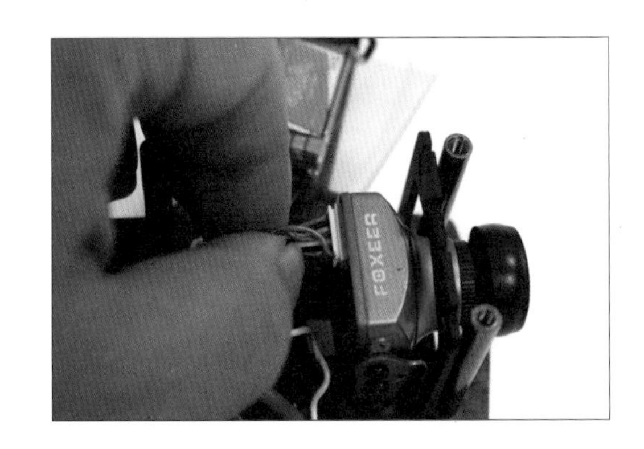

12) OSD 스위치 보드의 버튼을 눌러 채널을 선택합니다. 예를 들어 G 그룹 77번 채널을 선택할 수 있습니다. 영상 신호는 이 채널을 통해 무선으로 전송됩니다.

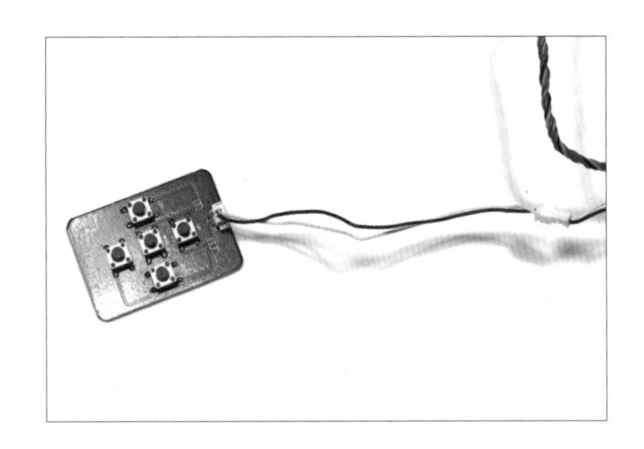

13) 이 영상 수신기(TX)는 스마트폰을 연결해 화면 장치로 사용합니다. 스마트폰에 이 제품이 제공하는 앱을 설치합니다. 그 후 영상 수신기(TX)의 붉은색 스위치를 잠시 누르고 있으면 영상 신호가 무선으로 전송되는 채널을 자동으로 검색하고, 검색된 채널을 통해 캠에서 찍은 영상이 실시간으로 송신됩니다.

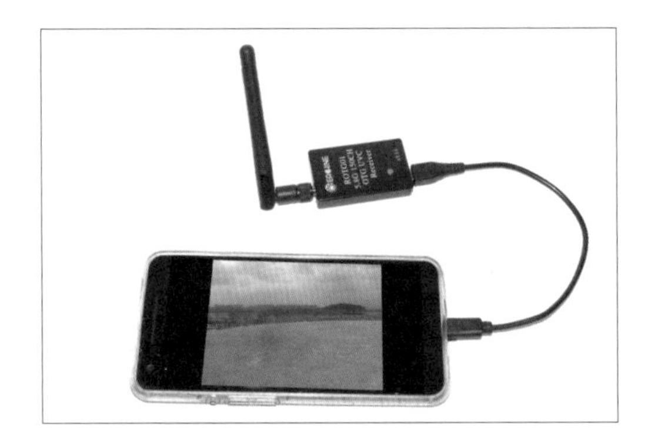

2 GPS/컴퍼스(나침반) 모듈

이번에는 서로 호환이 되지 않는 드론용 일반 GPS 모듈을 구입한 뒤 비행 컨트롤러에 와이어링하는 방법과 동작 여부를 확인하는 방법을 알아봅니다.

1) 드론 쇼핑몰에서 흔히 구입할 수 있는 드론용 GPS입니다. 여기서는 컴퍼스(전자 나침반)가 내장된 6핀 Ublox Neo-M8N GPS 모듈을 구입했습니다.

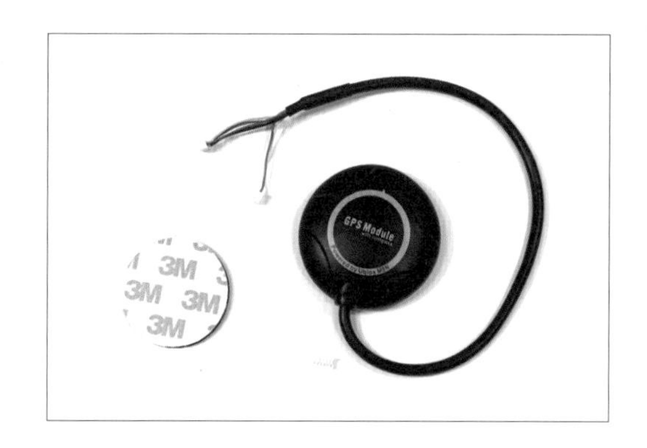

2) 핀아웃을 확인하기 위해 십자 드라이버로 GPS 모듈을 해체한 사진입니다.

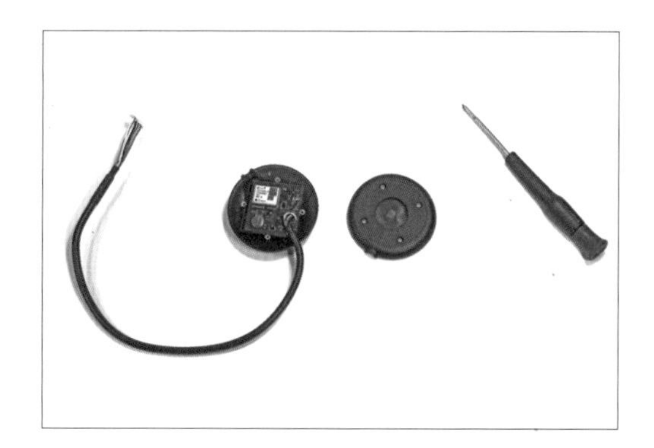

3) 핀아웃 단자를 확인합니다. 왼쪽부터 순서대로 GND(−), VCC(+), TXD, RXD, SCL, SDA 단자입니다.

GND(−)와 VCC(+) 단자는 비행 컨트롤러나 배전반의 5V 단자에, TXD는 비행 컨트롤러의 UART RX 단자에, RXD는 비행 컨트롤러의 UART TX 단자에 연결합니다. 이렇게 하면 GPS 모듈이 동작합니다.

남은 SCL과 SDA 단자를 비행 컨트롤러의 SCL과 SDA 단자에 연결하면 전자 나침반이 동작합니다.

4) 핀아웃을 파악했으므로 납땜을 하기 위해 GPS 모듈의 단자 부분을 잘라 냅니다.

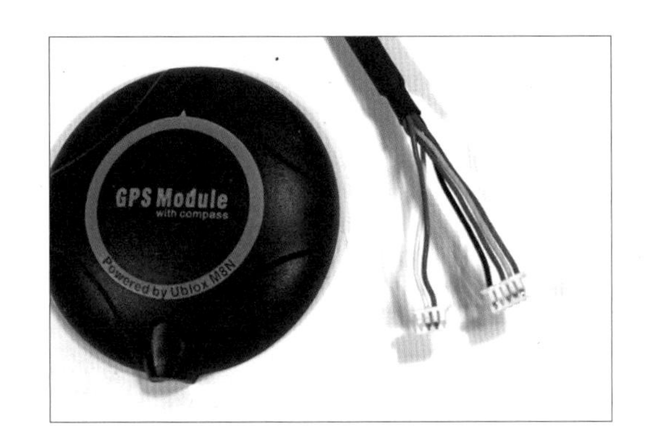

5) GPS의 SCL 단자는 비행 컨트롤러의 SCL 단자, GPS의 SDA 단자는 비행 컨트롤러의 SDA 단자에 납땜으로 연결합니다.

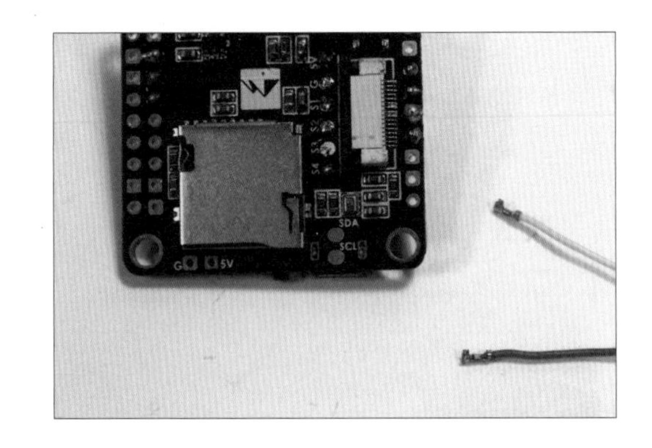

6) 납땜으로 연결한 모습입니다.
만일 비행 컨트롤러에 SCL과 SDA 단자가 없다면 연결할 수 없으므로 이 경우 전자 나침반 기능은 동작하지 않습니다.

7) GPS의 TXD 단자는 비행 컨트롤러의 UART RX 단자에, GPS의 RXD 단자는 비행 컨트롤러의 UART TX 단자에 납땜으로 연결합니다. 이렇게 하면 GPS 모듈이 동작합니다.
UART 단자는 범용 플렉시블 단자이므로 아무 단자에나 연결해도 상관없지만 조종기의 리시버가 보통 UART 2~3번 단자에 연결되므로 그 단자를 피해 연결합니다.

8) GPS의 VCC(+)와 GND(−) 단자는 비행 컨트롤러나 배전반의 5V+와 5V− 단자에 연결합니다. 이렇게 하면 GPS 모듈에 전력이 공급됩니다(여기서는 납땜으로 연결하지 않고 핀으로 꼽을 수 있도록 하였습니다).

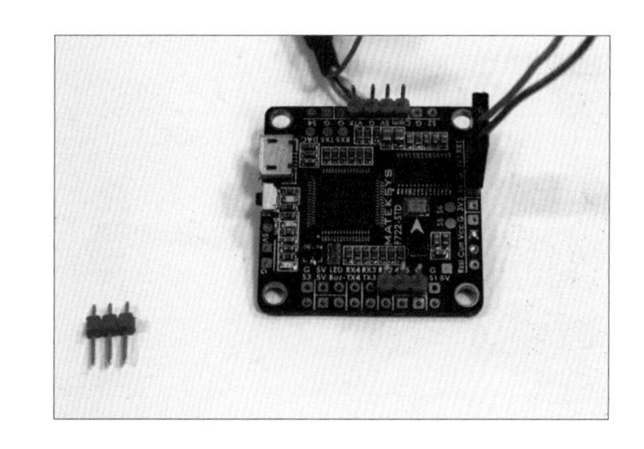

9) 연결을 완료한 모습입니다.
비행 컨트롤러를 프레임에 다시 장착하고 배전반과 연결합니다.

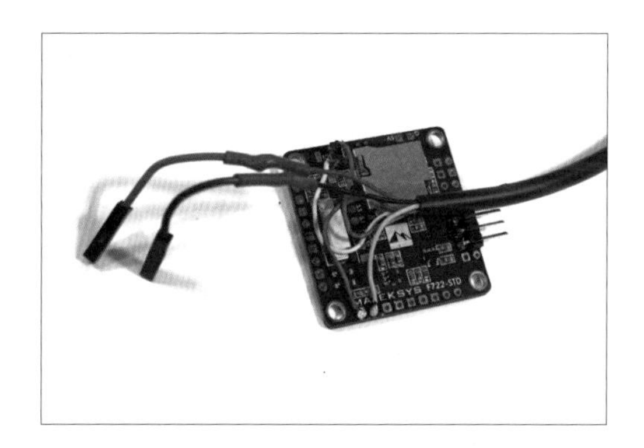

10) GPS 지지대를 준비합니다. 소형 기체인 QAV 250 프레임에는 GPS 지지대를 설치할 만한 공간이 없지만 여기서는 예시를 보여 주기 위해 설치해 보겠습니다.

11) 상판에는 배터리를 장착해야 하므로 하판 맨 후미에 GPS 지지대를 설치를 했습니다.

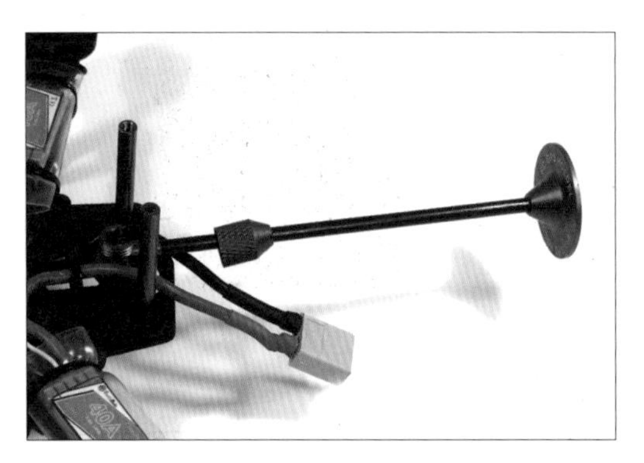

하판 후미에 설치한 모습

지지대에 GPS 모듈을 장착한 모습

12) GPS 지지대 위에 GPS 모듈을 부착해 준 뒤 프레임의 상판을 조립하고 GPS 지지대를 그림처럼 비스듬한 형태로 묶어 줍니다.

마지막으로 드론에 배터리를 연결합니다. 이후 GPS 모듈을 인식시키는 작업을 해야 합니다.

13) 비행 컨트롤러와 PC를 USB로 연결하여 베타 플라이트 같은 컨피규레이터를 실행합니다.

'포트' 메뉴의 '센서 입력' 옵션에서 GPS가 연결된 UART 단자를 클릭해 연결된 센서 종류를 GPS로 설정한 뒤 컨피규레이터를 저장하고 재부팅을 합니다.

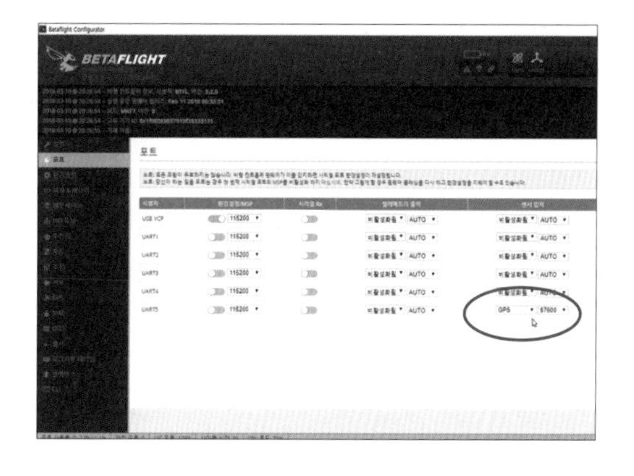

14) 컨피규레이터를 다시 실행한 뒤 '환경 설정' 메뉴의 중간 부분에서 'GPS' 옵션에 체크합니다.

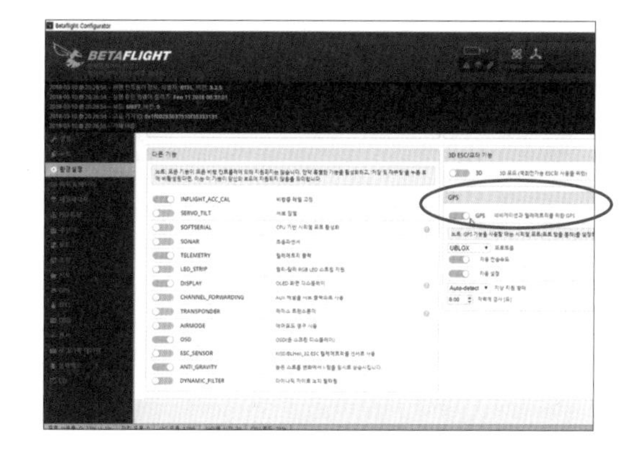

15) 마지막으로 GPS 프로토콜을 선택하고 나머지는 자동으로 설정합니다. 현재의 컨피규레이터 설정을 저장 및 재부팅하면 드론에서 GPS가 동작합니다.

드론에 영상캠을 연결한 상태라면 OSD 화면 장치를 통해 GPS로 입수한 위치 정보를 확인할 수 있습니다.

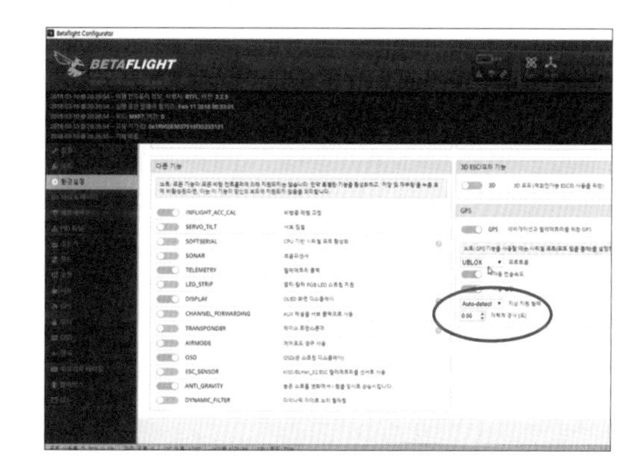

3 버저 설치하기

버저는 비행 컨트롤러에 장착하는 손톱 크기의 스피커입니다. 비행 중 이상이 발생했을 때 비프음으로 알려 주는 기능을 하며, FPV 캠을 장착한 경우 동영상을 통해 비프음을 전달받을 수 있습니다. 아울러 풀밭에서 드론을 잃어버렸을 때 비프음을 내어 찾는 데 도움을 줍니다.

비행 컨트롤러는 버저를 장착할 수 있는 단자를 기본으로 제공합니다. 해당 단자에 버저를 납땜으로 연결하면 별다른 추가 설정 없이 바로 동작합니다. 기본적으로 다음 상태일 때 비프음이 발생하며, 이 옵션은 베타 플라이트 같은 컨피규레이터의 '환경 설정' 메뉴 '버저' 옵션에서 On/Off로 사용 여부를 결정할 수 있습니다.

GYRO_CALIBRATED	자이로가 교정되었을 때 비프음이 울립니다.
RX_LOST	조종기 신호를 잃어버렸을 때 비프음이 발생하고 신호를 정상적으로 찾을 때까지 반복됩니다.
RX_LOST_LANDING	시동이 걸린 상태에서 리시버가 꺼져 있거나 신호를 상실한 경우 비프음이 울립니다.
DISARMING	비행 컨트롤러의 시동이 종료 중일 때 비프음이 울립니다.
ARMING	시동을 걸 때 비프음이 울립니다.
ARMING_GPS_FIX	시동이 걸린 후 GPS가 동작을 시작하면 비프음이 울립니다.
BAT_CRIT_LOW	배터리가 매우 부족할 때 긴 비프음이 반복적으로 울립니다.
BAT_LOW	배터리가 부족할 때 긴 비프음이 반복적으로 울립니다.
RX_SET	AUX 채널이 버저를 울리도록 설정되었거나 GPS가 활성화된 경우 얼마나 많은 위성이 잡혔는지에 따라 버저를 울립니다.
ACC_CALIBRATION	비행 중 가속도계 교정이 완료되었을 때 비프음이 울립니다.
ACC_CALIBRATION_FAIL	비행 중 가속도계 교정이 실패했을 때 비프음이 울립니다.
READY_BEEP	GPS가 위치 파악을 정상 준비하면 링톤 스타일 비프음이 울립니다.
DISARM_REPEAT	스틱이 해제 위치에 있을 때 반복해서 비프음이 울립니다.
ARMED	시동이 걸린 뒤 스로틀 스틱이 움직이지 않으면 반복적으로 비프음이 울립니다. 일반적으로 이 옵션은 사용하지 않습니다.
SYSTEM_INIT	전원이 인가될 때 초기화 비프음이 울립니다.
USB	USB 연결이 완료되면 비프음이 울립니다. 일반적으로 이 옵션은 사용하지 않습니다.
BLACKBOX_ERASE	블랙박스를 포맷 완료되면 비프음이 울립니다.

비행 컨트롤러에서 버저의 장착 위치는 비행 컨트롤러 매뉴얼을 참고하면 알 수 있습니다. Matek F7 기판은 버저의 장착 위치에 Buz라는 표기가 있으므로 +, − 방향으로 납땜하면 됩니다.

참고로 드론용 버저는 드론 쇼핑몰에서 500~3,000원 정도 합니다.

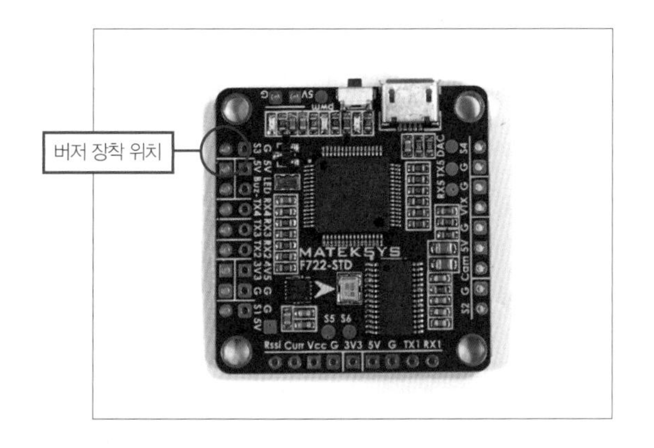

버저를 장착한 뒤에는 어떤 경우에 비프음이 울리게 할지 설정할 수 있습니다.

비행 컨트롤러를 USB로 컴퓨터와 연결한 뒤 컴퓨터에서 베타 플라이트 같은 컨피규레이터를 실행해서 '환경 설정' 메뉴의 '버저 설정' 옵션에서 버저의 동작 환경을 설정하면 됩니다.

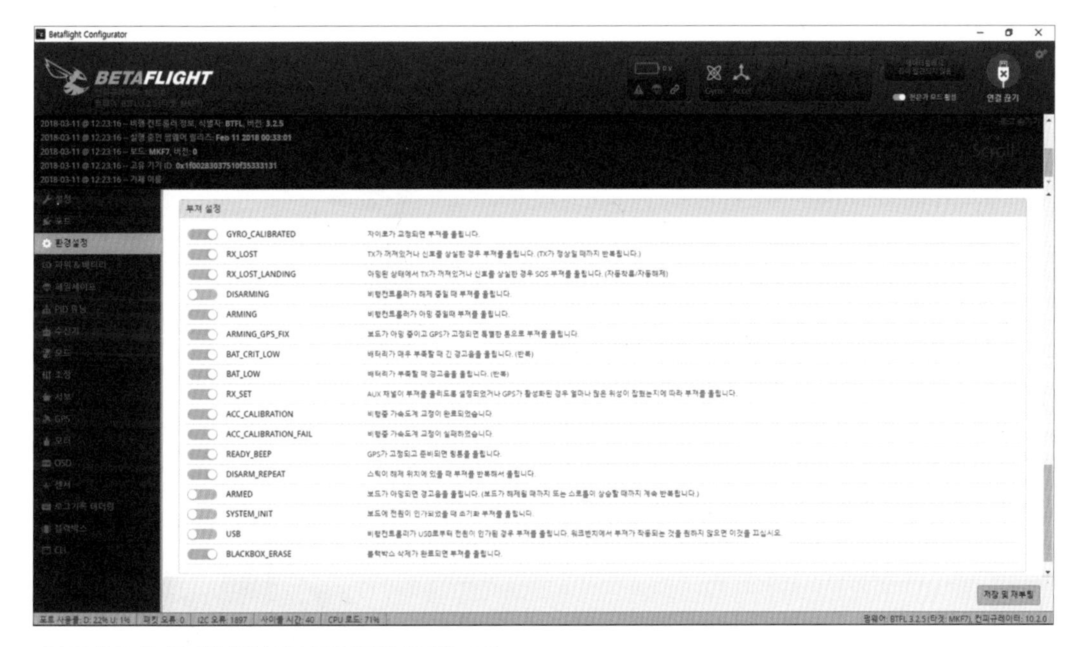

베타 플라이트 컨피규레이터에서 버저 동작 환경을 설정하는 모습

4 LED 설치하기

LED 전구는 기체 전면부나 후면부, 하부에 장착하는 액세서리입니다. 전구 개수에 따라 1구 LED, 2구 LED, 3구 LED 등으로 나뉘며, 꾸미는 기능과 함께 비행 중인 드론을 육안으로 쉽게 찾을 수 있고 야간 비행에서도 유리합니다.

LED 전구는 드론 비행 컨트롤러의 LED 단자에 연결하여 동작합니다. 이 경우 비행 컨트롤러의 PWM 신호에 의해 점등합니다. 만일 비행 컨트롤러에 LED 장착 단자가 없을 경우에는 5V 전원만 공급해 주어도 LED 전구가 동작하지만 PWM 신호에 맞춰 점멸하지는 않습니다. 참고로 LED 전구는 전구만 있는 제품과 스스로 불빛을 점멸할 수 있는 모듈형 제품이 있으므로 용도에 맞는 제품을 구매하기 바랍니다. 모듈형 LED 전구는 크기에 따라 기체에 장착할 수 없는 경우도 있으므로 기체 크기에 딱 맞거나 장착할 위치보다 작은 제품을 구매해야 합니다.

일반적으로 1개의 LED 전구를 장착할 경우에는 기체의 후면에 장착하여 드론의 비행 위치를 육안으로 파악하기 쉽게 하고, 2개의 LED 전구를 장착할 경우에는 기체의 전면과 후면에 각각 1개씩 장착합니다. 아무래도 배터리를 소비하는 부품이므로 1개만 장착하는 것이 좋습니다.

3구 LED 전구입니다. 필자는 LED 전구를 장착하지 않기 때문에 불필요할 때 쉽게 분리할 수 있도록 핀을 박은 뒤 장착했습니다. 비행 컨트롤러에서 LED라고 쓰여 있는 단자에 핀을 납땜하고 LED 선을 꽂으면 됩니다.

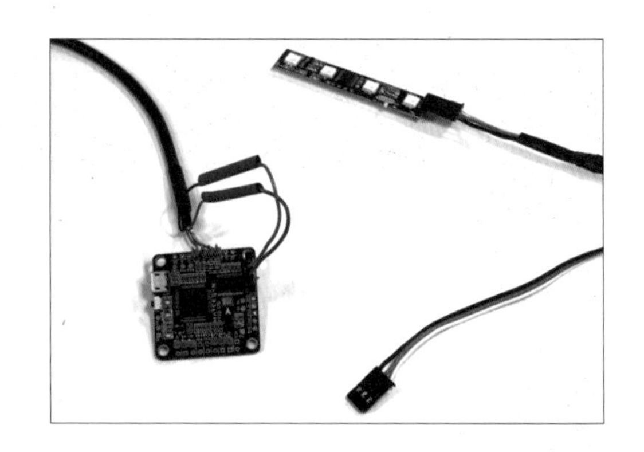

LED 전구를 핀에 꽂아서 연결한 모습입니다. 3구 LED 전구를 찍찍이나 벨크로를 사용해 기체에 묶으면 됩니다.
참고로 3구 LED는 350급 이상의 기체 날개에 부착할 수 있는 크기이므로 250급 이하 기체라면 1구 LED를 구매하기 바랍니다.

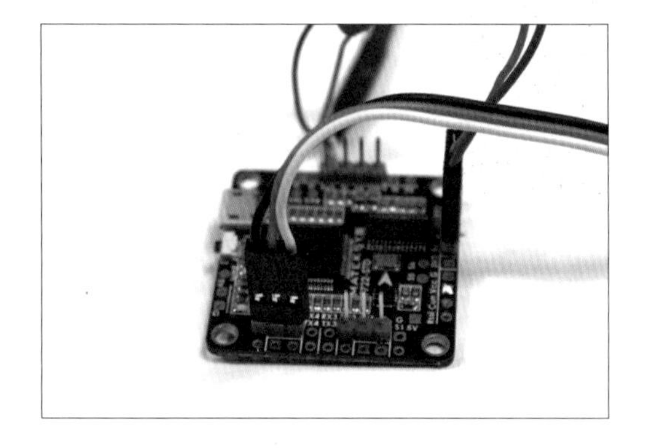

5 초음파 센서(Sonar) 와이어링

초음파 센서는 초음파를 발사해 그 부분에 장애물이 있는지 정보를 입수하는 기능입니다. 드론의 밑판에 장착하면 지면과의 위치를 포착하고, 전반부에 장착하면 진행 방향의 장애물 여부를 진단합니다. 일반적으로 충돌 회피 기능을 만들고 싶을 때 장착합니다.

1) 소나 모듈 연결 방법

초음파 센서 모듈 중에서 저렴한 가격으로 인기 있는 SR-04 모듈은 원래 간단한 RC 로봇이나 RC 차량을 제작할 때 충돌 회피 목적으로 사용하지만 드론에도 장착할 수 있습니다. 다만 아두이노 로봇 제작용 모듈이므로 드론에 장착하는 작업은 조금 까다로울 수 있습니다.

SR-04 모듈은 연결부 특성상 PWM 아웃 단자(비행 컨트롤러의 M 단자 혹은 S 단자)에 연결해야 하는데 이 경우 비행 컨트롤러가 4개 이상의 PWM 아웃 단자를 가지고 있어야 합니다. PWM 아웃 단자 중 1, 2, 3, 4번 단자는 기본적으로 4개의 모터용 단자인 M1, M2, M3, M4 단자로 사용되므로 5, 6번 PWM 아웃 단자나 7, 8번 PWM 아웃 단자에 연결합니다. 최근 나오는 STM 비행 컨트롤러는 PWM 아웃 단자를 모터 연결용의 4개만 지원하여 소나를 붙일 단자가 아예 없는 경우도 있습니다.

SR-04 소나 모듈은 로봇 공작 실습에서 흔히 사용하는 가장 저렴한 가격의 소나 모듈입니다. 아두이노 공작 실습에서 많이 사용하는 부품이며 RC 자동차나 RC 로봇에 붙일 수 있습니다. 아두이노 비행 컨트롤러가 아닌 일반 STM 비행 컨트롤러에는 연결할 PWM 단자가 없을 수도 있습니다.

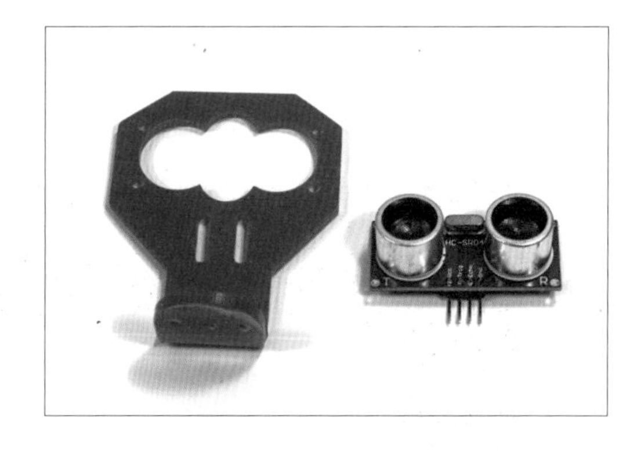

소나 모듈 지지대의 전체 크기는 10cm 정도이므로 250급 기체에는 붙일 장소가 없습니다. 일반적으로 기체의 크기가 450급 이상인 중대형 기체에 소나 모듈을 붙일 공간이 있습니다.

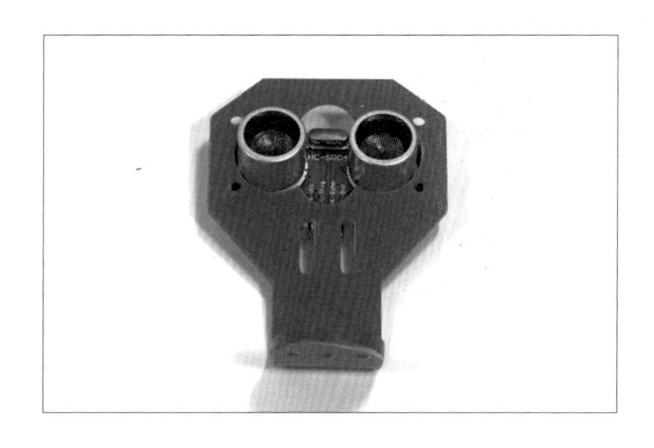

2) 소나 모듈 와이어링

SR-04 소나 모듈의 뒷면에는 핀아웃(각 핀의 용도)이 표기되어 있습니다. 이 중 Echo, Trig 단자는 데이터 신호가 오고가는 단자이고, Vcc는 5V+ 핀, GND는 5V- 단자입니다.

Trig 단자는 비행 컨트롤러의 M5(S5, 5번째 PWM 아웃 단자)에 연결하고 Echo 단자는 M6(S6, 6번째 PWM 아웃 단자)에 연결합니다. 그런 뒤 5V +, -를 통해 전원을 연결합니다. 비행 컨트롤러에 따라 M5, M6 단자가 없을 수도 있고, 연결은 했지만 소나 모듈이 동작하지 않을 수 있음을 유념하기 바랍니다. 와이어링한 뒤 소나 모듈을 기체의 전방에 장착하면 전방 장애물 회피 기능으로 사용할 수 있습니다.

3) 소나 모듈 인식시키기

소나 모듈을 연결한 뒤에는 드론에 배터리를 연결하고, USB 케이블로 비행 컨트롤러와 컴퓨터를 연결합니다. 그런 뒤 컴퓨터에서 베타 플라이트 같은 컨피규레이터 프로그램을 실행합니다.

컨피규레이터의 '환경 설정' 메뉴에서 'Sonar' 기능을 활성화합니다. 그 후 '모드' 메뉴에서 'Sonar' 스위치를 할당합니다. 소나 센서의 동작 여부는 '센서' 메뉴에서 '소나(초음파)' 옵션에 체크하면 알 수 있습니다.

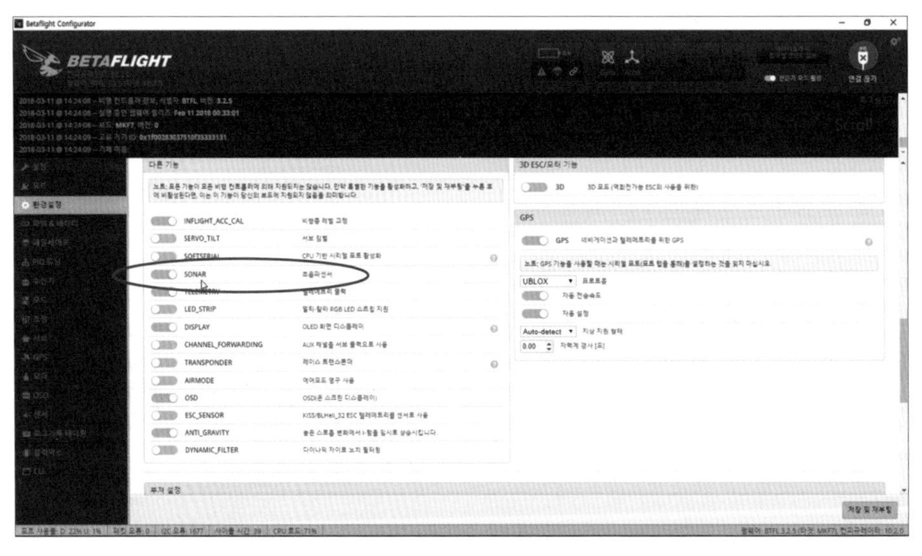

베타 컨피규레이터에서 소나 기능을 활성화하는 모습

6 조종기의 리시버(RX)를 드론에 설치하기

조종기는 조종기 본체, 트랜스미터(TX), 리시버(RX)로 구성되어 있습니다. 트랜스미터는 조종기의 뒤에 모듈 형태로 붙어있고, 리시버는 드론에 붙이는 장치입니다.

조종기에서 조종한 신호는 조종기에 붙어 있는 트랜스미터 모듈을 통해 무선으로 전송됩니다. 리시버는 드론의 비행 컨트롤러에 연결하는 부품으로, 조종기에서 보내오는 조종 신호를 무선으로 잡아서 드론의 비행 컨트롤러에 전달하는 기능을 합니다.

비행 컨트롤러와 리시버는 보통 PPM 또는 SBUS 방식으로 연결합니다. 여기서는 PPM 방식으로 연결해 보겠습니다. PPM 방식은 3핀 단자, SBUS 방식은 4핀 단자를 통해 연결합니다.

1) 필자의 터니지 9XR 조종기는 조종 범위를 1km 이상으로 늘리기 위해 트랜스미터와 리시버를 JR 모듈로 업그레이드한 버전입니다.

그림은 JR 모듈을 장착한 조종기의 4채널 리시버이지만 PPM으로 연결 시 8채널, SBUS로 연결 시 12채널까지 확장할 수 있는 제품입니다.

2) 여기서는 드론의 비행 컨트롤러와 리시버를 PPM으로 연결하겠습니다. PPM 3핀 단자는 다음과 같은 기능을 합니다.

상단핀	조종기 신호 전송 핀
중앙핀	리시버용 5V + 전원 공급핀
하단핀	리시버용 GND(−) 전원핀

3) Matek F7 비행 컨트롤러의 경우 PPM 3핀을 UART RX2에 연결해야 합니다. 그림을 보면 RX2, 4V5, G가 있으므로 여기다가 3핀을 납땜하면 신호 전송과 전원공급이 함께 이루어집니다. 핀 모양은 그림처럼 두 종류가 있는데, ㄱ자 핀을 3핀만큼 잘라서 납땜하기 바랍니다.

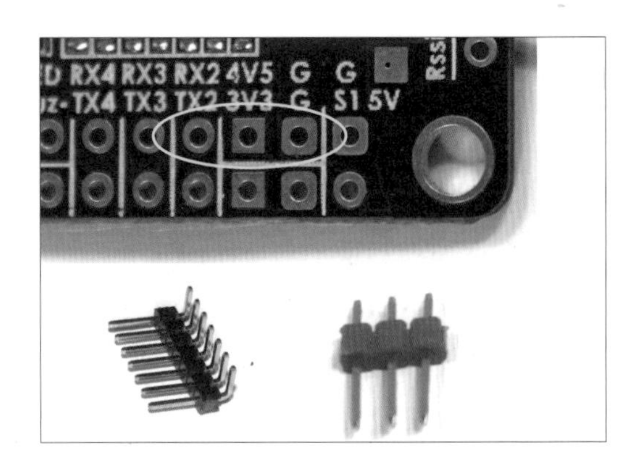

4) 비행 컨트롤러에 ㄱ자 3핀을 납땜한 뒤, 그림처럼 리시버의 3핀 케이블을 꽂아 줍니다.

ㄱ자 핀이 없을 경우에는 리시버 케이블을 비행 컨트롤러에 직접 납땜해도 상관없습니다.

5) 리시버의 PPM 3핀 단자에 3핀 케이블을 꽂아 줍니다. 드론에 리시버를 연결하면 드론의 조립이 마무리됩니다.

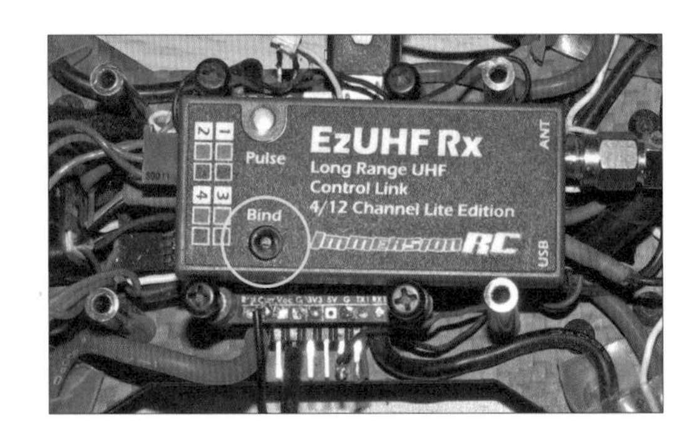

7 조종기와 리시버(RX) 바인딩하기

드론과 리시버를 연결한 뒤에는 조종기에 리시버를 인식시켜야 합니다. 이 작업을 '바인딩'이라고 하는데, 쉽게 말해 조종기가 보내는 무선 신호를 리시버가 잡아서 비행 컨트롤러에 전달할 수 있도록 하는 작업입니다.

바인딩 방법은 조종기마다 다르므로 해당 조종기의 매뉴얼을 참고하기 바랍니다. 여기서는 JR 모듈을 기준으로 바인딩을 하는 방법을 알아봅니다. 바인딩을 하기 전에 먼저 드론에 배터리를 연결해야 합니다.

JR 모듈의 경우 다음과 같이 바인딩을 진행합니다. 조종기 뒤에 장착한 JR 트랜스미터의 Power 스위치를 Low로 설정합니다.
바로 하단의 Fail Safe 버튼을 누른 상태에서 조종기 전면부의 전원 버튼을 켜면 트랜스미터에서 삑–삑– 하는 비프음이 일정한 간격으로 아주 작게 들립니다.

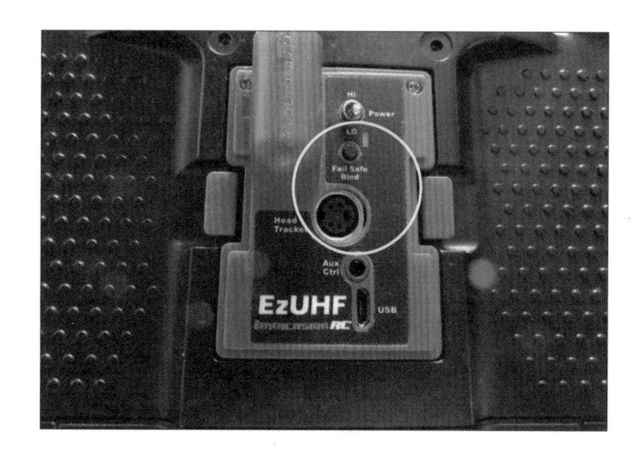

비프음이 들릴 때 리시버의 Bind 버튼을 누르면 바인딩이 완료됩니다.
리시버의 적색 불빛이 일정하게 느린 간격으로 반짝이면 바인딩에 성공한 것이고, 6회씩 반짝이면 바인딩에 실패한 것입니다.
바인딩에 성공하면 조종기의 제어 신호는 무선으로 리시버에 정상 전달됩니다.

유용한 TIP

바인딩은 조종을 인식시키는 작업이 아니라 리시버를 인식하는 작업

바인딩이란 조종기와 리시버를 서로 인식시키는 작업, 즉 동기화를 시키는 작업입니다. 바인딩을 한 뒤 바로 드론을 조종할 수 있는 것은 아닙니다. 이 책의 Part 4~7을 계속 공부하면서 조종기와 드론의 세팅 작업을 모두 완료하면 그때서야 조종기로 드론을 조종할 수 있습니다.

8 드론 조립 마무리하기

리시버의 바인딩을 완료하면 드론의 조립이 끝납니다. 마지막으로 프레임의 상판을 조립하고 관련 부품들을 적절하게 탑재해 줍니다. 부품들을 탑재할 때는 가급적 무게 중심이 기체 중앙에 오도록 해야 기체가 이륙 후 무게 중심을 잘 유지합니다.

다음 사진은 완성된 기체 예제입니다. 기체의 총 중량은 배터리 포함 700g입니다. 3g 무게의 영상 송신기를 55g 무게의 영상 송신기와 버섯안테나로 교체하면서 예상보다 50g이 늘어났지만 모터의 추력이 비교적 강하기 때문에 비행에는 지장 없습니다. 참고로 이 예제의 배터리 무게는 180g이므로 130g 배터리로 교체하면 기체의 총 중량은 650g으로 줄어듭니다.

다음 사진은 동일 기체에 100g 정도의 액션캠을 추가로 장착하고 영상 송신기를 후미로 이동시킨 예제입니다. 기체의 총 중량은 액션캠 포함 800g입니다. 비행에는 지장이 없지만 기체 크기 대비 무겁기 때문에 비행 균형을 잡는 것이 어려운 편입니다. 5인치 프로펠러를 5.5인치로 교체하면 중심을 잡기 편해지지만 역시 크기 대비 무겁기 때문에 초보자의 경우 비행 연습을 충분히 해야 조종할 수 있습니다.

250급 드론이 800g의 중량을 가질 경우 비행은 가능하지만 조종은 무리가 있습니다. 만일 250급 기체를 조립하면서 레이싱 및 곡예비행을 목표로 한다면 배터리 포함 총 중량을 600g 이하로 맞추기 바랍니다. 사실 250급에 GPS를 부착하는 것은 거의 불가능하지만 중형 드론의 조립법도 같이 알아보는 의미에서 중량에 관계없이 장착해 보았습니다.

참고해요 · 드론 조립자를 위한 드론 부품 구입처 ·

❶ 국내 구입처

국내의 드론 부품 쇼핑몰은 강화된 전파인증법과 해외 직구를 이겨내며 사업을 벌이고 있습니다. 주문 후 2~3일 내 제품이 도착하는 것과 도착한 물품에 문제가 있을 경우 7일 내 환불 또는 교환이 가능하다는 점은 국내 쇼핑몰의 최고 장점입니다.

온라인 및 오프라인 판매점을 운영하는 '용산 RC' 매장 (www.buyrc.co.kr)

1) 용산 RC

– www.buyrc.co.kr

1997년 설립된 용산 RC는 2001년 인터넷 쇼핑몰을 오픈한 서울의 유서 깊은 RC 전문점입니다. 하비윙 변속기, 후바타 조종기, E Power 배터리 등의 총판을 겸한 용산 RC는 RC 자동차부터 드론 부품까지 다양한 기종의 부품을 전문적으로 판매합니다.

2) 맥스 드론(Max Drone)

– www.maxdrone.co.kr

RC 헬기 쇼핑몰인 '헬리넷'에서 설립한 맥스 드론은 일산에 위치한 멀티콥터, 드론 전문점입니다. 드론과 관련된 다양한 부품을 종합 판매하며 배송 속도가 빠릅니다.

3) 드론 이지(Drone Easy)

경북 포항에 위치한 드론 이지는 정상급 레이싱 선수가 운영하는 드론 부품 전문 쇼핑몰입니다. 비행 컨트롤러부터 드론 액세서리까지 다양한 제품군을 판매하는 것이 장점입니다.

4) 팰콘 샵(Falcon Shop)

– www.falconshop.co.kr

부산에 위치한 드론 전문 인터넷 쇼핑몰입니다. 국내 최대 RC 동호회인 '코리아 팰콘'을 운영하는 팰콘 샵은 드론 부품부터 RC 요트까지 방대한 RC 제품군을 취급할 뿐 아니라 Flying Model Simulator 같은 조종기 시뮬레이터 프로그램을 개발해 무료로 배포합니다.

❷ 해외 구입처

드론 부품을 해외 직구로 주문할 경우 20% 정도 저렴하지만 배송비를 추가해야 하므로 가격 면에서는 평균 10% 정도의 이점이 있습니다. 배송에 10~30일이 소요되는 점과 제품에 하자가 있을 때 AS를 포기해야 한다는 점은 해외 직구의 약점입니다.

드론 부품을 해외 직구로 주문할 경우에는 배송료 포함 15만 원 이하로 주문하면 관세와 부가세를 면제받을 수 있습니다. 만일 15만 원 이상으로 주문하면 관세와 부가세가 발생해 국내에서 구입하는 것보다 더 많은 비용이 들 수도 있습니다. 참고로, 해외 직구를 할 때는 가급적 Paypal로 결제하기 바랍니다. Paypal로 결제하면 물품 사기가 발생했을 때 지급을 막을 수 있습니다.

1) 중국 뱅굿(Bangood)

– www.banggood.com

중국의 전자 제품 종합 판매점입니다. 드론 부품을 해외 직구로 구입할 수 있는 몇 안 되는 사이트입니다. 다양한 드론 부품을 평균 10% 저렴하게 구입할 수 있지만 배송에 15~30일이 걸리고 제품에 하자가 있을 경우 AS 처리 절차가 어려운 것이 단점입니다.

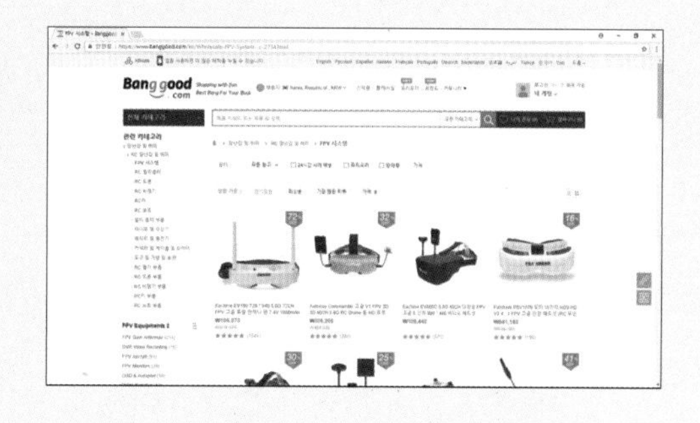

2) 홍콩 하비킹(Hobbyking)

– www.hobbyking.com

홍콩의 드론 종합 쇼핑몰이지만 영어로 주문합니다. 가격은 뱅굿에 비해 조금 비싼 편입니다. 배송 속도는 뒤죽박죽인데, 어떨 때는 빨리 도착하고 어떨 때는 15~30일이 걸릴 때도 있습니다. 드론 부품을 구입할 수 있는 해외 직구 쇼핑몰로는 전반적으로 무난한 사이트입니다.

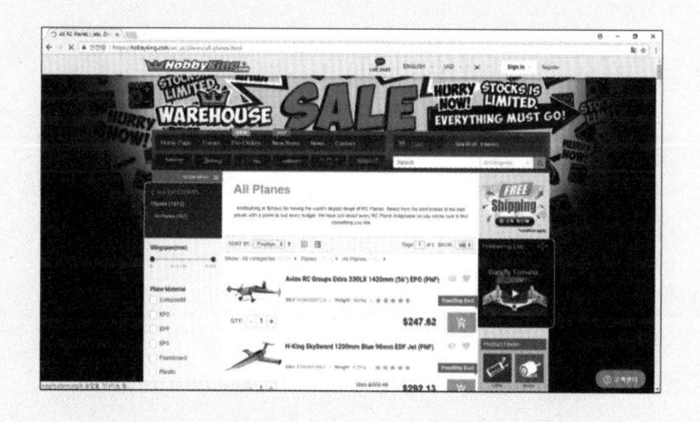

PART

05

조립 드론의 조종기 인식과 비행 교정하기

CHAPTER 01

조립한 드론에 두뇌 이식하기

조립을 마친 드론은 몸은 있지만 머리는 없는 상태입니다. 드론을 조종하려면 몸체에 두뇌를 심는 작업이 필요한데, 이 작업이 드론의 환경 설정과 조종기 환경 설정입니다. 이 작업을 마쳐야 비로소 드론을 조종할 수 있습니다.

드론과 조종기의 환경 설정을 할 때 사용하는 프로그램이 컨피규레이터입니다. 여기서는 베타 플라이트 컨피규레이터 위주로 그 기능을 정리합니다.

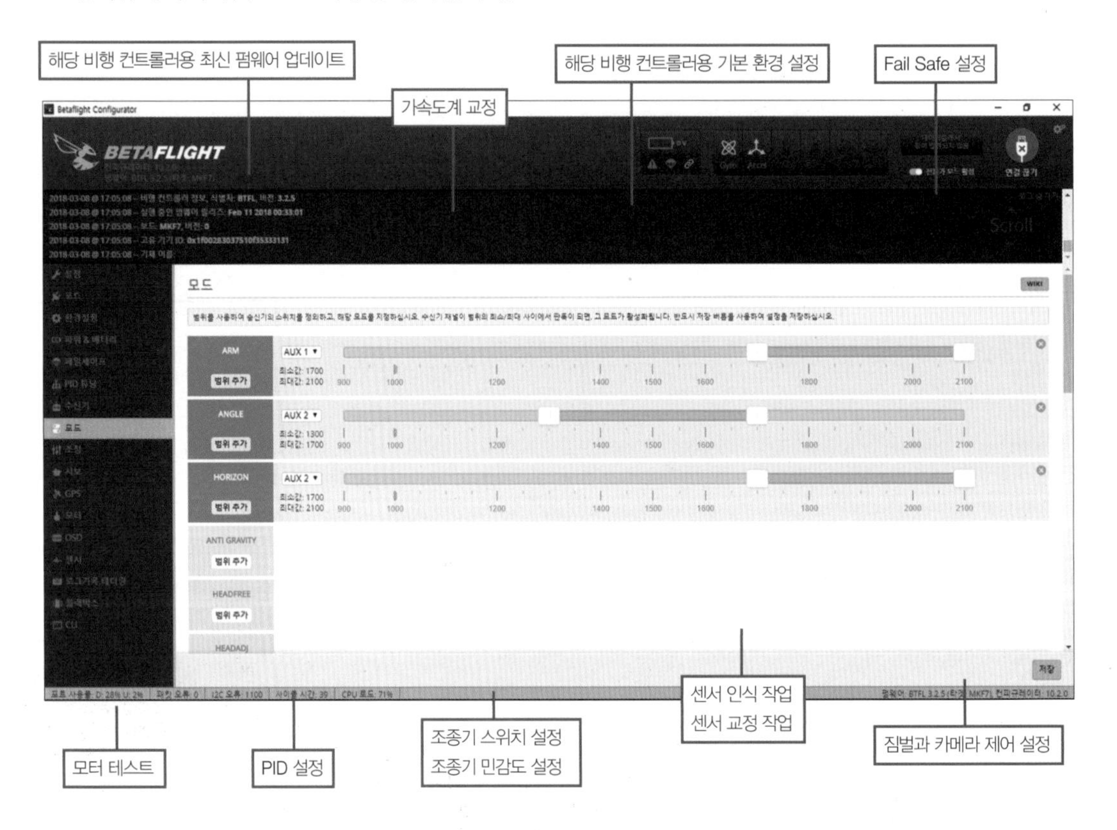

컨피규레이터는 위와 같이 드론에 필요한 각종 환경을 설정하고 인식하는 작업을 진행합니다. 중요한 기능으로는 '가속도계 교정', '포트 설정', 'PID 튜닝', '수신기(조종기) 설정', '조종기 스위치 설정(시동키 설정)' 등입니다. 그 외 기능은 기본값을 사용해도 무방합니다. 이 중 가장 중요한 기능은 통제 불가능한 드론의 비행 상태를 원하는 상태가 되도록 교정하는 'PID 튜닝' 기능입니다.

CHAPTER

02 베타 플라이트 설치하기

'베타 플라이트'는 '클린 플라이트', 'INAV 플라이트'와 함께 드론용 소프트웨어의 대표작입니다. 거의 대부분의 비행 컨트롤러를 지원하기 때문에 가장 많은 사용자층을 확보하고 있습니다.

베타 플라이트 최신 버전은 Google에서 'betaflight-configurator'로 검색하여 설치합니다.

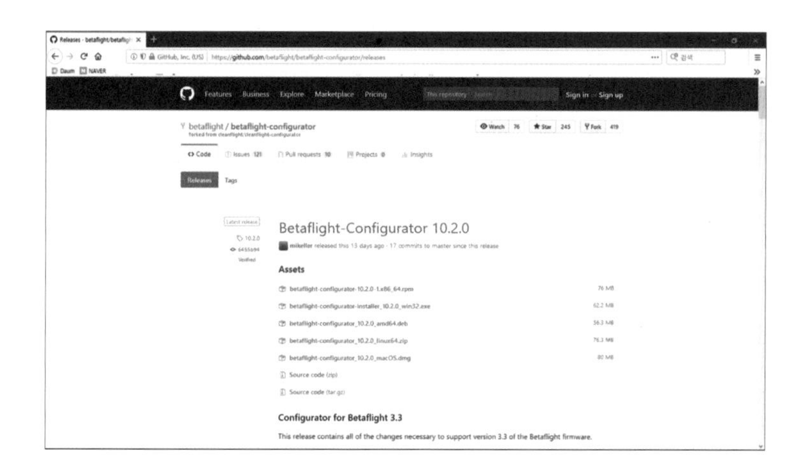

다운로드한 베타 플라이트를 설치하면 그림처럼 초기 화면이 나옵니다. 이 상태에서 컴퓨터와 드론을 USB로 연결해도 베타 플라이트가 드론을 인식하지 못하므로 인식시키는 작업이 필요합니다.

CHAPTER

03 버추얼 컴포트 설치하기

드론(비행 컨트롤러)과 컴퓨터를 USB 단자로 연결한 뒤 베타 플라이트를 실행하면 일반적으로는 드론이 인식되지 않습니다. 드론과 컴퓨터를 연결하는 USB 단자는 일반적인 USB 속성이 아닌 버추얼 컴포트(가상 컴포트, 가상 시리얼포트) 방식으로 연결됩니다. 따라서 컴퓨터에서 버추얼 컴포트를 인식하려면 전용 드라이버를 설치해야 합니다.

버추얼 컴포트 드라이버의 설치 작업은 세 가지 사항을 확인하면서 진행합니다.

1) STM32–VirtualCOM 1.31

비행 컨트롤러용 버추얼 컴포트 드라이버 파일의 이름입니다. 구글(Google.com)에서 검색 및 다운로드한 뒤 설치하기 바랍니다.

STM32–VirtualCOM 드라이버 버전은 1.31 버전과 1.4 버전 등이 있는데 1.31 버전이 에러 발생률이 낮다고 알려져 있으니 가급적 1.31 버전을 다운로드해 설치하기 바랍니다. 참고로 SMT32란 비행 컨트롤러에 내장된 MPU(드론의 CPU에 해당)의 종류입니다.

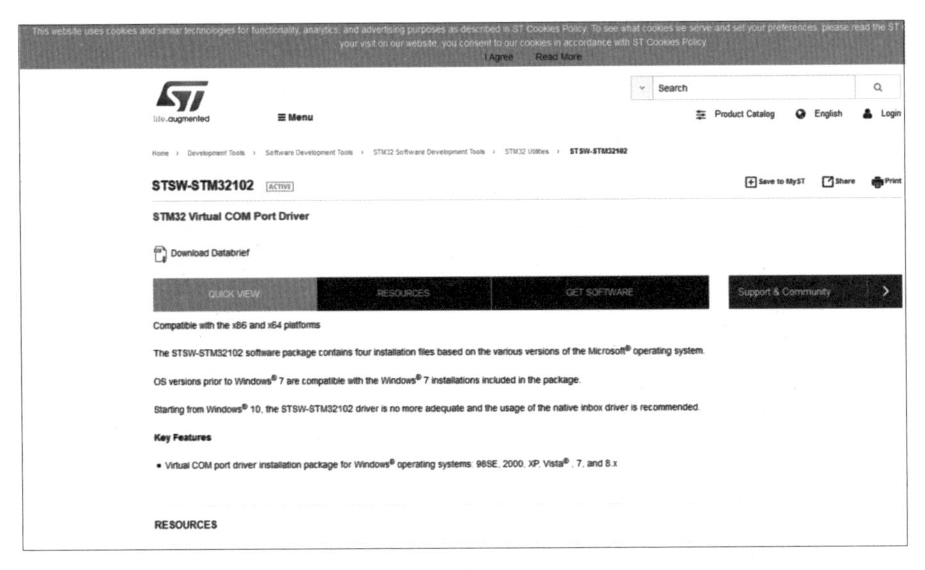

STM 홈페이지에서 제공하는 STM32–VirtualCOM 드라이버

2) 정상 설치 여부 확인하기

STM32-VirtualCOM 1.31 드라이버를 설치한 뒤 드라이버가 정상 설치되었는지 확인하려면 PC의 '제어판' – '장치 관리자' 메뉴를 실행합니다. '포트' 항목에 그림처럼 STM32-VirtualCOM 드라이버가 잡혀 있으면 정상적으로 설치된 상태입니다. 이후 PC와 드론(비행 컨트롤러)을 USB 단자로 연결한 뒤 베타 플라이트 같은 컨피규레이터 소프트웨어를 실행하면 컨피규레이터에서 비행 컨트롤러로 접속해 비행 컨트롤러의 사용 환경을 설정할 수 있습니다.

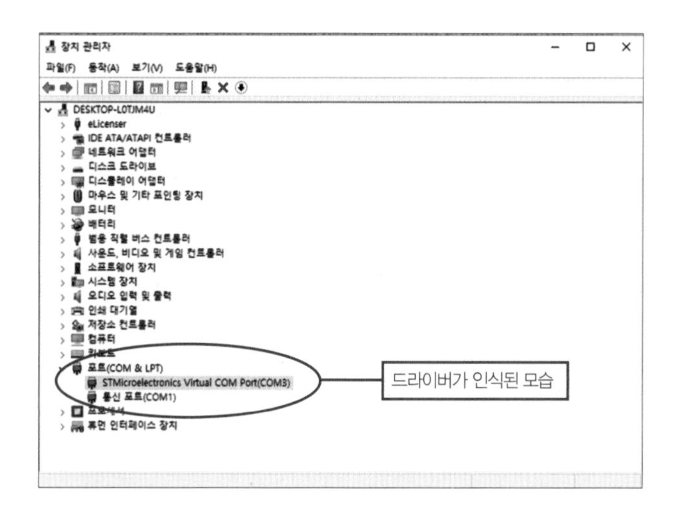

3) 윈도우 제어판에서 설치한 드라이버가 보이지 않을 경우 해결책

앞에서 STM32-VirtualCOM 1.31 드라이버를 설치했지만 장치 관리자의 '포트' 항목에 STM32-VirtualCOM 드라이버가 잡혀 있지 않은 경우도 있습니다. 이 경우에는 베타 플라이트같은 컨피규레이터 소프트웨어가 실행은 되어도 USB로 연결된 비행 컨트롤러를 인식하지 못합니다.

해결책은 간단합니다.

PC USB 단자 에러	PC의 USB 단자가 불량이거나 고장난 경우 버추얼 컴포트가 인식되지 않습니다. 드론을 PC의 다른 USB 단자에 연결해 보기 바랍니다.
드론 USB 단자 에러	STM32-VirtualCOM 드라이버가 잡히지 않는 가장 큰 요인입니다. USB 케이블의 단자 중 비행 컨트롤러와 연결하는 5핀 단자의 데이터 전송 핀이 불량한 상태입니다. 5핀 USB 단자는 +, – 핀과 데이터 핀이 있는데, 데이터 핀이 고장나도 +, – 핀이 정상이면 단자가 동작하는 것처럼 불빛이 들어옵니다. 하지만 데이터 핀이 고장난 상태라 STM32-VirtualCOM 드라이버는 인식되지 않습니다. 마이크로 5핀 USB 단자는 데이터 핀이 자주 고장나므로 새 제품으로 교체하면 해결되는데, 저가 제품은 마이크로 5핀 단자가 잘 고장나므로 가급적 고급 제품으로 교체하기 바랍니다.

CHAPTER 04

비행 컨트롤러 펌웨어 플래시하기

베타 플라이트를 맨 처음 실행한 뒤에는 기본적으로 사용하는 비행 컨트롤러의 펌웨어를 최신 버전으로 플래싱(업그레이드 설치)해야 합니다. 펌웨어 플래싱은 최신 펌웨어를 선택한 뒤 버튼을 누르면 자동으로 설치됩니다.

1) 최신 펌웨어 다운로드와 플래싱(펌웨어 업데이트)

베타 플라이트를 실행한 뒤 버추얼 컴포트에 접속하지 않고 그림처럼 '펌웨어 플래시 도구' 메뉴로 이동합니다. 그런 뒤 자신의 비행 컨트롤러 모델을 선택한 뒤 해당 모델의 최신 펌웨어를 선택합니다. 하단의 '펌웨어 로드(온라인)' 버튼을 눌러 펌웨어를 다운로드한 뒤 다운로드가 완료되면 '펌웨어 플래시' 버튼을 눌러 플래싱을 진행합니다.

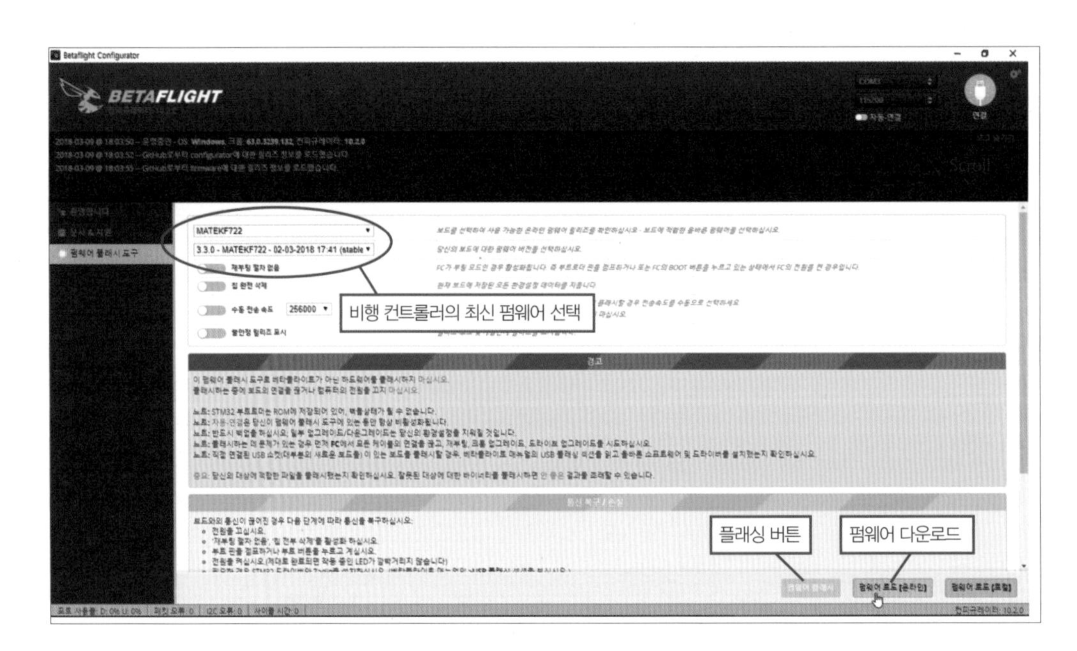

2) 펌웨어 플래싱이 되지 않을 경우 해결책

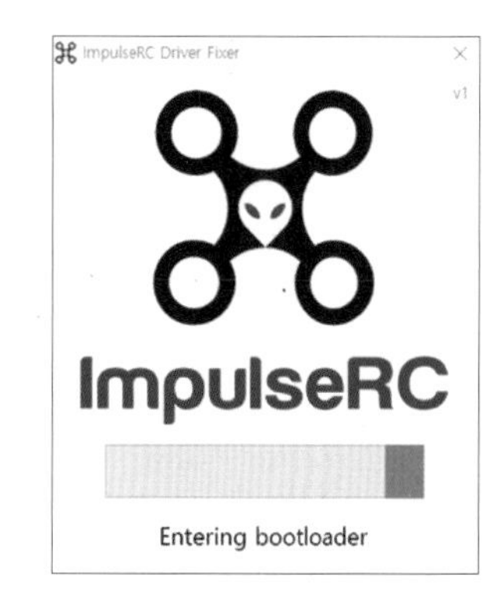

비행 컨트롤러의 펌웨어가 플래싱되지 않는 경우가 있습니다. 가장 큰 요인은 '버추얼 컴포트'가 인식되지 않아 아예 비행 컨트롤러로 접속하지 못하는 경우입니다. 이 경우에는 앞에서 말한 STM32-VirtualCOM 1.31 드라이버를 설치한 뒤 USB 케이블을 새 것으로 교체하면 해결됩니다.

인식에는 성공했지만 플래싱이 되지 않는다면 비행 컨트롤러의 부팅 에러 때문입니다. 이 경우에는 'ImpulseRC'라는 프로그램을 인터넷에서 다운로드한 뒤 사용합니다. 베타 플라이트를 실행하기 전에 'ImpulseRC' 프로그램을 실행한 뒤 Entering Bootloader 글자가 나타나면 플래싱을 할 수 있습니다. Entering Bootloader 글자가 나타나지 않으면 십중팔구 USB 케이블의 5핀 단자 에러이므로 USB 케이블을 새것으로 교체하면 해결됩니다.

CHAPTER

05 가속도계, 자력계 교정

비행 컨트롤러가 인식되면 이때부터 비행 컨트롤러에 접속이 가능하고 베타 플라이트의 메인 화면을 사용할 수 있습니다.

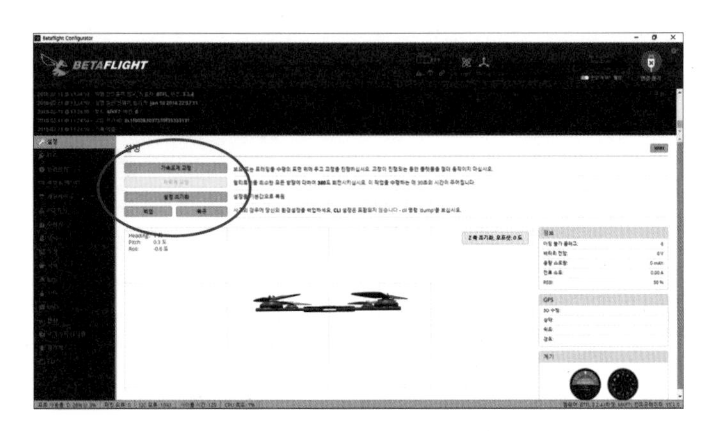

베타 플라이트의 설정 메뉴는 드론의 가속도계와 자력계를 교정하는 기능을 제공합니다.
가속도계는 비행 컨트롤러에 내장된 가속도 센서와 자이로 센서의 영점을 잡아 주는 기능입니다. 영점을 잡으면 드론은 수평을 스스로 유지하며 비행을 할 수 있습니다. 만일 영점을 잡지 않으면 드론은 약간 기울어진 상태를 수평으로 인지하고 비스듬한 자세로 비행할 수도 있습니다.

1) 가속도계 교정

드론을 평평한 곳에 놓은 뒤 '가속도계 교정' 버튼을 클릭하면 자동으로 수평을 잡아 줍니다. 드론을 약간 비스듬한 곳에 올려놓은 뒤 가속도계를 교정하면 약간 비스듬한 상태를 수평으로 인지하므로 반드시 책상 같은 평평한 곳에서 교정하기 바랍니다.
가속도계의 교정을 완료하면 수평 비행을 할 수 있고 비행 각도를 정확히 인지합니다.

2) 자력계 교정

자력계란 컴퍼스를 말하며 우리말로는 전자 나침반입니다. 자력계 교정 버튼을 누른 뒤 드론을 360도 방향으로 회전하면 동서남북 방위가 교정됩니다. 자력계는 비행을 할 때 동서남북 방위 측정과 고도 측정을 도와줍니다. 자력계는 비행 컨트롤러에 내장되지 않은 센서이므로 컴퍼스 내장 GPS 부품을 장착할 경우에만 사용할 수 있습니다.

CHAPTER 06

비행 컨트롤러의 입출력 단자 설정하기

베타 플라이트의 '포트' 메뉴는 GPS 같은 주변 기기를 비행 컨트롤러에 연결했을 때 연결된 포트(연결 단자)를 알려 주는 기능입니다. GPS를 연결한 뒤 포트를 알려 주지 않으면 비행 컨트롤러가 GPS를 인지하지 않으므로 GPS는 동작하지 않습니다.

비행 컨트롤러에는 보통 5개 이상의 연결 단자가 있습니다. '포트' 메뉴는 이 연결 단자마다 서로 다른 주변 기기를 납땜 등으로 연결한 뒤 해당 단자에 어떤 속성의 주변 기기가 연결되어 있는지 알려 주는 기능입니다. 조종기용 리시버는 보통 2~3번 포트에 연결하는데 PPM의 경우 자동 인식되고, SBUS의 경우에는 소프트 시리얼 방식으로 연결되므로 '시리얼 RX'에 체크합니다. 리시버의 포트 설정 방법은 해당 비행 컨트롤러의 매뉴얼을 참고하기 바랍니다.

GPS를 비행 컨트롤러의 5번 단자에 연결한 경우, GPS 모듈은 센서 종류이므로 5번 단자(UART5)의 센서 항목에서 GPS를 선택합니다.

이와 같이 비행 컨트롤러에 연결한 주변 기기와 그 주변 기기가 어느 단자를 연결되었는지 비행 컨트롤러에 알려 주는 기능이 '포트' 메뉴입니다.

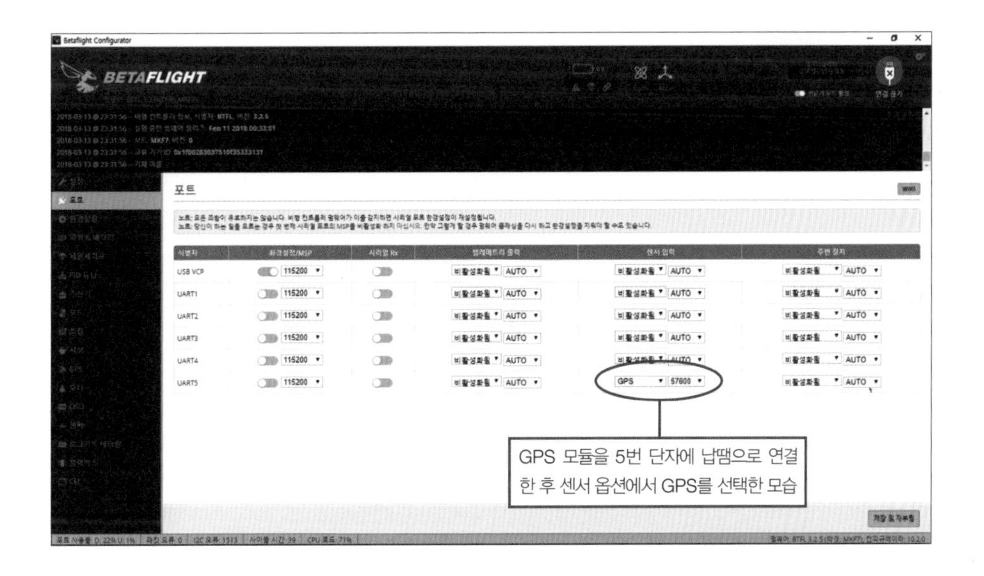

CHAPTER 07

조종기 인식, 모터 인식, GPS 옵션 설정

베타 플라이트의 '환경 설정' 메뉴는 조립하는 중에도 자주 열어야 하는 메뉴입니다. 이 환경에 맞게 모터를 장착하고, 각종 주변 기기를 연결할 때 마다 이곳에서 등록을 해 주어야 합니다.

1) 모터 장착 방향, 변속기 설정

환경 설정 메뉴의 제일 상단은 모터 장착 방향을 변경할 수 있고 변속기의 동작 프로토콜을 변경하는 기능을 제공합니다.

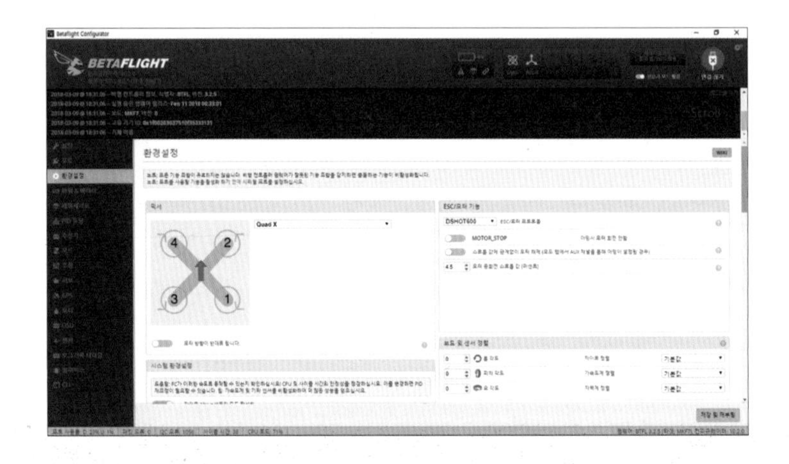

믹서 (중요)	모터를 어떤 순서로 장착할 것인지 선택합니다. 쿼드콥터(모터가 4개인 드론)의 경우에는 그림처럼 Quad X 방식을 선택한 뒤, 모터와 프로펠러의 회전 방향도 위 그림에 맞게 장착해야 합니다.
ESC/모터 기능 (중요)	변속기(ESC)가 지원하는 프로토콜 중 가장 빠른 프로토콜을 선택하기 바랍니다. DShot을 지원하는 변속기라면 DShot을 선택해야 모터 캘리브레이션 작업을 피할 수 있습니다. DShot 변속기의 경우 하단 옵션 2개는 사용하지 않습니다. ※ OneShot, MultiShot 프로토콜을 선택한 경우 모터 캘리브레이션 작업이 필요하며 매우 귀찮아지므로 가급적 조금 비싸더라도 캘리브레이션 작업이 필요 없는 DShot 변속기를 구매하길 권장합니다.
보드 및 센서 정렬	비행 컨트롤러와 각종 센서를 약간 기울게 설치한 경우 그 각도를 입력합니다. 기본적으로 평평한 곳에 장착하기 때문에 이 옵션을 사용하는 경우는 거의 없습니다.

2) 시스템 환경 설정, 가속도계 트림, 개인화, 카메라 설정

환경 설정 메뉴를 밑으로 내리면 다음과 같이 추가 옵션이 있습니다.

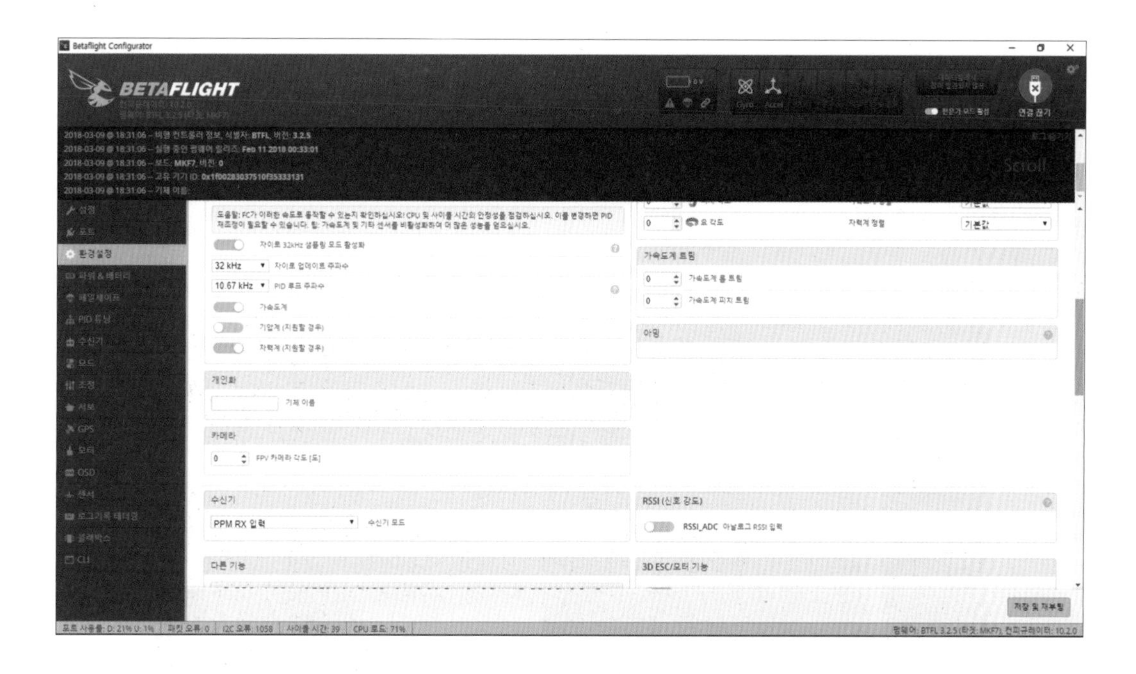

시스템 환경 설정 (중요)	비행 컨트롤러의 자이로가 32kHz 샘플링을 지원할 경우 활성화합니다. 수치가 높을수록 자이로의 루프 업데이트 속도가 빨라져서 비행 균형을 유지하는 데 유리합니다. 다만 수치가 높을수록 MPU(CPU) 자원을 많이 차지해 CPU의 과부하를 유도할 수 있습니다. 일반적으로 자이로 업데이트 주파수는 16kHz, PID 루프 주파수는 8kHz로 설정하면 고성능 설정입니다. 비행 컨트롤러에 가속도가 내장된 경우 On, 기압계가 내장된 경우 On으로 설정합니다. MPU(CPU) 자원이 100% 이상 오버로드된 경우 드론이 다운되면서 모든 모터가 멈춘 뒤 시동이 걸리지 않는데, 기압계 손상에 의한 에러인 경우가 많습니다. 기압계 사용을 Off로 변경하면 CPU 오버로드가 발생하지 않습니다. 자력계는 컴퍼스 내장 GPS를 비행 컨트롤러에 연결한 경우 On으로 설정합니다.
가속도계 트림	비행 컨트롤러를 평평하게 설치한 경우 기본값 그대로 사용합니다.
개인화	기체의 이름을 지정합니다.
카메라	FPV 카메라의 설치 각도를 입력합니다. 조종기로 각도를 제어할 수 있는 카메라에 해당하는 옵션입니다.
수신기 (중요)	매우 중요한 기능으로 조종기의 수신기(리시버, RX)를 인식시킬 때 사용합니다. 기본적으로 PPM 또는 SBUS 중에서 자신이 사용하는 조종기의 리시버가 지원하는 인터페이스를 선택하면 됩니다. 설정이 잘못된 경우 조종기가 먹히지 않습니다.

참고해요 · MPU 오버로드에 의한 시스템 다운 & 부팅 에러 ·

기체가 여러 번 추락하면 눈에 보이지 않는 손상이 발생합니다. 외관상으로는 문제가 없지만 비행을 하면 진동이 커지거나 비행 자세가 이상해지는 경우입니다.

기체가 추락하면 기압계가 손상될 수 있습니다. 손상된 기압계가 이상 현상을 보이면 MPU(CPU) 오버로드가 발생합니다. CPU 과부하가 발생하면 모터가 일괄적으로 꺼지거나 드론이 시동되지 않는 현상이 발생하는데 이 경우 기압계 사용을 Off로 하면 해결됩니다.

어떤 기능이 CPU의 과부하를 유도하는지 확인하려면 컨피규레이터의 CLI 메뉴에서 tasks 명령어를 입력합니다.

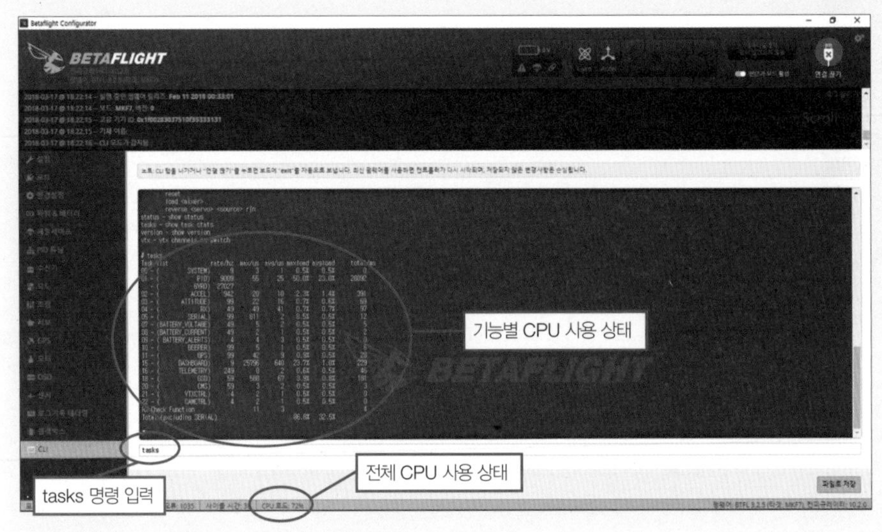

tasks 명령어로 기능별 CPU 사용 상태를 확인한 모습

tasks 명령어를 입력하면 기능별 CPU 사용 상태를 위와 같이 확인할 수 있습니다. 검색된 목록의 Maxload 항목에서 100% 이상 로드된 기능이 있을 경우, 그 기능이 시스템을 다운시킨 주요인입니다.

시스템을 다운시킨 원인을 찾아낸 뒤에는 아래와 같이 4가지 방법으로 해결합니다.

1. 기판에서 해당 기능의 납땜에 문제가 있거나 합선이 되었는지 확인합니다.
2. 컨피규레이터에서 해당 기능의 옵션을 낮추어 줍니다.
3. I2c로 연결한 부품이 손상되는 경우가 많으므로 해당 부품이 손상되었는지 테스트합니다.
4. 해당 부품이 손상된 상태라고 판단되면 컨피규레이터에서 해당 기능의 사용을 중지시킵니다.

3) RSSI, 다른 기능 설정

화면을 아래로 스크롤하면 주변 기기에 대한 옵션 설정과 RSSI 설정을 할 수 있습니다.

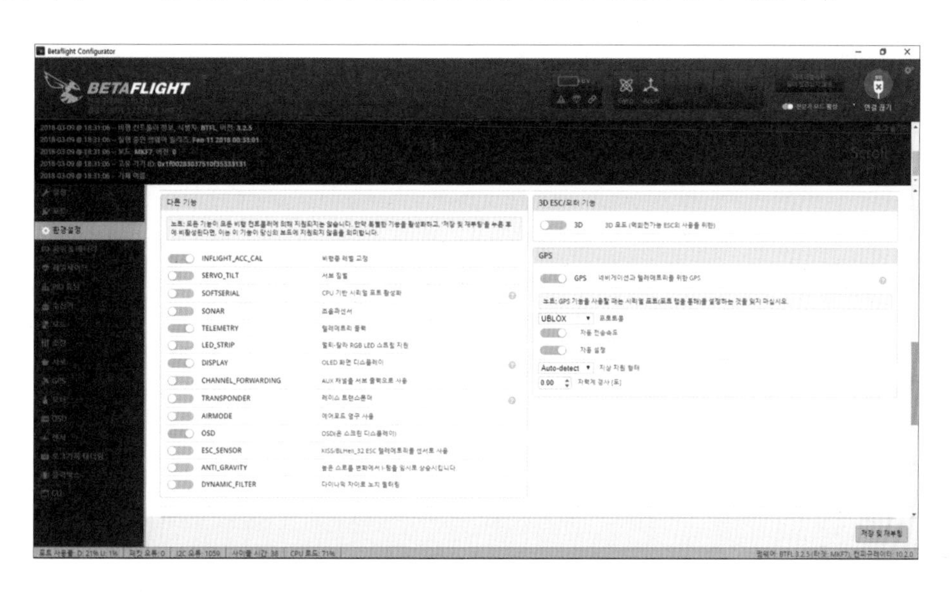

RSSI	수신기(리시버)에 RSSI 기능이 있을 경우 이 옵션을 켜 줍니다. 리시버와 비행 컨트롤러의 RSSI 단자 연결은 해당 비행 컨트롤러의 매뉴얼을 참고하기 바랍니다.
GPS (중요)	드론에 GPS를 부착한 경우 해당 모델을 선택해 줍니다. 모델 선택을 완료하면 바로 GPS가 동작하고 OSD 화면을 통해 GPS 정보를 입수할 수 있습니다.
다른 기능 (중요)	– INFLIGHT_ACC_CAL : 비행 중 스틱의 입력이 없을 때 기체의 각도가 평행으로 자동 복귀하는 기능입니다. – SERVO_TILT : 자동 짐벌 장치를 장착한 경우 활성화합니다. – SOFTSERIAL : CPU 기반 SBUS 포트를 활성화합니다. CPU 자원을 많이 차지하므로 불필요한 경우 꺼 줍니다. – SONAR : 초음파 센서(소나 센서)를 장착한 경우 활성화하는 기능입니다. – TELEMETRY : 텔레메트리 기능을 사용할 경우 활성화합니다. – LED_STRIP : 여러 가지 색상으로 반짝이는 LED 스트립을 장착한 경우 활성화합니다. LED 스트립이 PWM 아웃 단자에 연결된 경우 동작합니다. – DISPLAY OLED : OLED 화면 장치를 사용할 경우 활성화합니다. – CHANNEL_FORWARDING : AUX 채널을 서보 출력으로 사용합니다. – TRANSPONDER : 레이싱 드론에서 랩타임 등을 기록할 목적으로 레이싱 경기용 'IR 트랜스폰더' 부품을 장착한 경우 사용합니다. – AIRMODE : 에어 비행 모드를 사용합니다. – OSD : 베타 플라이트의 전용 OSD 기능을 사용하려면 체크합니다. – ESC_SENSOR : KISS/BLHeli_32 ESC 사용자의 경우 해당 텔레메트리를 센서로 사용할 수 있습니다. – ANTI_GRAVITY : 스로틀 스틱을 급격하게 올릴 때 I 텀을 임시 상승시켜서 기체의 평행을 유지해 줍니다. – DYNAMIC_FILTER : 다이나믹 자이로 노치 필터링 기능을 활성화합니다.

CHAPTER 08

수신기(조종기) 영점 잡기

베타 플라이트의 '수신기' 메뉴는 조종기의 인식 여부를 확인하고 조종기 스틱의 영점을 잡을 때 사용합니다. 이 메뉴는 조종기와 리시버를 바인딩한 뒤, '환경 설정' 메뉴에서 조종기의 수신기(리시버, RX)를 PPM/SBUS 등으로 인식시킨 경우 동작합니다.

조종기를 끈 상태에서 베타 플라이트의 '수신기' 메뉴로 이동합니다. '채널 맵'에서 '기본값' 또는 'TEAR1234'를 선택합니다. 조종기가 정상적으로 바인딩된 상태이고 PPM/SBUS가 설정된 상태이면 둘 중 하나는 작동합니다.

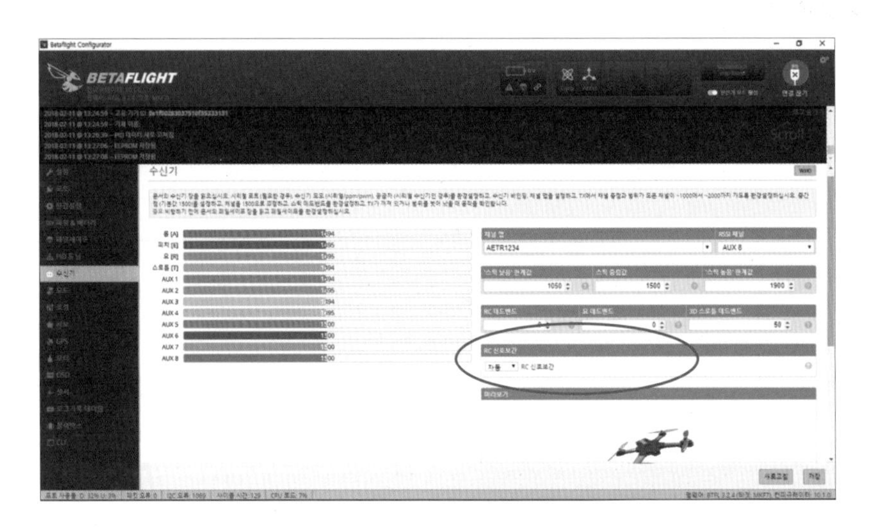

조종기의 전원 버튼을 켭니다. 스틱을 0에 두지 않은 채 전원을 넣으면 에러가 발생합니다. 전원을 넣은 후 조종기에서 계속 에러 메시지가 발생하면 조종기 상단의 스위치 4개와 전면부에 있는 스위치 전부를 Off 상태로 전환합니다.

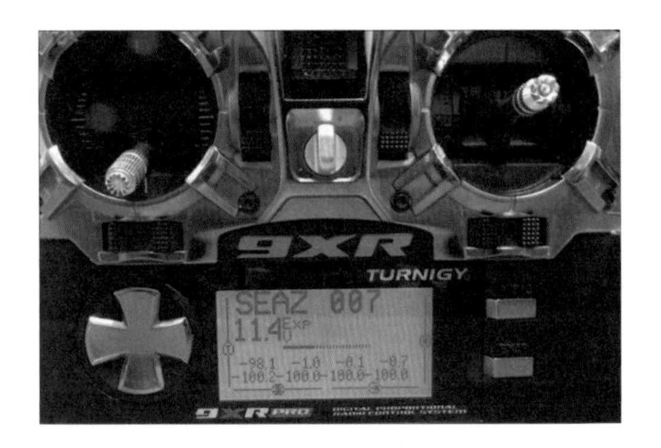

조종기를 켜면 그림처럼 막대 위치와 조종기의 스틱 위치가 동기화됩니다. 동기화가 된 상태이므로 조종기의 스틱을 조종하면 막대들도 움직이기 시작합니다. 만일 동기화가 되지 않은 경우에는 우측의 '채널 맵'을 다른 것으로 변경하기 바랍니다.

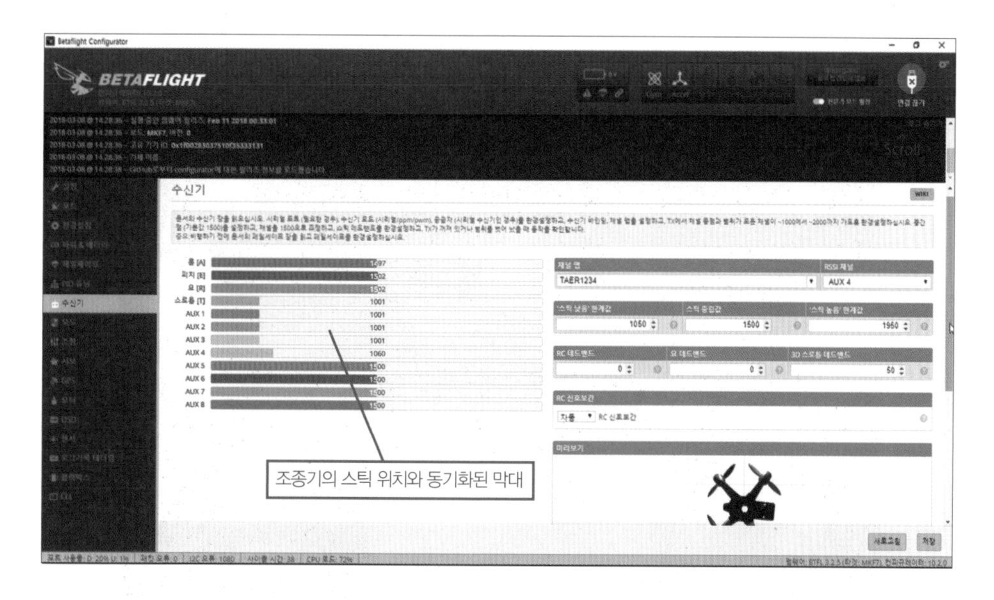

4개의 스틱을 각각 움직였을 때 조종 가능 범위의 최소값과 중간값, 최대값을 설정합니다. 기본적으로 1000, 1500, 2000으로 설정해도 무방하지만 여기서는 1050, 1500, 1950으로 설정했습니다. 이렇게 하면 스틱을 조종할 때 최소값은 1050, 중간값은 1500, 최대값은 1950까지 사용할 수 있습니다.

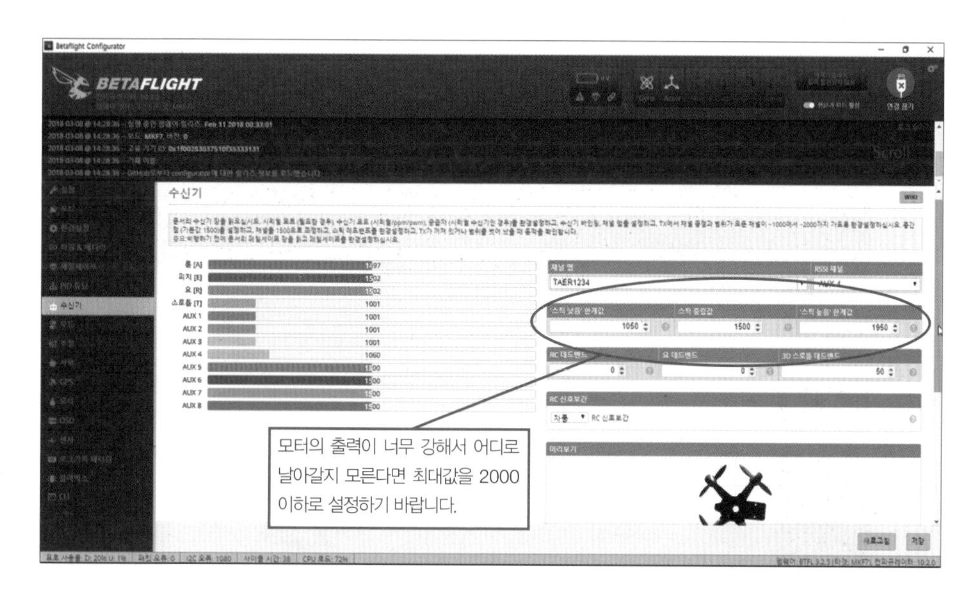

조종기를 맨 처음 사용하는 상태이므로 스틱의 영점을 잡아야 합니다. 사실 지금 스틱의 영점을 잡는 것은 무의미하지만 일단은 영점을 잡아 놓고 나중에 비행 테스트를 하면서 영점을 자신이 원하는 위치로 변경하기 바랍니다.

조종기의 영점을 잡기 위해 스로틀 스틱을 정중앙으로 이동시킵니다.

롤, 피치, 요, 스로틀 스틱이 중간값에 온 모습입니다. 중간값은 1500인데 영점이 안 잡힌 상태이므로 1483도 있고 1502도 있습니다. 각 스틱의 중간값을 1500에 맞춰 주는 것이 영점을 잡는 것입니다. 조종기에 따라 정확하게 1500으로 잡히지 않을 수 있으므로 1500의 근사치인 1498이나 1502을 중간값으로 잡아 주기 바랍니다.

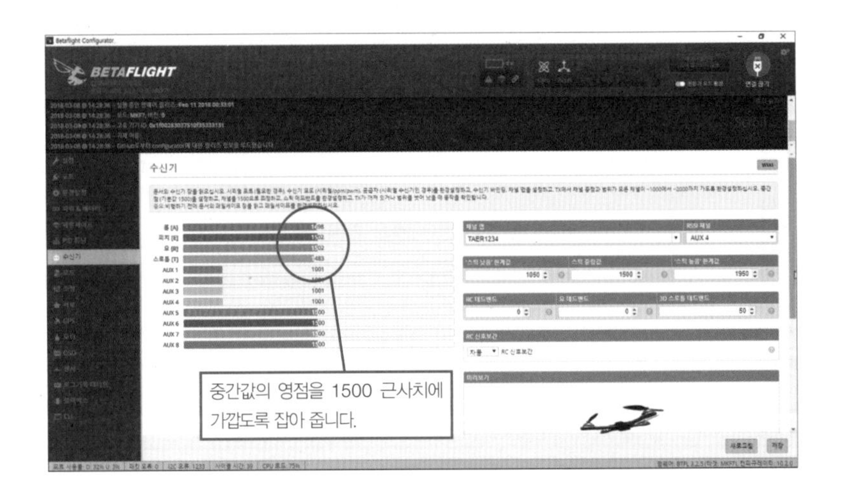

비행 컨트롤러가 PC에 연결된 상태에서 영점을 잡기 위해 조종기에서 '모델' – '셋업' 메뉴로 진입합니다.

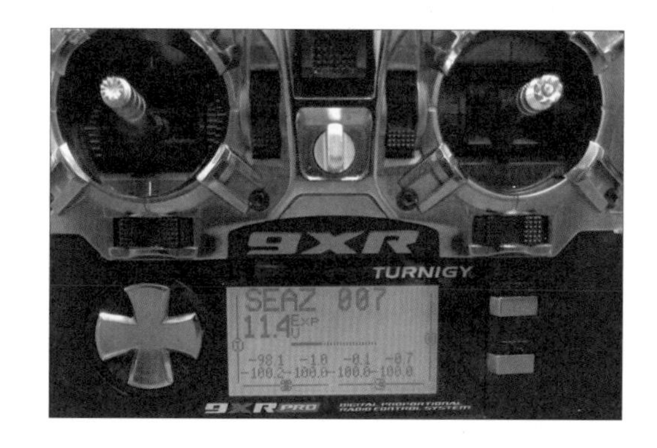

터니지 9XR의 경우 4방향 버튼의 '오른쪽 방향 버튼'을 길게 누르면 '모델' 선택 창이 나옵니다. 여기서 다시 4방향 버튼의 '오른쪽 방향 버튼'을 길게 누르면 셋업 메뉴로 진입할 수 있습니다.

셋업 메뉴입니다.
셋업 메뉴는 보통 14페이지 정도로 되어 있는데 이 중 Limits 메뉴를 찾아갑니다.

Limits 메뉴입니다. Ch1~Ch4는 롤, 피치, 요, 스로틀 스틱을 조종했을 때 신호가 전송되는 채널입니다.

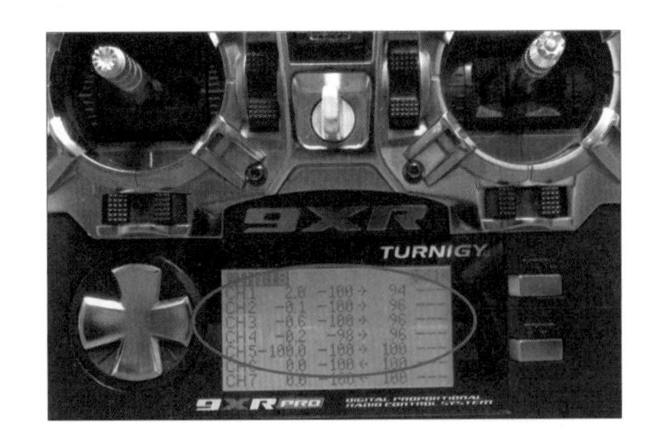

이들 채널은 각각 3개의 숫자로 되어 있는데 첫 번째 숫자는 중간값의 영점을 1500으로 잡을 때 사용합니다. 1~4 채널마다 첫 번째 숫자를 조절하여 막대의 영점을 1500에 가깝게 조종하면 됩니다.

나중에 조종이 어려울 경우에는 조종을 편하게 하기 위해 중간값의 영점을 자기에게 맞는 수치로 튜닝해도 됩니다.

두 번째 숫자는 스틱 범위의 최저값에 대해 한도를 정할 때 사용합니다. 기본값인 -100을 그대로 사용합니다.

세 번째 숫자는 스틱 범위의 최대값에 대해 한도를 정할 때 사용합니다. 한도를 정하면 그 이상으로 스틱을 올려도 한도까지만 인식하게 됩니다.

CHAPTER 09

비행 속도, 스틱 반응도, 비행 성능의 튜닝과 안정화

베타 플라이트의 'PID' 메뉴는 비행 성능을 자기에게 맞게 개인화 및 튜닝하거나 기체의 비행 균형을 찾아 교정하는 기능입니다. 매우 중요한 기능이므로 사용법을 자세히 알아봅니다.

1) PID 튜닝이란?

PID 튜닝은 비행 컨트롤러의 제어 방식을 PID로 제어해 드론의 비행 안정화를 구축하는 기능입니다. 대부분의 조립식 드론은 PID 튜닝을 기본값 그대로 사용하길 권장하지만 드론이 어느 스로틀 시점에서 흔들리거나 표류 증상이 있다면 PID 값을 약간 수정하여 튜닝할 수 있습니다. 아울러 스틱 반응에 대한 반응도를 조절하거나 모터 소음과 진동을 제거할 수 있습니다. 또한 비행 동작을 민첩하거나 공격적으로 하거나 반대로 부드럽고 평화롭게 만드는 개인화 환경을 꾸밀 때도 사용합니다.

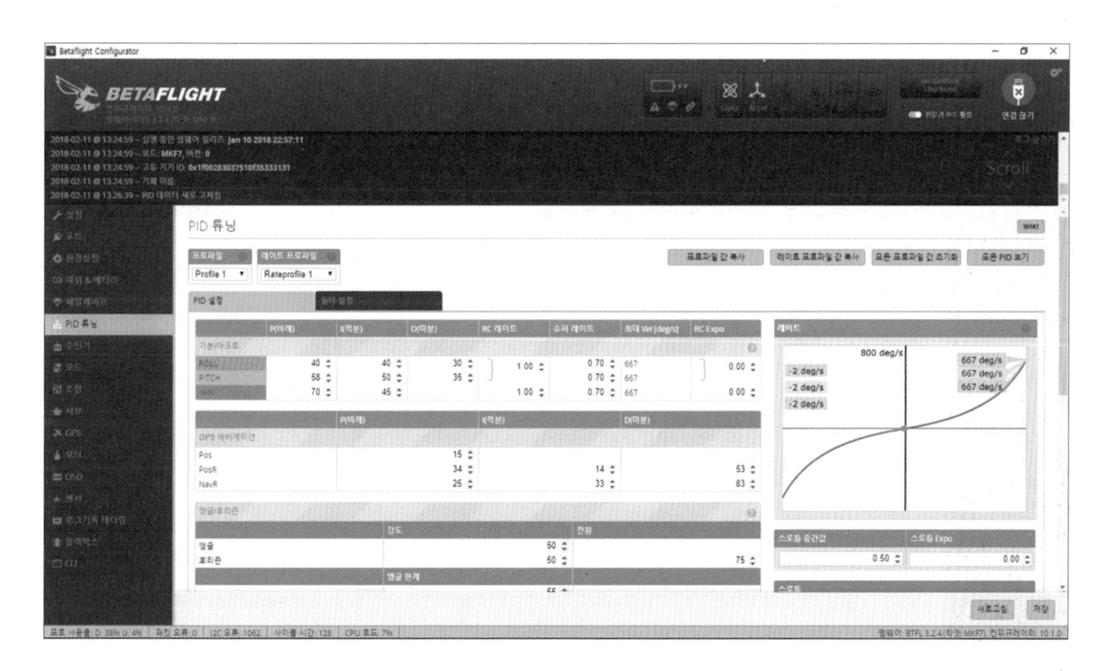

2) PID 튜닝 방법

PID란 P(비례, Proportional), I(적분, Integral), D(미분, Derivative) 값으로 4개의 모터들이 상황에 맞게 어떤 속도로 회전할 것인지를 결정합니다. 용어가 어렵기 때문에 쉽게 설명하면 P는 '힘', I는 '저항성', D는 '완충'을 조절하는 기능이라고 생각하기 바랍니다.

드론은 현재 비행 중인 '현재 비행값'과 조종기가 원하는 '목표 비행값'이 있습니다. 조종기에서 엘리베이터 스틱을 위로 올리면 4개 모터가 PID 설정대로 전방 비행에 맞게 회전 속도를 조절하면서 드론을 앞으로 나아가게 합니다.

이때의 PID 값은 ROLL(롤/좌우 회전), PITCH(엘리베이터/전후 이동), YAW(에일러론/좌우 이동, 좌우 기울기) 스틱을 조종했을 때, 드론의 전체 모터가 어떻게 동작할 것인지를 미리 설정한 동력부에 대한 종합적인 설정입니다.
PID 설정을 사용하면 비행에서의 동력부 문제점을 해결할 수 있을 뿐 아니라 자신의 스타일에 맞게 비행 상태를 개인화할 수 있습니다. 일반적으로 무게 중심이 가운데에서 이탈해 표류하는 기체, 모터에서 소음과 진동이 심한 증세, 회전 비행을 할 때의 포물선 크기, 비행 동작을 민첩하게 하거나 부드럽게 하는 작업을 PID 설정에서 진행합니다.

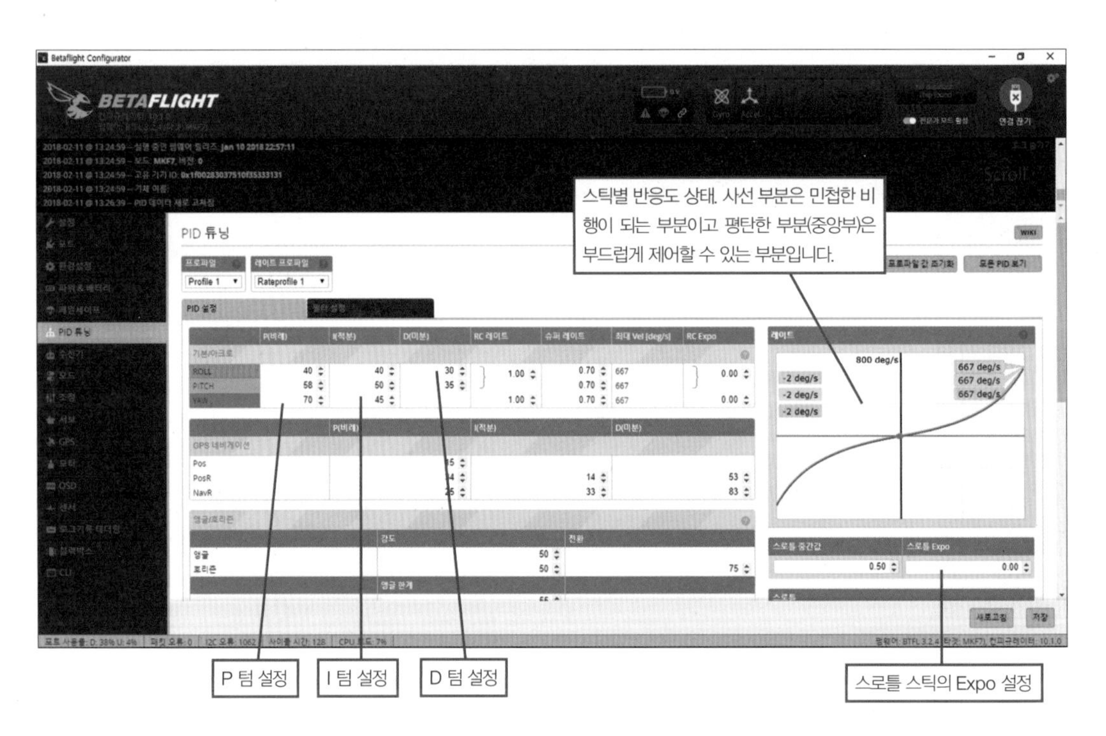

PID 환경 설정은 간단히 말해 조종기의 스틱으로 전후 이동, 좌우 회전, 좌우 이동을 지시할 때 기체에 달린 전체 모터들이 어떤 속도로 회전할 것인지를 정의하는 것이라고 할 수 있습니다.

PID 튜닝은 일반적으로 야외에서 비행 테스트를 하면서 즉석에서 노트북으로 튜닝하지만 노트북이 없을 경우 비행 시의 문제점을 확인해 뒀다가 집에서 PC로 설정합니다.

가벼운 기체이자 무게 중심이 기체 중앙에 있는 기체는 기본값을 그대로 사용하는 것이 좋습니다. 펌웨어의 기본 세팅값은 최적의 값이지만 기체마다 모터가 다르고 무게 중심이 다르므로 본인의 기체 환경에 맞게 튜닝할 필요성은 있습니다. 또한 PID 튜닝은 추락 사고 후의 비행 상태가 이상한 경우와 프레임, 모터, 변속기, 프로펠러 등을 교체했을 때마다 하는 것이 좋습니다.

PID는 ROLL(러더), PITCH(엘리베이터), YAW(에일러론) 스틱별로 설정을 할 수 있습니다.

	P(비례)	I(적분)	D(미분)	RC 레이트	슈퍼 레이트	최대 Vel [deg/s]	RC Expo
기본/아크로							
ROLL	40	40	30	1.00	0.70	667	0.00
PITCH	58	50	35		0.70	667	
YAW	70	45		1.00	0.70	667	0.00

P 텀 (P Term)	P 텀은 비행의 힘이라고 해석합니다. 러더(Roll), 엘리베이터(Pitch), 에일러론(Yaw)의 힘, 즉 권한을 높이려면 P 텀을 높입니다. P 텀이 높으면 더 날카롭고 민첩한 움직임이, P 텀을 낮추면 부드럽거나 느린 움직임이 발생합니다. P 텀을 계속 높이면 모터가 오버하면서 고주파 진동이 발생할 수 있습니다. P 텀을 과도하게 높이면 권한이 강해서 회전이 깨끗하지 않고, 과도하게 낮추면 권한이 약해서 목표까지 도달할 힘이 부족할 수 있으니 초기에는 기본값을 사용하되 비행 테스트를 하면서 값을 조금씩 높이거나 낮추어 줍니다.
I 텀 (I Term)	I 텀은 초기 위치를 지키려는 능력과 직진에 대한 기체의 저항성에 대한 설정입니다. I 텀을 과도하게 낮추면 비행 고도가 위아래로 출렁대는 현상이 발생할 수 있으며 회전이 깨끗하지 않습니다. I 텀을 과도하게 높일 경우에는 고주파 진동이 발생합니다. 공중에 떠 있는 드론이 이유 없이 러더(Roll), 엘리베이터(Pitch), 에일러론(Yaw) 중에서 어느 한 방향으로 표류한다면 I 텀을 1~2씩 높이면서 비행 테스트를 하며 증상이 사라지는 값을 찾습니다.
D 텀 (D Term)	D 텀은 현재 비행값과 조종기로 조종해서 만들어지는 목표 비행값 사이의 수학적 차이를 보정하면서 안정성을 유도합니다. 일반적으로 P 텀을 과도하게 높인 경우 이를 보정하고 완충할 때 사용합니다. D 텀을 낮추면 기체의 진동을 부드럽게 할 수 있지만 착륙 시 출렁대서 불안할 수 있습니다. D 텀을 과도하게 높이면 모터의 소음이 커질 뿐 아니라 고주파 진동이 발생하고 응답이 늦어집니다.

PID 설정은 테스트 비행을 할 때 비행 모습을 면밀히 관찰하면서 진행합니다. 예를 들어 기체의 표류 증상이 심하면 해당 방향으로 표류하는 증상이 사라질 때까지 I 텀을 높여 줍니다.

3) 데스 롤(Death Rolls)

데스 롤이란 곡예비행하는 드론이 공중에서 풍차처럼 뒹굴다가 추락하는 증상이며, 일반적으로 조종기가 최소 스로틀일 때 ESC가 최소 스로틀을 인식하지 못해 모터를 가동하지 않아 발생합니다. 비행 테스트를 계속하면서 .min_throttle 설정을 조금씩 높여서 해결합니다. 만일 그 후에도 해결되지 않으면 모터 또는 ESC가 손상되었거나, 모터와 ESC의 조합이 잘못되었다는 뜻입니다.

4) RC Rate/Super Rate/RC Expo 설정

이 옵션들은 스틱 움직임에 대한 드론 속도의 민첩함과 부드러움 사이를 조절하는 기능입니다. 아래 옵션에서 제시된 값은 조립 드론 특성상 중량과 무게 중심이 다르기 때문에 정확한 값은 아닙니다. 테스트 비행을 하면서 자신의 목적에 맞는 값을 찾기 바랍니다.

RC Rate	모터가 회전하는 값을 제어할 수 있습니다. RC Rate를 높이면 스틱 조종에 대해 드론이 적극적으로 반응하고 RC 수치를 낮추면 부드럽게 반응합니다. 빠른 반응을 원할 경우 수치를 높이고, 평화로운 비행을 원할 경우 수치를 낮춥니다. RC Rate를 1.0~2.0으로 설정하면 기체가 공격적이고 격렬한 반응을 보여 줍니다. 부드러운 비행을 원하는 사람은 수치를 0.80~0.90에서 설정합니다.
Super Rate	스틱의 편향성과 스틱 중앙 부분의 정밀도를 조절합니다. Super Rate를 0.6~0.7 사이에서 설정하면 기체가 공격적이고 격렬한 반응을 보여 줍니다. 부드러운 비행을 원할 경우에는 수치를 0.8 안팎으로 설정합니다.
RC Expo	스틱의 최대치인 끝부분의 반응도를 조절합니다. 곡예비행을 하려면 스틱을 최대치로 높였을 때 플립 비행이 되어야 하므로 RC Expo를 0.1~0.2 사이에서 설정합니다. 부드러운 비행을 원할 경우에는 스틱을 최대치로 높였을 때 플립 비행을 자제해야 하므로 수치를 0.05 안팎으로 설정합니다.

※ 기체마다 무게와 무게 중심이 다르므로 이 값을 기준으로 비행 테스트를 하면서 자신의 기체에 적합한 값을 찾기 바랍니다. 부드러운 비행값으로 변경하면 조종이 편해지지만, 곡예비행은 할 수 없습니다.

5) 스로틀 Expo 설정

스로틀 스틱의 민감도를 조절합니다. 스로틀 스틱을 조절했을 때의 상승 속도나 하강 속도의 변화가 너무 민첩하면(펑펑 솟아오르거나 격렬한 듯이 하강을 하면) 조종이 힘들 수도 있는데, 이 경우 스로틀 Expo 값을 높여 주면 기체의 상승과 하강을 조금 더 세밀하게 제어할 수 있습니다.
레이싱 드론을 처음 조종하는 사람이라면 스로틀 Expo 값을 0.10~0.40 사이에서 설정하는 게 좋지만 그만큼 상승과 하강이 둔화될 수 있습니다. 만일 격렬한 상승과 하강을 원한다면 0.0 이하로 설정합니다.

CHAPTER 10

조종기의 스위치 설정하기

모드 메뉴는 조종기에 붙어 있는 스위치에 어떤 기능을 할당하는 기능입니다. 예를 들어 'GPS Hold' 기능을 스위치로 On/Off하려면 먼저 조종기에서 GPS Hold 기능으로 사용할 스위치를 지정합니다. 그런 뒤 'Mode' 메뉴에서 GPS Hold 기능을 해당 스위치에 할당합니다.

모드 메뉴에서 추가할 수 있는 스위치 기능은 시동 키 On/Off 기능, 비행 모드 선택 기능, 리턴 홈(GPS 홈) 기능, 헤드 프리 기능, GPS 홀드 기능, 짐벌 조종 기능, 랜딩 기어 제어 기능, 카메라 제어 기능 등이 있습니다. 모드 메뉴를 사용하면 이들을 조종기의 각 스위치에 할당할 수 있고 나중에 스위치 On/Off로 해당 기능을 사용하거나 중지시킬 수 있습니다. 참고로 이 기능들은 각각 전용 채널을 통해 명령 신호를 전송합니다. 따라서 채널수를 많이 지원하는 조종기에는 그만큼 더 많은 기능을 할당할 수 있습니다.

예를 들어 8채널 조종기 사용자의 경우에는 1~4번 채널은 조종기 스틱이 사용하는 채널이므로 5, 6, 7, 8번 채널에 스위치를 할당한 뒤 각각 하나의 명령을 연결할 수 있습니다. 물론 하나의 채널에 두 가지 기능을 연결할 수도 있지만 이 경우 스위치 On/Off로 두 가지 명령을 동시에 전송하므로 혼선이 올 수도 있습니다. 따라서 1채널, 1 스위치, 1 명령어를 할당하는 것이 가장 좋습니다. 매우 중요한 기능이므로 자세한 사용법은 Part 6을 참고하기 바랍니다.

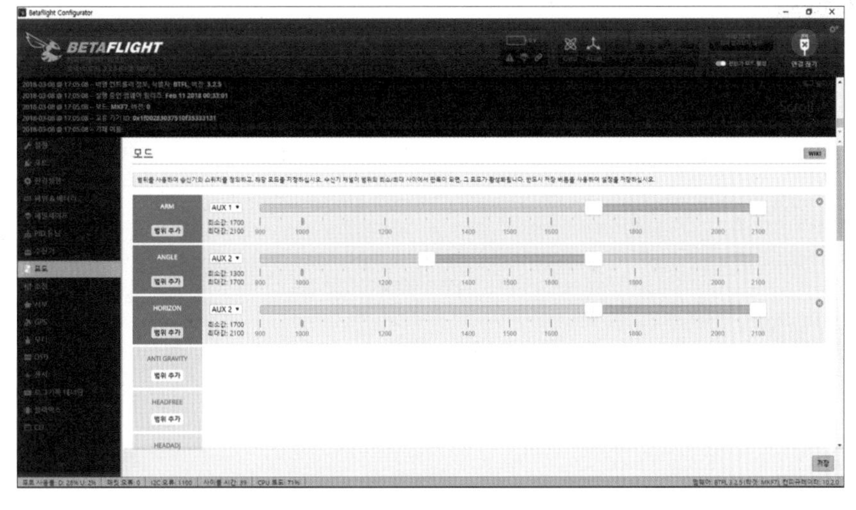

3개의 서로 다른 채널에 각각 다른 기능들을 할당한 모습

CHAPTER 11

모터 테스트하기

베타 플라이트의 '모터' 탭은 모터의 동작 여부를 테스트하는 기능입니다.

드론을 조립할 때는 수시로 모터의 동작 여부를 테스트하기 마련인데, 이때 이 메뉴를 사용합니다. 모터 테스트 작업은 드론과 컴퓨터를 USB로 연결한 뒤 드론에 배터리를 연결하면 시작할 수 있습니다. 모터 테스트를 할 때는 반드시 프로펠러를 제거하기 바랍니다.

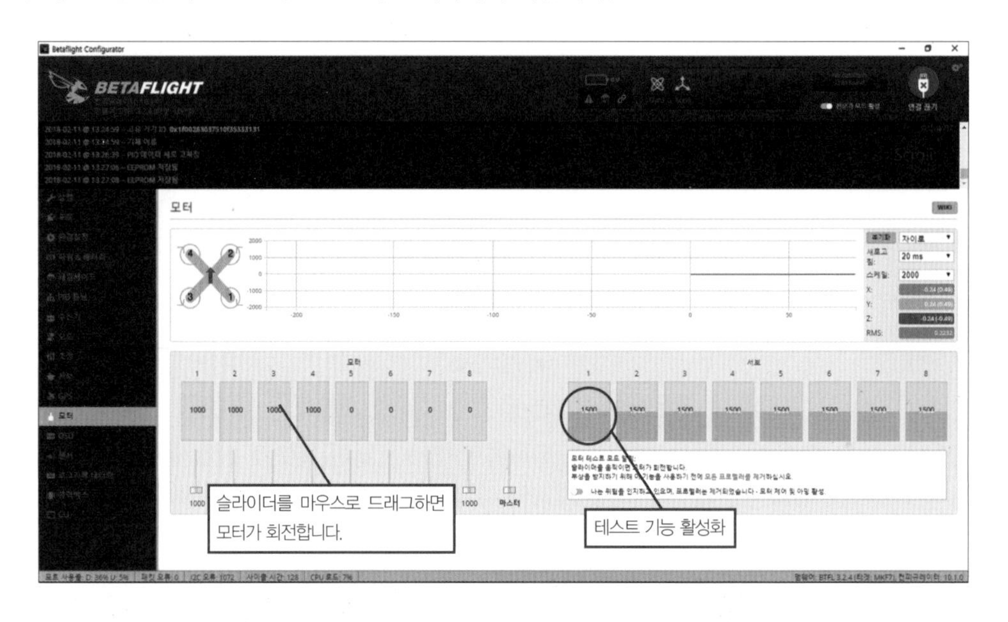

슬라이더를 드래그하지 않았는데 모든 슬라이더가 중간부인 1500에 멈추어 있는 경우도 있습니다. 이 경우에는 '환경 설정' 메뉴의 양방향 회전 모터 옵션인 '3D ESC/모터' 기능이 활성화된 상태이므로 비활성 상태로 전환하기 바랍니다.

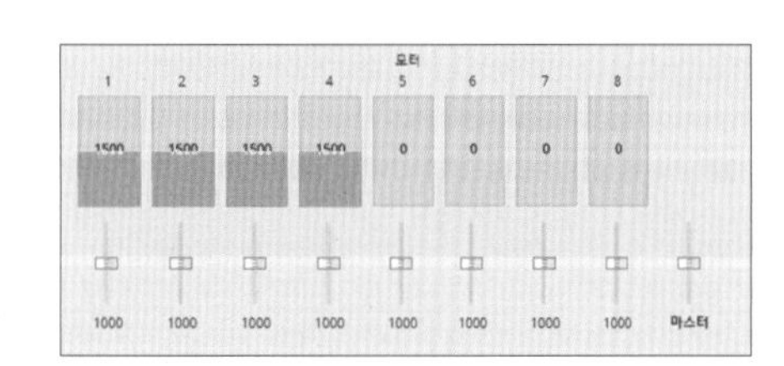

모든 슬라이더가 중간부에 위치한 모습

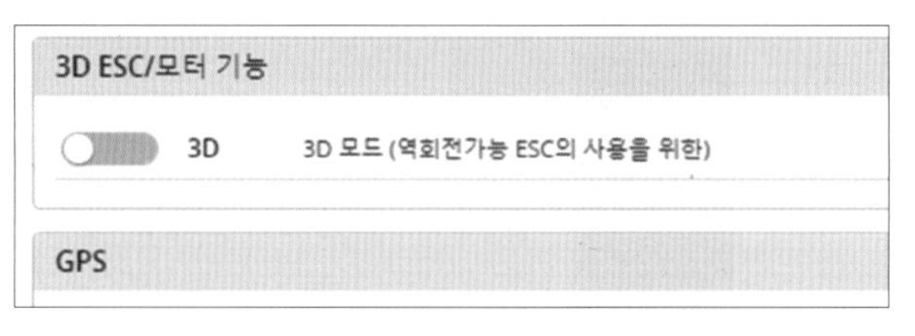

환경 설정 메뉴에서 3D 옵션을 끈 모습

CHAPTER 12

베타 플라이트 전용 OSD 설정하기

OSD 기능을 지원하는 비행 컨트롤러 또는 OSD 보드를 사용할 경우에는 자체 OSD 인터페이스로 화면을 출력하거나 베타 플라이트의 OSD 인터페이스로 화면을 출력할 수 있습니다.

베타 플라이트의 OSD 메뉴는 베타 플라이트 OSD 인터페이스를 지원하는 비행 컨트롤러에서 사용하는 OSD 화면 출력 인터페이스입니다. OSD 메뉴에서는 베타 플라이트의 OSD 인터페이스에서 화면에 표시할 요소를 지정할 수 있습니다.

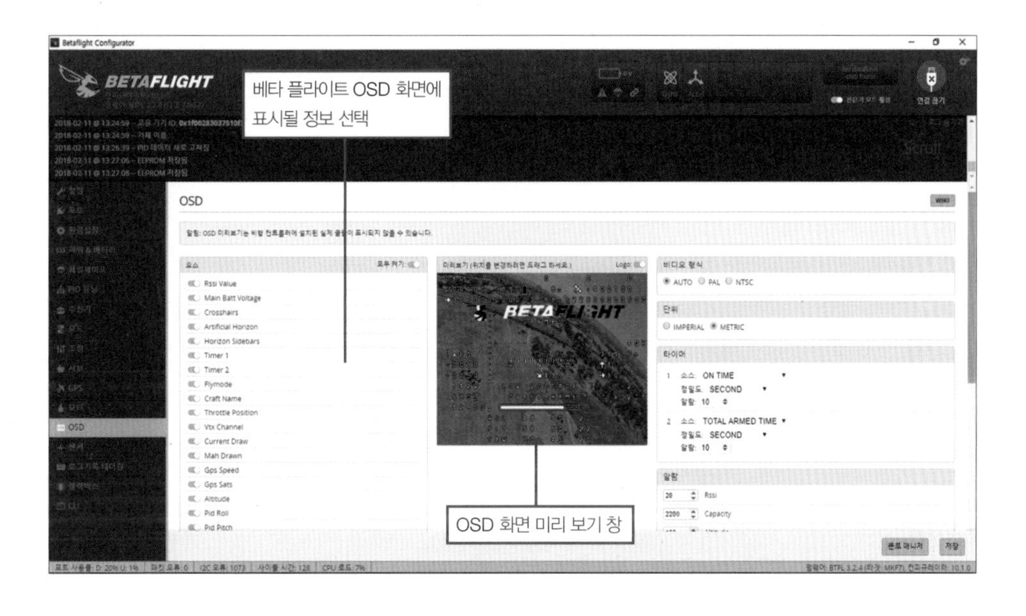

베타 플라이트 OSD 화면에 표시할 수 있는 정보는 배터리 잔여 시간, 비행 고도, 비행 위치(GPS가 장착된 경우), 비행 속도, 비행 각도, 비행 고도, 비행 거리(GPS가 장착된 경우), 비행 시간, 사용 전류, 경도와 위도(GPS가 장착된 경우) 등입니다. 대형 화면 장치 사용자는 여러 가지 정보를 보는 것이 좋지만 스마트폰 같은 작은 화면의 장치 사용자는 필요한 정보만 표시하도록 설정을 변경할 수 있습니다. 그림에서 오른쪽 옵션은 기본값을 그대로 사용하길 권장합니다. 그림 중앙의 미리 보기 창은 OSD 화면에 표시될 정보를 미리 보여 주는 창입니다. 정보가 표시될 위치는 마우스로 드래그하여 변경할 수 있습니다.

PART

06

조립의 최종 작업

CHAPTER

01 RC 모델 지정하기

조종기의 바인딩을 마무리한 뒤에는 조종기 설정을 해야 합니다. 시중의 드론용 조종기는 대부분 드론 전용이 아니라 RC 종합 조종기이므로 조종기와 세트인 리시버를 RC 비행기, 드론, RC 헬기, RC 자동차 등에 붙이면 해당 완구를 조종할 수 있습니다. 때문에 드론을 조종하려면 자신의 드론에 맞게 환경 설정을 하는 작업이 필요합니다. RC 조종기를 설정할 때 가장 먼저 하는 작업은 조종할 대상(모델) 설정입니다.

조종기의 내장 메뉴는 크게 메인 메뉴와 모델별 메뉴가 있습니다. 메인 메뉴란 조종기 전체에 적용되는 메뉴이며 통상 3~5페이지입니다. 모델별 메뉴란 하나의 조종기로 드론, RC 비행기, RC 헬기 등을 조종할 수 있도록 조종할 모델을 신규 등록한 뒤 해당 모델의 제어 환경을 설정하는 기능으로, 보통 15페이지로 되어 있으며 조종기 메뉴에서 가장 중요한 메뉴입니다. 예를 들어 드론 3대, RC헬기 2대, RC 고정익 비행기 1대를 각각의 모델로 등록하면 한 대의 조종기로 6가지 모델을 번갈아 가면서 조종할 수 있습니다. 또, 하나의 드론을 여러 모델로 등록한 뒤 서로 다른 동작 환경을 설정하여 원하는 환경(모델)을 골라서 조종할 수도 있습니다.

조종기를 구매한 뒤 신규 모델(조종할 대상)을 등록하는 방법은 다음과 같습니다.

Model Type	– Heli(RC 헬리콥터를 신규 조종할 모델로 등록) – Airpline(RC 고정익 비행기를 신규 조종할 모델로 등록) – Glider(RC 글라이더를 신규 조종할 모델로 등록) – Drone(드론을 신규 조종할 모델로 등록. 이 메뉴가 없을 경우 Heli에 등록)
Model Name	신규 등록한 모델의 이름을 원하는 이름으로 지정합니다.
Channel Assign	조종 신호가 전송될 채널을 설정하는데 기본값을 사용해도 무방합니다.
Frame Rate	수신기의 반응 속도를 설정합니다. 기본값을 사용해도 무방합니다.

CHAPTER 02

조종기의 일반적인 구조

모델을 등록하면 조종기가 해당 모델에 맞게 동작하는 기본적인 설정이 완료됩니다. 드론을 모델로 등록했으므로 조종기로 드론을 어떻게 조종하는지 기본적인 요소를 알아봅니다.

맨 처음 조종기를 구입하면 아무것도 설정되지 않은 원시 상태입니다. RC 조종기는 앞에서 말했듯 RC 요트, RC 자동차, RC 항공기, RC 헬기를 조종할 수 있는 종합 조종기이므로 구매자가 어떤 것을 조종할 것인지 모르기 때문에 백지 상태로 판매됩니다. 만약 이 조종기를 RC 요트 조종에 사용하려면 전용 리시버를 RC 요트에 붙이고, 드론 조종에 사용하려면 전용 리시버를 드론에 붙이면 됩니다. 하지만 아직 조종기의 스위치에 아무것도 할당되지 않은 상태이기 때문에 완구를 시동할 때 사용할 시동 키 설정 등의 복잡한 작업을 해야 합니다.

아래 조종기는 Mode 2 조종기이므로 Mode 1 방식 조종기와 스틱 위치가 다릅니다. Mode 2 조종기로 드론을 조종할 경우 각 기능은 다음과 같이 동작합니다.

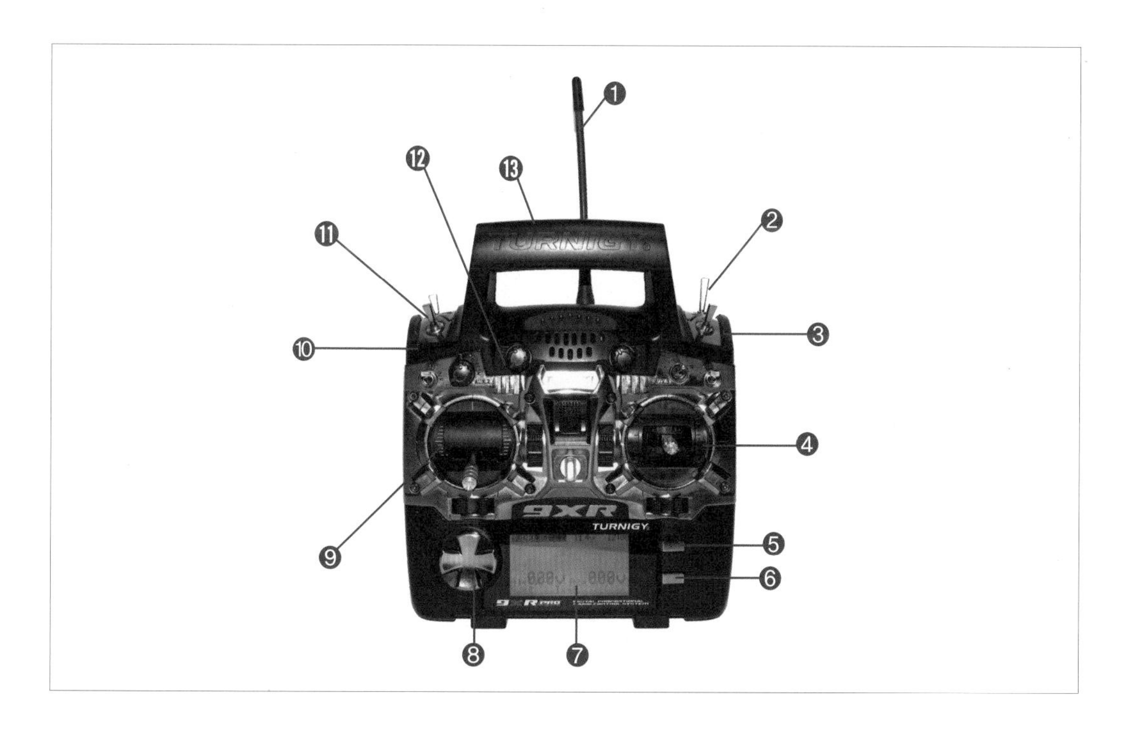

❶ 안테나

❷ 상단 키에서 아무거나 원하는 키를 드론의 시동을 거는 시동 키(아밍 키)로 설정해야 합니다.

❸ 드론의 비행 모드는 보통 앵글, 수평, 아크로 비행 3가지입니다. 원하는 비행 모드를 선택할 수 있도록 스위치를 할당합니다.

❹ 엘리베이터 스틱 ↕(전진/후진 비행) / 에일러론 스틱 ↔ (좌측/우측 평행 비행)

❺ 확인 버튼

❻ 취소 버튼

❼ 조종기 상태 정보와 조종기 메뉴가 표시되는 액정 창

❽ 조종기 메뉴 선택 및 메뉴 이동 버튼

❾ 스로틀 스틱 ↕ (상승 하강 비행) / 러더 스틱 ↔ (좌측/우측 방향 회전)

❿ 시동을 껐는데도 가끔 신호 이상으로 프로펠러가 강하게 도는 경우가 있습니다. 이를 방지하기 위해 안전키를 설정해야 합니다.

⓫ 조종기로 무엇을 조종할지 모르기 때문에 상단 스위치는 아무것도 할당되지 않은 백지 상태입니다.

⓬ 포트 다이얼

⓭ 손잡이

CHAPTER 03

포트 다이얼 사용 방법

포트 다이얼은 볼륨을 조종하는 방식으로 동작하는 노브 모양의 조절 도구로 조종기에 따라 2~3개가 달려 있습니다. 터니지 9XR 조종기의 경우에는 앞면에 3개의 포트가 있습니다.

이 3개 포트는 피치(엘리베이터)와 스로틀 상태를 커브 모양으로 제어해서 호버링이 잘되도록 하는 기능으로, 활성화된 상태인 경우 노말 비행 모드에서 사용할 수 있습니다.

활성화 방법은 각 조종기마다 다르므로 조종기 매뉴얼을 참고하기 바랍니다.

Pit.Trim	Pitch(엘리베이터, 전후진)의 강약을 조절합니다.
Hov.Pit	호버링 시 불안전할 때 엘리베이터(전후진) 강약을 조절합니다.
Hov.Thr	호버링 시 불안전할 때 스로틀(상하강) 강약을 조절합니다.

이들 3개 노브는 커스텀 노브이므로 사용 목적에 맞게 다른 기능을 할당할 수 있습니다. 예를 들어 카메라 짐벌을 장착한 경우에는 노브 중 하나에 짐벌의 회전각을 조절할 수 있는 기능을 할당할 수 있습니다.

CHAPTER 04

트림(Trim) 버튼 사용 방법

RC 조종기는 일반적으로 트림(Trim) 버튼이 있습니다. 트림 버튼은 러더, 스로틀, 엘리베이터, 에일러론 스틱의 동작 상태를 미세하게 조절하는 기능입니다.

트림(Trim) 버튼은 러더, 스로틀, 엘리베이터, 에일러론 스틱의 각 중심점을 미세하게 이동시키는 기능입니다. 기체를 허공에 띄우다 보면 스틱을 조종하지 않았는데도 호버링을 하지 않고 앞쪽으로 비행하거나 혹은 회전하는 경우가 있는데, 이는 기체의 무게 중심이 잘못되었거나 비행 컨트롤러의 설정이 잘못되었기 때문입니다. 이런 경우 러더, 스로틀, 엘리베이터, 에일러론 스틱의 각 트림 버튼을 눌러 중심점을 미세하게 이동시켜서 보정할 수 있습니다.

다음은 Mode 2 방식 조종기에서 트림 버튼 사용법입니다.

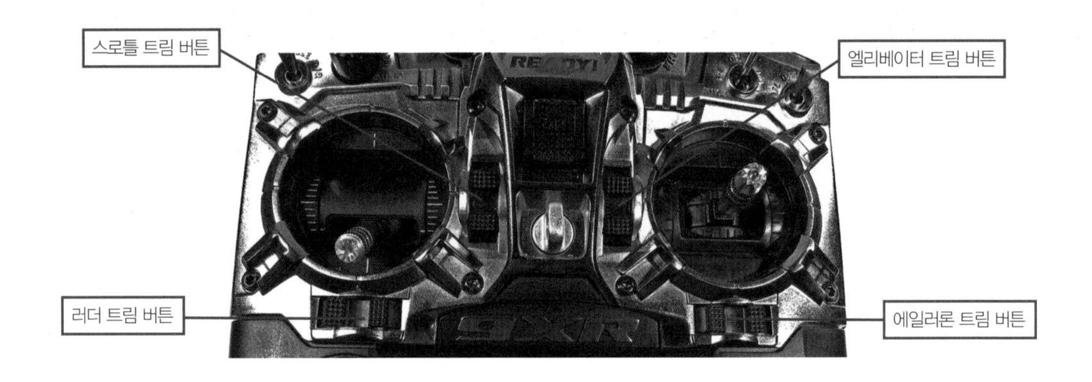

러더의 트림 버튼	허공에 뜬 기체가 자꾸 왼쪽이나 오른쪽으로 쏠려서 회전할 경우 해당 트림 버튼의 반대 방향을 눌러 중심축을 이동해 줍니다.
스로틀의 트림 버튼	스로틀 스틱을 별로 높이지 않았는데 기체가 급상승하거나 급하강할 경우 해당 트림 버튼의 반대 방향을 눌러 중심축을 이동해 줍니다.
엘리베이터의 트림 버튼	기체가 허공에 뜨자마자 바로 앞으로 날아가거나 뒤로 날아올 경우 해당 트림 버튼의 반대 방향을 눌러 중심축을 이동해 줍니다.
에일러론의 트림 버튼	기체가 허공에 뜨자마자 바로 좌측이나 우측으로 날아갈 경우 해당 트림 버튼의 반대 방향을 눌러 중심축을 이동해 줍니다.

CHAPTER 05

2단 스위치 또는 3단 스위치 (커스텀 스위치) 사용 방법

일반적으로 RC 조종기 상단에는 2단 스위치 3~4개가, 전면부에는 2단 스위치 1~2개와 3단 스위치 1~2개가 있습니다. 사용자가 임의대로 어떤 기능을 스위치로 조작하고 싶을 때 사용할 수 있는 커스텀 스위치들입니다.

RC 조종기의 2~3단 스위치들은 초기에는 아무 기능이 없으므로 사용자가 자신이 조종하려는 대상에 맞게 커스텀해야 합니다.

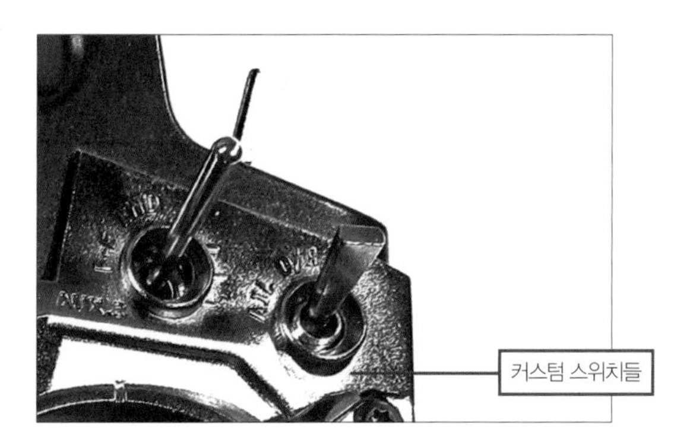

2단 스위치는 어떤 기능을 Off/On 하는 기능으로 사용합니다. 예를 들면 드론의 시동을 켤 수 있는 기능을 2단 스위치 중 원하는 스위치에 할당할 수 있습니다. 이런 기능들을 초기에 등록하지 않으면 이 스위치들은 아무 기능이 없는 비어 있는 스위치가 됩니다.

3단 스위치는 어떤 기능을 Off/On(2단)/On(3단) 하는 기능입니다. 비행 모드는 보통 Normal 모드(아크로 모드), Angle 모드, Horizontal 모드 3가지가 있으므로 비행 모드를 선택하는 기능을 3단 스위치에 할당합니다.

유용한 TIP

중고 조종기의 커스텀 스위치

중고 조종기의 경우에는 커스텀 스위치에 이미 기능들이 할당되어 있을 수도 있는데, 그럴 경우에도 자신의 조종하려는 드론과는 환경이 다르기 때문에 일일이 재할당해야 사용할 수 있습니다.

CHAPTER

06 드론의 시동 키

조립를 완료한 뒤 배터리를 연결하고 조종기로 조종하려고 하면 불빛은 들어오는데 아무 반응이 없습니다. 드론에 배터리는 연결했지만 시동을 걸지 않았기 때문입니다. 지금부터 드론의 시동을 걸 수 있는 시동 키(아밍 스위치) 작성법을 정리합니다.

드론의 시동 키를 만들려면 먼저 조종기에서 시동 키로 사용할 스위치를 할당하는 작업을 해야 합니다. 해당 스위치를 베타 플라이트 같은 펌웨어 컨피규레이터 소프트웨어에서 Arm 키로 설정하면 조종기에서 해당 스위치를 On/Off 할 때 드론의 시동을 걸거나 끌 수 있습니다. 드론의 시동을 걸면 모터가 얌전하게 최저 속도로 회전을 하는데 이를 아밍 상태(시동이 걸린 상태)라고 말합니다. 아밍 상태에서 프로펠러를 돌게 할지 아니면 멈추게 할지는 펌웨어 컨피규레이터 소프트웨어에서 지정할 수 있는데, 일반적으로 프로펠러를 돌게 하는 것이 좋습니다.

아밍이 걸리면 프로펠러가 제일 약하게 회전하면서 시동이 걸린 것이 보이므로 이후 스로틀 스틱을 천천히 위로 올리면 프로펠러의 회전 속도가 빨라지면서 드론은 이륙합니다.

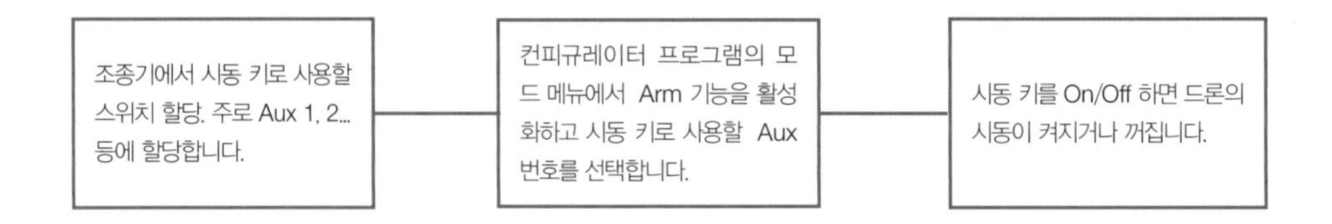

CHAPTER 07

조종기의 스위치 활성화하기

배터리를 연결한 드론에 조종기로 시동을 걸 수 있는 시동 키를 만들어 봅니다. 조종기마다 설정법이 조금 다를 수 있지만 기본 원칙은 거의 같으므로 아래를 참고해 시동 키를 작성하기 바랍니다. 시동 키가 없는 드론은 시동이 걸리지 않으므로 비행을 할 수 없습니다.

예제에 사용한 조종기는 터니지 9XR 프로입니다.

조종기의 4방향 버튼으로 오른쪽 버튼을 한번 길게 누르면 모델 선택 창이 나타납니다.
다시 한번 길게 누르면 현재 사용 중인 모델의 메뉴를 설정할 수 있는 모델 메뉴창이 나타납니다.

모델 메뉴창에서 Mixer 메뉴를 찾아갑니다.

모든 조종기의 1~4채널은 스로틀~엘리베이터 스틱 등의 4개 스틱이 기본적으로 사용하는 채널입니다.

따라서 시동 신호를 보내는 채널은 나머지 5, 6, 7, 8... 채널 중 하나를 사용해야 합니다.

여기서는 5번 채널을 선택했습니다. 만일 다른 명령이 5번 채널을 전송 채널로 사용할 경우 그것을 삭제하고 새로 삽입하거나, 또는 그 명령에 추가해서 시동 명령을 삽입할 수 있습니다.

5번 채널을 선택한 상태에서 메뉴 버튼을 클릭하면 하위 메뉴가 나타납니다. 여기서 Edit 메뉴를 실행합니다.

Edit 메뉴의 Source 항목에서 Full 또는 Half를 선택합니다. 2단 스위치를 할당할 생각이면 Full을, 3단 스위치를 할당할 생각이면 Half를 선택합니다. 3단 스위치의 경우 2단은 Half, 3단은 Full로 설정하면 2단과 3단에 각각 다른 명령을 할당할 수 있습니다. 여기서는 2단 스위치에 명령을 할당할 생각이므로 Full을 선택합니다.

메뉴를 하단으로 스크롤하면 Switch 항목이 있습니다. Switch 항목에 커서를 놓습니다.

이 상태에서 조종기 상단의 왼쪽 앞 버튼을 On/Off로 움직여 줍니다. 뒤쪽으로 밀면 Off이고 앞쪽으로 당기면 On입니다. 앞으로 당겨서 On 상태로 하면 Switch 항목에 해당 스위치가 등록됩니다.
이 작업을 반복해 6, 7, 8번 채널에도 각각 다른 스위치를 등록해 줍니다.

CHAPTER

08 컨피규레이터에서 시동 키 기능 활성화하기

앞서 채널 5번에 스위치를 할당했습니다. 이제 해당 스위치를 On할 때 실제 시동이 걸리도록 시동 키 성질을 부여하는 방법을 알아봅니다.

비행 컨트롤러를 PC와 연결한 뒤 비행 컨트롤러가 지원하는 펌웨어 컨피규레이터를 실행하고 '연결' 버튼을 클릭해 비행 컨트롤러에 접속합니다.

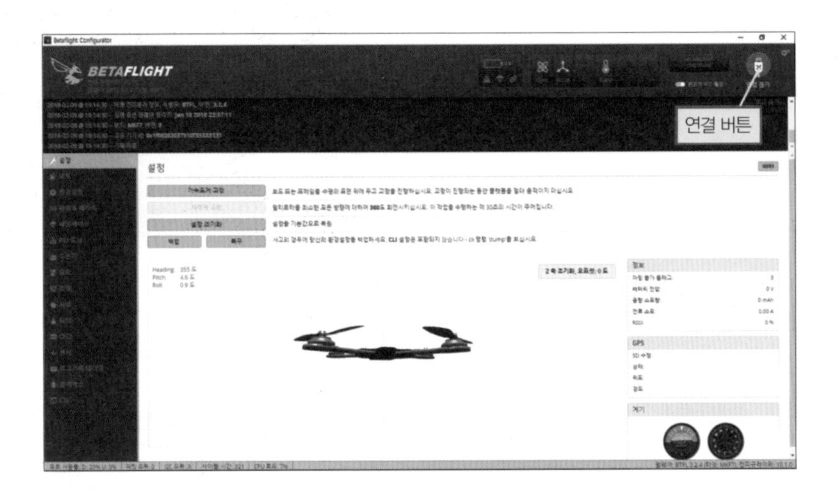

'모드' 메뉴를 클릭하면 앞에서 할당한 스위치에 컨피규레이터가 제공하는 각종 기능을 할당할 수 있습니다.

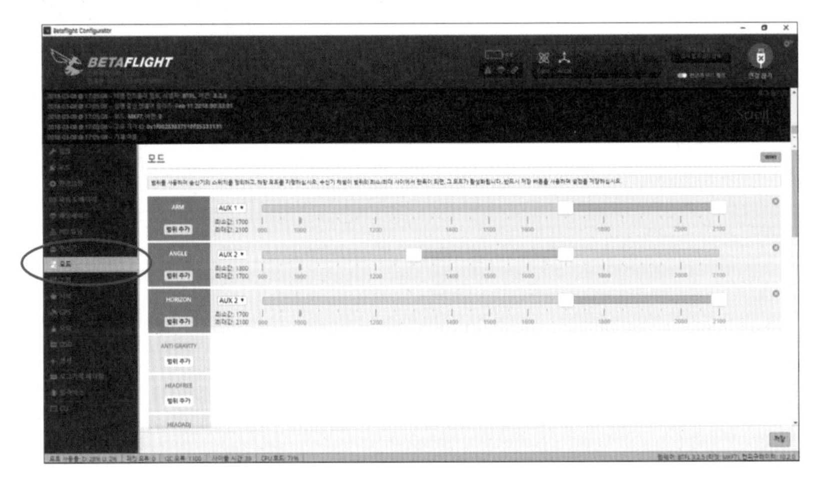

첫 번째 'Arm' 탭이 시동 키 설정 기능입니다. 'Arm' – '범위 추가' 버튼을 클릭합니다.

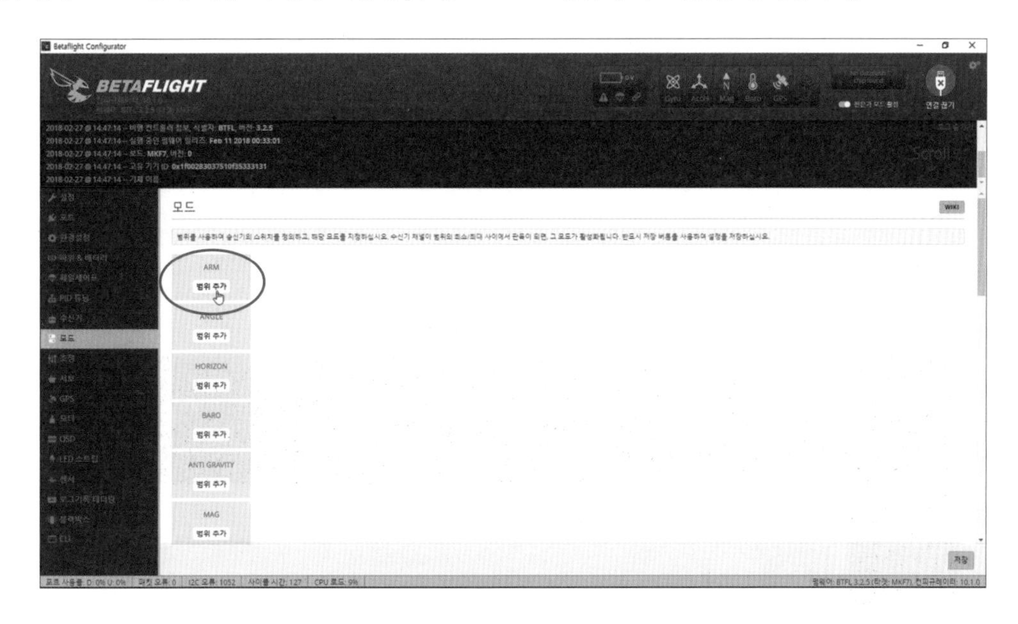

Arm 범위가 바 형태로 추가되었습니다. 그림에 보이는 작은 막대는 스위치를 켜거나 끌 때 움직이는 막대입니다. 이 막대가 바의 노란색 범위에 있으면 시동이 On 상태이고, 회색 부분에 있으면 시동이 Off 상태로 변합니다.

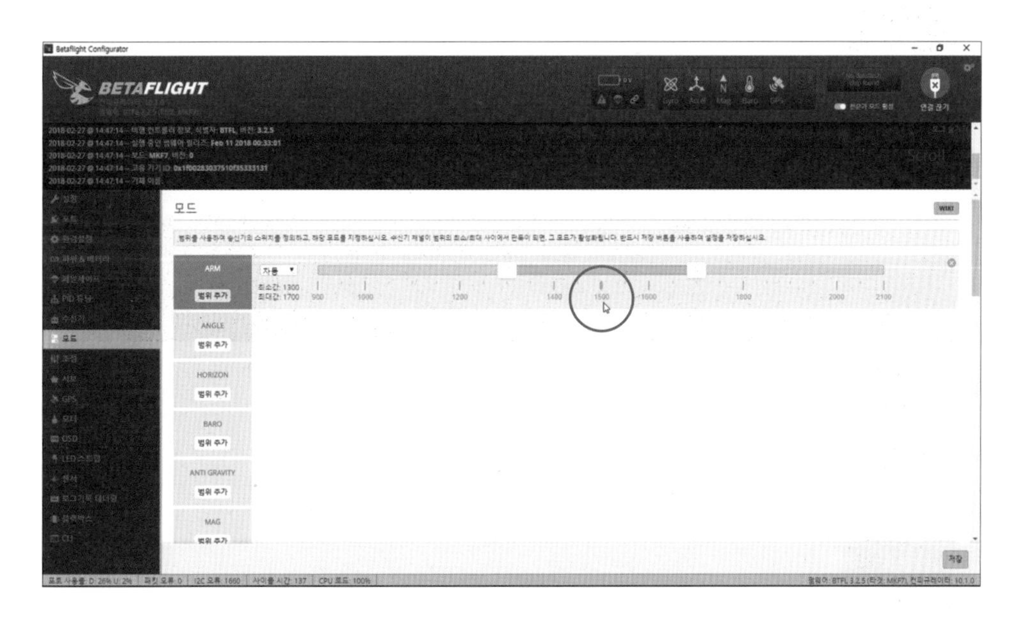

채널 버튼을 클릭한 뒤 앞에서 할당한 스위치의 On/Off 신호가 전송될 채널을 선택합니다. 조종기에서 스위치를 처음 할당한 경우라면 1~4번 채널은 스틱들의 조작 신호가 전송되는 채널이므로 첫 번째로 할당한 스위치는 자동으로 5번 채널을 사용하게 됩니다(만일 스위치를 2개 할당한 상태라면 할당 순서대로 5, 6번 채널을 사용합니다).

팝업 버튼을 클릭한 뒤 스위치를 조작했을 때 신호가 전송될 채널로 Aux 1(Channel 5)을 선택합니다. 할당한 스위치가 정상 동작하는지 확인하기 위해 조종기에서 On/Off를 해 봅니다. 작은 막대가 움직이면 할당한 스위치가 정상 동작하는 상태입니다.

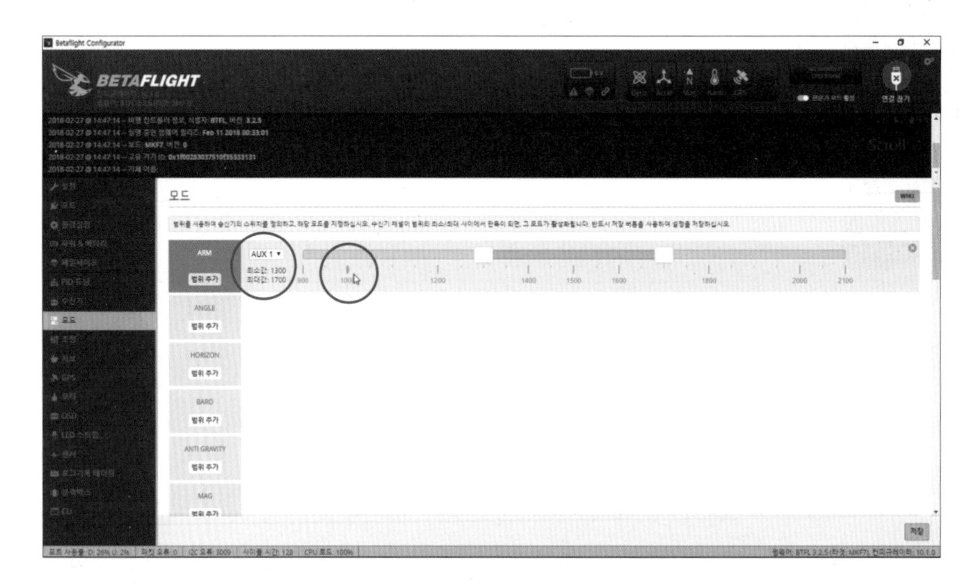

조종기에서 스위치를 On하면 그림처럼 작은 막대가 바의 끝으로 이동합니다.

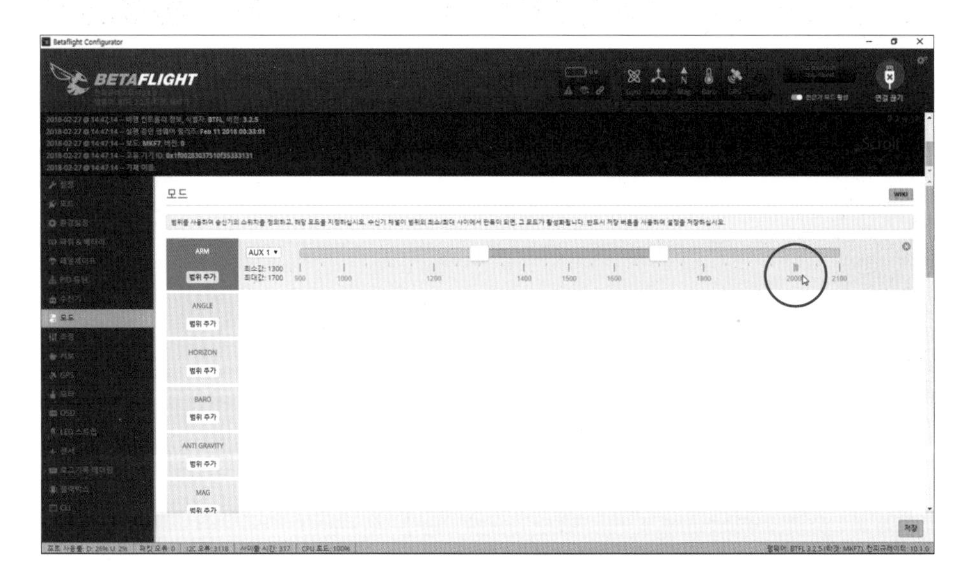

바에서 노란색 범위를 드래그하여 끝부분으로 이동합니다. 노란색 범위 안에 작은 막대가 있을 경우 On 상태가 됩니다.

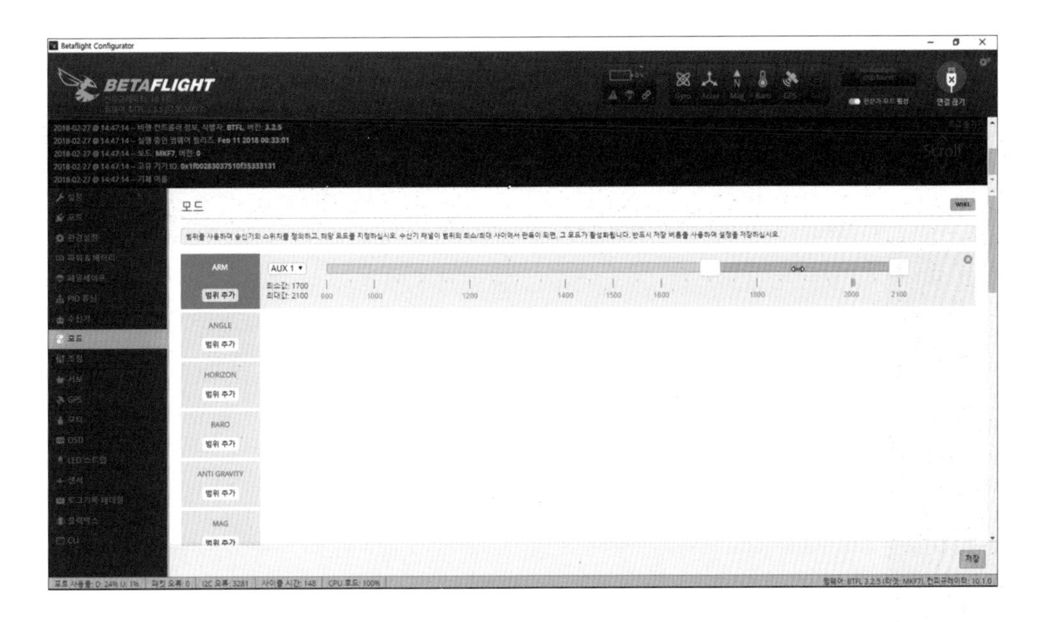

조종기에서 할당한 스위치를 끄면 그림처럼 작은 막대가 바의 시작 쪽, 바의 회색 범위로 이동합니다. 바의 회색 범위에 작은 막대가 있을 경우 스위치는 Off 상태가 됩니다.

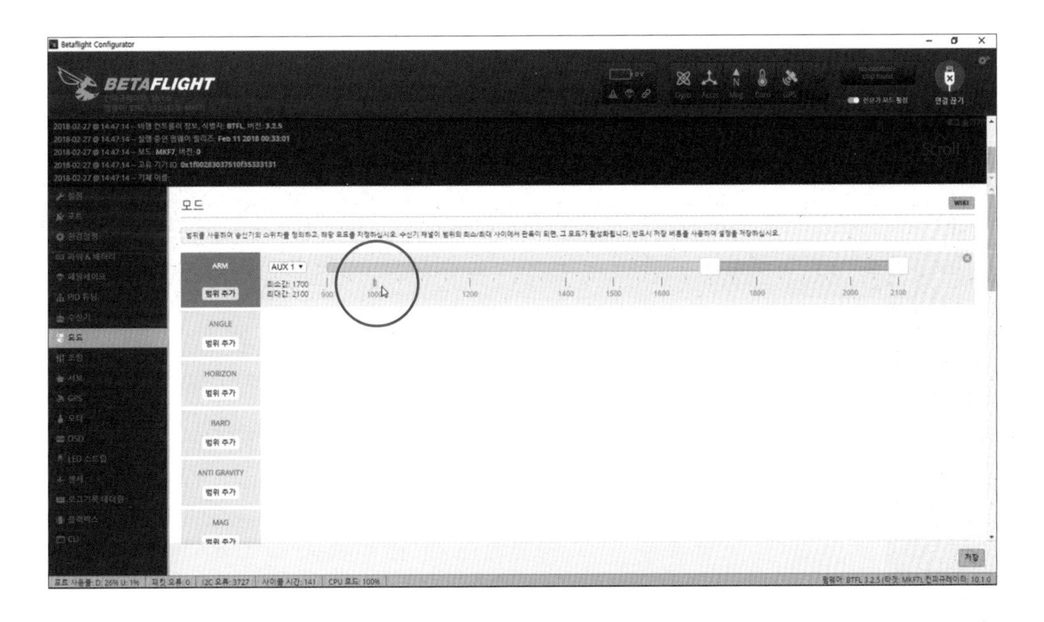

조종기에서 다시 스위치를 켜 봅니다. 작은 막대가 바의 노란색 범위로 이동합니다. On 상태이므로 드론의 시동이 걸리게 됩니다. 만일 배터리가 드론에 연결된 상태이면 시동이 걸리면서 모터가 최저 속도로 회전하게 됩니다.

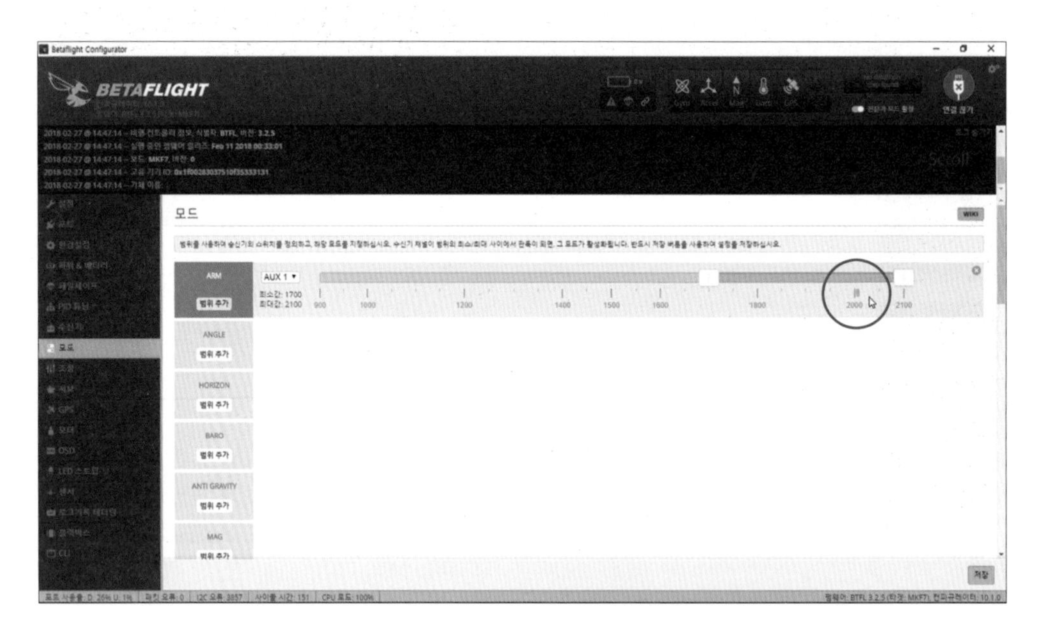

이번에는 조종기에서 스위치를 꺼 봅니다. 작은 막대가 바의 회색 범위로 이동합니다. Off 상태이므로 드론의 시동이 꺼지게 됩니다. 지금까지 스위치의 설정 작업과 동작 상태를 확인했습니다. 이제 해당 스위치는 시동 키로 동작합니다.

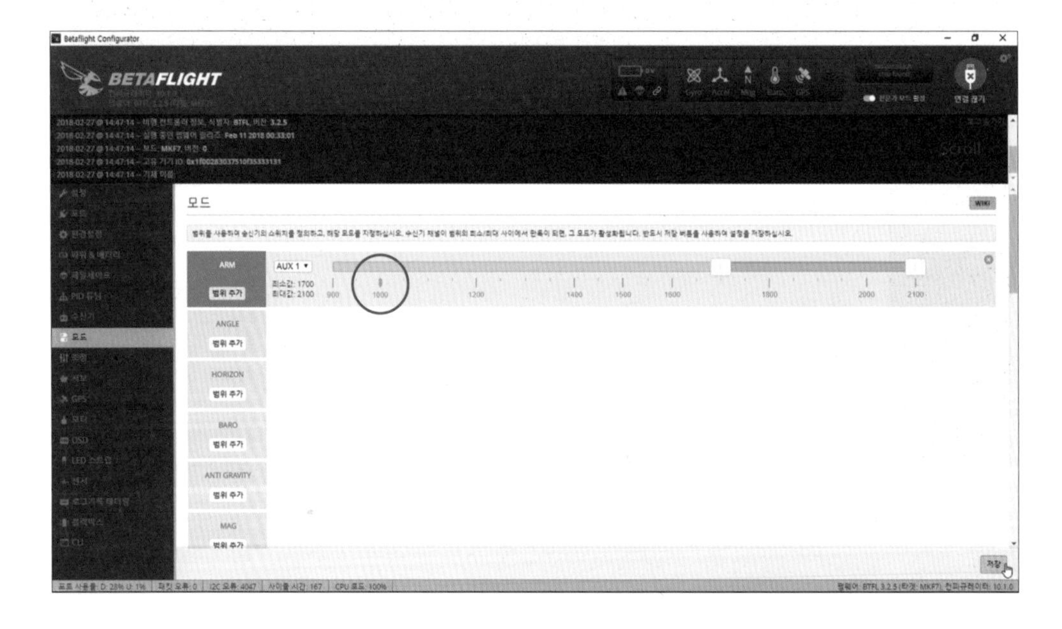

CHAPTER 09

스로틀 컷(T Cut) 안전키란?

드론의 스위치를 끄는 방법은 조종기마다 다르겠지만 보통은 조종기의 시동 키를 끈 뒤 조종기의 전원을 끄고 드론에서 배터리를 제거합니다. 그런데 조종기의 전원을 끌 때 간혹 신호 오류가 발생해 프로펠러가 갑자기 힘차게 도는 경우가 있습니다. 스로틀 컷이란 이런 위험한 상황을 방지하기 위해 스로틀로 유입되는 기름량(여기서는 전류량)을 차단하는 안전 스위치입니다. 스로틀 컷은 신호 오류로 모터가 별안간 강하게 회전하는 일을 방지할 목적으로 사용합니다.

스로틀 컷 스위치를 만들면 드론을 착륙시킨 뒤 조종기를 매우 안전하게 끌 수 있습니다. 절차가 한 단계 늘어나지만 안전을 중요시하는 사람이라면 스로틀 컷 스위치를 사용하기 바랍니다.

❶ 스로틀 스틱을 아래쪽 0점 위치로 내립니다.

프로펠러는 저속 회전으로 바뀌면서 대기 상태로 전환합니다. 이때 스로틀 스틱을 위로 올리면 프로펠러는 다시 힘차게 돌기 시작합니다.

↓

❷ 스로틀 컷 스위치 On

스로틀 컷 스위치를 켭니다. 신호 오류로 불시에 모터가 강하게 회전하는 것을 방지하는 안전장치입니다.

↓

❸ 시동 키 Off

시동 키를 끕니다. 스로틀 컷 스위치가 On 상태이므로 신호 오류 때문에 모터가 강하게 회전하는 일이 발생하지 않습니다.

↓

❹ 조종기 전원 스위치 Off

조종기의 전원을 끄면 드론의 종료가 완료됩니다.

↓

❺ 드론에서 배터리 제거

스로틀 컷 스위치를 사용하면 이처럼 종료 작업에서 한 단계 과정이 더 생기지만 신호 이상으로 프로펠러가 강하게 회전하는 비상사태를 방지할 수 있습니다.

CHAPTER

10 스로틀 컷 안전키 만들기

조종기에서 스로틀 컷 스위치를 만드는 방법을 알아봅니다. 스로틀 컷 스위치는 조종기마다 만드는 방법이 다르므로 해당 조종기의 매뉴얼을 참고해 만들기 바랍니다.

여기서는 터니지 9XR 조종기에서 스로틀 컷 스위치를 만드는 방법을 알아봅니다. 터니지 9XR 조종기의 경우에는 별도의 스위치를 할당하지 않고도 자동으로 스로틀 컷 스위치를 만들 수 있습니다.

터니지 9XR 조종기의 스위치를 켜면 메인 화면이 나타납니다.

조종기의 모델(Model) 메뉴로 들어갑니다. 터니지 9XR 조종기는 십자 버튼에서 오른쪽 방향 버튼을 잠시 누르고 있으면 모델 메뉴로 진입할 수 있습니다.

모델 메뉴입니다. 여기서 설정을 변경할 모델을 선택합니다. 기본적으로 지금 사용 중인 모델이 선택된 상태이므로 다른 모델로 변경할 필요는 없습니다.
그런 뒤 십자 버튼에서 오른쪽 방향 버튼을 잠시 누르면 해당 모델의 셋업 메뉴로 진입할 수 있습니다.

셋업 메뉴입니다. 십자 버튼의 좌우 버튼을 눌러 Mixer 메뉴로 이동합니다.

Mixer 메뉴입니다. 기본적으로 스로틀 컷 신호는 스로틀 스틱이 사용하는 채널 1을 통해 전송됩니다. 현재는 채널 1에 스로틀 신호만 전송되도록 할당되어 있습니다.

십자 버튼의 좌우 버튼을 눌러 Templates 메뉴로 이동합니다.

스로틀 컷 스위치 할당 메뉴인 'T-Cut' 항목을 선택합니다. 그런 뒤 '메뉴' 버튼을 잠시 누르면 'T-Cut' 명령이 자동으로 할당됩니다.

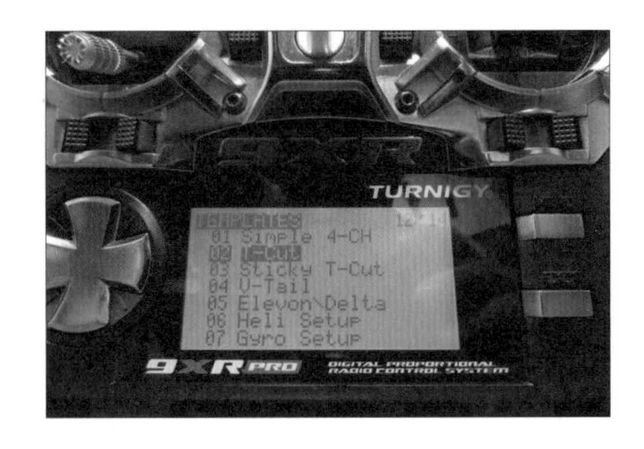

십자 버튼의 좌우 버튼을 눌러 Mixer 메뉴로 이동합니다.

스로틀 스틱이 사용하는 채널 1에 R-100 Halfthr이 추가 할당되었는데 이것이 스로틀 컷 명령입니다. 물리적으로는 조종기의 상단 왼쪽 뒤편에 있는 THR.CUT 스위치에 자동 할당됩니다. THR.CUT 스위치를 켜고 시동 키를 끄면 모터가 별안간 회전하는 증상이 사라지므로 안전하게 조종기의 전원 버튼을 끌 수 있습니다.

CHAPTER 11

조종기에서 비행 모드 스위치 활성화하는 방법

메이커의 완제품 드론은 비행 모드가 세팅된 상태에서 출하되지만 조립 드론은 비행 모드가 세팅되지 않은 원시적인 상태입니다. 그러므로 조립을 완료한 뒤에는 비행 모드를 선택할 수 있는 스위치를 설정해야만 조종할 때 비행 모드를 선택할 수 있습니다.

드론의 비행 모드는 일반적으로 3가지가 있습니다. 컨피규레이터마다 지원하는 비행 모드가 다르므로 여기서는 가장 많이 사용하는 베타 플라이트 컨피규레이터를 기준으로 설명합니다.
베타 플라이트 컨피규레이터는 Angle, Horizontal, Acro, Air 등의 4가지 비행 모드를 설정할 수 있습니다. 비행 모드를 설정하지 않은 상태의 조종기와 조립식 드론은 기본적으로 Acro 비행 모드로 동작합니다. 따라서 조종기의 비어있는 스위치에 Angle 모드와 Horizontal 모드를 할당하면 총 3개의 비행 모드를 고를 수 있는 상태가 됩니다. Air 모드는 조종 전문가들이 사용하는 기능이므로 필요한 경우 나중에 비어 있는 스위치에 할당하기 바랍니다.

1) Angle 모드(각도 한정 비행 모드)

Angle 모드에서는 조종기의 스틱으로 드론의 경사각을 조종할 수 있지만 최대 경사각을 45~50도 내외로 한정하고 비행합니다. 드론은 조종기의 스틱을 최대로 움직여도 허용된 최대 각도까지만 회전한 뒤 자동으로 수평 비행 모드로 복귀합니다. 드론이 스스로 수평을 찾아 가는 비행 모드이므로 곡예비행은 할 수 없습니다. 흔히 셀프 레벨 모드라고 하며, 일반적으로 조종을 할 줄 모르는 입문자들이 선택하는 비행 모드입니다.
드론에 처음 입문하는 입문자는 드론을 조립한 뒤 가급적 Angle 모드를 사용해야 드론을 잘 조종할 수 있지만, 사실 조종 실력을 키우려면 Acro 모드로 연습하는 것이 가장 좋습니다. 설정 방법은 조종기에서 Angle 모드로 사용할 스위치를 지정한 뒤 해당 스위치에 컨피규레이터의 Mode 메뉴에서 Angle 모드를 할당하면 됩니다.
참고로 완제품 드론이나 완구용 드론은 이미 조종기의 스위치에 Angle 비행 모드가 할당되어 있거나 또는 Angle 비행 모드를 기본 비행 모드로 채택한 경우가 많기 때문에 조립식 드론보다는 조종이 쉬운 편입니다.

Angle 비행 모드는 조종기의 지시가 있어도 정해진 각도까지만 허용한 뒤 스틱 입력이 없을 경우 수평 비행으로 복원됩니다.

2) Horizontal 모드(수평 비행 모드)

Angle 모드와 마찬가지로 드론은 수평을 유지하며 비행하는 속성이 있지만 스틱을 완전히 밀거나 당겼을 때 플립 비행과 롤 비행 같은 공중 선회 비행을 할 수 있는 비행 모드입니다. 아크로 모드처럼 민첩한 곡예비행은 할 수 없지만 간단한 곡예비행 정도는 할 수 있는 비행 모드인 셈입니다.
설정 방법은 조종기에서 Horizontal 모드로 사용할 스위치를 지정한 뒤 해당 스위치에 컨피규레이터의 Mode 메뉴에서 Horizontal 모드를 할당하면 됩니다.

Horizontal 비행 모드는 조종기의 지시가 있을 경우 때때로 360도 회전 비행을 허용한 뒤 스틱 입력이 없을 경우 수평 비행 모드로 자동 복원합니다.

3) Acro 모드(아크로바틱 비행 모드, Rate Mode)

드론의 가속도계를 비활성한 상태에서 자유자재의 곡예비행을 할 수 있는 비행 모드입니다. 말 그대로 조종기 스틱이 움직이는 대로 비행하기 때문에 순발력이 필요합니다.

Acro 모드는 모든 것을 조종자가 직접 조종하지만 가속으로 비행할 때는 드론의 날아가는 힘에 맡기고 필요한 경우에만 조종합니다. 스틱의 움직임에 따라 플립, 롤 비행 같은 공중 선회 비행을 자유자재로 할 수 있기 때문에 신기에 가까운 곡예비행을 할 수 있습니다.

Acro 모드를 사용하려면 특성상 카메라 짐벌 같은 무거운 장치는 장착하지 않고 최대한 가볍게 조립해야 합니다. 아크로 비행은 비행 각도, 비행 속도 등의 모든 비행 환경을 조종자가 암기하고 감으로 조종하기 때문에 레이싱 드론 사용자는 꾸준히 비행 훈련을 해야 합니다. Acro 비행 모드는 드론으로 실제 연습할 경우 예기치 않은 사고로 드론이 파손되는 경우가 많으므로 가급적 비행 시뮬레이터에서 충분히 연습한 뒤 실전에 나서는 것이 좋습니다. 실전 비행 연습을 할 때는 드론이 추락으로 파손되지 않도록 경질 스폰지로 추락 시 땅에 부딪힐 부분을 보호해 주는 것이 좋습니다.

참고로 베타 플라이트 컨피규레이터는 별도의 Acro 모드 스위치를 할당하지 않습니다. 기본적으로 Acro 모드 기능이 활성화된 상태이기 때문입니다. 예를 들어 앞의 Angle 모드나 Horizontal 모드 스위치를 켜지 않은 상태라면 Acro 비행 모드를 사용하는 상태입니다

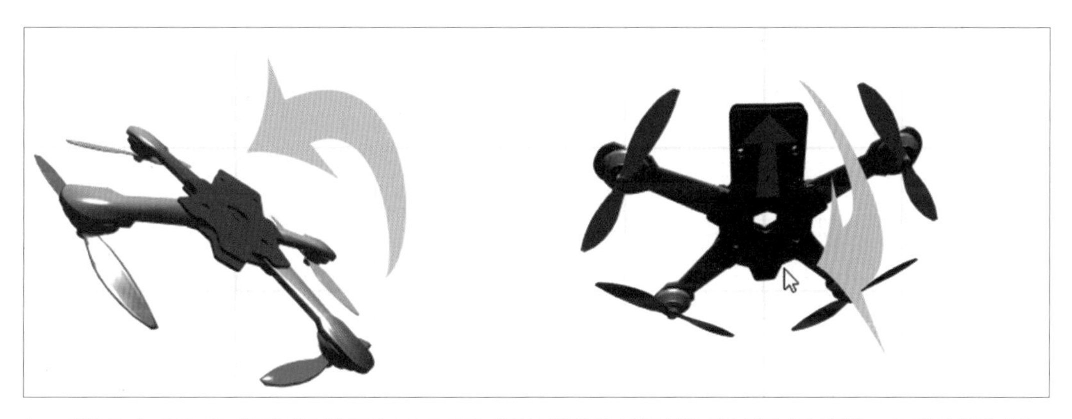

Acro 비행 모드는 조종기의 지시에 따라 전후좌우 360도 회전 비행을 허용한 뒤 스틱 입력이 없을 경우 수평 비행 모드로 자동 복원합니다.

4) Air 모드

Acro 비행 모드와 비슷하지만 한층 곡예에 가까운 비행 모드입니다. 드론이 공중에서 비행 중일 때 스로틀 레버를 0으로 내리면 모터는 가장 느린 속도로 회전을 하며 빠르게 낙하합니다.

Air 모드를 활성화하면 스로틀 레버를 0으로 내릴 때 PID loops 기능이 자동 활성화되면서 낙하하는 중에도 드론을 제어할 수 있게 합니다. 따라서 신기에 가까운 곡예비행을 하려는 사람들이 선택하는 비행 모드입니다.

Air 모드 스위치를 할당하려면 앞과 동일하게 조종기에서 Air 모드로 사용할 스위치를 설정한 뒤 해당 스위치에 컨피규레이터 소프트웨어의 Mode 메뉴에서 Air 모드를 할당하면 됩니다.

유용한 TIP

유명 메이커의 완제품 드론 조종이 쉬운 이유

완구용 드론이나 유명 메이커의 완제품 드론은 조종하기 쉬운 비행 모드가 기본적으로 활성화된 상태입니다. 따라서 초보자들도 손쉽게 조종할 수 있습니다. 조립식 드론은 서로 관계없는 조종기와 부품들로 조립한 드론이므로 세부 설정을 해야 메이커 드론에서 볼 수 있는 기능들을 사용할 수 있습니다. 예를 들면 유명 완제품 드론에서 볼 수 있는 위치 홀딩, 리턴 홈 등의 기능 역시 조립식 드론에서 구현할 수 있지만 컨피규레이터에서 사용 설정을 해야만 합니다.

CHAPTER 12

Acro, Angle, Horizontal 비행 모드 스위치 만들기

앞에서 말했듯 조립식 드론의 조종기는 스위치에 아무런 설정이 없는 원시 상태이기 때문에 비행 모드를 선택할 수 있는 스위치를 만들어야 합니다. 지금부터 조종기에 비행 모드를 선택할 수 있는 스위치를 할당하는 방법을 알아봅니다.

먼저 조종기에서 Acro, Angle, Horizontal 비행 모드로 선택할 때 사용할 스위치를 지정해야 합니다. Acro 비행 모드, Angle 비행 모드, Horizontal 비행 모드는 서로 다른 비행 모드이므로 같이 사용할 수 없습니다. 베타 플라이트의 경우에는 비행 모드를 선택하지 않은 상태에서는 자동으로 Acro 비행 모드를 사용합니다.

비행 모드 선택 스위치는 일반적으로 조종기의 3단 스위치에 할당합니다. 그럴 경우 1단 Off 상태는 디폴트 비행 모드(Acro 비행 모드), 2단 상태에서는 Angle 비행 모드(Acro 비행 모드는 취소 상태), 3단 상태에서는 Horizontal 비행 모드(Acro 비행 모드와 Angle 비행 모드는 취소 상태)를 선택할 수 있습니다.

조종기에서는 일반적으로 전면부 좌우측 스위치 중 한두 개가 3단 스위치이므로 그 스위치의 2단에 Angle 비행 모드, 3단에 Horizontal 비행 모드를 할당하면 조종 중 비행 모드를 Acro – Angle – Horizontal 모드로 전환할 수 있습니다.

필자의 터니지 9XR 조종기의 경우에는 그림처럼 F–E–LND 스위치가 3단 스위치입니다. 조종기마다 3단 스위치가 다르므로 찾아보기 바랍니다.

지금부터 이 3단 스위치를 아래와 같이 설정하겠습니다.

1단 Off	Acro 비행 모드 상태(기본값)
2단 On1	Angle 비행 모드 선택 기능
3단 On2	Horizontal 비행 모드 선택 기능

조종기의 메인 화면입니다. 메인 화면은 조종기마다 다를 수 있습니다.

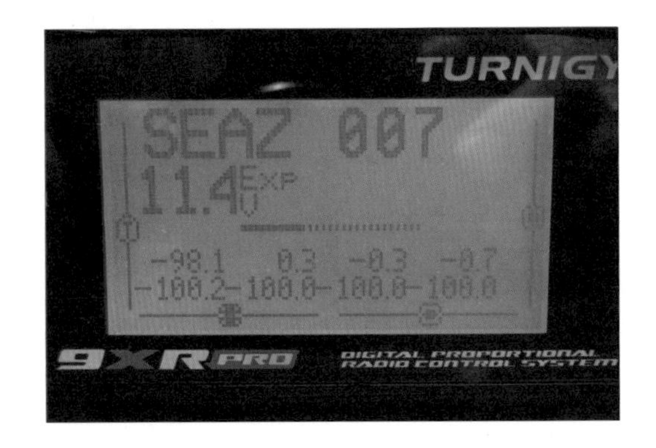

십자 버튼의 오른쪽 버튼을 길게 눌러 Model 메뉴로 이동합니다.
조종기의 Model 메뉴 화면입니다.

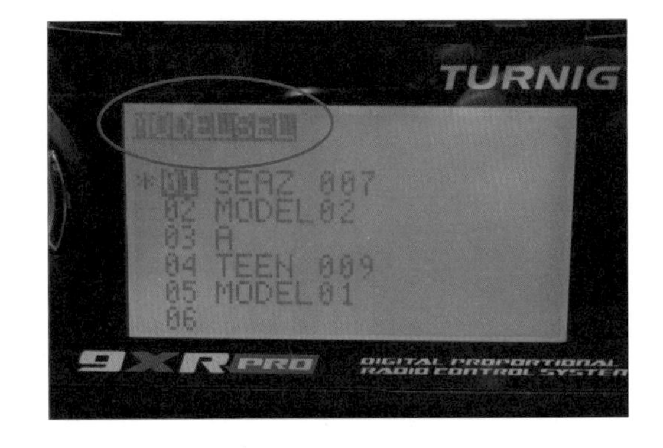

십자 버튼의 오른쪽 버튼을 길게 눌러 해당 모델의 Setup 메뉴로 이동합니다.
조종기의 Setup 메뉴 화면입니다.

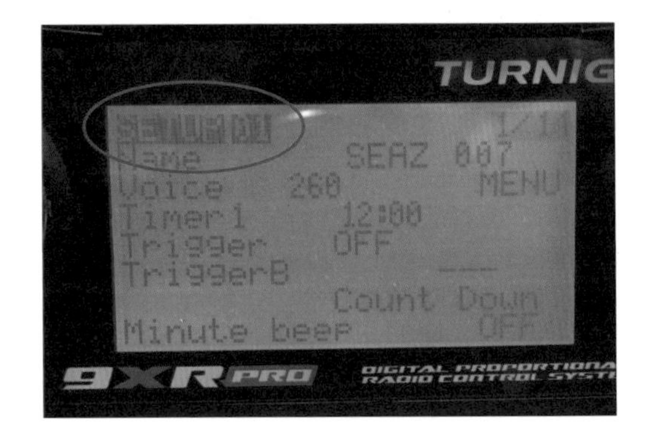

십자 버튼의 오른쪽 버튼을 여러 번 눌러 5페이지에 있는 Mixer 메뉴로 이동합니다.

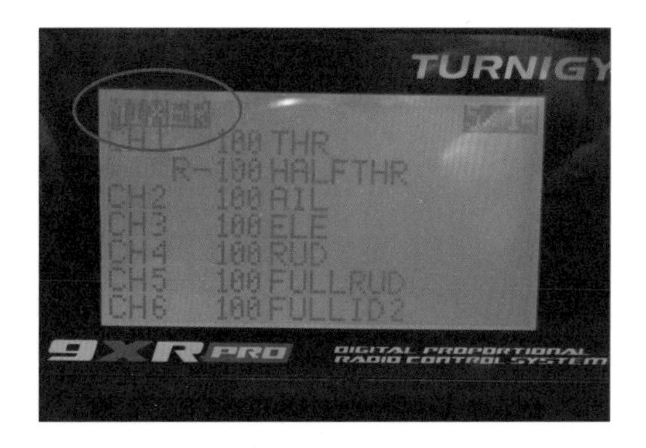

Mixer 메뉴창입니다. 이미 각 채널 별로 설정한 상태이지만 사용법을 공부하기 위해 다시 설정하겠습니다.
일반적으로 채널 1~4번은 스틱에 할당되어 있습니다. 채널 5번은 앞에서 시동 키로 할당했습니다. 십자 버튼의 상하 버튼을 눌러 채널 6번으로 이동합니다.

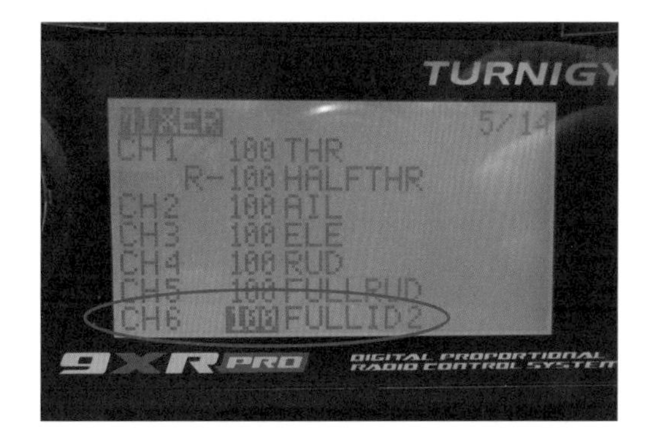

조종기의 메뉴 버튼을 누르면 팝업 메뉴가 나타납니다. Edit 메뉴를 눌러 줍니다.

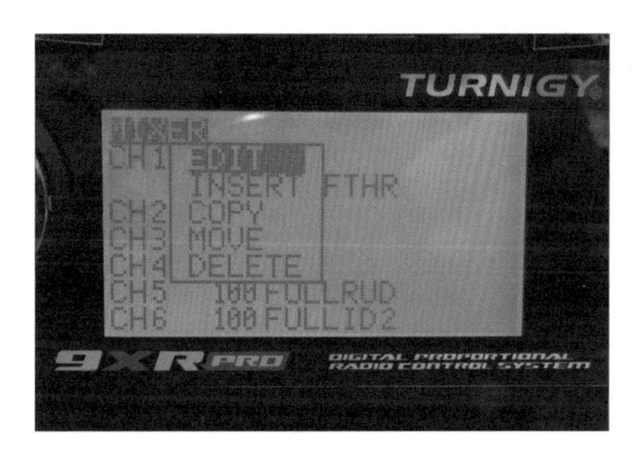

Edit Mix 창입니다.

Source 항목으로 이동한 뒤 Full을 선택합니다.

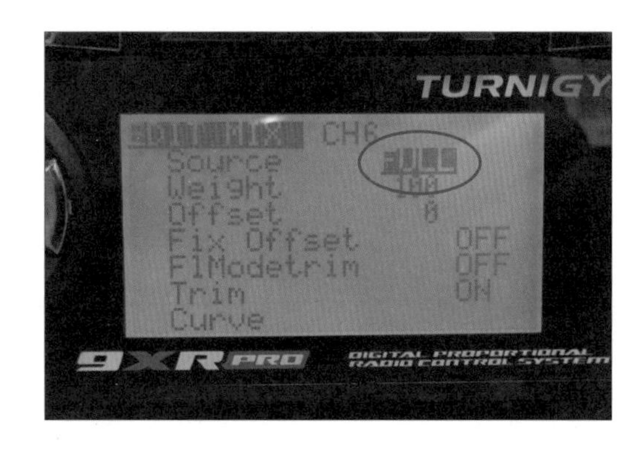

이번에는 하단의 Switch 항목으로 이동합니다.

스위치로 사용할 키를 설정해야 합니다.

ID2를 선택합니다.

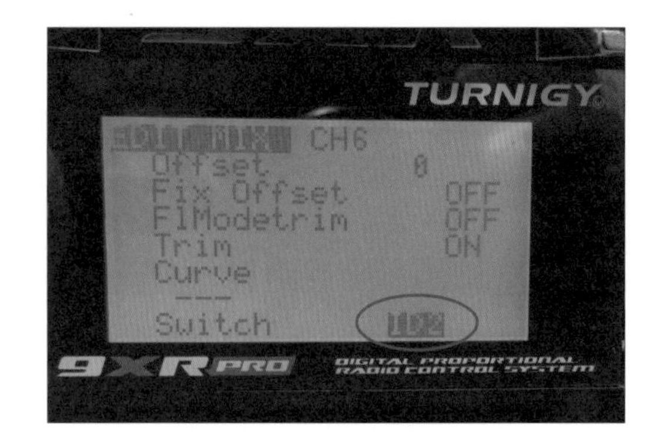

조종기의 3단 버튼을 제일 아래로 내리면 자동으로 ID2가 인식됩니다. 그럴 경우 3단 스위치의 3단(ID2) 부분이 채널 6에 할당됩니다.

Mixer 창으로 돌아 나온 뒤 다시 채널 6번을 선택합니다.

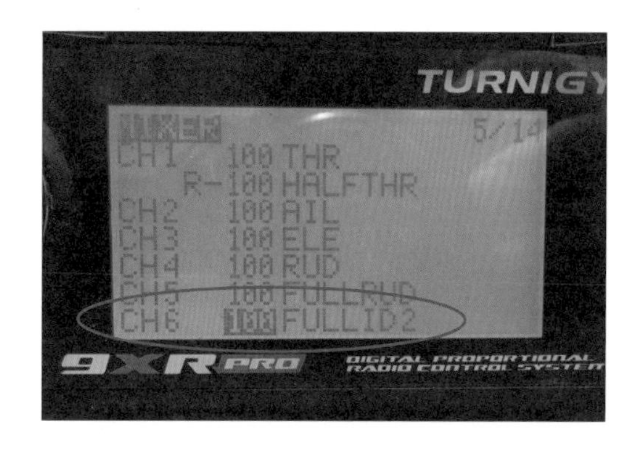

메뉴 버튼을 눌러 팝업 메뉴를 실행한 뒤 Insert 메뉴를 실행합니다.
채널 6번에 새 기능을 추가할 수 있습니다.

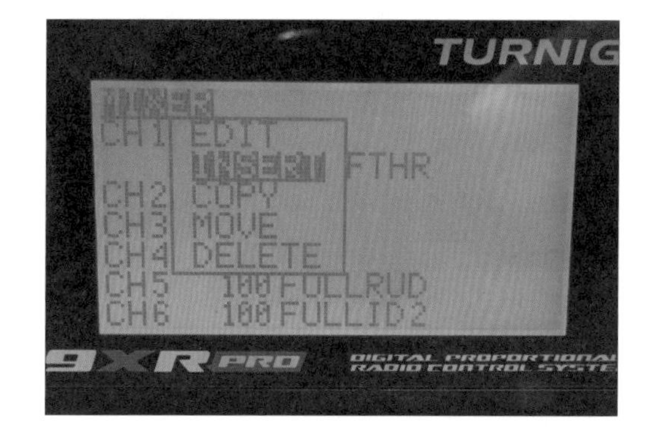

Edit Mix 창입니다. Source 항목으로 이동한 뒤 Half를 선택합니다.

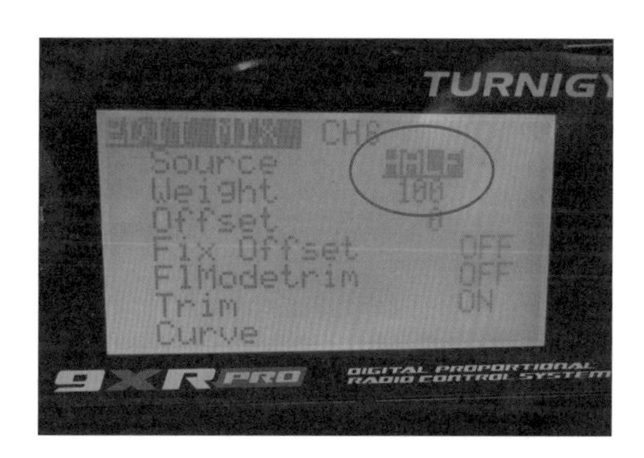

이번에는 하단의 Switch 항목으로 이동합니다.
스위치로 사용할 키를 설정해야 합니다. ID1을 선택합니다.

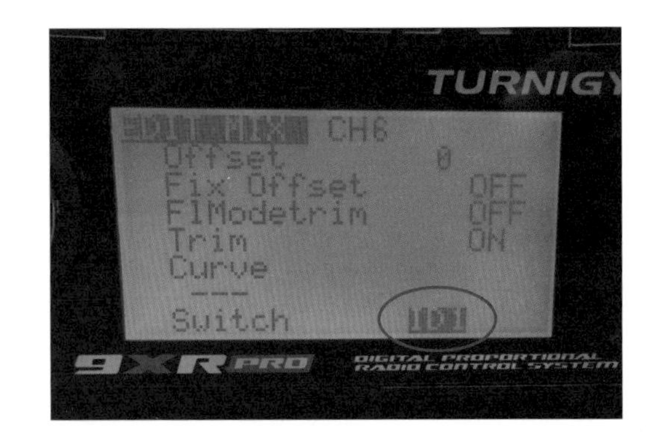

조종기의 3단 버튼을 가운데로 이동하면 자동으로 ID1이 인식됩니다.
그럴 경우 3단 스위치의 2단(ID1) 부분이 채널 6에 추가로 삽입됩니다.

Mixer 메뉴로 돌아 나오면 채널 6은 2개의 스위치(3단 스위치 중 2단과 3단)가 할당된 것을 알 수 있습니다.
이 스위치가 실제 비행 모드를 선택할 수 있는 기능으로 동작하려면 컨피규레이터 프로그램을 실행한 뒤 추가 설정을 해야 합니다.

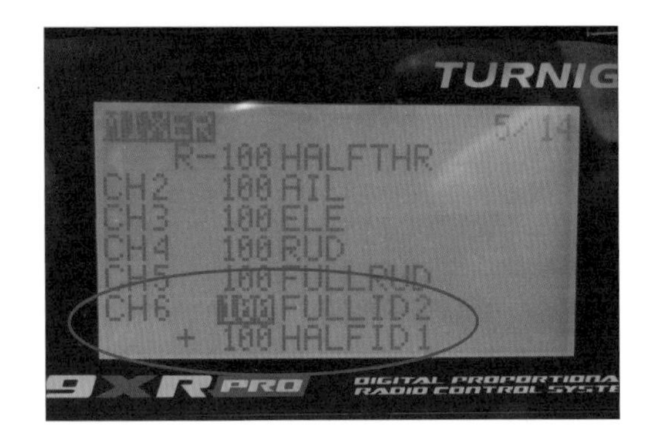

비행 컨트롤러와 PC를 USB로 연결한 뒤 컨피규레이터 프로그램을 실행합니다. 여기서는 베타 플라이트 컨피규레이터를 실행한 뒤 '모드' 메뉴로 이동합니다.

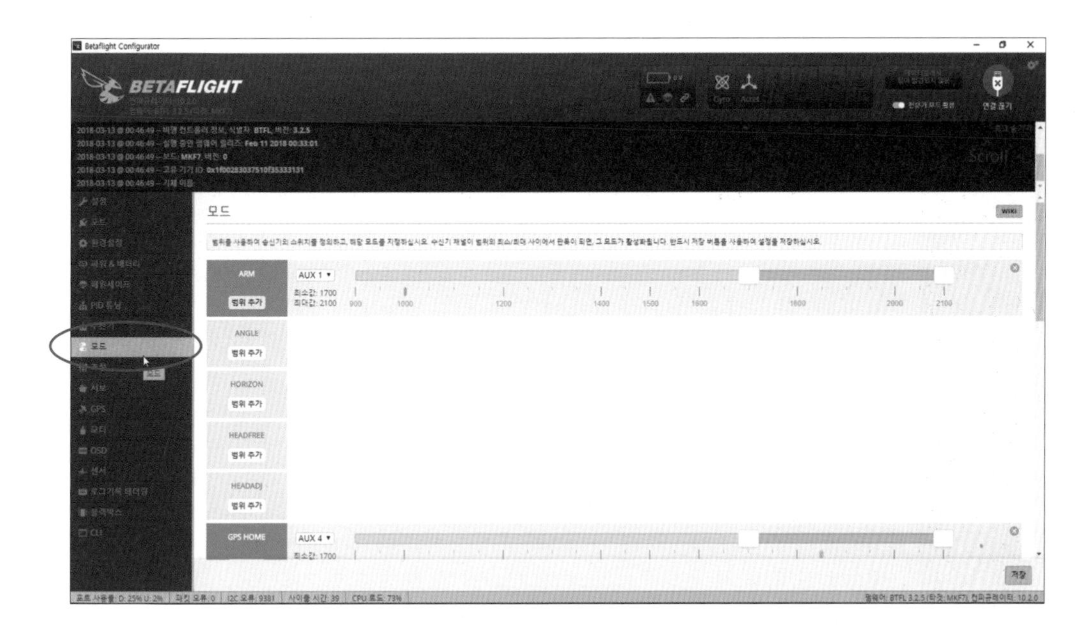

Aux1(Ch5)은 앞에서 시동 키(Arm)로 할당했습니다. 조종기에서 그 외 다른 채널을 할당하지 않은 경우 바로 앞에서 할당한 3단 스위치에 할당한 Ch6은 자동으로 Aux2가 됩니다.

Angle 탭의 '범위 추가' 버튼을 누른 뒤 Aux2(Ch6)를 선택합니다.

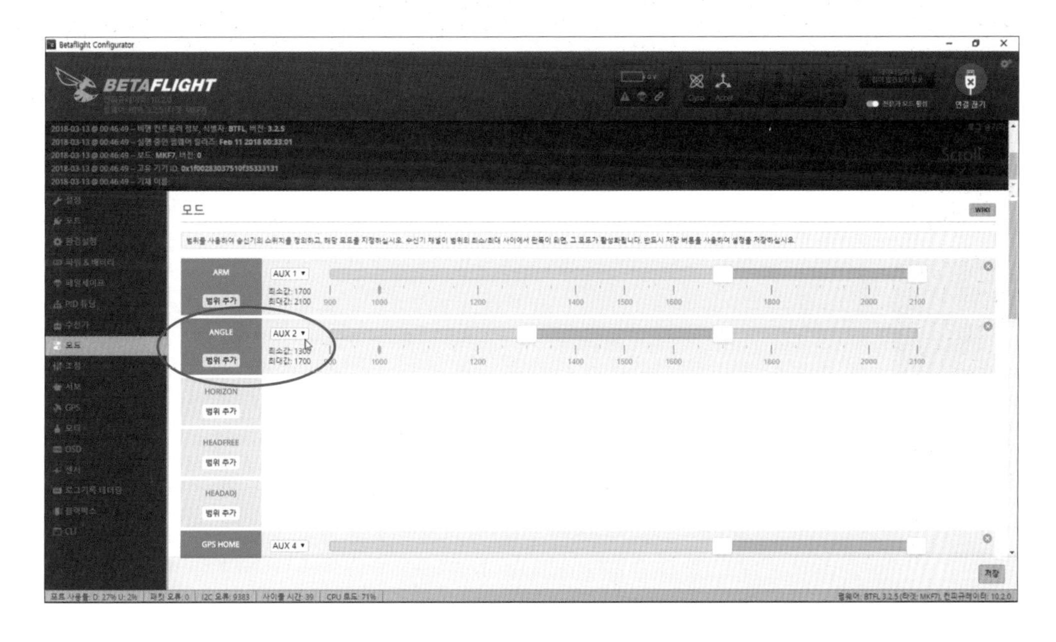

조종기에서 3단 스위치를 2단으로 이동합니다. Half 옵션으로 설정했으므로 그림처럼 작은 막대가 중앙으로 이동합니다.

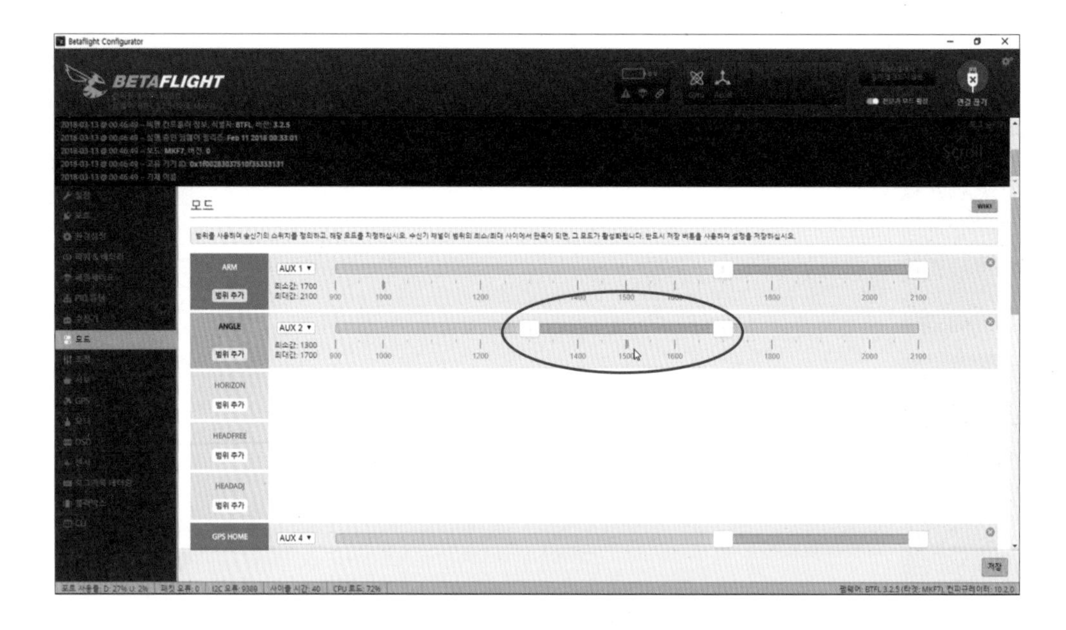

Horizontal 탭의 '범위 추가' 버튼을 누른 뒤 Aux2(Ch6)를 선택합니다.

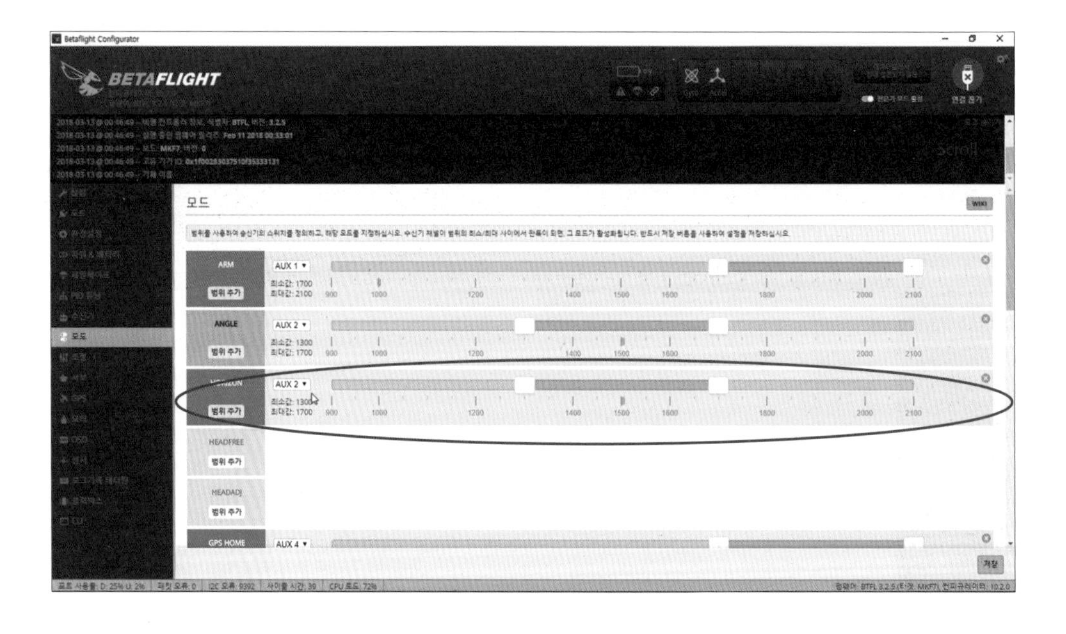

조종기에서 3단 스위치를 3단으로 이동합니다. Full 옵션으로 설정했으므로 그림처럼 작은 막대가 범위의 끝으로 이동합니다.

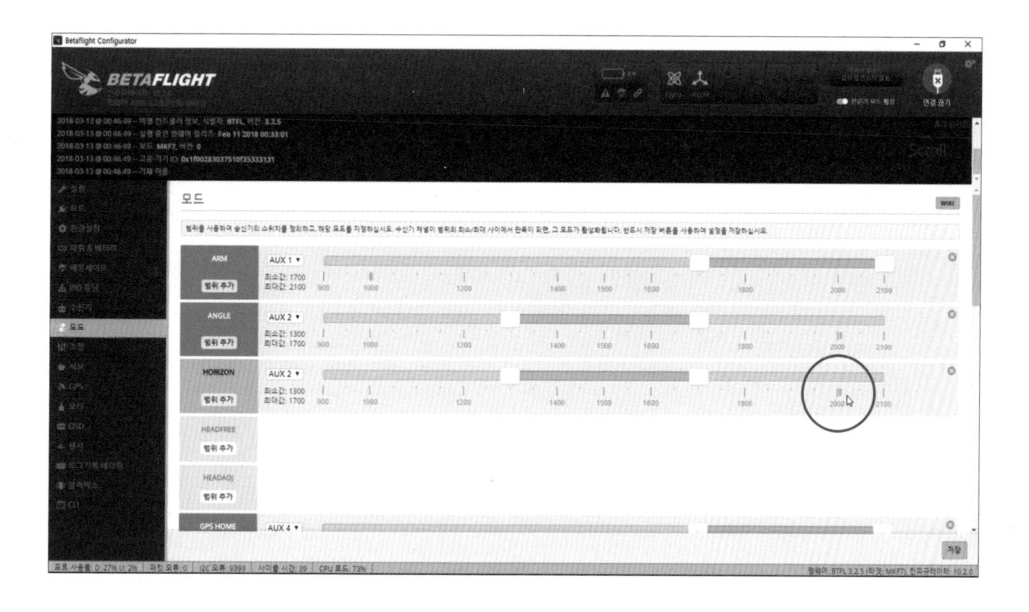

Horizontal 범위의 노란색 막대를 작은 막대가 있는 위치로 이동시킵니다.

조종기에서 3단 스위치를 1, 2, 3단으로 이동하면서 정상 동작하는지 테스트합니다. 1단은 비행 모드를 사용하지 않는 Off 상태이므로 기본 비행 모드인 Acro 비행 모드를 사용하게 됩니다. 2단은 Angle 비행 모드, 3단은 Horizontal 비행 모드를 사용하게 됩니다. 스위치 조작에 따라 작은 막대가 정상 동작하면 '저장' 버튼을 눌러 설정을 완료합니다.

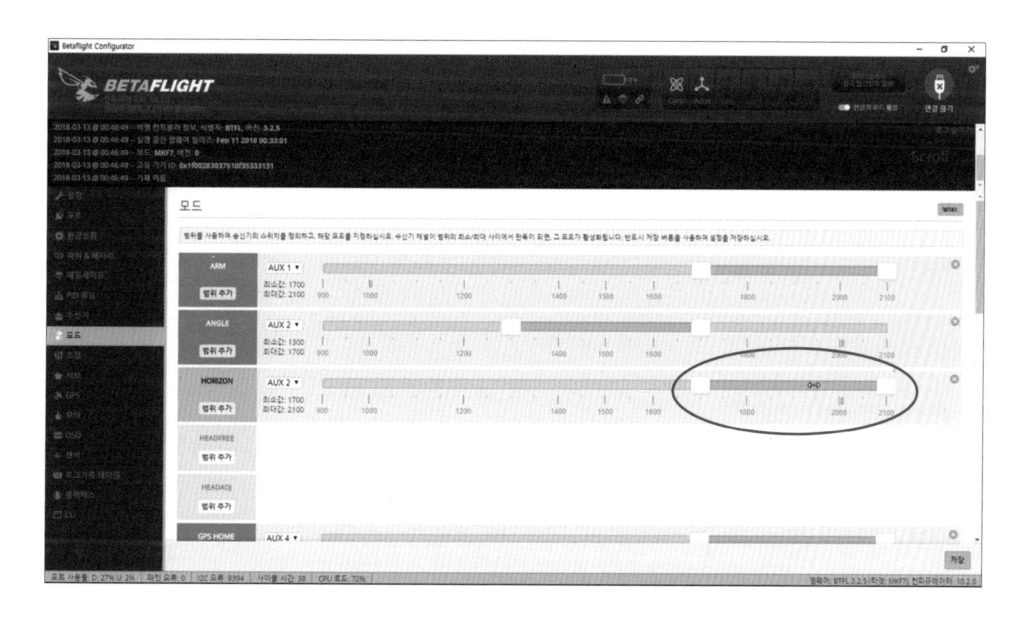

CHAPTER 13

비행 테스트와 보정 방법

드론을 처음 날렸을 때 스로틀 스틱(상승/하강) 외에는 손을 대지 않았는데 공중에 뜬 드론이 어느 한 방향으로 이유 없이 날아가는 것을 드론의 표류라고 말합니다. 드론이 표류하는 원인은 가속도계/자이로 센서의 교정 이상, 기체의 무게 중심이 잘못된 경우, 충돌로 인한 모터의 미세한 손상 등입니다.

1) 가속도계/자이로 센서의 교정 이상

호버링(제자리 비행)을 시도하기 위해 스틱에 손을 대지 않았는데 드론이 어느 한 방향으로 자꾸 표류한다면 자이로/가속도 센서의 교정이 잘못된 상태입니다. 비행 컨트롤러의 자이로 센서는 드론의 수평 균형/각도 정보를 입수하는 센서입니다. 이 센서에 의해 드론은 수평 비행이 아닐 경우 모터의 추력을 독립적으로 조정하여 드론의 수평 비행을 유지합니다.

가속도/자이로 센서가 약간 기울어진 상태를 수평으로 인식한 상태라면 비행 컨트롤러는 수평 상태인데도 약간 기울어졌다고 판단하고 기울어졌다고 판단되는 쪽 모터에 출력을 올려 수평을 유지하려고 하는데, 그럴 경우 반대 방향으로 드론이 날아가게 됩니다.

이 증상은 기체를 평평한 곳에 놓은 뒤 펌웨어 컨피규레이터에서 자이로(가속도계)를 재교정하여 해결합니다. 드론이 어느 한 방향으로 쏠리지 않을 때까지 수시로 하기 바랍니다.

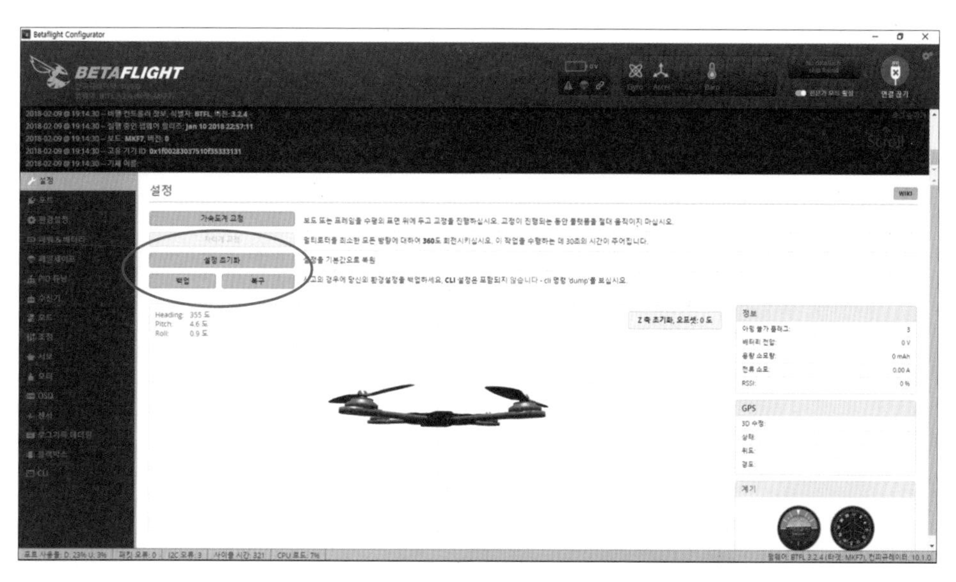

드론을 평평한 곳에 놓은 뒤 베타 플라이트 같은 펌웨어 컨피규레이터에서 가속도계 교정 버튼을 클릭해 수평 정보를 재입력하는 모습

2) 드론의 무게 중심이 어느 한쪽으로 치우친 상태

드론의 무게 중심은 드론의 정중앙에 있는 것이 좋지만 드론에 수납한 부품이 많을 경우에는 무게 중심이 중앙이 아닌 무거운 쪽에 몰리게 됩니다. 무게 중심이 드론의 중앙이 아닌 다른 쪽에 쏠려 있는 경우 드론은 표류 비행을 합니다. 일반적으로 배터리 수납 위치 때문에 이런 일이 발생합니다. 배터리는 가급적 기체의 중앙에 수납하는 것이 좋으며, 중앙에 수납할 공간이 없을 경우에는 무게 중심이 중앙에 오도록 부품이나 배터리의 수납 위치를 변경하면 표류 증상이 사라집니다.

3) 조종기의 트림 버튼으로 교정하기

위와 같은 방법으로 교정했는데도 공중에 띄운 드론이 이유 없이 어느 한쪽으로 표류하면 조종기의 트림 버튼을 사용해 이 증상을 교정합니다. 트림 버튼은 야외에서 표류 증상을 즉각적으로 수정할 때 유용합니다. 공중에 띄운 뒤 어느 한쪽으로 흐를 경우 드론을 착륙시킨 뒤 조종기에서 그 방향을 조종하는 트림 버튼을 반대 방향으로 1~2회 눌러 줍니다(드론이 표류하는 방향의 반대쪽 트림 버튼).

다시 공중에 띄울 때 여전히 같은 증상이라면 다시 착륙시킨 뒤 트림 버튼을 반대로 눌러 줍니다. 이 작업을 반복하면 어느 한 방향으로 쏠려서 날아가는 증상이 교정됩니다.

다음은 모드 2 방식 조종기에서 볼 수 있는 트림 버튼입니다.

CHAPTER

14 조종기 보정하기

드론을 처음 날리는 사람은 비행 속도가 생각보다 빠르기 때문에 드론을 통제하지 못하게 됩니다. 이런 경우 Expo 설정으로 스틱의 민감도를 조절하기 바랍니다.

드론 조종기의 스틱은 매우 민감하기 때문에 1mm씩 움직인다는 생각으로 조종하는 것이 좋습니다. Expo 값은 엘리베이터 스틱을 위로 0.1cm만 움직였는데 드론이 전방으로 10m 이상 나아갈 때 5m만 가도록 조절하는 기능입니다. 간단히 말해 비행 이동이 너무 민첩해서 제어할 수 없을 경우 Expo 값을 조금씩 올려 둔감한 움직임으로 변경할 수 있습니다.

다음은 조종기에서 Expo 값을 조절하는 모습입니다. 터니지 9XR 조종기 기준의 설명이지만 다른 조종기도 이와 비슷한 방식으로 Expo 값을 변경합니다.

조종기의 스위치를 켜면 메인 화면이 나타납니다.

조종기의 모델(Model) 메뉴로 들어갑니다. 터니지 9XR 조종기는 십자 버튼의 '오른쪽 방향 버튼'을 길게 누르면 모델 메뉴로 진입할 수 있습니다.

모델 메뉴입니다. 여기서 설정을 변경할 모델을 선택합니다. 현재 사용 중인 모델을 선택하고 십자 버튼의 '오른쪽 방향 버튼'을 길게 누르면 해당 모델의 셋업 메뉴로 진입할 수 있습니다.

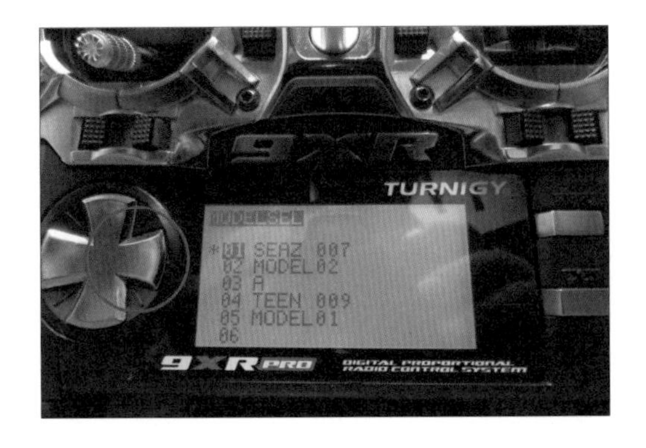

셋업 메뉴입니다. 십자 버튼의 오른쪽 버튼을 여러 번 눌러 Expo 메뉴로 이동합니다.

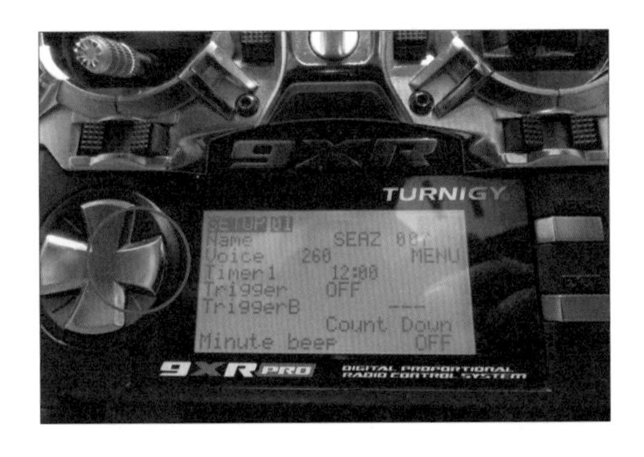

Expo 메뉴입니다. 기본적으로 러더 스틱의 민감도를 설정할 수 있습니다. 드론의 전진/후진에 대한 스틱 민감도를 조종하기 위해 Rud(러더) 항목으로 이동한 뒤 ELE(엘리베이터) 항목으로 변경합니다.

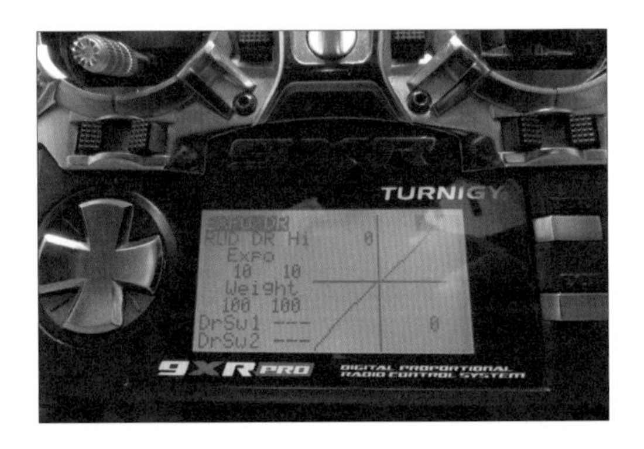

ELE(엘리베이터) 옵션입니다. 십자 버튼의 상하 방향 버튼을 눌러 Expo 숫자 항목으로 이동합니다.

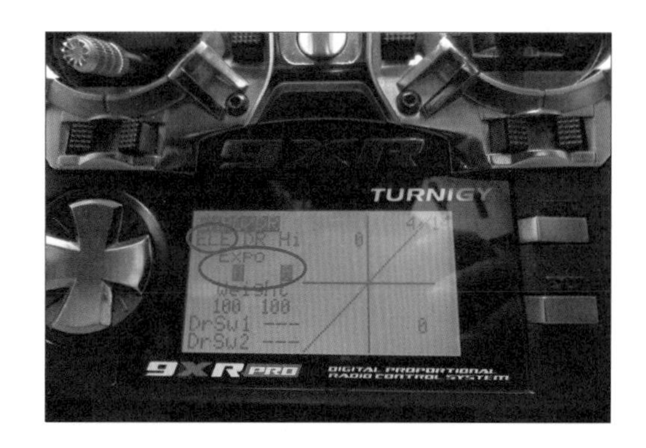

Expo 0.0은 공장 출하 시의 기본값입니다. 이 상태는 초보자 입장에서 볼 때 엘리베이터 스틱을 조금만 위로 올려도 드론이 번개같이 날아가기 때문에 제어하기 힘들 수 있습니다.

먼저 10, 10으로 설정해서 비행 연습을 한 뒤 스틱의 민감도가 아직 높다고 판단되면 20, 20으로 변경하고 비행 연습을 합니다. 이때도 스틱의 민감도가 높다면 35, 35쯤으로 설정합니다. 이렇게 하면 스틱을 0.1cm 움직였을 때 10미터쯤 전진하던 드론이 3m쯤 전진하므로 드론 제어가 다소 편리해집니다.

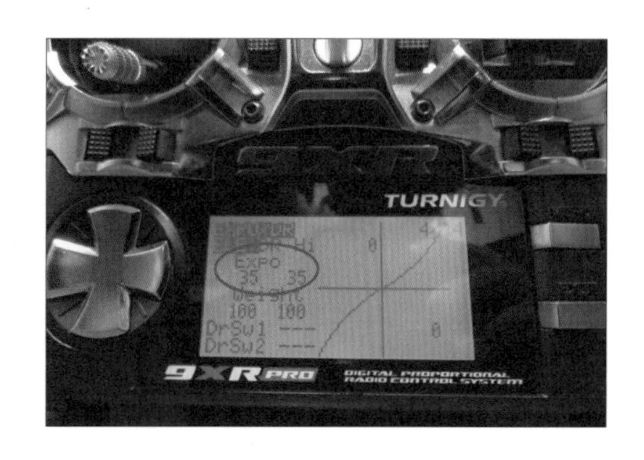

엘리베이터(Pitch)의 민감도를 조절한 뒤에는 러더(Roll), 에일러론(Yaw), 스로틀(Throttle)의 민감도를 원하는 값으로 변경해 줍니다. 초기에는 Expo를 높인 뒤 매일 한두 시간씩 한 달 정도 연습하면 조종 실력이 늘어납니다. 조종 실력이 늘어나면 레이싱 드론처럼 민첩하게 조종하는 법을 익혀야 하므로 그때는 공장 출하값인 0.0과 가까운 값으로 설정한 뒤 조종 연습을 하기 바랍니다.

러더의 Expo 민감도를 변경하는 모습

CHAPTER 15

모터 일괄 정지 후 부팅 에러 해결책

비행 중이거나 테스트 중일 때 이유 없이 모든 모터가 꺼지면서 기체가 추락하는 원인을 정리합니다.

1) 시스템(CPU)이 오버로드된 상태

실내에서 모터 테스트할 때 겪는 것 중 하나가 스틱을 마음대로 조종하면서 안정성을 검사하는데 별안간 모든 모터가 정지하는 경우입니다. 그 후 부팅 에러로 조종기가 먹히지 않는다면 시스템 과부하로 다운된 뒤 부팅에 문제가 발생한 것입니다.

모터 4개가 전부 멈추는 CPU 과부하 및 리부팅 에러를 예방하려면 CPU의 과부하를 막아야 합니다. 컨피규레이터에서 다음 순서로 불필요한 장치의 사용을 중지시키면 시스템 과부하 및 부팅 에러를 예방할 수 있습니다.

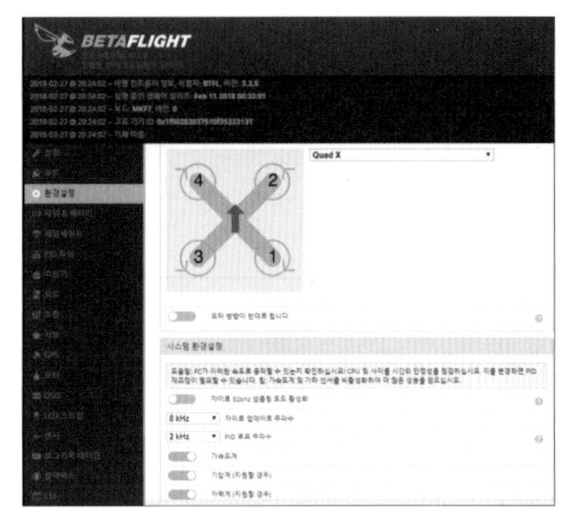

모터 정지 현상 후 조종기가 먹히지 않을 경우 조절할 옵션

기압계	과부하의 주요인. 추락으로 기압계에 알 수 없는 손상이 발생할 경우 동작 에러에 의한 시스템 과부하 발생. 기압계 사용을 중지하면 해결됩니다.
자이로 32khz 샘플링	CPU 자원을 많이 차지하는 요인. 자이로 업데이트 주파수는 16kHz 이하, PID 루프 주파수는 8kHz 이하로 낮춥니다.
자력계	CPU 자원을 많이 차지하는 요인.

2) 납땜 상태가 불량할 경우

어느 한 모터가 정지된 경우에는 해당 모터와 변속기 부분 납땜 상태를 확인하기 바랍니다. 납땜 상태가 불량할 경우 진동에 의해 납땜 부분이 단락되기도 하는데, 이 경우 비행 컨트롤러가 리셋된 뒤 모터가 중지될 수 있습니다. 또한 기체에 전기를 공급하는 배터리 연결 단자가 불량할 경우 모든 모터가 리셋되면서 정지할 수 있습니다.

3) 조종기 리시버 에러

조종기의 리시버와 비행 컨트롤러의 연결 단자가 불량하거나 리시버와 트랜스미터 모듈 중 어느 하나가 문제 있을 때 조종기 신호를 간혹 잃어버리면서 Fail Safe 모드로 전환하며 모든 모터가 꺼질 수 있습니다. 이 증상은 보통 리시버에 공급되는 전기선의 연결 단자가 불량할 경우 발생합니다. 연결 단자를 확인한 뒤 느슨할 경우 납땜으로 보완합니다.

PART

07

조립 드론의 조종기 개조와 조종술 익히기

CHAPTER

01 조종기의 조종 범위

조종기의 조종 범위는 프로토콜에 따라 다르지만 일반적으로 리시버 포함 18만 원 이상 제품들은 조종 거리가 1km 이상인 조종기이고, 리시버 포함 12만 원 이하 제품은 조종 범위가 300~500미터 이하인 조종기라고 생각해도 무방합니다.

1) 50~100미터 커버 조종기

완구용 드론(장난감 드론)의 일반적인 조종 범위입니다. 보통 80m를 최대 조종 범위라고 생각해도 무방합니다. 국내에서 판매하는 장난감 드론 중 15만 원 이하 드론 세트에서 번들로 제공되는 조종기들이 해당합니다.

2) 300미터 커버 조종기

Flysky, Devo 조종기 중에서 저가 제품군이 300~500미터 이하 조종 범위를 가지고 있는 조종기들입니다. 국내에서 리시버 포함 12만 원 이하 제품군이 300~500미터 이하 조종 범위를 가진 저가형, 보급형 조종기입니다.

이들 조종기의 조종 범위를 확장하려면 조종기 쪽 안테나를 확장하고 증폭기를 장착하는 방법, 조종기 쪽의 트랜스미터 모듈과 드론의 리시버를 업그레이드하는 방법이 있습니다. 또한 호환 리시버 중 조종 범위가 긴 제품이 있을 경우 리시버 교체만으로도 조종 범위를 확장할 수 있습니다.

3) 1km 이상 커버 조종기

국내에서 리시버 포함 18만 원 이상대 제품군이 1km 이상의 조종 범위를 가진 조종기입니다. 국내에서 판매하는 중•고급형 조종기들이 모두 해당합니다.

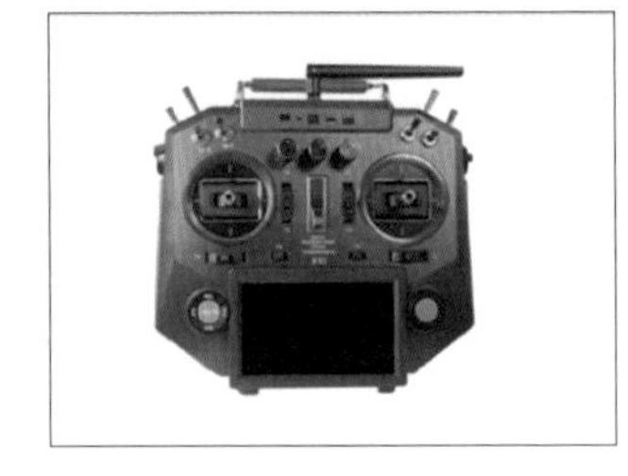

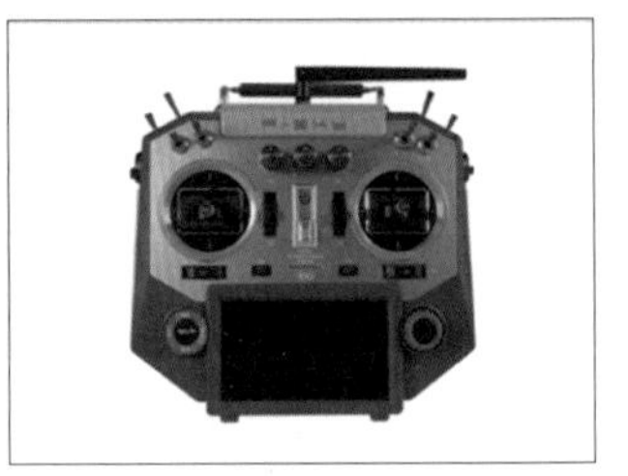

가격 대비 성능이 좋은 제품으로 인기 만점인 Frsky 조종기 (www.frsky-rc.com)

CHAPTER

02 장거리 비행을 위해 조종 범위를 늘리는 방법

국내에서는 시야 비행을 권장하지만 사람에 따라서는 조종 거리 연장과 영상 송수신 거리의 연장 방법을 연구하기도 합니다. 조종기나 영상 송수신기의 조종 범위와 수신 범위를 길게 연장하는 방법은 다음과 같습니다.

1) 드론에서 안테나를 밑으로 장착하기

안테나 신호는 리튬 폴리머 배터리에 막히는 경향이 있습니다. 더 멀리까지 조종하려면 안테나 신호가 막히지 않도록 안테나를 리튬 폴리머 배터리 아래로 향하게 하는 것이 좋습니다.

2) 기존 안테나보다 이득이 높은 안테나로 교체하기

기존 안테나가 2dB 안테나인 경우 4~5dB 안테나로 교체하면 조종 거리 혹은 영상 수신 거리가 대략 30~50% 늘어납니다. 그러나 안테나의 이득을 두 배로 높일 경우 안테나가 소모하는 전력은 두세 배로 늘어납니다.

3) 증폭기 달기

장거리 비행이나 조종을 가능하게 하는 또 하나의 방법은 안테나 교체와 함께 증폭기를 다는 것입니다. 증폭기는 조종기의 출력을 W 단위로 높일 수 있습니다. 조종 신호를 멀리 보낼 수 있는 강력한 조종 범위 확장법이지만 조종기에는 증폭기를 장착할 공간이 없기 때문에 개조하는 과정이 필요합니다. 또한 안테나/증폭기에 전력을 추가로 공급해야 하므로 배터리를 추가로 장착해야 합니다.

4) 수신기, 송신기 양쪽 안테나 업그레이드와 추가 전력 공급

수신기와 송신기 양쪽 다 안테나를 업그레이드하고 추가 전력도 충분히 공급하면 눈에 띄게 조종 거리를 연장할 수 있습니다. 조종기의 지향성 안테나를 사다리 형태의 16dB 지향성 안테나로 교체하면 조종 신호를 30km 이상 보낼 수도 있습니다.

5) UHF 모듈로의 교체

조종 거리 300~500m의 저가형 조종기 사용자들이 업그레이드할 방법이 없어 고민하는 차에 ezUHF 모듈이라는 것이 등장했습니다. 조종기 뒤편의 트랜스미터 모듈을 ezUHF 모듈로 교체하면 조종기의 조종 거리가 몇 배 확장되는 것입니다. UHF 모듈은 낮은 주파수 대역을 통해 조종 신호를 보내는데, 낮은 대역은 높은 대역보다 더 먼 거리까지 신호가 전달되며, 빌딩 같은 장애물을 뚫고 가는 힘도 상대적으로 강합니다. 구형 조종기 중에는 명품이 있는데, 이런 명품 조종기를 위한 ezUHF 모듈이 7만 원대 가격으로 상품화되었습니다. 필자가 사용하는 조종기는 ezUHF 모듈로 업그레이드한 제품으로 오리지널보다 2~3배 조종 거리가 연장되었습니다.

CHAPTER 03

보급형 조종기 사용자들을 위한 개조 방법

300~500m 조종 범위를 가진 조종기를 2km 이상의 조종 범위로 연장하는 가장 쉬운 방법은 리시버의 교체이지만 호환 리시버 역시 수신 범위가 짧을 경우 조종기 안테나를 고출력으로 개조하는 방법이 가장 좋습니다. 이 경우 조종 범위는 바로 3~5배로 늘어납니다.

조종기의 조종 범위는 안테나 교체로도 가능하지만 조종 범위를 확실하게 연장하려면 안테나의 교체와 함께 안테나 증폭기를 달아야 합니다. 개조 작업에 필요한 부품은 세 가지입니다.

부품	설명
6dBi 이상의 2.4G 조종기용 안테나	dBi가 높을수록 조종 범위가 넓어집니다. 일반적으로 10dBi 이상 안테나를 권장합니다.
2.4G 2W 증폭기 (2.4G 2W Radio Signal Booster)	조종기용 증폭기는 2.4G, 영상 수신기용 증폭기는 5.8G용 증폭기를 준비합니다.
5V~7V 레귤레이터	조종기용 배터리의 12V 전압을 5V~10V로 낮추어서 증폭기에 전압을 공급하는 용도입니다. 만일 증폭기가 12V를 입력받을 수 있다면 없어도 됩니다.

위 표에서 상단 두 가지 부품은 해외 드론 쇼핑몰에서 3만 원대 가격으로 세트 판매합니다. 5V~10V 출력용 레귤레이터는 국내의 전자부품 쇼핑볼에서 구매할 수 있습니다.

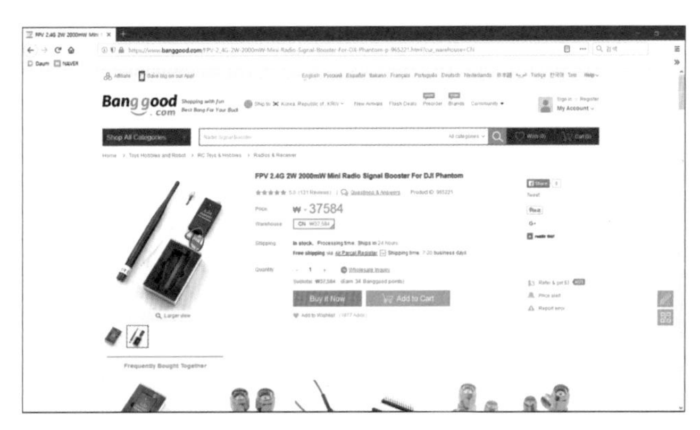

중국 뱅굿에서 판매하는 2.4G 증폭기와 안테나 세트 (www.banggood.com)

구매한 부품들이 도착하면 다음과 같은 방법으로 조립 작업을 진행합니다.

1) 조종기에서 기존 안테나 제거하기

조종기의 뒷면 커버를 열고(혹은 조종기 뒤에 장착된 트랜스미터 모듈의 커버) 기존 안테나를 제거합니다.

2) 증폭기 연결하기

조종기에서 기존 안테나가 납땜으로 연결되어 있던 위치에 증폭기 하단의 안테나 연장선을 뽑아서 납땜으로 연결합니다.

3) 증폭기 설치하기

조종기 상단이나 뒷면 적합한 곳에 증폭기를 고정할 수 있는 구멍이나 장치를 만든 뒤 증폭기를 장착합니다. 보통은 조종기 상단에 구멍을 뚫은 뒤 증폭기를 장착하는 경우가 많습니다.

4) 레귤레이터 설치

조종기 안쪽 빈 공간에서 레귤레이터를 설치하고 조종기 배터리를 통해 12V를 공급받습니다. 그런 뒤 레귤레이터에서 5V~7V를 뽑아서 증폭기의 전원으로 공급합니다(증폭기에 따라 5V 또는 7V 전압이 필요합니다).

5) 레귤레이터 미설치 시

레귤레이터를 설치하지 않은 경우 증폭기용 전압을 일반 배터리로 공급해야 합니다. 증폭기가 원하는 전압의 배터리팩을 구입한 뒤 조종기 안쪽이나 측면에 장착한 뒤 증폭기에 전압을 공급하는 방식입니다.

6) 증폭기에 새 안테나 장착하기

증폭기 상단에 새 안테나를 꽂아 줍니다.

7) 조종 범위 확인하기

300~500m 조종 범위를 가진 보급형 조종기는 개조 작업 후 조종 범위가 전파 신호가 많은 도심에서는 대략 1km, 전파 방해가 없는 시골 평지에서는 2.5km까지 연장됩니다.

CHAPTER 04

레이싱 드론을 날리기 전에 조심할 점 4가지

1) 최적의 조종 연습 장소는 풀밭이나 운동장

레이싱 드론을 맨 처음 날리는 경우 사방에 벽이 없는 풀밭이나 운동장에서 연습하는 것이 가장 좋습니다. 특히 레이싱 드론을 처음 날리는 사람이라면 QAV 250이 생각보다 파워는 큰데 기체가 가볍기 때문에 통제하기 힘듭니다. 근처에 사람이 있거나 벽이 있을 경우 막 돌아다니는 드론이 사람을 다치게 하고 벽을 향해 날아갈 수 있습니다.

2) 처음 날리는 사람이라면 최소한 100m가 되는 공터가 최적

250급 레이싱 드론을 처음 날리는 사람이라면 최소한 100m 넓이의 넓은 공터에서 날리기 바랍니다. 레이싱 드론의 설정을 잘 한 경우에는 문제점이 없지만 설정을 잘못한 경우에는 단 몇 초만에 20~30m를 날아가거나 솟아오르기 때문에 가급적 넓은 공터에서 연습하기 바랍니다.

3) 처음 날리는 사람이라면 인파가 없을 때 연습하세요.

250급 드론을 처음 날리는 사람이라면 최소 20m는 떨어져서 조종하기 바랍니다. 5m쯤 떨어진 곳에서 날리다보면 드론이 땅바닥을 긁다가 자신을 향해 날아올 수도 있습니다.

4) 바람이 불 때는 비행하지 않습니다.

바람이 불 때는 조종을 잘 하는 사람들도 제어하기 힘드니 드론을 날리기 전에 반드시 기상청에서 날씨를 확인하도록 합니다. 풍속이 초당 1m라면 드론을 날리기 좋고, 초당 4~6m인 경우에는 바람이 강하게 불어 드론을 날리기 어려운 날씨입니다. 아울러 전날 비가 내린 경우에는 지면에 물기가 없는지 확인하고 드론을 날리기 바랍니다. 드론이 축축한 지면으로 추락하면 물기가 튀어 합선이 발생할 수도 있습니다.

CHAPTER

05 조립 드론의 첫 비행 절차

드론을 처음 조종하는 유저는 드론의 비행을 어떻게 시작해야 할지 모를 것입니다. 특히 레이싱 드론이면 생각보다 강력한 힘에 놀랄 수도 있습니다. 드론을 맨 처음 날리는 사람이라면 조종 미숙으로 인해 기체가 사방으로 튈 수 있으니 사람이 없는 넓은 운동장이나 풀밭에서 최소 20m 이상 떨어져서 조종하기 바랍니다.

❶ **프로펠러 장착하기** – 드론 보관용 가방을 소유한 사람은 항상 프로펠러를 장착해 놓기도 하지만 일반적으로는 분리해서 보관합니다. 프로펠러를 상시 장착해 두면 프로펠러가 손상되거나 프로펠러가 부러질 때 모터가 손상될 수 있기 때문입니다. 드론의 프로펠러는 평상시에는 분리해 놓고 야외에서 비행하기 전에 장착합니다.

↓

❷ **시동 걸기** – 프로펠러를 장착한 뒤 배터리를 연결합니다. 그 뒤 조종기에서 할당한 시동 키를 이용해 시동을 걸어 줍니다.

↓

❸ **이륙/상승하기** – 스로틀 스틱을 조심스럽게 위로 올리면 전류의 공급이 많아지면서 프로펠러가 점점 강하게 회전하여 드론이 상승합니다. 원하는 고도까지 드론을 상승시킨 뒤 스로틀 스틱을 그 상태로 유지합니다.

↓

❹ **비행하기** – 엘리베이터, 러더, 에일러론 스틱을 조종하여 전후좌우 회전 비행을 테스트합니다.

↓

❺ **복귀하기** – 엘리베이터, 러더, 에일러론 스틱을 조종하여 드론을 원래 이륙 위치로 이동시킵니다.

↓

❻ **착륙/하강하기** – 스로틀 스틱을 조심스럽게 밑으로 내리면 모터의 회전력이 줄어들면서 드론이 하강합니다. 원하는 위치에 조심스럽게 착륙을 시도합니다.

↓

❼ **프로펠러 해체하기** – 비행을 완료했으므로 모터와 프로펠러가 손상하지 않도록 프로펠러를 해체합니다.

↓

❽ **배터리 보관 방법** – 리튬 폴리머 배터리는 저전압 상태에서 사용하지 않을 경우 성능이 나빠지므로 단기 혹은 장기간 보관하려면 50~80% 충전 상태 보관하는 것이 좋습니다. 리튬 폴리머 배터리는 100% 완충할 경우에도 성능이 나빠지므로 충전 시 완충을 피해야 합니다.

CHAPTER 06

드론 조종기의 기본 조종 원리

드론 조종기의 기초적인 조종법을 알아봅니다.

모드 2 방식 조종기로 기초 조종법을 알아봅니다. 참고로 모드 1 방식은 스로틀 스틱/러더 스틱이 조종기 오른쪽에, 엘리베이터 스틱/에일러론 스틱은 조종기 왼쪽에 있는 방식이며 사용법은 모드 2 방식과 동일합니다.

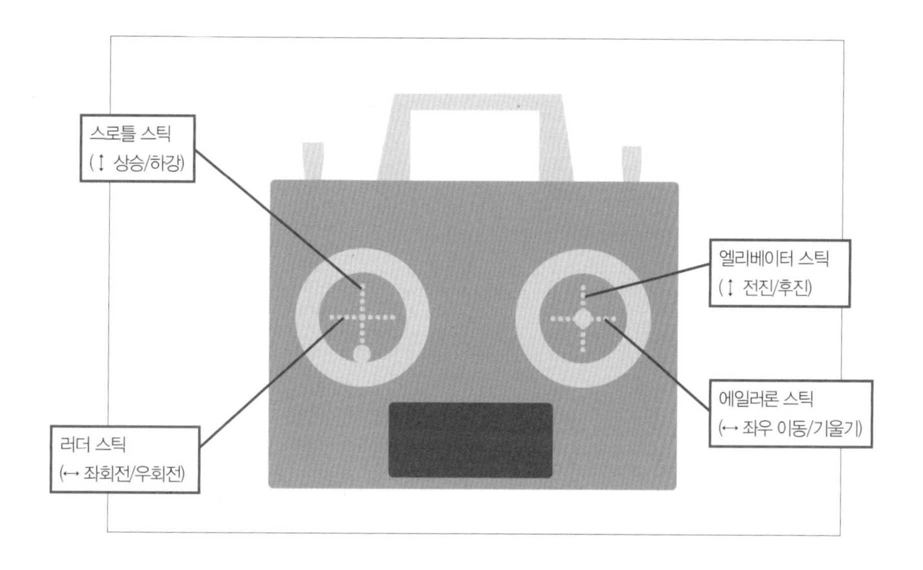

스틱 조종은 미세하게	조종기의 스틱은 0.1cm씩 움직인다는 생각으로 아주 미세하게 조종해야 합니다.
비행 중 스로틀 스틱 0 금지	스로틀 스틱을 제일 하단인 0으로 내리면 모터는 최저속으로 회전하면서 상승력을 바로 잃어버립니다. 드론이 공중에 떠 있을 때 스로틀 스틱을 0으로 내리면 바로 추락하므로 주의하기 바랍니다.
항상 스로틀 스틱에 손가락 유지	드론은 스로틀 스틱의 움직임이 없으면 상승력을 잃으면서 하강합니다. 하락할 조짐이 보일 때마다 스로틀 스틱을 슬쩍 위로 올려서 고도를 유지하기 바랍니다.
엘리베이터 스틱을 위로 강하게 올리지 말 것	엘리베이터 스틱은 드론의 전•후진을 담당합니다. 갑자기 위로 올리면 드론은 총알같이 날아가니 스틱을 0.1cm씩 움직인다는 생각으로 미세하게 조종하기 바랍니다.

1) 스로틀 스틱을 제일 하단 0에 놓은 상태에서 조종기의 시동 키를 켭니다. 드론의 시동이 걸리면서 프로펠러가 저속 회전합니다.

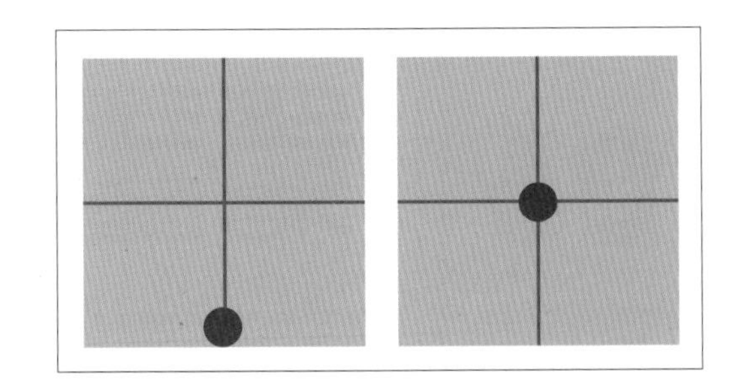

2) 스로틀 스틱을 조금 위로 올려 주면 드론이 이륙합니다. 이후 고도가 떨어질 것 같으면 스로틀 스틱을 미세하게 위로 올려서 계속 적정 고도를 유지해 줍니다.

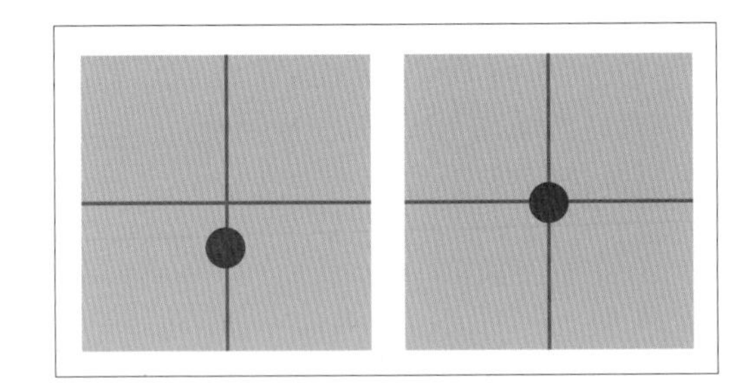

3) 스로틀 스틱을 서서히 상단으로 올려 줍니다. 기체가 공중으로 점점 더 높게 상승하므로 10~20m까지만 상승시킨 뒤 반대로 스로틀 스틱을 서서히 내려 줍니다.

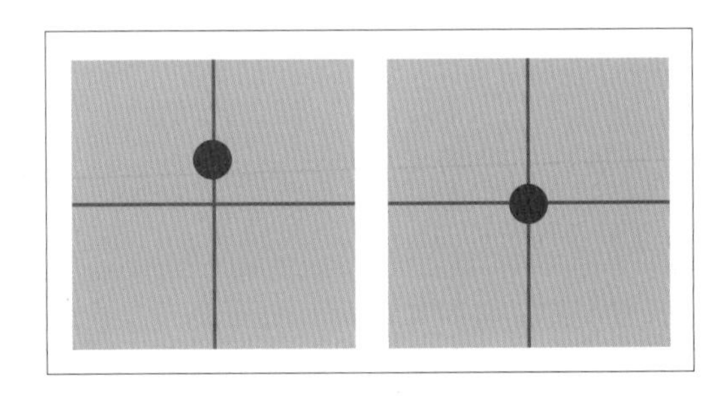

4) 스로틀 스틱을 밑으로 내려 줍니다. 기체가 하강합니다. 이때 스로틀 스틱을 0으로 내리면 모터 회전이 최저속으로 변하면서 기체가 추락하므로 주의하기 바랍니다.

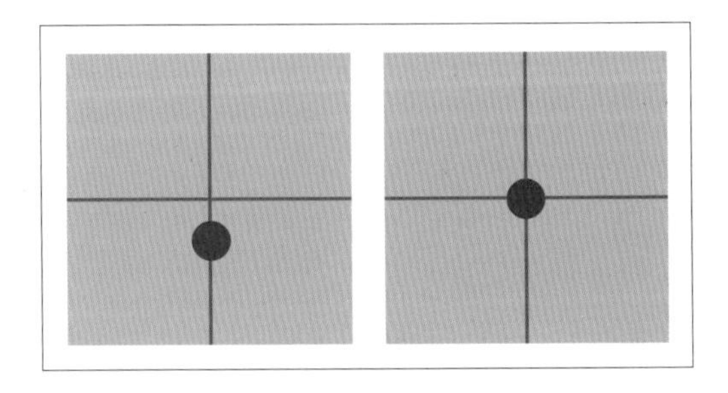

5) 스로틀 스틱으로 고도를 적합하게 유지한 상태에서 엘리베이터 스틱을 미세하게 위로 밀어 줍니다. 기체가 전진 비행을 합니다.

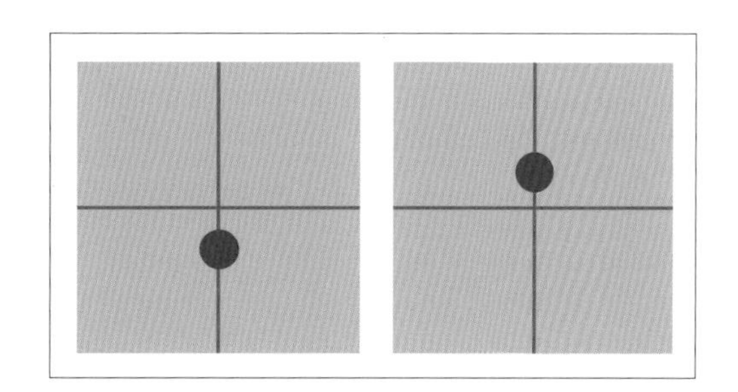

6) 전진 비행을 유지한 상태에서 엘리베이터 스틱을 밑으로 조금 내립니다. 전진 비행을 하는 기체에 브레이크가 걸리면서 전진 비행 속도가 느려집니다.

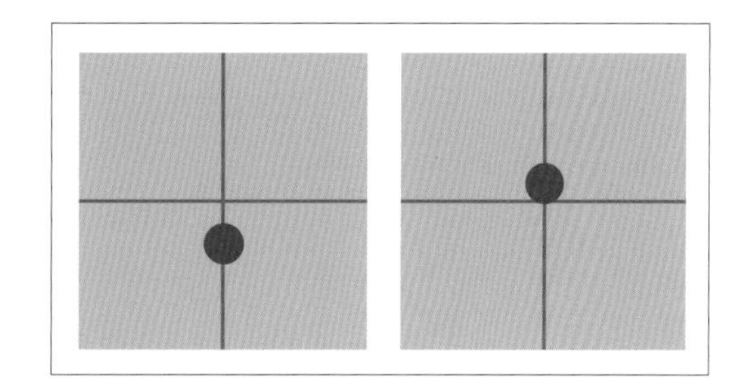

7) 엘리베이터 스틱을 밑으로 조금 더 내립니다. 기체가 후진 비행을 합니다.

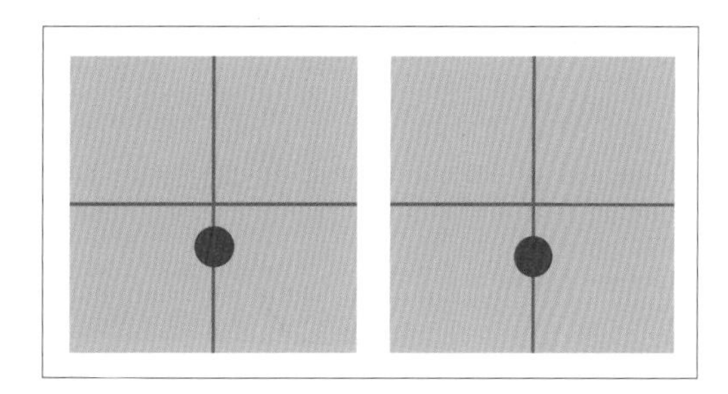

8) 러더 스틱을 왼쪽으로 미세하게 움직입니다. 기체가 좌회전을 합니다.

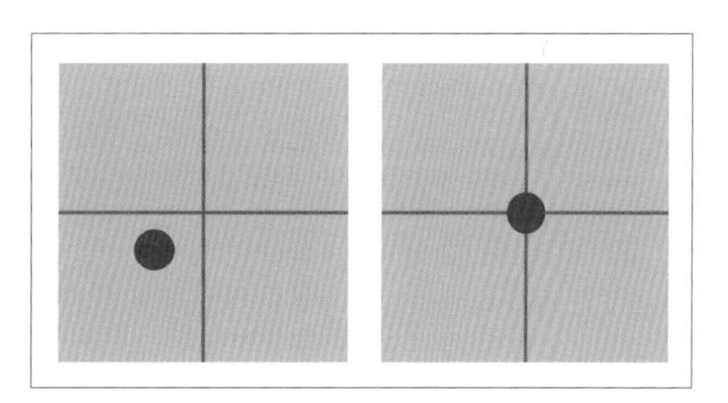

9) 러더 스틱을 오른쪽으로 미세하게 움직입니다. 기체가 우회전을 합니다.

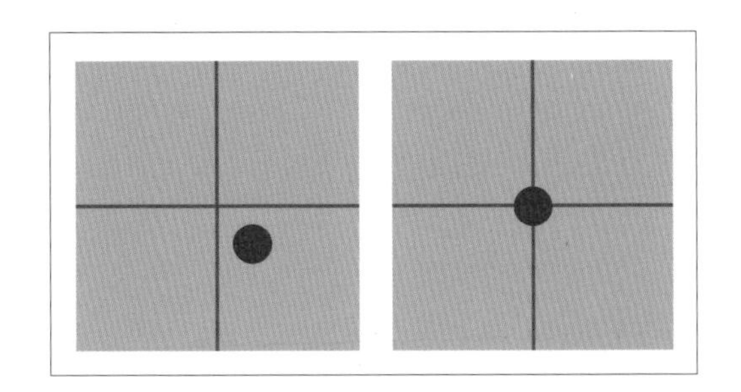

10) 에일러론 스틱을 왼쪽으로 미세하게 움직입니다. 기체가 왼쪽으로 기울어지면서 왼쪽으로 긴 선회 비행을 합니다.

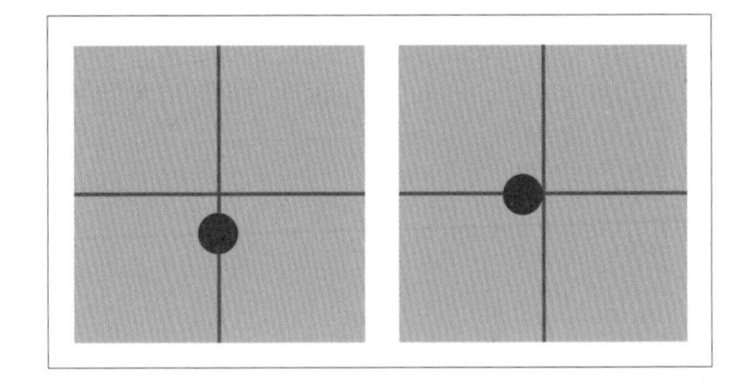

11) 에일러론 스틱을 오른쪽으로 조금 움직입니다. 기체가 오른쪽으로 기울어지면서 오른쪽으로 긴 선회 비행을 합니다.

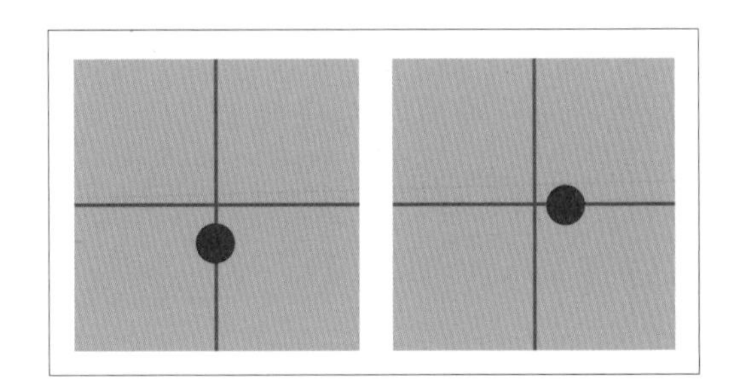

12) 러더 스틱과 에일러론 스틱을 동시에 왼쪽으로 조금 움직인 뒤 바로 제자리로 돌아옵니다. 기체가 왼쪽으로 180도 회전하면서 조종자를 향해 날아옵니다.

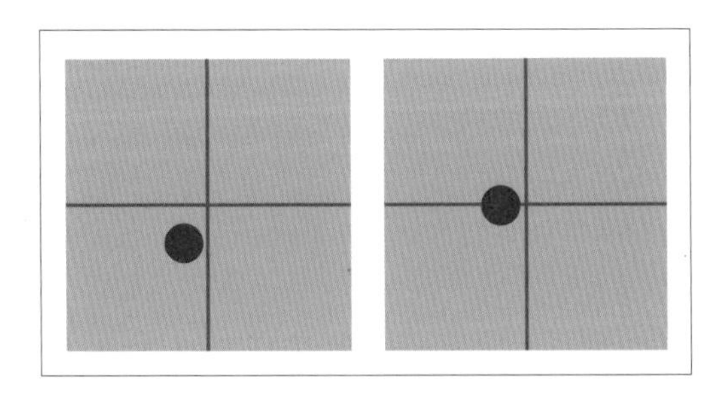

13) 러더 스틱과 에일러론 스틱을 동시에 오른쪽으로 조금 움직인 뒤 바로 제자리로 돌아옵니다. 기체가 오른쪽으로 180도 U턴하면서 조종자를 향해 날아옵니다.

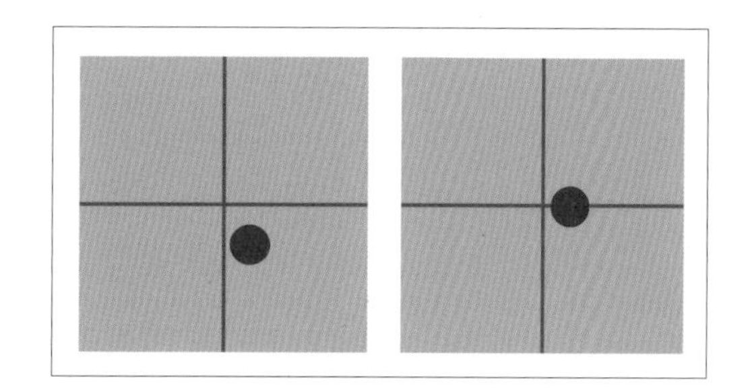

14) 착륙하려면 스로틀 스틱을 천천히 밑으로 내립니다. 스로틀 스틱을 갑자기 0으로 내리면 착륙이 아니라 추락을 하니 주의합니다.

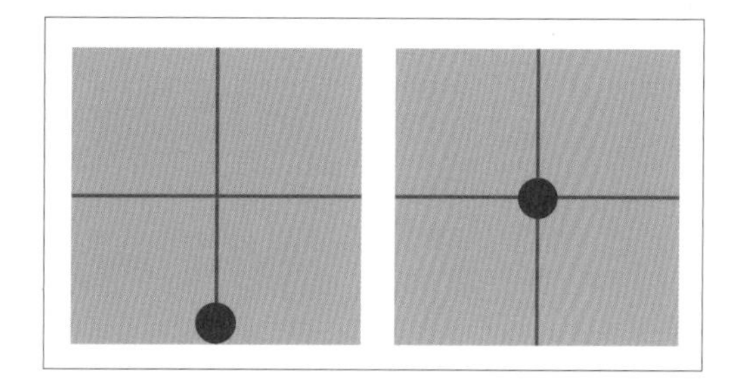

15) Acro 비행 모드에서는 앞, 옆, 뒤로 360도 회전(Flip) 비행 같은 곡예비행을 시도할 수 있습니다.

지금부터 곡예비행의 기본기를 알아봅니다.

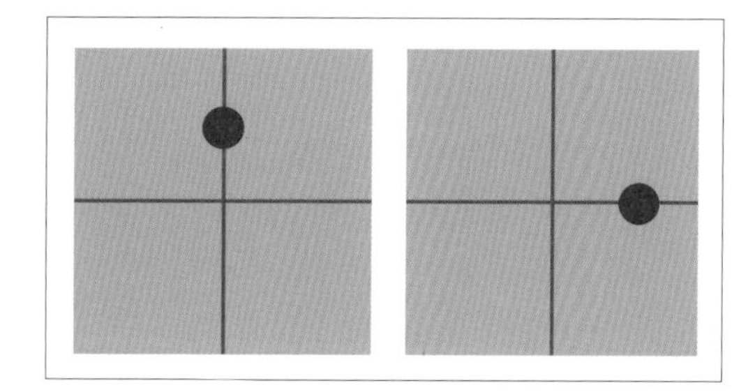

유용한 TIP

RC 레이트와 곡예비행

360도 플립 같은 곡예비행을 연습하려면 컨피규레이터의 PID 설정에서 pitch/roll의 RC 레이트를 최소 1.0으로 유지하는 것이 좋으며 때에 따라 1.0~2.0에서 설정합니다.

360도 곡예비행은 사람이 없는 100미터 이상의 넓은 공터에 기체를 공중에 20~50m 이상 띄운 상태에서 연습합니다. 기체가 지면과 가까우면 연습 중 기체가 땅에 부딪힐 수 있으므로 주의하기 바랍니다. 실력이 늘어나면 나중에는 지면과 가까운 곳에서도 곡예비행을 할 수 있습니다.

16) 앞으로 360도 회전비행(플립비행, 곡예비행)을 하려면 추락을 방지하기 위해 순간적으로 스로틀 스틱을 최고로 가속한 뒤 바로 최저치로 스틱을 내립니다. 동시에 엘리베이터 스틱을 순간적으로 최대치로 움직인 뒤 원래 위치로 돌아옵니다. 시간적으로 보면 0.2~0.5초 내에 두 스틱을 조종해야 합니다.

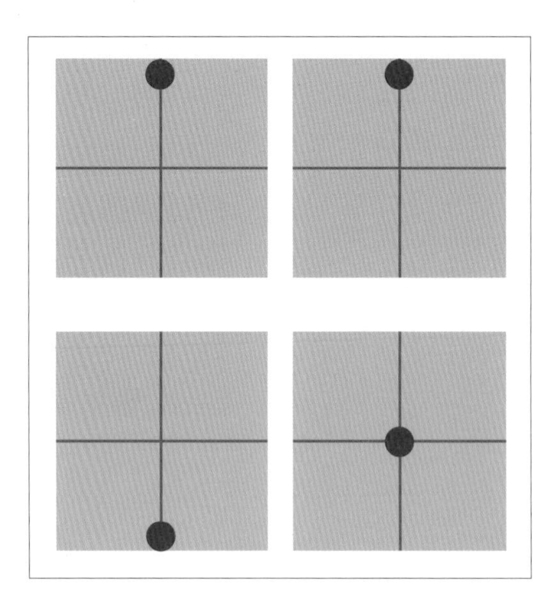

스로틀 스틱을 순간적으로 최대로 올린 뒤 바로 최하로 내립니다.
엘리베이터 스틱을 순간적으로 최대로 올린 뒤 바로 중앙으로 오게 합니다.
기체가 앞으로 360도 회전한 뒤 제자리로 돌아옵니다.
스로틀 스틱을 원래 위치로 올려 고도가 떨어지는 것을 방지합니다.

17) 다음은 뒤로 360도 플립하는 방법입니다.

고도가 충분하면 스로틀 스틱은 그대로 둡니다.

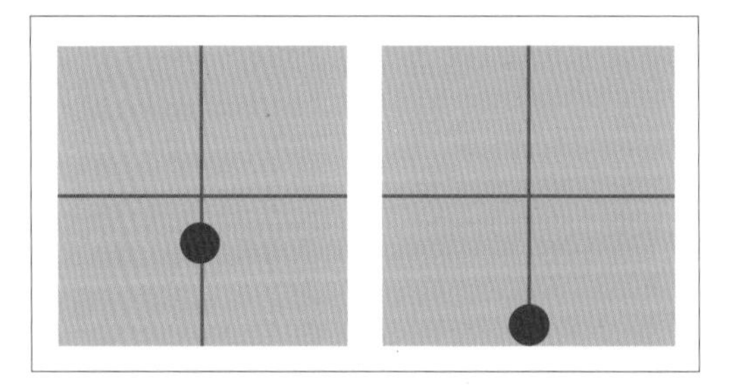

엘리베이터 스틱을 그림과 같이 순간적으로 아래로 내린 뒤 중앙으로 이동합니다.
기체가 뒤로 360도 회전한 뒤 제자리로 돌아옵니다.

18) 다음은 좌우 측면으로 360도 플립하는 방법입니다.

고도가 충분하면 스로틀 스틱은 그대로 유지합니다.
그렇지 않을 경우
스로틀 스틱을 최대치로 올렸다가 최하치로 내려 줍니다.

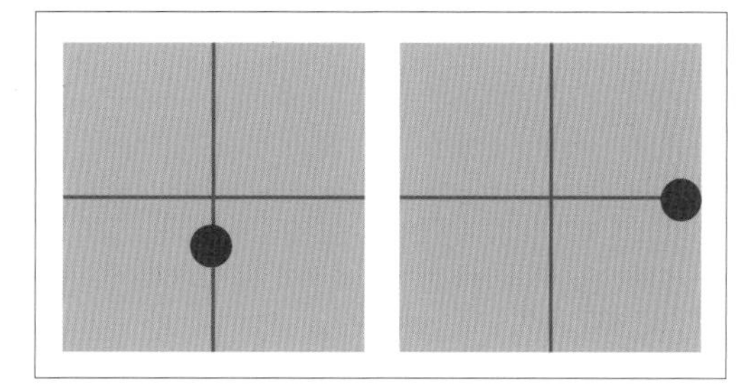

에일러론 스틱을 순간적으로 그림과 같이 컨트롤한 뒤 스틱을 제자리로 이동합니다.
기체가 오른쪽으로 360도 회전한 뒤 제자리로 돌아옵니다.

18) 원의 가운데를 보면서 원그리기 선회 방법입니다.

회전하려는 방향으로 러더 스틱과 에일러론 스틱을 미세하게 움직입니다. 이때 스로틀 스틱은 미세하게 아래로 향합니다. 원의 가운데를 보는 상태에서 원을 그리며 선회할 수 있습니다.

선회 방향으로 러더 스틱을 미세하게 움직이면서 스로틀 스틱은 미세하게 낮추어 줍니다.

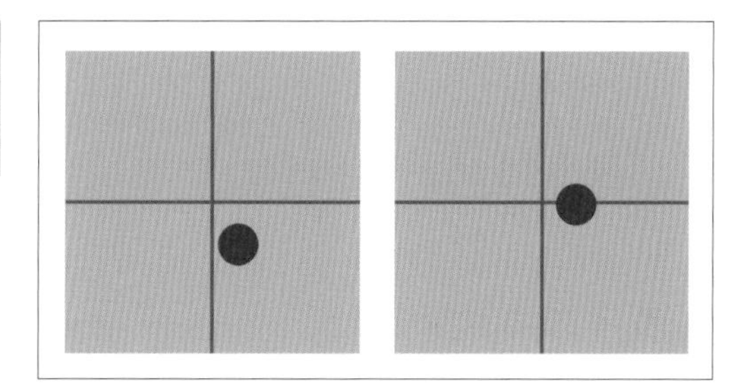

에일러론 스틱을 러더 스틱과 같은 방향으로 미세하게 움직입니다.

18) 레이싱 드론의 순간적인 곡예비행은 기체의 무게, 무게 중심, RC 레이트 설정에 따라 스틱의 제어법이 달라질 수 있으므로 연습으로 터득해야 합니다. 비행 연습을 끊임없이 하면 스틱을 어느 선까지 어떻게 민첩하게 제어해야 360도 플립을 하고 바로 수평 비행으로 돌아오는지 터득할 수 있습니다.

PART

08

드론 항공 촬영과 유튜브 업로드

CHAPTER 01

항공 촬영용 액션캠 종류

드론용 액션캠을 구매할 때는 반드시 액션캠 자체에 저장 기능이 있는 제품을 구매하기 바랍니다. 또한 액션캠을 통해 AV 신호를 출력할 수 있는 제품을 구매하는 것이 가장 좋습니다.

1) 유명한 드론용 액션캠

Foxeer Legend 2 액션캠은 렌즈 밝기 F2.8, 렌즈 화각 166도, 4K 화질을 지원하는 제품입니다. 가격도 저렴할 뿐 아니라 드론에 설치할 수 있도록 납작한 형태입니다. 또한 자체적으로 저장 기능이 있어 노이즈 없이 항공 영상을 저장할 수 있습니다.

Firefly Q6 4K HD는 앞의 Foxeer 시리즈와 유사한 제품으로 보통 드론용 액션캠으로 사용합니다. 다른 제품에 비해 저렴한 가격을 형성한 것이 장점입니다.

고프로(Gopro) 시리즈는 가벼운 무게 때문에 드론용 액션캠으로도 손색없습니다. 다만 다른 제품에 비해 높은 가격대를 형성하는 것이 단점입니다.

2) 좋은 액션캠 구매 요령

저렴한 제품은 2만 원부터 있지만 일반적으로 해외 직구로 드론용 액션캠을 구매할 때는 보통 8만 원 이상의 제품을 구매하는 것이 좋습니다. 또한 이미지 처리 프로세서의 성능에서 차이가 많이 발생하므로 가급적 유명 메이커 제품을 구매하는 것이 좋습니다.

다음은 드론용 액션캠을 구매할 때 반드시 확인해야 할 점입니다.

동영상 사이즈	FHD(2K)는 1080p 화면 크기 동영상, UHD(4K)는 그 4배 크기인 2160p 화면 크기의 동영을 찍을 수 있습니다. UHD가 더 화질이 좋습니다.
동영상 프레임	24fps는 1초당 24장의 정지 사진으로, 30fps는 1초당 30장의 정지 사진으로 구현하는 동영상입니다. 30fps 동영상이 더 부드러운 영상을 보여 줍니다. 액션캠 중에는 FHD 모드에서 30fps을 지원하지만 UHD 모드에서는 15fps를 지원하는 경우도 있습니다. 일반적으로 UHD에서도 최소 24fps, 권장 30fps를 지원하는 액션캠이 더 좋지만 그만큼 가격이 비쌉니다.
저장 장치	액션캠에 저장 장치가 내장된 제품이 항공 촬영 시 더 좋습니다.
AV 연결 단자	액션캠에 AV 단자가 있는 제품이 더 좋은 제품입니다. 이 경우 액션캠에서 영상을 수신받아서 조종기로 전송할 수 있습니다. 요즘 나오는 최신 액션캠은 USB 단자를 통해 AV 신호를 전달하기도 하므로 이런 제품을 구매하는 것이 좋습니다.
화각	FOV 90, 120, 130, 155, 180 등이 있습니다. 화각이 높을수록 광각 렌즈이며 더 넓은 영역이 촬영됩니다. 요즘 나오는 360도 캠은 화각 180 이상의 카메라 2개를 앞뒤로 장착한 뒤 소프트웨어적으로 360도 파노라마 영상을 만들어 내는 제품입니다. 화각이 넓다고 무조건 좋은 것은 아닙니다. 예를 들어 화각 180도일 경우 드론의 프로펠러까지 화면에 찍힐 수 있습니다. 일반적으로 화각 130~150도면 쓸 만한 제품이고 그 이상의 화각일 경우 드론의 프로펠러가 동영상에 찍히므로 동영상이 지저분하게 보일 수도 있습니다.
진동 완충	액션캠에 진동 완충 장치가 내장된 제품이 좋은 제품입니다. 저렴한 액션캠은 진동 완충 기능이 없는 경우도 많으므로 이런 제품은 구매를 피하기 바랍니다. 신동 완충 기능이 없을 경우 심한 진동의 동영상이 찍히게 됩니다.

CHAPTER 02

항공 촬영 시 진동이 발생하는 이유와 대비책

고급 드론은 짐벌이 장착되어 있어 고품질의 항공 영상을 찍을 수 있습니다. 레이싱 드론은 짐벌이 없으므로 동영상을 찍을 때 심한 진동이 같이 찍힐 수 있습니다. 동영상의 진동을 예방하는 방법을 알아봅니다.

1) 진동이 발생하는 이유 첫 번째 – 프로펠러의 기스

흔들림이 심한 동영상이 찍히는 가장 큰 이유는 프로펠러의 기스입니다. 예를 들어 비행 중 충돌을 하거나 또는 착륙을 할 때 드론의 균형이 맞지 않아 한쪽으로 쓰러지는 경우 지면과 닿는 프로펠러에 손상이 발생합니다. 보통은 약간 휘어지는 경우가 많지만 프로펠러의 날 부분에 기스가 나는 경우도 있습니다. 휘거나 기스가 난 프로펠러는 불균형하게 회전합니다. 4개의 프로펠러 중 어느 하나의 프로펠러가 불균형하게 회전하기 때문에 진동이 발생합니다. 이런 경우 프로펠러를 새것으로 교체하는 방법이 가장 좋습니다. 프로펠러 4짝을 새것으로 교체하면 일반적으로 진동 현상이 사라지며, 만일 이후에도 진동 현상이 발생하면 다음을 참고하기 바랍니다.

2) 진동이 발생하는 이유 두 번째 – 카메라 장착 부분의 연약함

기체에 카메라를 장착하는 부분은 바닥 부분이 단단해야 합니다. 모터가 회전할 때 흔들림이 심한 부분에 카메라를 장착하면 아무래도 항공 영상을 찍을 때 흔들림이 있는 동영상이 찍힐 것입니다. 따라서 카메라를 장착하는 부분이 연약한 부분인 경우에는 판을 덧대어 단단한 구조로 만들고 그 위에 짐벌을 설치하면 동영상 촬영 시 진동이 줄어들 확률이 높습니다.

3) 작은 기체

기체가 작을 경우 아무래도 바람의 영향을 받기 때문에 많이 흔들리기 마련이고 이 때문에 기체에 설치된 액션캠에도 진동이 전달될 것입니다. 이런 점을 감안하면 진동 없는 동영상 촬영을 목표로 할 경우에는 기체의 크기를 350mm급 이상으로 조립할 것을 권장합니다. 아울러 모터 역시 1000KV 이하의 느린 모터를 사용하는 것이 좋습니다. 기체의 크기가 크고 느린 모터를 사용할 경우 호버링 비행이 안정적일 뿐 아니라 바람의 영향에 잘 견디므로 동영상 촬영 시 진동이 덜 발생하게 됩니다.

CHAPTER

03 유튜브에 동영상 올리기

드론으로 찍은 항공 영상을 편집하는 방법은 프리미어나 베가스 같은 전용 동영상 프로그램에서 편집하는 방법과 유튜브 같은 동영상 사이트에서 제공하는 편집 기능을 사용하는 방법이 있습니다.

2~3분 이하의 짧고 간단한 영상은 보통 유튜브에서 제공하는 동영상 편집 기능으로 편집하는 것이 시간 면에서 유리합니다. 편집 즉시 유튜브에 동영상이 게시되므로 동영상 편집 작업과 게시 작업을 한 번에 할 수 있습니다.

1) 먼저 구글(www.google.com)에 무료 회원으로 가입한 뒤 구글에 로그인한 상태에서 유튜브(www.youtube.com)로 접속합니다.

2) 유튜브 홈페이지에서 Upload 버튼을 클릭하면 동영상을 업로드할 수 있습니다.

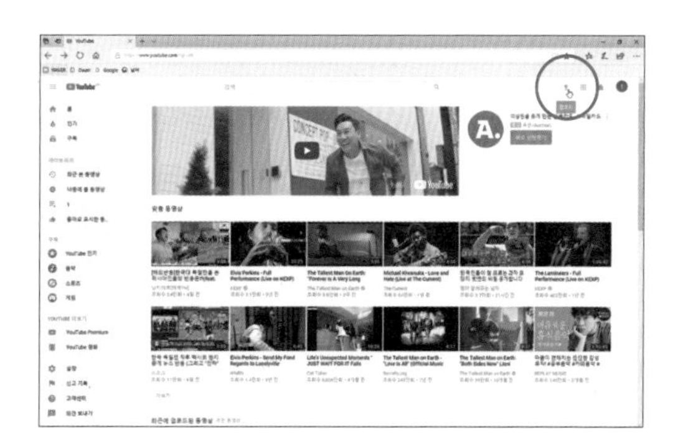

3) 업로드한 동영상은 바로 유튜브에 자동 게시됩니다. 업로드를 한 뒤 동영상을 편집해야 하므로 일단 동영상을 업로드할 때는 게시가 되지 않는 상태에서 업로드가 되도록 옵션을 선택합니다. '미등록(업로드를 하지만 유트뷰 게시판에 미등록)', '비공개(업로드를 하지만 유트뷰 게시판에 비공개. 업로드 날짜가 동영상 등록 날짜임)' 등에서 원하는 옵션을 선택합니다.

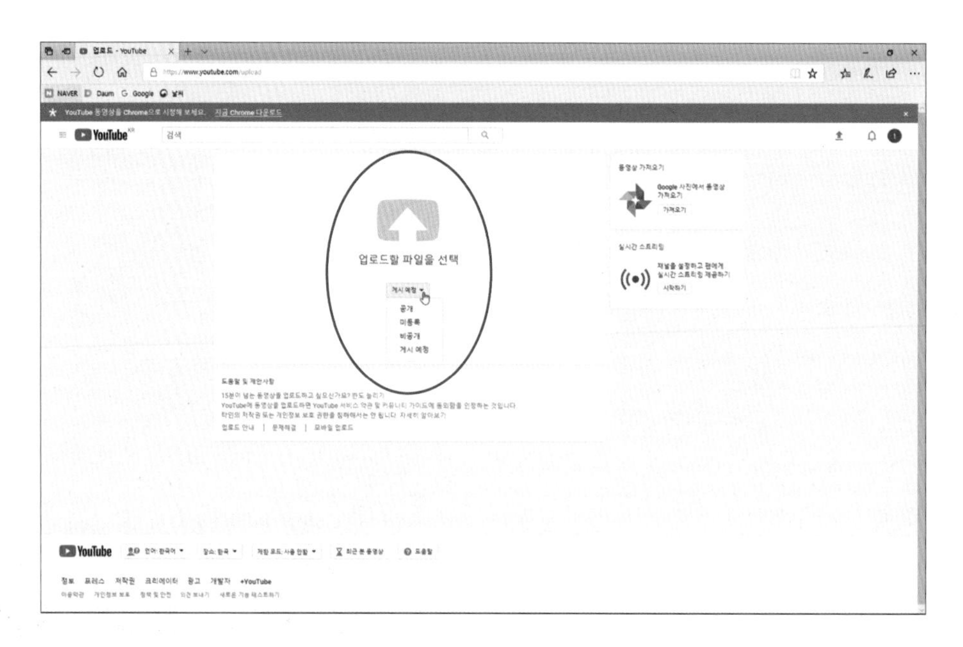

4) 그림처럼 화살표 아이콘을 클릭해 동영상 업로드 작업을 시작합니다.

5) 자신의 저장 장치에 저장된 동영상 중 업로드할 동영상을 선택합니다. 2개 이상의 동영상 클립을 선택한 후 업로드할 수도 있습니다.

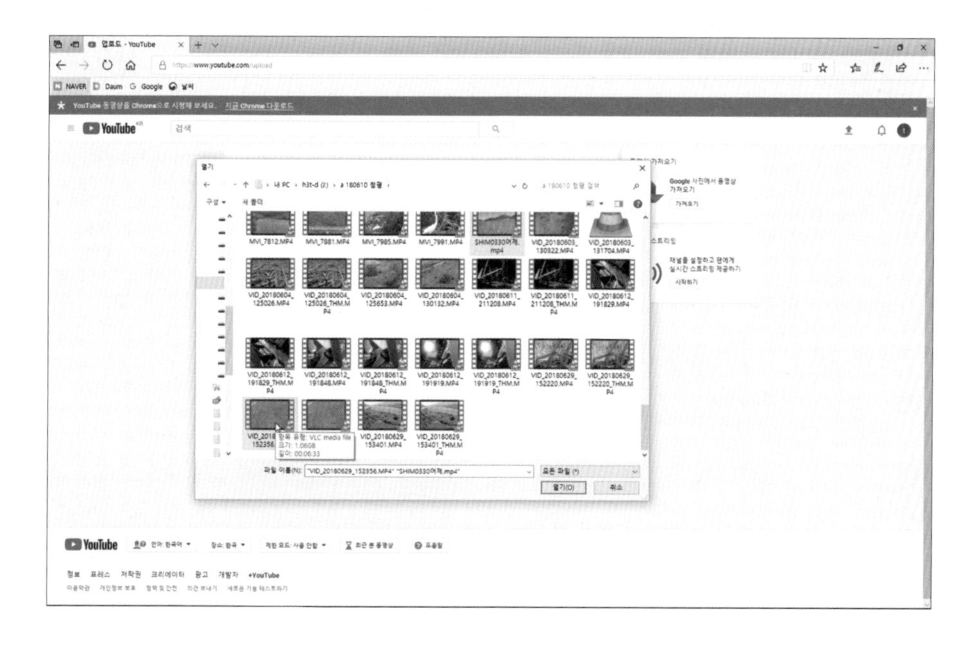

6) 앞에서 동영상을 선택한 후 업로드를 시작한 모습입니다. 현재 화면은 업로드가 진행 중인 상태이며, 업로드를 완료하면 동영상 미리 보기 창이 활성화됩니다.

CHAPTER 04

유튜브에서 소스 동영상 자르고 삭제하기

유튜브에 올린 동영상에서 불필요한 부분을 제거하는 방법을 알아봅니다.

1) 앞에서 업로드한 동영상 예제입니다. 현재는 '비공개' 상태이므로 다른 사용자들은 이 동영상을 볼 수 없습니다. '비공개' 부분을 공개로 변경하면 다른 사용자들도 볼 수 있도록 게시가 되는 상태이므로 편집을 완료하기 전까지는 비공개 상태를 유지하는 것이 좋습니다.

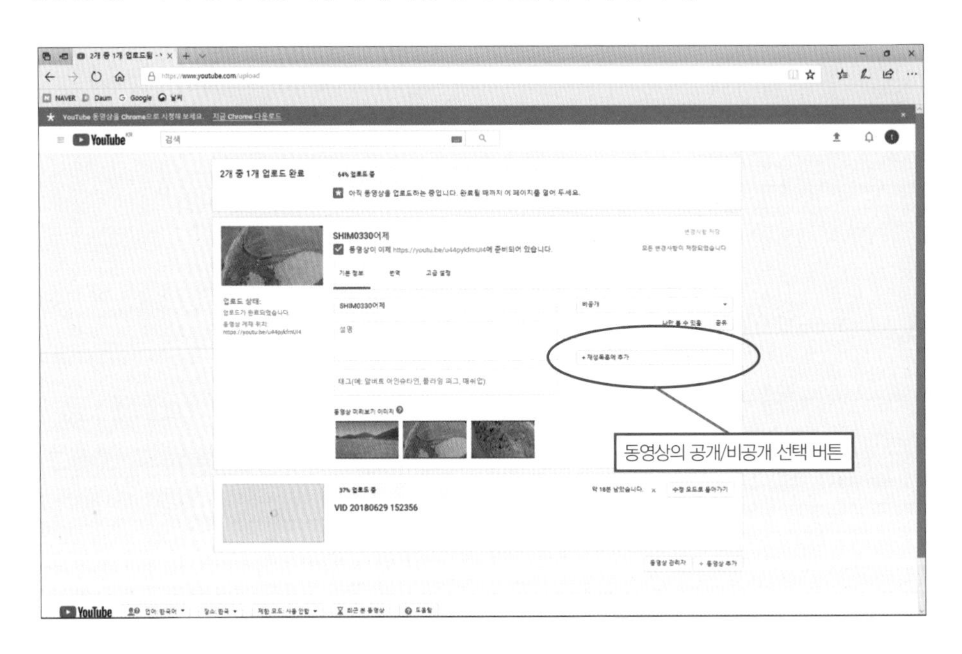

2) 현재 올린 동영상을 확인하기 위해 해당 동영상의 주소를 클릭합니다.

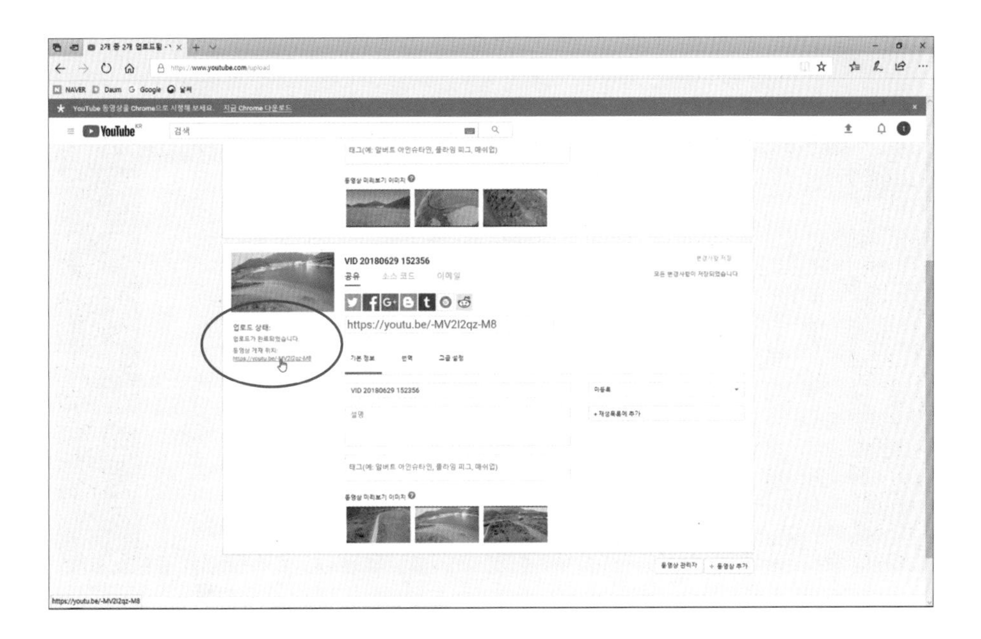

3) 플레이 버튼을 클릭해 동영상을 재생해 봅니다.

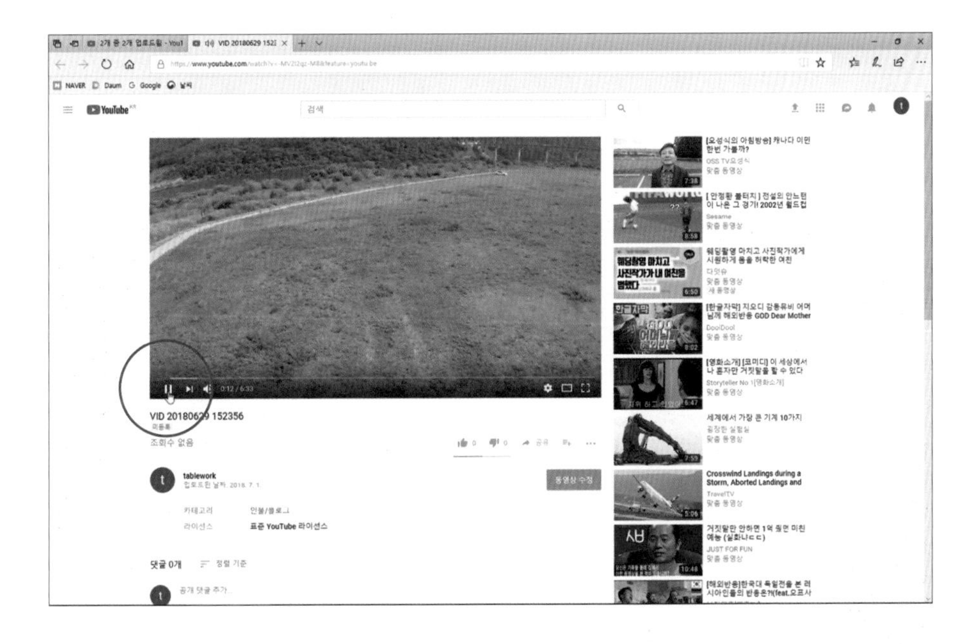

4) 유튜브 플레이어 화면을 확대한 후 동영상을 재생해 봅니다. 동영상을 재생하면서 삭제할 부분이 있는지 찾아봅니다.

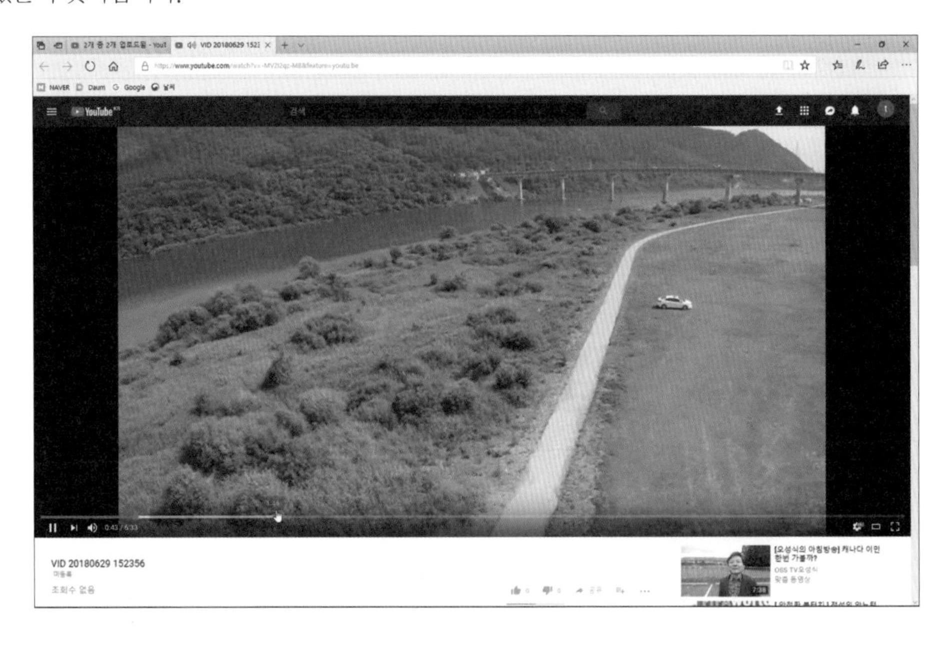

5) 동영상을 원본 상태에서 유튜브에 업로드하면 유튜브에서 자동으로 해상도 옵션이 생성되면서 해상도를 선택해 재생할 수 있도록 해 줍니다. 모든 작업은 자동으로 진행되므로 유튜브 이용자는 원본 그대로의 동영상을 업로드해도 상관없습니다.

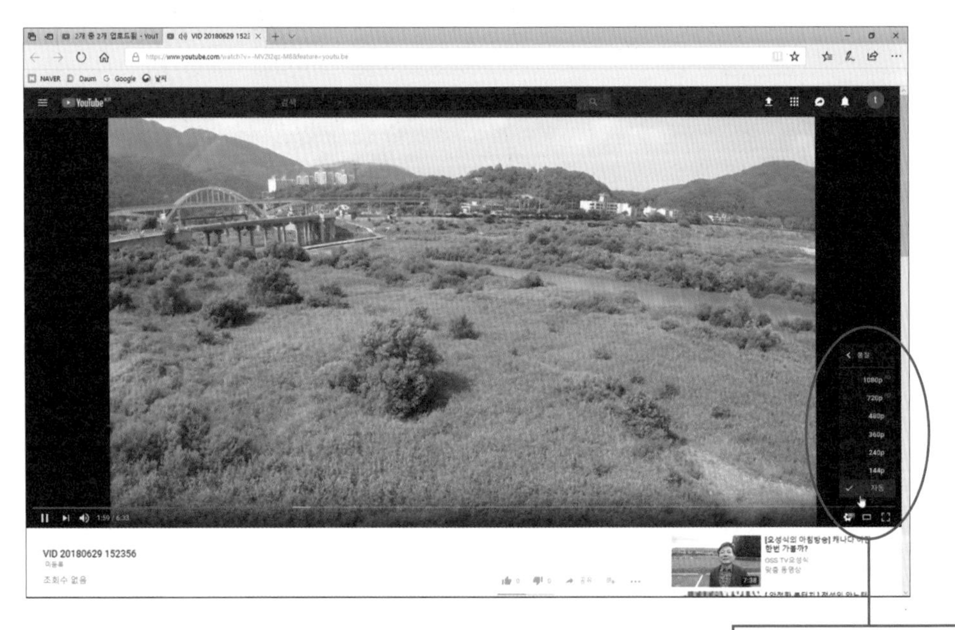

해상도를 변경해 재생할 수 있는 옵션

6) 동영상을 편집하기 위해 화면 하단의 '동영상 수정' 버튼을 클릭합니다.
(참고로 현재 동영상은 비공개 상태이므로 다른 사용자에게는 보이지 않습니다.)

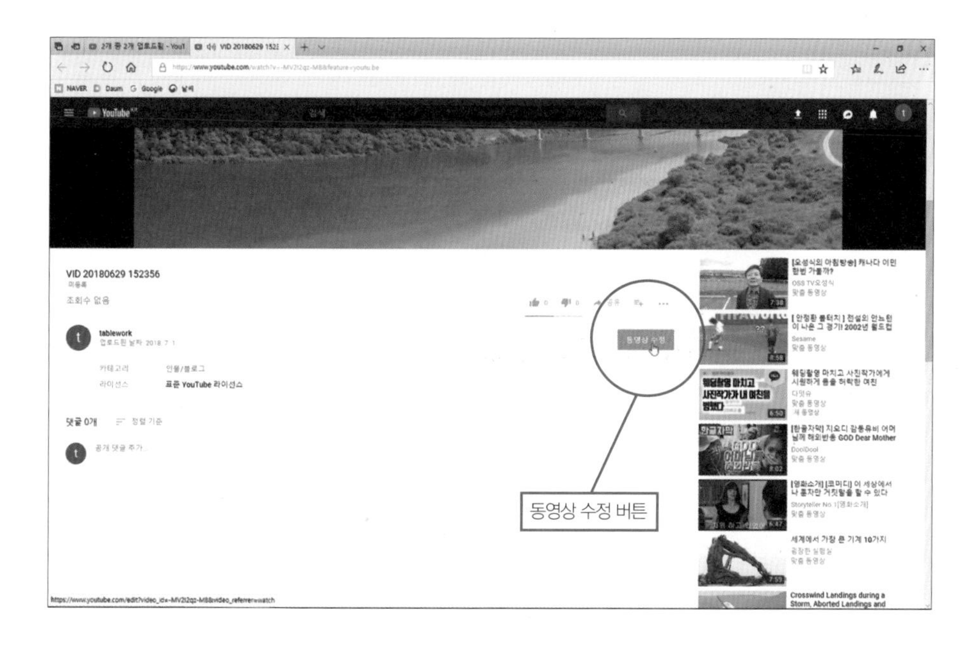

7) 앞에서 '동영상 수정' 버튼을 클릭하면 '유튜브 스튜디오' 창으로 전환됩니다. 이 창은 유튜브에 로그인한 본인 ID의 동영상 편집창입니다. 왼쪽에서 '동영상' 탭을 클릭하면 업로드한 본인의 동영상 목록이 나타납니다. 여기서 편집하고 싶은 동영상을 선택합니다.

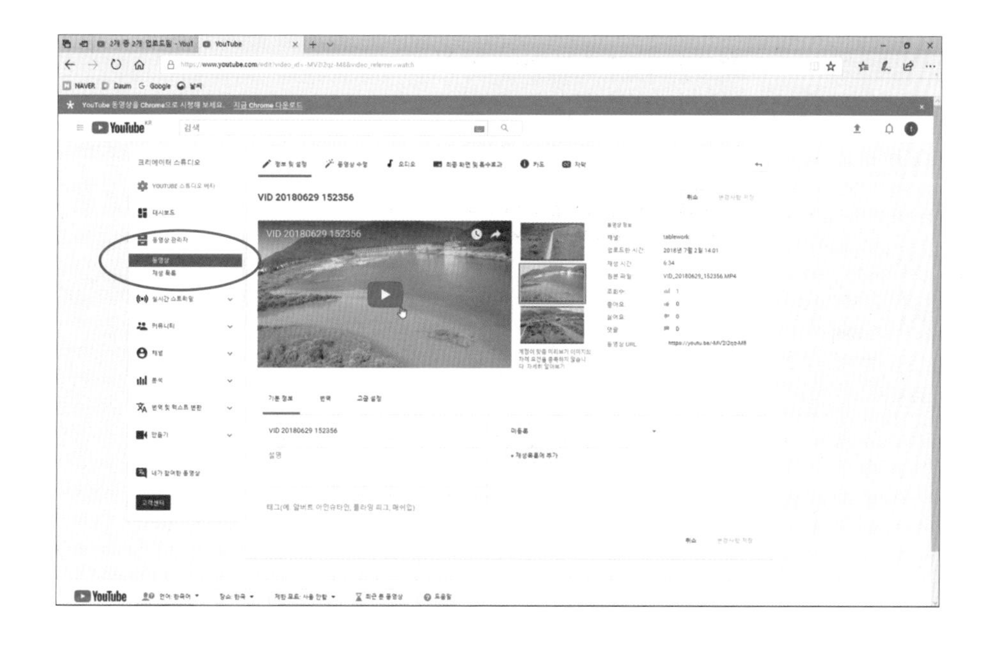

8) 선택한 동영상에서 불필요한 장면을 삭제하기 위해 '동영상 수정' 메뉴를 클릭합니다.

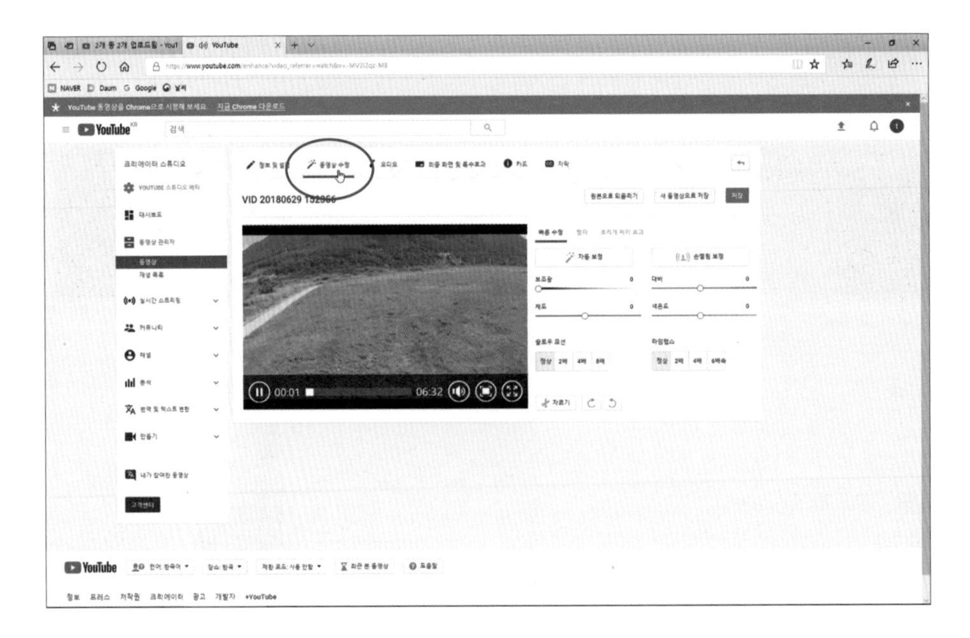

9) '자르기' 버튼을 클릭합니다.

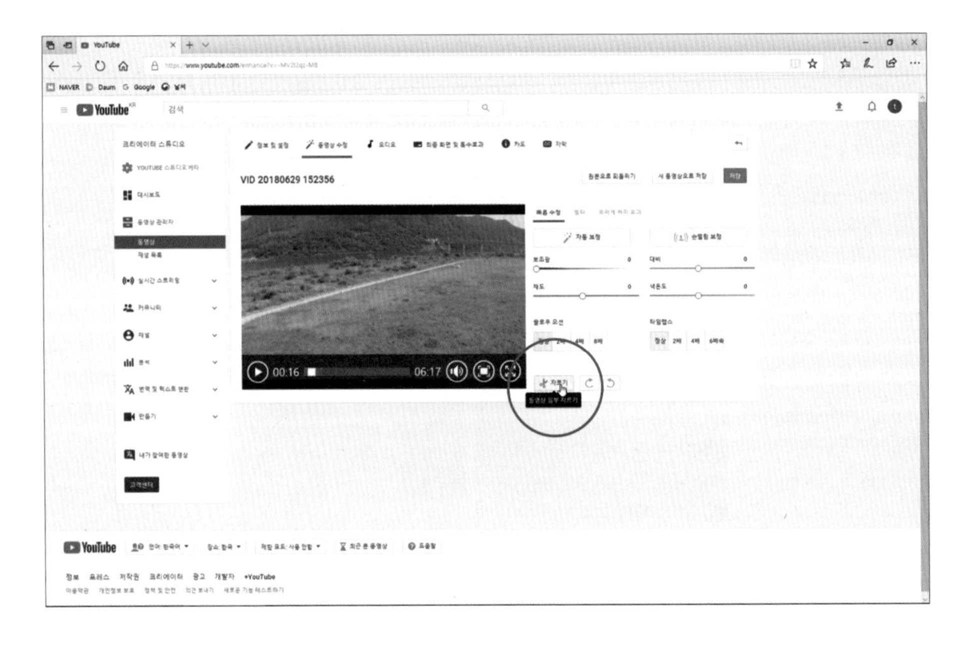

10) 동영상을 재생하면서 자르고 싶은 부분이나 삭제하고 싶은 부분을 찾아봅니다. 그런 뒤 자르고 싶은 부분으로 플레이 커서를 이동시킵니다. '분할' 버튼을 클릭하면 플레이 커서가 있는 부분에서 동영상이 분할됩니다.

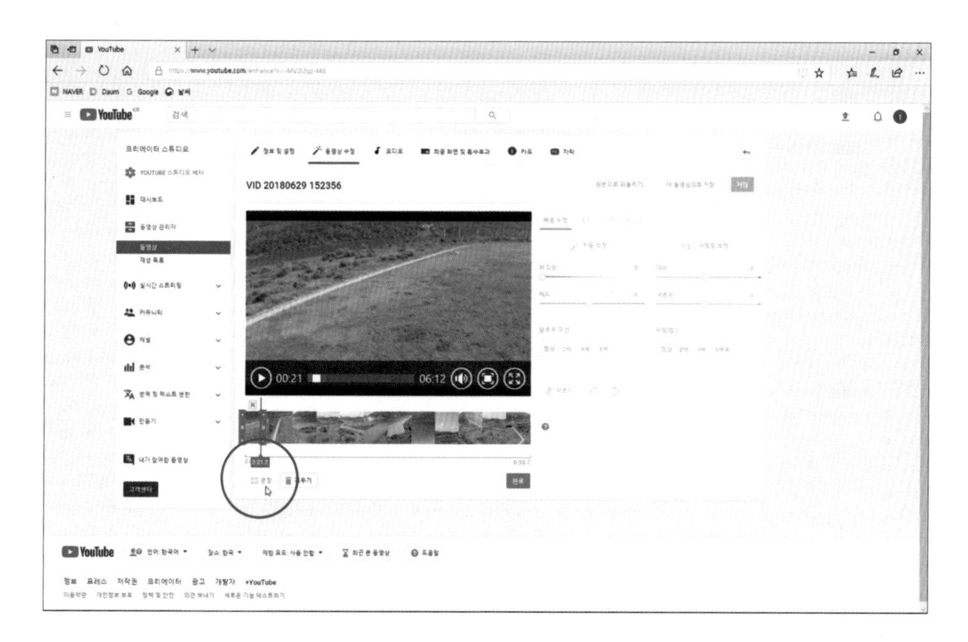

11) 분할된 클립에서 삭제하고 싶은 클립으로 마우스 커서를 이동하면 X자가 표시됩니다. X자를 클릭하면 해당 구간에 있는 동영상이 삭제됩니다.

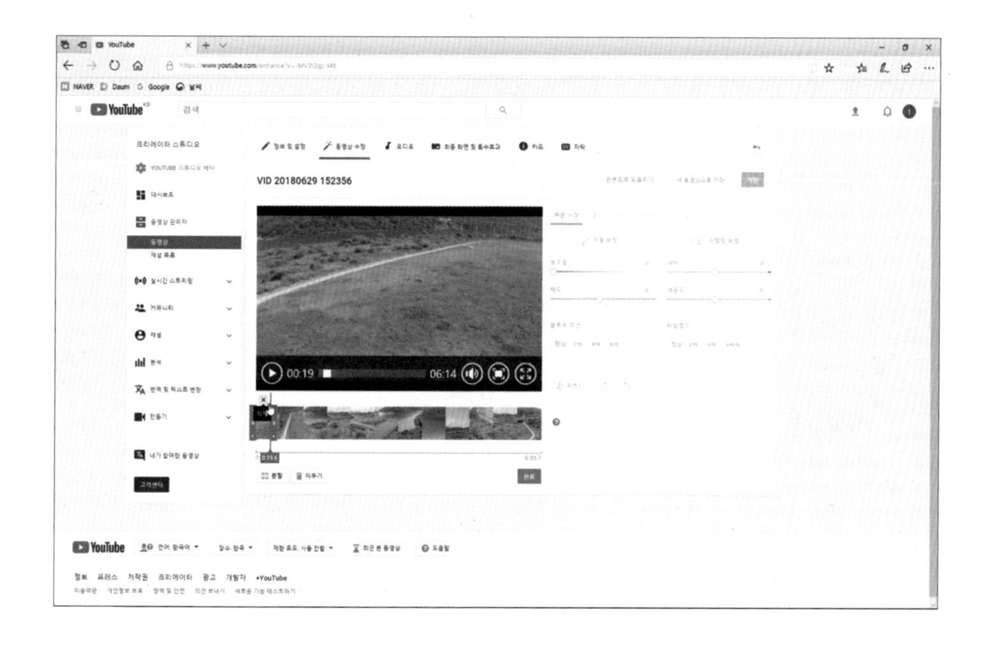

12) 이런 식으로 삭제할 부분의 시작 부분이나 끝부분으로 플레이 커서를 이동한 후 분할해 줍니다.

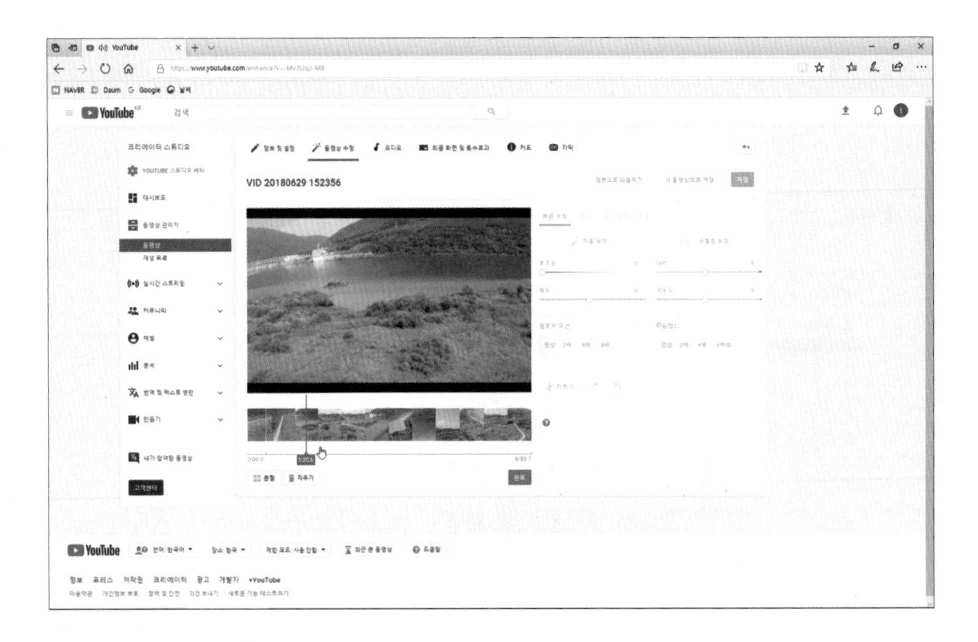

13) 분할을 완료한 뒤에는 타임라인에서 삭제할 부분을 선택한 뒤 X를 눌러 삭제합니다. 최종적으로 '완료' 버튼을 클릭하면 남아 있는 부분이 자동으로 하나의 동영상으로 연결된 후 새 동영상 클립으로 저장됩니다.

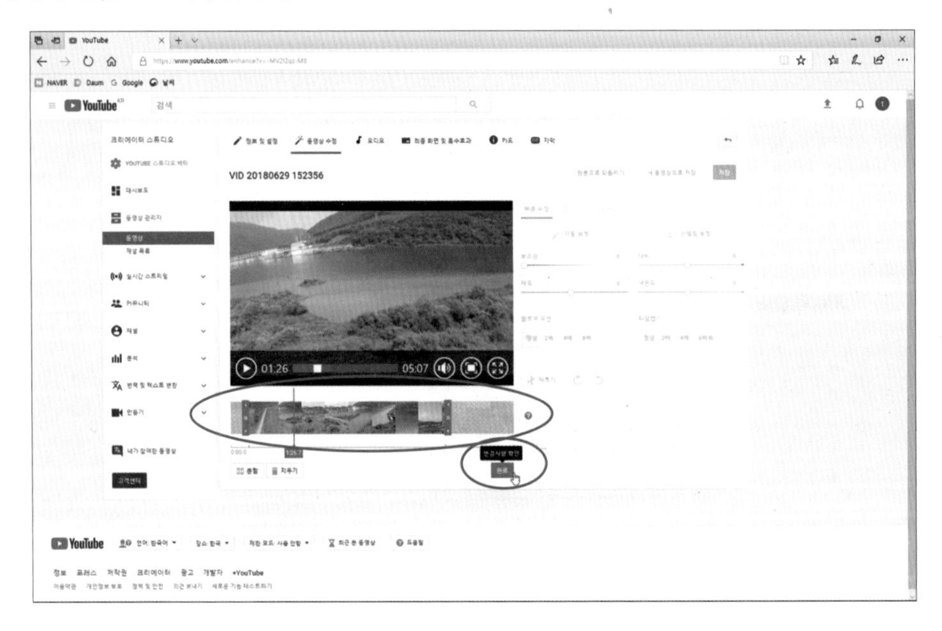

14) 만일 앞에서 '저장' 버튼을 클릭하지 않고 다른 창으로 이동하면 앞에서 했던 분할 작업과 삭제 작업이 모두 취소되므로 주의하기 바랍니다.

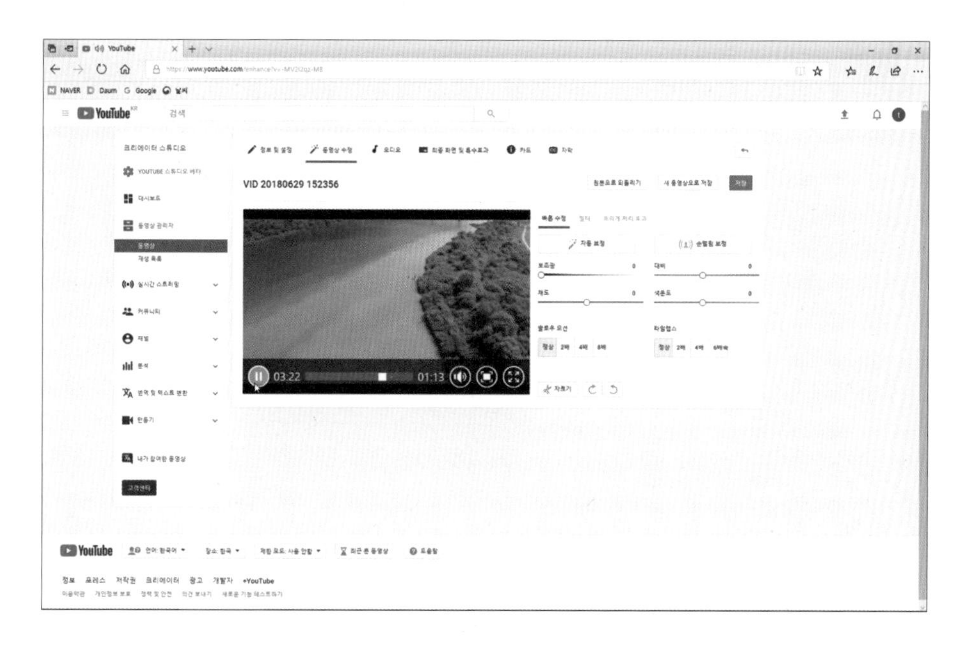

유용한 TIP

삭제 작업 후 렌더링 시간

튜브에서 동영상의 일부를 삭제하고 저장하면 다시 렌더링을 하면서 새 동영상을 생성합니다. 동영상의 길이가 2~3분 이하이면 유튜브에서 편집해도 상관없지만 5분 이상이면 렌더링할 때 오랜 시간이 필요합니다. 따라서 5분 이상의 동영상은 유튜브에서 편집하기 보다는 프리미어나 베가스 같은 전용 프로그램에서 편집한 후 유튜브에 올리는 것이 좋습니다.

CHAPTER

05 동영상에 배경 음악 넣기

앞서 동영상에서 불필요한 부분을 정리하였습니다. 이번에는 동영상 길이에 맞는 배경 음악을 넣는 작업을 진행하겠습니다.

1) 유튜브 스튜디오 창에서 편집할 동영상을 선택한 후 '오디오' 메뉴를 클릭합니다.

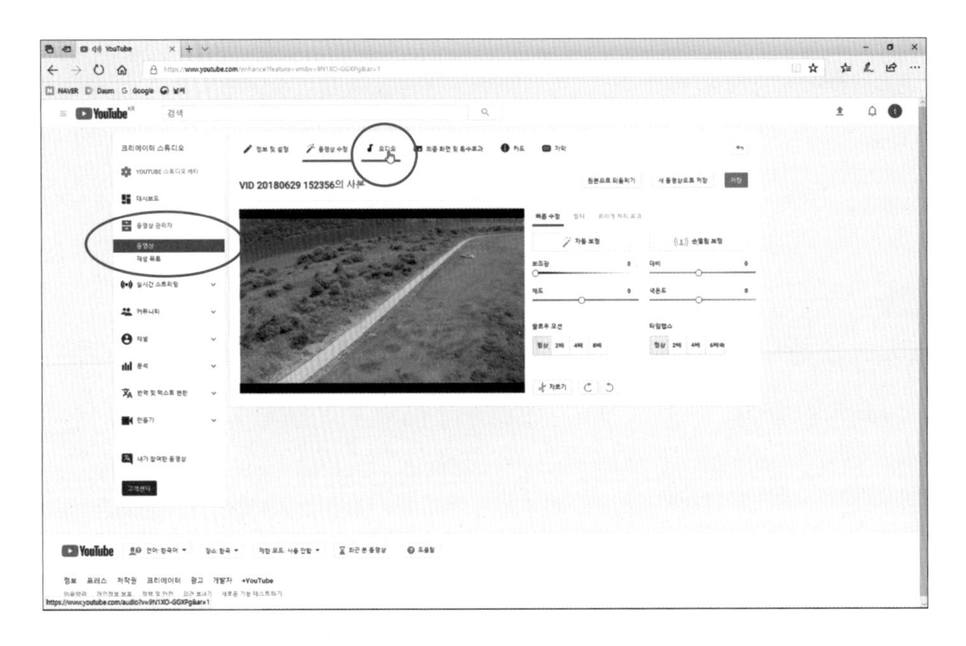

2) 하단에 사용할 수 있는 무료 배경 음악이 목록으로 나타납니다. 이때 가급적 동영상 길이와 같거나 긴 음악을 선택하기 바랍니다.

3) 음악을 미리 들어본 뒤 마음에 드는 음악에서 '동영상에 삽입' 버튼을 클릭합니다.

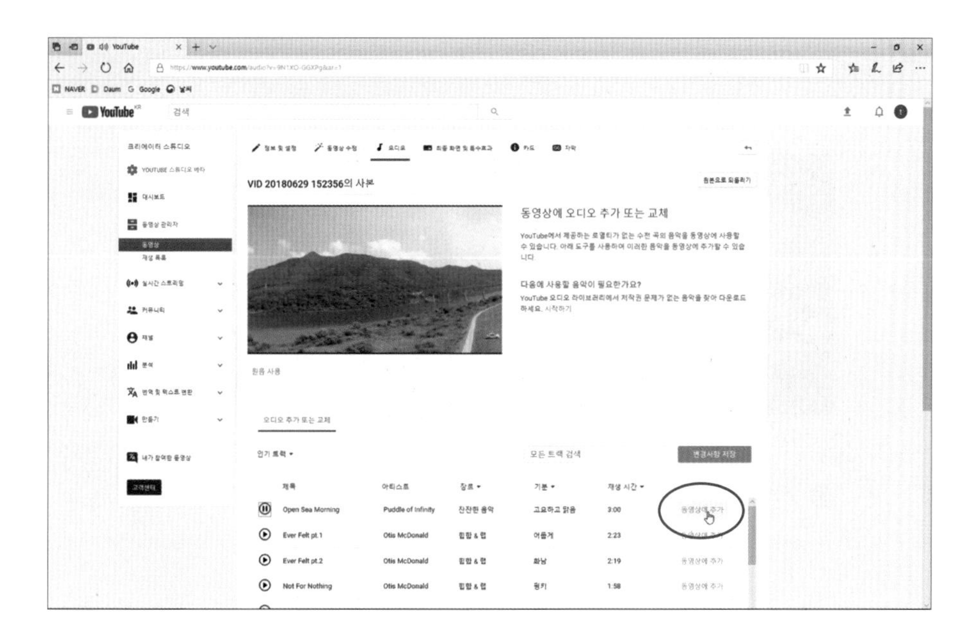

4) '변경 사항 저장' 버튼을 클릭하면 음악 삽입 작업이 완료됩니다.

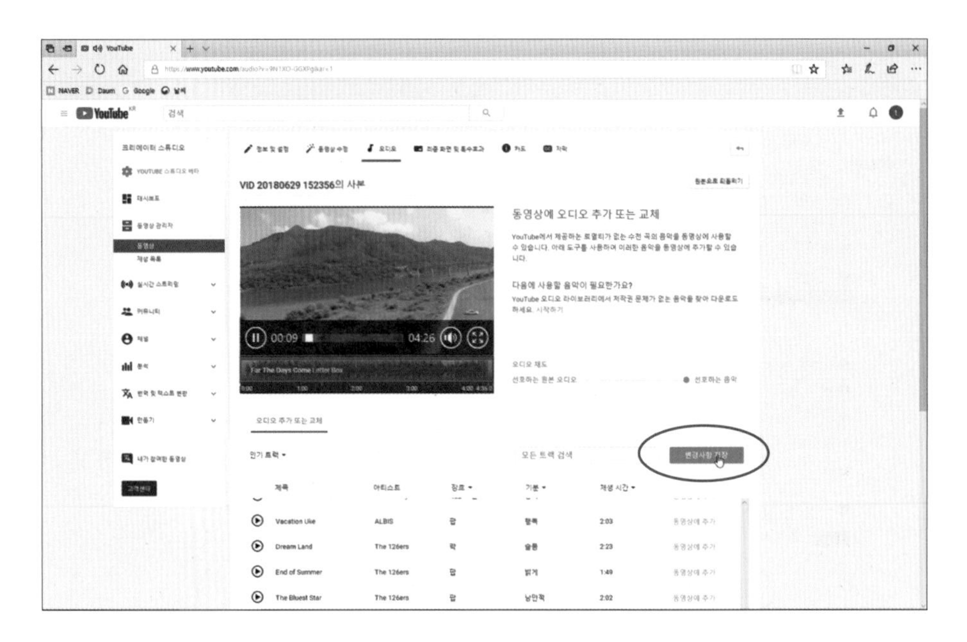

5) 원래 작업창으로 돌아온 뒤 동영상을 플레이하면 앞에서 삽입한 음악이 배경 음악으로 들어간 것을 알 수 있습니다. 만일 삽입한 음악이 마음에 들지 않으면 유튜브 스튜디오 창으로 돌아간 뒤 다른 음악을 삽입하면 됩니다.

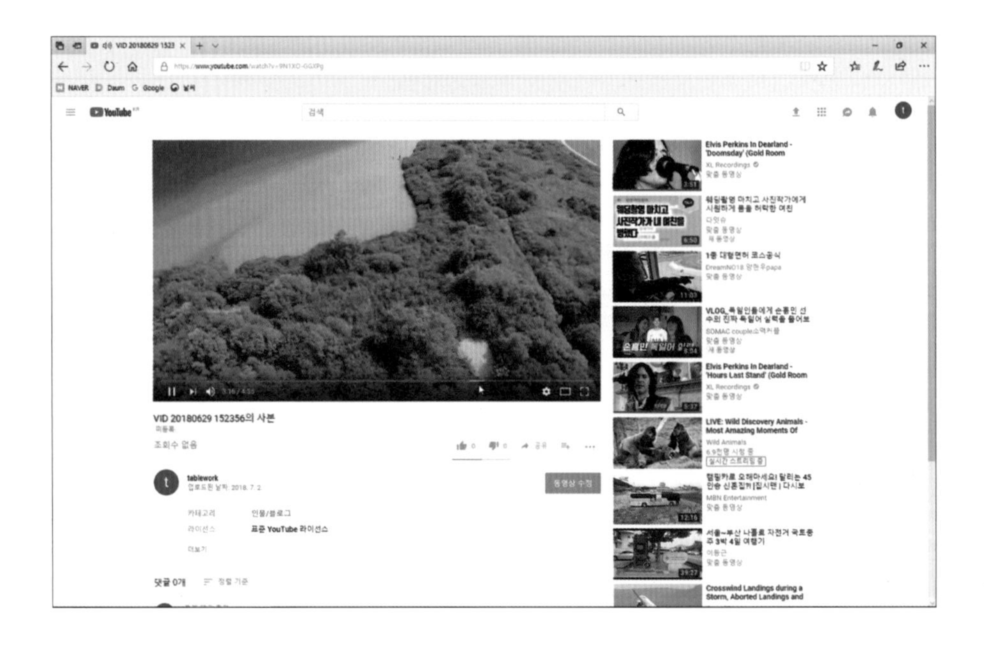

CHAPTER

06 동영상에 자막 넣기

마지막으로 작업 중인 동영상에 자막을 넣는 방법을 알아봅니다. 이 자막은 동영상에 직접 삽입되는 것이 아니라 유튜브를 통해 넣는 자막이므로 화질 변화 없이 언제든지 수정 및 교체할 수 있습니다.

1) 유튜브 스튜디오 창에서 편집할 동영상을 선택한 후 '자막' 메뉴를 클릭합니다.

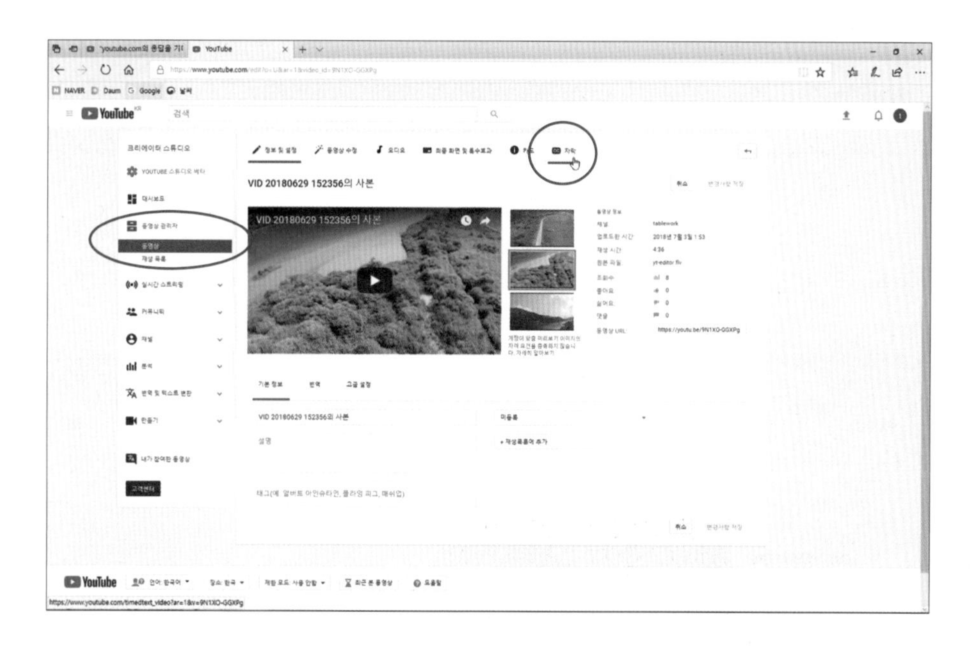

2) '새 자막 추가 버튼'을 클릭합니다.

3) '새 자막 만들기' 버튼을 클릭합니다. 만일 파일로 형식으로 저장된 자막 파일이 있을 경우 '파일 업로드' 버튼을 사용합니다.

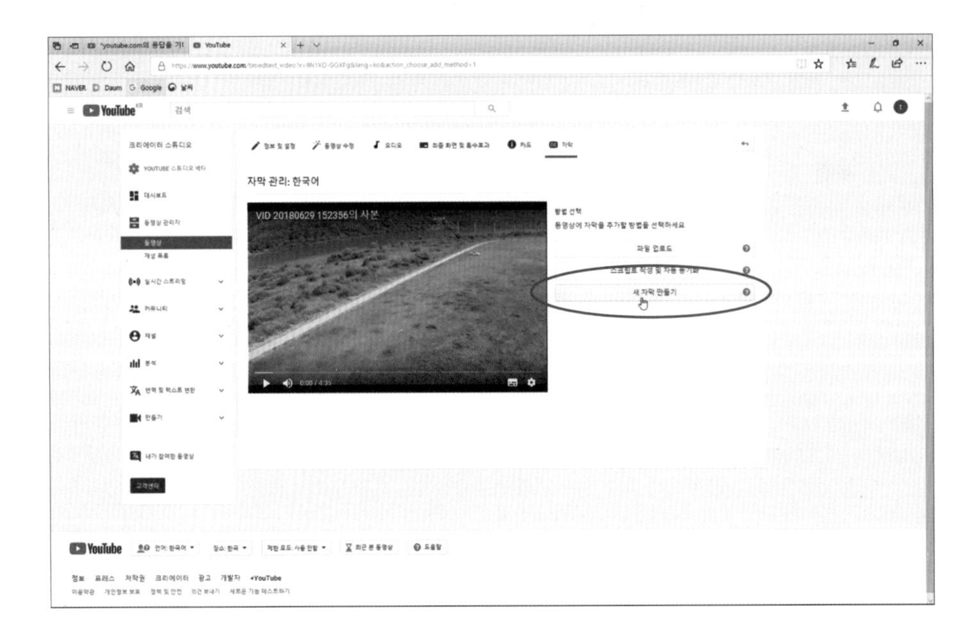

4) 왼쪽 입력 창에서 자막으로 표시될 내용을 입력합니다. 아무거나 원하는 내용을 입력하기 바랍니다.

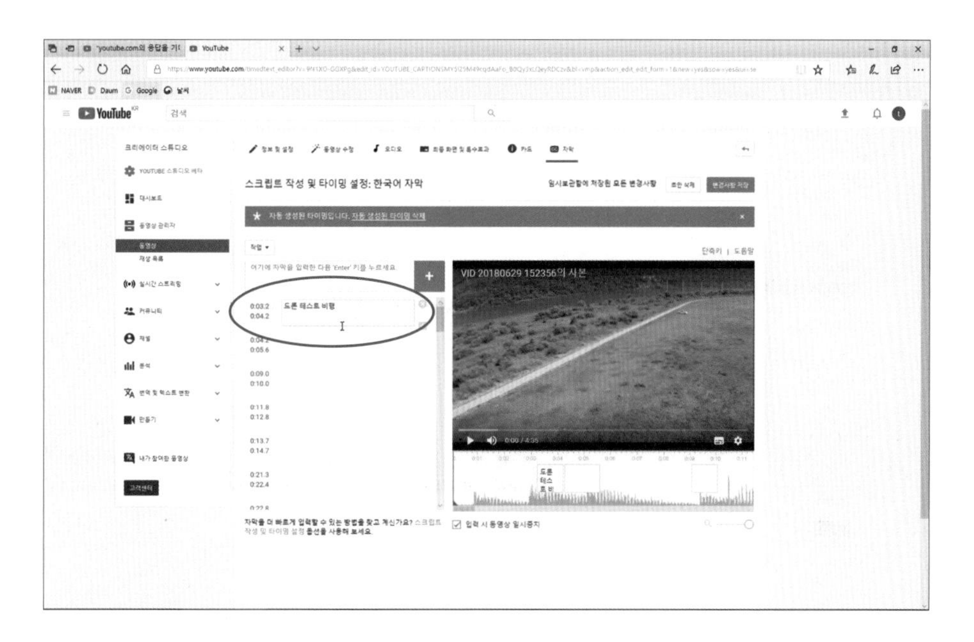

5) 타임라인에 방금 입력한 자막이 클립 형태로 삽입됩니다. 타임라인에서 차지하는 길이만큼 화면에 자막이 보이게 됩니다. 따라서 타임라인에서 자막 클립을 좌우로 드래그하거나 길이를 조절하는 방식으로 자막이 보일 위치를 이동시키거나 자막이 보이는 시간을 조절할 수 있습니다.

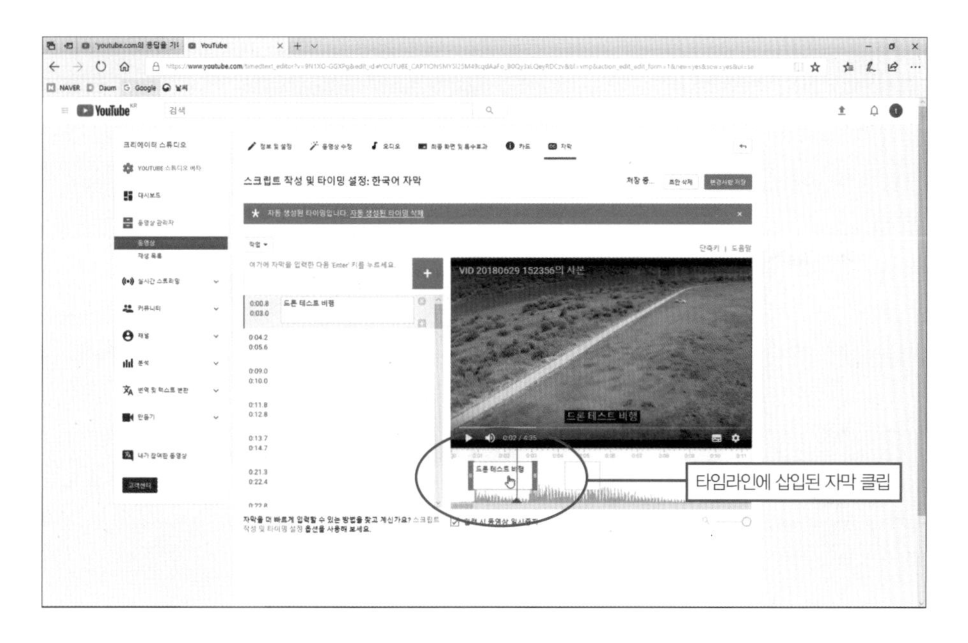

6) 필요한 경우 왼쪽 입력 창에서 또 다른 자막 내용을 입력합니다. 아무거나 원하는 내용을 입력하기 바랍니다.

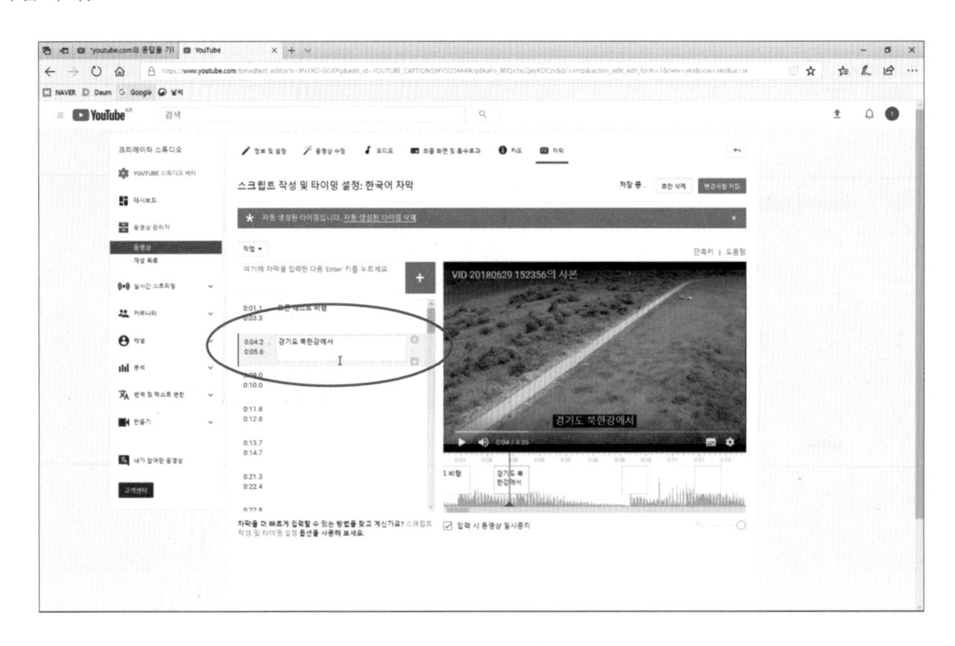

7) 동영상을 플레이하면 자막이 어느 위치에, 얼마만큼 보이는지 알 수 있습니다. 동영상으로 자막을 확인하면서 자막이 보일 위치나 보이는 시간을 타임라인을 통해 조절해 줍니다.

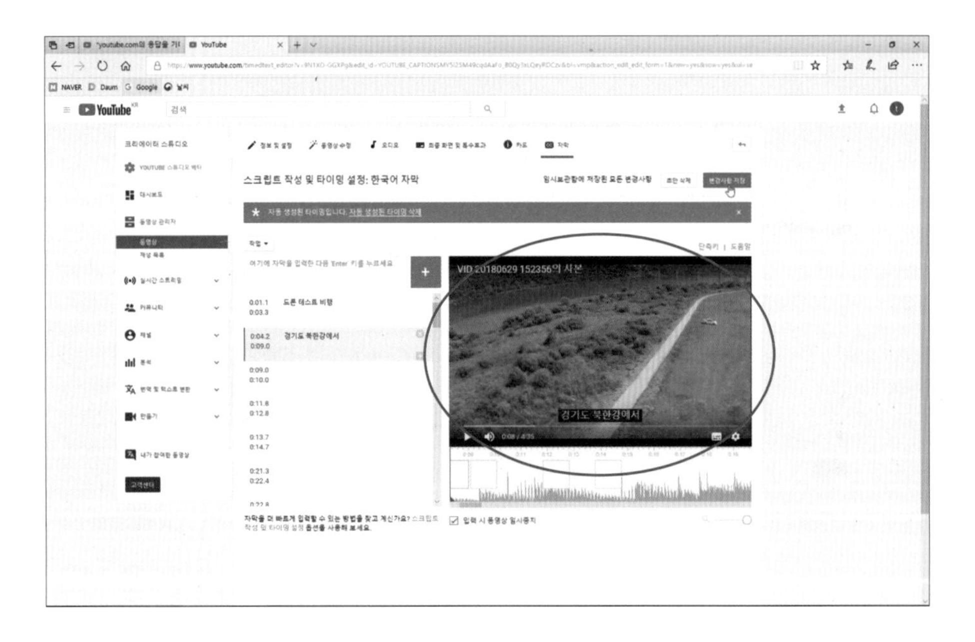

8) 자막 파일을 넣은 모습입니다. 만약 입력한 자막을 수정하거나 교체하려면 유튜브 스튜디오 창에서 '자막' 메뉴를 다시 클릭하면 됩니다.

유튜브에서 삽입한 자막이 동영상에서 표시되는 모습

PART

09

드론 비행 금지 구역과 드론 자격증 가이드

CHAPTER 01

전국 관제권 및 비행 금지 구역 현황

비행 금지 구역은 군 보안 지역과 원자력 발전소 지역, 관제권은 공항에서 반경 9.3km 지역, 도시 지역입니다. 비행 금지 구역과 관제권 지역에서 드론을 비행하거나 항공 촬영을 하려면 관련 관공서의 비행 승인 신청 및 항공 촬영 신청 과정이 필요합니다.

1) 비행 허가가 필요한 지역

표의 지역은 장치 무게나 비행 목적에 관계없이 드론을 날리기 전 반드시 승인이 필요합니다.

관제권 지역	공항, 비행장, 군비 행장을 중심으로 반경 9.3km 이내 지역
비행 금지 구역	휴전선 인접 지역, 원자력 발전소 지역
비행 제안 구역	국가 및 군 보안이 필요한 지역
인구 밀집 지역	시, 군, 도시 지역 대부분
고도	높이 150m 이상 금지(그 이상의 고도는 항공기의 공로에 해당)
야간 비행	원칙적으로 금지

2) 비행 금지 구역과 관제권 안내 지도

다음은 국토교통부 홈페이지에서 제공하는 비행 금지 구역 및 관제권 안내 지도입니다. 이 지역에서는 드론의 비행과 항공 촬영이 원칙적으로 금지됩니다. 만일 업무 목적으로 드론의 비행 및 항공 촬영을 하려면 해당 지역과 가까운 항공청(관제권 지역 허가 담당)과 군사령부(군 보안 지역 허가 담당)에 허가 신청서를 제출해야 합니다.

서울은 전 지역이 비행 금지 구역이자 관제권 지역입니다. 서울에서 자유 비행이 가능한 지역은 한강변에 마련된 드론 비행장 3곳입니다. 국토교통부와 (사)한국드론협회가 공동 개발한 스마트폰 어플 'Ready to fly'를 스마트폰에 설치하면 더 상세하게 비행 금지 구역과 관제권 지역을 파악할 수 있습니다.

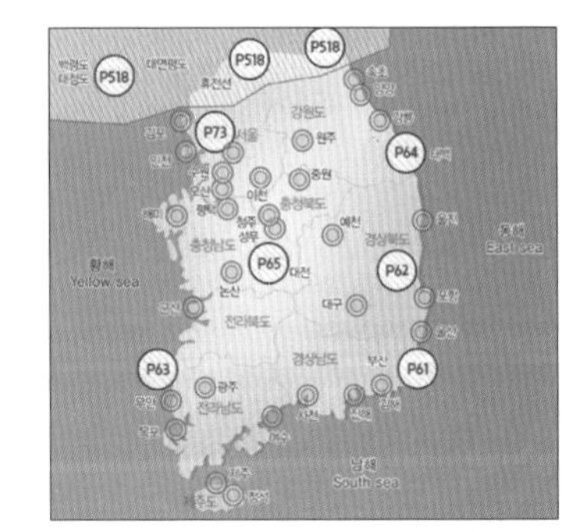

국토교통부 드론 비행 금지 구역 지도
(www.molit.go.kr)

CHAPTER 02

관제권, 비행 금지 구역의 허가 신청 방법

관제권 및 비행 금지 구역에서 드론을 날리거나 항공 촬영을 하려면 반드시 허가 신청을 해야 합니다. 요즘은 시민들의 사생활 보호 의식이 투철하여 별 생각 없이 카메라 드론을 날릴 경우에도 주민들의 신고로 군 · 경찰이 출동하므로 반드시 허가 신청을 한 뒤 비행을 하기 바랍니다.

1) 비행 금지 구역 관할 기관과 담당 연락처

서울은 전역이 비행 금지 구역과 관제권에 포함하므로 서울에서 드론 비행과 항공 촬영을 하려면 비행 금지 구역 관할 기관과 관제권 지역 관할기관 양쪽에서 승인을 받아야 합니다.

구분	관할기관	연락처
P73 (서울 도심)	수도방위사령부 (화력과)	전화 : 02-524-3353, 3419, 3359 팩스 : 02-524-2205
P518 (휴전선지역)	합동참모본부 (항공작전과)	전화 : 02-748-3294 팩스 : 02-796-7985
P61A (고리원전)	합동참모본부 (공중종심작전과)	전화 : 02-748-3435 팩스 : 02-796-0369
P62A (월성원전)		
P63A (한빛원전)		
P64A (한울원전)		
P65A (원자력연구소)		
P61B (고리원전)	부산지방항공청 (항공운항과)	전화 : 051-974-2154 팩스 : 051-971-1219
P62B (월성원전)		
P63B (한빛원전)		
P64B (한울원전)		
P65B (원자력연구소)	서울지방항공청 (항공안전과)	전화 : 032-740-2153 팩스 : 032-740-2159

국토교통부 제공 자료 (www.molit.go.kr)

2) 관제권 지역 관할 기관과 담당 연락처

구분		관할기관	연락처
1	인 천	서울지방항공청 (항공운항과)	전화 : 032-740-2153 팩스 : 032-740-2159
2	김 포		
3	양 양		
4	울 진	부산지방항공청 (항공운항과)	전화 : 051-974-2146 팩스 : 051-971-1219
5	울 산		
6	여 수		
7	정 석		
8	무 안		
9	제 주	제주지방항공청 (안전운항과)	전화 : 064-797-1745 팩스 : 064-797-1759
10	광 주	광주기지 (계획처)	전화 : 062-940-1110~1 팩스 : 062-941-8377
11	사 천	사천기지 (계획처)	전화 : 055-850-3111~4 팩스 : 055-850-3173
12	김 해	김해기지 (작전과)	전화 : 051-979-2300~1 팩스 : 051-979-3750
13	원 주	원주기지 (작전과)	전화 : 033-730-4221~2 팩스 : 033-747-7801
14	수 원	수원기지 (계획처)	전화 : 031-220-1014~5 팩스 : 031-220-1167
15	대 구	대구기지 (작전과)	전화 : 053-989-3210~4 팩스 : 054-984-4916
16	서 울	서울기지 (작전과)	전화 : 031-720-3230~3 팩스 : 031-720-4459
17	예 천	예천기지 (계획처)	전화 : 054-650-4517 팩스 : 054-650-5757
18	청 주	청주기지 (계획처)	전화 : 043-200-2112 팩스 : 043-210-3747
19	강 릉	강릉기지 (계획처)	전화 : 033-649-2021~2 팩스 : 033-649-3790
20	충 주	중원기지 (작전과)	전화 : 043-849-3033~4 , 3083 팩스 : 043-849-5599
21	해 미	서산기지 (작전과)	전화 : 041-689-2020~4 팩스 : 041-689-4155
22	성 무	성무기지 (작전과)	전화 : 043-290-5230 팩스 : 043-297-0479
23	포 항	포항기지 (작전과)	전화 : 054-290-6322~3 팩스 : 054-291-9281
24	목 포	목포기지 (작전과)	전화 : 061-263-4330~1 팩스 : 061-263-4754
25	진 해	진해기지 (군사시설보호과)	전화 : 055-549-4231~2 팩스 : 055-549-4785
26	이 천	항공작전사령부 (비행정보반)	전화 : 031-634-2202 (교환) → 3705~6 팩스 : 031-634-1433
27	논 산		
28	속 초		
29	오 산	미공군 오산기지	전화 : 0505-784-4222 문의 후 신청
30	군 산	군산기지	전화 : 063-470-4422 문의 후 신청
31	평 택	미육군 평택기지	전화 : 0503-353-7555 팩스 : 0503-353-7655

국토교통부 제공 자료 (www.molit.go.kr)

CHAPTER

03 드론 항공 촬영 허가 & 드론 비행 허가 절차

금지 구역과 관제 구역에서의 비행 및 항공 촬영을 하려면 다음과 같이 허가 신청을 해야 합니다. 허가 없는 촬영은 불법 행위로 간주해 최대 200만 원 이하의 과태료 행정 처분을 받습니다. 촬영 허가의 최종 책임자는 외주업체가 아니라 의뢰한 원청이어야 합니다.

1) 금지 구역/관제 구역에서의 드론 항공 촬영 허가 절차

필요 서류	업무 관할	신청 절차 및 연락처
▶ 항공 사진 촬영 허가 신청서 ▶ 국가 보안/군사 시설 촬영 시 시설장의 사전 허가 확인서 ▶ 초경량 비행 장치 사용 사업 등록증 (외주업체 활용 시)	국방부	신청서 작성 후 국방부에 팩스로 송부 – 촬영 7일 전 신청 – 촬영 허가 신청가능 기간단위 : 1일~1개월 – 촬영 책임자 연락처와 촬영 허가서 회신용 FAX 번호 기재 ☎ 국방정보본부 보안정책과 02–748–2344(문의) 02–748–0543(FAX 송수신실에 먼저 전화로 확인) 02–796–0369(FAX 번호)

☞ 공공 기관 및 신문 방송사 사용 목적인 경우 직접 신청만 가능하며 촬영 업체나 기타 대행 업체의 신청은 불가

2) 금지 구역/관제 구역에서의 드론 비행 허가 절차

필요 서류	업무 관할	신청 절차 및 연락처
▶ 비행 승인 요청서 ▶ 사업자 등록증 ▶ 헬리캠 보험 가입 증명서	수도 방위 사령부	비행 승인 요청서 작성 후 KBS 사업자등록증, 헬리캠 보험 가입 증명서 각1부를 팩스로 송부 – 촬영 4일전 신청 • 서울 지역 : 수도 방위 사령부 작전처 화력과 02–524–3353, 3413, 3419(문의) 02–524–2205(먼저 전화로 확인 후에 같은 번호로 FAX 발송)
▶ 초경량 비행 장치 비행 승인 신청서 (민간 공항 주변 관제권) ▶ 초경량 비행 장치 사용 사업 등록증 (외주 업체 활용 시) ▶ 헬리캠 보험 가입 증명서	국토부 (관할지방 항공청)	신청서 작성 후 해당 지역 항공청에 문의 후 발송 – 촬영 3일전 신청 • 서울, 경기, 인천, 강원, 대전, 충청, 세종, 전북 : 서울지방항공청 항공안전과 032–740–2353 • 부산, 대구, 울산, 광주, 경상, 전남 : 부산지방항공청 항공운항과 051–974–2153 • 제주지역 : 제주지방항공청 안전운항과 064–797–2230

※ P–73A(청와대 중심 반경 3.7㎞이내) 비행 금지 구역은 국가적 행사를 제외하고는 비행 허가가 거의 나지 않음
※ 공항 근처 관제권에서 고도 150m 이상은 유인 항공기와의 공역 분리를 위해서 매우 특별한 경우를 제외하고는 비행 허가가 나지 않음
※ 따라서 카메라 드론 운용 시 고도 150m 이상은 비행을 하지 않습니다.

CHAPTER

04 지방 항공청 제출용 드론 비행 허가 신청서

금지 구역/제한 구역/관제 구역에서의 드론 비행 허가를 신청할 때 필요한 양식입니다. 관할 관제권 지역 승인 기관의 담당자와 전화 통화 후 팩스로 송부합니다.

■ 항공법 시행규칙[별지 제32호서식] <개정 2014.11.28.>

초경량비행장치 비행승인신청서

※ [ ]에는 해당되는 곳에 √표를 합니다. (앞쪽)

접수번호	접수일자	처리기간 3일

구분	항목	항목
신 청 인	성명/명칭	생년월일
	주소	
비행장치	종류/형식	용도
	소유자	(전화:)
	①신고번호	②안전성인증서번호 (유효만료기간) (. .)
비행계획	일시 또는 기간(최대 30일)	구역
	비행목적/방식	보험 [ ] 가입 [ ] 미가입
	경로/고도	
조 종 자	성명	생년월일
	주소	
	자격번호 또는 비행경력	
③동 승 자	성명	생년월일
	주소	
탑재장치	무선전화송수신기	
	2차감시레이더용트랜스폰더	

「항공법」 제23조제2항 및 같은 법 시행규칙 제66조제2항에 따라 비행승인을 신청합니다.

년 월 일

신고인 (서명 또는 인)

지방항공청장 귀하

작 성 방 법	수수료
1. 「항공법 시행령」 제14조에 따른 신고를 필요로 하지 않는 초경량비행장치 또는 「항공법 시행규칙」 제66조의2제2항에 따른 안전성인증의 대상이 아닌 초경량비행장치의 경우에는 신청란 중 제①번(신고번호) 또는 제②번(안전성인증서번호)을 적지 않아도 됩니다. 2. 항공레저스포츠사업에 사용되는 초경량비행장치인 경우에는 제③번(동승자)을 적지 않아도 됩니다.	없음

210㎜×297㎜[백상지 80g/㎡(재활용품)]

CHAPTER 05

군부대 제출용 드론 비행 승인 요청서

관제 구역과 비행 금지 구역, 제한 구역이 겹친 지역 중 서울 및 서울 근교에 속할 경우 군 승인 기관 담당자와 전화 통화 후 승인 신청서를 팩스로 송부합니다.

〈별첨〉 수방사 비행허가 신청서

◦ 비행승인 요청서(멀티콥터, 무인헬기, 드론, 헬리캠 등)

비행승인 요청서[수신처 : 화력과]

1. **비행목적** : 구체적인 목적 기입

2. **비행일시** : 연, 월, 일 비행시간 ~ 종료(시간단위까지 구체적으로 기입)

3. **비행경로(장소)** : 이착륙장소, 비행장소(주소, 건물명 등)

4. **비행고도 / 속도** :

5. **기종 / 대수** :

6. **인적사항** : 조종사 성명, 소속, 전화번호, 팩스번호 등

7. **탑재장비** :

8. **기타** :
   - 사업자 등록증, 보험가입증명서, 초경량비행장치 사용사업 등록증(항공 촬영 시) 등

CHAPTER

06 드론 항공 사진 촬영 허가 신청서

서울 등의 비행 금지 구역/제한 구역에서의 드론 항공 촬영 허가를 신청할 때 필요한 양식입니다. 군 승인 기관 담당자와 전화 통화 후 승인 신청서와 함께 촬영 허가 신청서를 팩스로 송부합니다. 서울에서 드론으로 항공 촬영을 할 경우에는 일반적으로 담당 군인 1명이 동행하게 됩니다.

<별첨> 국방부 항공촬영 허가 신청서(작성 예)

항공사진 촬영 허가신청서

사진의 용도			촬영구분 (정.동.시각.등)	동영상	
필름의 종류	CMOS	규 격	1/2인치 1600만 화소	수 량	1대
항공기종	RC전동 헥사콥터		항공기명	DJI S900	
이륙 일시장소	2015년 8월 7일 10시~16시		착륙 일시 장소	2015년 8월 7일 10시~16시	
	서울시 신림동 000-0				
촬영지역 (주소/좌표)	신림동 000-0	목표물명			
촬영장비 명칭 및 종류			파나소닉 GH4 + 12㎜ 렌즈		
촬영고도	최고 150m미만		축 적	1:1	
항 로	반경 300m	순항고도	100m	항 속	200㎞/h

촬 영 관 계 인 적 사 항				
구 분	성 명 (연락처)	생년월일	소 속	직 책
조종자	홍길동 010-0000-0000			
촬영자				
의뢰자				
책임자				

촬영 승인서 회신받을 FAX번호 :

촬영책임자 연락처: 010-

※ 제출서류 : 초경량비행장치 사용사업등록증 1부, 촬영책임자 연락처, 회신받을 FAX번호
국가안보시설/군사시설 촬영시 시설장의 사전허가 확인서

CHAPTER 07

전국의 드론 비행 자유 지역 안내

드론 비행 자유 지역은 일반적으로 군 보안 지역, 원자력 발전소 지역, 관제권 지역, 도시 지역에서 떨어진 지역입니다. 서울의 경우 전 지역이 비행 금지 구역이지만 세 군데 드론 전용 비행장(드론 자유 지역)에서 드론을 날릴 수 있습니다.

1) 드론 전용 비행장

드론 전용 비행장은 드론을 자유롭게 날릴 수 있는 지역입니다. 일반 드론 애호가는 물론 드론, 글라이더, RC 고정익 동호회 회원들이 많이 찾습니다. 교통이 불편하여 일반인은 접근하지 않는 한지이기 때문에 주로 자동차로 찾아갑니다. 일부 비행장은 천막으로 간이 휴게실을 설치한 곳도 있습니다.

지역	명칭	위치	특징
서울권	가양비행장	가양대교 북단 서쪽 GS 상암주유소 맞은편 한강변 간이축구장, 간이야구장 옆	길이 100m 이상
	신정비행장	신정동 목동 삼성아파트 건너편 하천변	길이 100m 이상
	광나루비행장	천호동 한강 광나루공원 옆	너비 200m 이상
경기권	가평 신청평비행장	가평 신청평대교 옆 강변	너비 200m 이상
	구리 왕숙천비행장	구리 배양리 왕숙천 하천변	길이 100m 이상
	화성 어섬비행장	화성군 고포리 어섬 행글라이더장 부근	너비 200m 이상
	인천 정서진비행장	인천 정서진 공원 내 호수/하천변 일부	일부 녹지
	인천 드론실내스타디움	인천 남동실내체육관	비정기 개방
	인천 백석비행장	인천 백석교 옆 하천변 녹지(미개발지)	너비 300m 이상
	용인 DJI 아레나	용인 DJI 코리아 운영 드론 실내비행장	400평
	분당 탄천비행장	분당 서현교~수내교 황새울공원 건너편 하천변의 녹지 일원	길이 200m 이상
강원권	원주 종합운동장원주 종합운동장	원주 종합운동장 내	
	평창 바위공원	평창읍 중리 바위공원	길이 200m 이상

충청권	대전 드론 비행장대전 드론 비행장	서구 둔산동 샘머리2단지 아파트 맞은 유동천변 (한밭대교 서단 북쪽)	너비 150m 이상
	대전 레이싱비행장	유성구 탑립동 하천변(한빛대교 동단 북쪽)	길이 200m 이상 길이 200m 이상
	음성 원남비행장	충북 음성 원남테마캠핑장 내 북단 하천변	길이 50m 이상
전라권	김제 벽골제비행장	김제 벽골제 제방 옆 녹지	너비 50m 이상
경상권	포항 곡강비행장포항 곡강비행장	포항 흥해읍 용전리 곡강야구장 동쪽 녹지와 하천변 일대	너비 100m 이상
	경상 경상비행장경상 경상비행장	경산 압량면 금구리 655	너비 100m 이상
	경상 대부비행장	경상 하양읍 부호리 대부잠수교 북단 서쪽 하천변	너비 150m 이상
제주권	미악산 비행장	서귀포 동홍동 미악산(쌀오름) 정상	정상 일대 녹지
	섭지코지 드론 비행장	서귀포 성산읍 섭지코지 주차장 북단	진입로 녹지 일원
	모슬포 비행장	서귀포 모슬포 알뜨르격납고 부근서귀포 모슬포 알뜨르격납고 부근	너비 100m너비 100m

가양비행장에서 본 가양비행장 옆의 간이야구장(3K 동영상 화면)

2) 초경량 비행 장치 비행 공역(드론 비행 자유 구역)

초경량 비행 장치 비행 공역은 25kg 이하 드론의 비행이 자유로운 구역입니다. 예를 들면 양평군의 3분의 1, 태안은 거의 전 지역이 초경량 비행 장치 비행 공역이므로 드론의 비행이 자유롭습니다. 전국의 약 20여 지역이 초경량 비행 장치 비행 공역입니다.

초경량 비행 장치 비행 공역은 생각보다 넓은 범위이므로 주소로 찾기보다는 스마트폰 어플을 통해 검색해야 합니다. 다음은 국토교통부와 (사)한국드론협회가 공동 개발한 스마트폰 어플 'Ready to fly'로 드론 비행 금지 구역과 자유 비행 공역을 찾는 모습입니다.

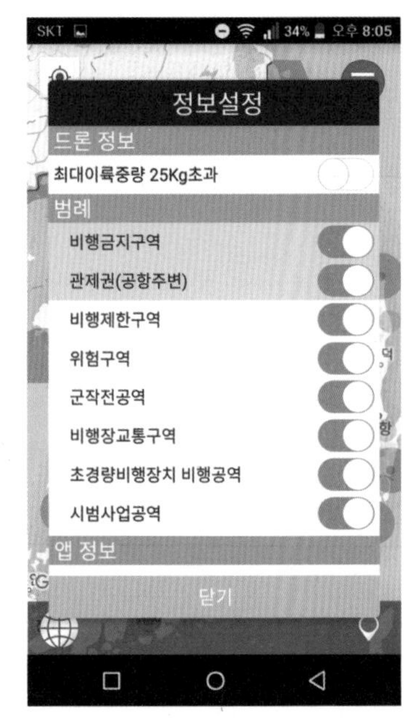

Ready to fly 어플 실행

비행금지/비행 공역 검색

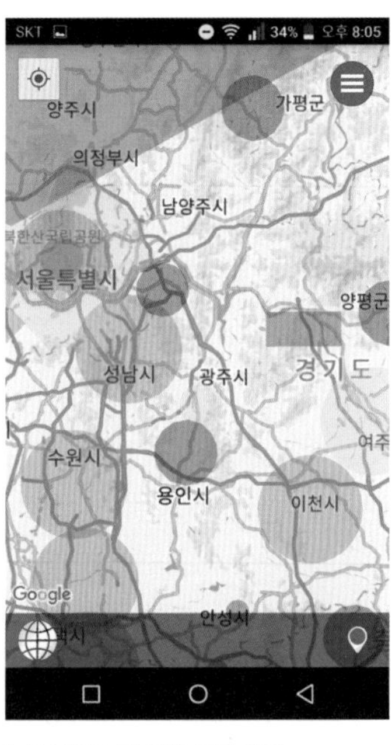

녹색 지역은 드론자유 비행 공역

CHAPTER

08 드론 조종 시험과 드론 국가 자격증 가이드

1) 드론 국가 자격증과 일정

방제 또는 전문항공 촬영, 산업 목적으로 12kg을 초과하는 드론을 운영하면서 드론 사업을 영위하는 자는 교통안전공단에서 시행하는 드론 조종자 자격증을 취득해야 합니다. 자격 증명 법적 근거는 항공안전법 제109조, 제125조입니다. 드론 국가 자격증의 정식 명칭은 '초경량 비행 장치 조종자 증명'이며 초경량 비행 장치에 탑승하여 초경량 비행 장치를 조종하는 행위와 12kg 이상의 무인 멀티콥터, 무인 비행기, 무인 헬기, 페러글라이더 등을 조종하는 행위에 대한 국가증명 자격증입니다. 이 자격증을 취득하면 12kg 이상의 좌석1개 초경량비행기와 좌석이 없는 무인비행기 조종 자격이 생깁니다.

초경량 비행 장치 조종자 증명 자격증(드론 조종 국가 자격증)	
시행 관리 부서	한국교통안전공단
등록	지방항공청
검사	항공안전기술원
보험	12kg 이상의 드론 운영자 및 드론업을 영위할 경우 드론 보험 가입 필수
응시 자격	14세 이상, 드론(무인 멀티콥터) 소지자 등
비행 경력	드론 조종 10시간 이상 또는 유인 초경량 비행 장치 조종 경력 20시간 이상
학습 방법	전문 교육 기관에서 해당 과정을 이수(비행 경력 증명에 유리)
자격증 시험 신청 시 제출 서류	(필수) 비행 경력 증명서 1부 (필수) 보통2종이상 운전면허 사본 1부 또는 항공 신체 검사 증명서도 가능(유인 초경량 장치 응시 시 제출, 드론 시험 응시에는 제출 생략) (추가) 전문 교육기 관 이수 증명서 1부(전문 교육 기관 이수자에 한함) ※ 과거 민간 협회 자격을 공단 국가자격으로 전환하는 경우에는 시험 응시와 상관없이 별도 절차에 따라 처리하니 공단에 확인하기 바랍니다.
신청 접수	시험 2일전까지
응시료	1인 유인 탑승 경량 항공기 운전자 응시료 106,700원(기체는 본인이 준비) 무인 드론 실기 시험 응시료 72,600원(기체는 본인이 준비)
접수 창구	한국교통안전공단 홈페이지(www.ts2020.kr)의 [항공 종사자 자격 시험] – [응시 자격 신청] 메뉴
시험 일자	월 4회, 연 약 50회(평균 일주일 간격으로 필기 및 실기 시험 실시) 자세한 일정은 [항공 종사자 자격 시험] – [연간 시험 일정] 메뉴
자격증 발급	합격 시 자격증 발급(1만 원 정도의 발급료 준비), 자격증 발급 신청 시 제출해야 할 서류 (필수) 명함사진 1부,(필요한 경우) 보통 2종 이상 운전면허 사본 1부

2) 초경량 비행 장치조종자 증명 자격증(드론 조종 국가 자격증) 시험 내용

학과 시험	필기	1과목 40문항
		공통 : 항공 법규, 항공 기상 외 공통 : 초경량 장치 구조, 이착륙, 공중 조작, 비상 절차, 안전 관리 등 1인 탑승 유인 초경량 시험 응시자 : 기상 일기 이해, 기상 읽기 해독 시험 추가 (무인 드론 시험 응시자는 해당 없음) ※ 전문 교육 기관에서 드론 교육을 이수한 경우 일부 시험 면제
	실기	기체, 공역, 비행장, 조종자에 관한 기초 준비 방법, 사항 비행 전 기체 점검, 조종 준비에 일반 시험 활주/이륙, 공중 비행 시험 착륙 및 비행 후 점검 방법 시험 비상 절차 처리 방법 등

3) 자격증 취득 신청 시 준비 요령

각 지역의 공인 인증된 드론 전문 교육 기관에서 자격증 취득을 준비합니다. 실기 시험도 해당 교육 기관에서 진행할 확률이 높기 때문입니다.

4) 초경량 비행 장치 조종자 증명 취득 현황

2018년 1월 기준 초경량 비행 장치 조종자 증명 취득 현황입니다. 드론 조종의 경우 월 평균 300명 이상이 자격증을 취득하고 있습니다.

초경량비행장치 조종자 증명 취득현황

(단위 : 명)

기간	동력비행장치	회전익 비행장치	유인자유기구	동력패러 글라이더	무인비행기	무인멀티콥터	무인비행선	인력활공기 (패러글라이더)	인력활공기 (행글라이더)	낙하산류	무인헬리콥터	계
2004	366	4	-	-	-	-	-	-	-	-	-	370
2005	243	6	-	-	-	-	-	-	-	-	-	249
2006	126	4	-	-	-	-	-	-	-	-	-	130
2007	184	-	-	-	-	-	-	-	-	-	-	184
2008	249	1	-	-	-	-	-	-	-	-	-	250
2009	185	-	48	147	-	-	-	-	-	-	-	380
2010	46	-	3	73	-	-	-	-	-	-	-	122
2011	27	-	2	9	-	-	-	-	-	-	-	38
2012	8	-	16	15	-	-	-	-	-	-	-	39
2013	3	-	1	22	52	-	12	-	-	-	-	90
2014	2	-	2	7	9	606	9	-	-	-	606	1,241
2015	1	-	10	17	-	205	4	493	1	-	205	936
2016	1	-	4	23	-	454	-	48	2	13	454	997
2017	-	-	7	12	-	2,872	-	13	-	2	461	3,367
2018.1	-	-	2	3	-	384	-	4	-	-	4	397
합계	1,441	15	95	328	61	4,521	25	558	3	15	1,730	8,790

출처 한국교통안전공단 홈페이지 (www.ts2020.kr)